孙永福文集

孙永福◎著

中国铁道出版社有限公司
CHINA RAILWAY PUBLISHING HOUSE CO., LTD.

图书在版编目（CIP）数据

孙永福文集 / 孙永福著 . —北京：中国铁道出版社有限公司，2023.3（2023 .10重印）
ISBN 978-7-113-29787-9

Ⅰ. ①孙⋯　Ⅱ. ①孙⋯　Ⅲ. ①铁路工程 - 文集　Ⅳ. ① U2-53

中国版本图书馆 CIP 数据核字（2022）第 200053 号

书　　　名：**孙永福文集**
作　　　者：孙永福

责任编辑：陈　胚　周雨晨　　　　　编辑部电话：（010）51873698
封面设计：崔丽芳
责任校对：苗　丹
责任印制：赵星辰

出版发行：中国铁道出版社有限公司（100054，北京市西城区右安门西街8号）
网　　址：http://www.tdpress.com
印　　刷：北京盛通印刷股份有限公司
版　　次：2023 年 3 月第 1 版　2023 年 10 月第 2 次印刷
开　　本：710 mm×1 000 mm 1/16　印张：35　字数：422 千
书　　号：ISBN 978-7-113-29787-9
定　　价：168.00元

总　序

　　二〇一二年暮秋，中国工程院开始组织并陆续出版《中国工程院院士文集》系列丛书。《中国工程院院士文集》收录了院士的传略、学术论著、中外论文及其目录、讲话文稿与科普作品等。其中，既有早年初涉工程科技领域的学术论文，亦有成为学科领军人物后，学术观点日趋成熟的思想硕果。卷卷文集在手，众多院士数十载辛勤耕耘的学术人生跃然纸上，透过严谨的工程科技论文，院士笑谈宏论的生动形象历历在目。

　　中国工程院是中国工程科学技术界的最高荣誉性、咨询性学术机构，由院士组成，致力于促进工程科学技术事业的发展。作为工程科学技术方面的领军人物，院士们在各自的研究领域具有极高的学术造诣，为我国工程科技事业发展做出了重大的、创造性的贡献。《中国工程院院士文集》既是院士们一生事业成果的凝练，也是他们高尚人格情操的写照。工程院出版史上能够留下这样丰富深刻的一笔，余有荣焉。

　　我向来以为，为中国工程院院士们组织出版院士文集之意义，贵在"真善美"三字。他们脚踏实地，放眼未来，自朴实的工程技术升华至引领学术前沿的至高境界，此谓其"真"；他们热爱祖国，提携后进，具有坚定的理想信念和高尚的人格魅力，此谓其"善"；他们治学严谨，著作等身，求真务实，科学创新，此谓其"美"。《中国工程院院士文集》集"真善美"于一体，辩而不华，质而不俚，既有"居高声自远"之澹泊意蕴，又有"大济于苍生"之战略胸怀，斯人斯事，斯情斯志，令人阅后难忘。

　　读一本文集，犹如阅读一段院士"攀登"高峰的人生。让我们翻开《中国工程院院士文集》，进入院士们的学术世界。愿后之览者，亦有感于斯文，体味院士们的学术历程。

徐匡迪

二〇一二年

自　序

欣逢改革开放大好时代，我亲历了中国铁路发生的历史性巨变。自 1984 年 12 月我担任铁道部副部长以来，在铁道部工作了 22 年。在部党组领导下，认真贯彻党中央、国务院的决策部署，积极推进铁路管理体制改革，加强铁路管理基础工作，编制铁路中长期发展规划，主持大规模铁路建设。经过全路广大干部职工拼搏奉献、艰苦奋战，"七五"期间"南攻衡广、北战大秦、中取华东"三大战役告捷；"八五"期间"强攻京九、兰新，速战侯月、宝中，再取华东、西南"全面获胜；连接各大区的铁路大通道基本建成，既有线大面积提速成效显著；新世纪之初，建成了世界一流的青藏铁路，开启了建设高速铁路的新征程。中国铁路已建成完善的路网，总营业里程位居世界第二；以高速铁路、高原高寒铁路、重载铁路为代表的中国铁路，已走在世界铁路技术前列。

在铁道部工作期间，我结合自己主管或分管工作领域加强理论学习，既重视推广新技术，又钻研应用现代化管理，朝着复合型人才发展。养成了独立思考、系统归纳、理论升华的习惯，在有关期刊上发表了一些学术性文章，出版了有关论著。同时，也集存了大量工作报告、会议讲话、调研报告和考察汇报等。

2005 年，我被选为中国工程院院士。2006 年 7 月 1 日青藏铁路胜利建成通车，中央交给我的专项任务已经完成，这时我已年逾 65 周岁，即从铁道部领导岗位退下来。鉴于自身健康状况良好，我乐于从事中国工程院的有关战略咨询研究工作。这对我来说，既是挑战更是机遇。因为我面临的新工作范围，不仅有我熟悉的铁路交通运输系统，还有一些新的研究领域，这就需要继续努力学习、思考、探索，集思广益提出新思路，通过实践迈出新步子。从自身工作需要出发，着力培养战略思维、系统思维、创新思维和辩证思维等，使自己真正能够担负起战略科学家的重任，这也是院士应尽之责。

按照中国工程院关于在咨询研究中要充分发挥院士主体作用的要求，我同其他院士合作，带领团队开展协同研究。特别是在我担任工程管理学部主任期间，积极组织重大战略咨询研究，圆满完成了各项任务。十多年来，我围绕党和国家发展大局，针对关键性、前瞻性问题，完成了一些具有战略意义的重大咨询项目研究，其中有些项目同铁路有关。全部项目都形成了完整的研究报告，并报送了院士建议，受到国务院领导关注，为国家有关部门决策提供了咨询意见。

编著《孙永福文集》的初衷，既是中国工程院的统一安排，也是我多年的心愿。这本文集主要收录了近 20 多年来我的部分文稿，内容包括战略思考、改革发展、建设管理、历史感怀。文集基本上反映了我在这一时期的重要学术活动以及取得的部分研究成果，同时也可看出我国科技创新发展趋势。文集如能对读者有所裨益，我将甚感欣慰。

孙永福

2021 年 12 月 2 日

目 录

改革发展 ———————————————— 119

建设管理 ———————————————— 267

历史感怀 ——————————— **449**

附　录：主要论著 ——————— **548**

后记 ——————————————— **550**

战略思考

"交通强国铁路先行"战略重点任务

交通运输业是基础性、引领性、战略性产业，也是国民经济服务性行业。交通运输业的每一次重大变革，都深刻影响着人类文明的进程。新中国成立70年来，特别是改革开放以来，我国交通运输发展取得了辉煌成就。作为综合交通运输骨干的铁路，实现了从瓶颈制约到基本适应经济社会发展的历史性巨变。现在，我们贯彻党的十九大精神，开启建设交通强国的新征程，铁路要勇当先行。经过十多年艰苦奋斗，我国铁路将基本实现现代化，达到"人民满意、保障有力、世界领先"的目标要求。

在推进交通强国建设中，"铁路先行"战略重点任务主要包括：

一、优化铁路基础设施

为了适应铁路高质量发展要求，基础设施建设必须贯彻新理念，优规划、补短板、调结构、提品质，构建供给适度超前、规模合理、结构均衡、安全可靠、绿色智能的完善铁路网络。

1.更新建设理念

从传统的通过增加供给来"被动"满足运输需求，转变为通过优化供给"主动"引导运输需求；从资源投入粗放、不计环境影响，转变为强化资源和环境承受能力约束；从注重新建基础设施转变为通过技术创新、管理创新提升存量基础设施能力。由"规模速度型"向"质量效益型"转变，实现铁路与土地开发利用一体化，铁路与其他运输方式协同化，信息资源共享化。

2. 优化路网规划

服务国家发展战略，着力解决发展不充分、不均衡问题。充分发挥铁路在综合交通运输中的骨干作用，特别要加强大能力通道建设。加强中西部地区（特别是革命老区、贫困地区、民族地区）铁路建设，为实现共同富裕目标提供支撑。强化以"八纵八横"为主骨架的铁路大通道，推进"一带一路"六大铁路通道建设（包括中蒙俄、中国—欧洲、中国—中亚—西亚、中巴、孟中印缅、中国—中南半岛通道）。对运能紧张地段优先安排扩能改造。新建铁路规模、标准要适度，防止重复建设造成浪费。

3. 建设综合枢纽

以全国路网性铁路枢纽或地区性铁路枢纽为中心，统筹规划建设现代化综合交通枢纽。加强枢纽内各种运输方式之间、对外交通与城市交通之间的高效连接。完善相关配套设施，实现客运"零距离换乘"，货运"无缝化衔接"。发展货物多式联运，强化客运联程服务，让旅客货主满意。同时倡导现代化综合交通枢纽，与城市融合发展（即铁路引领城市发展，TOD 模式），将铁路客站打造为城市的标志性建筑。

4. 提高设施品质

按照全寿命期管理要求，完善铁路基础设施质量安全环保管理体系，推进标准化、精益化、智能化。采用新结构、新材料、新工艺、新技术，提升基础设施耐久性和绿色品质。针对既有基础设施薄弱环节、自然灾害频发等问题，加强监测预防措施。以风险预测与脆弱性评估为基本前提，以提升全时段全天候运输能力为主要对象，加快提升铁路基础设施稳健性、冗余性、应变性、恢复性、适应性以及学习转化性（从对抗外来冲击事件中吸取教训并转化为创新能力），创建保障有力的韧性铁路基础设施。推动"铁路网＋互联网"的双网融合，提高智能化水平。

二、创新驱动铁路发展

加强基础性、前瞻性重大技术研究。依托数字化、网络化、信息化平台，研发安全可靠、节能环保、优质高效的绿色智能铁路工程、运载装备和运营管理，以技术创新驱动铁路高质量发展。

1. 研发新型运载装备

以"复兴号"动车组平台为基础，研发具有工作状态自感知、运行状态自诊断、导向安全自决策能力的绿色智能动车组，自主创新智能列车控制系统。突破 400 公里 / 时高速轮轨列车关键技术，着重解决列车运行气动阻力、能耗、噪声、震动等技术难题，实现功能高效化、车体轻量化、组合多样化，提高安全舒适性、节能环保性、经济实用性及跨国适用性。研制快捷化、集装化、重载化（如 30 吨以上轴重机车车辆）新型货运装备，开行 160 公里 / 时快捷货列、250 公里 / 时高速货列、公铁联运货列。研制多种制式的城市轨道交通装备，为现代化城市提供绿色智能交通。研发磁悬浮交通技术，特别是 600 公里 / 时以上低真空管道超高速磁悬浮技术。

2. 攻克工程关键技术

创新全寿命智能化设计理论和方法，增加结构韧性，延长建筑物寿命。开发高性能材料，研发智能建造装备。建立基于大数据、物联网、BIM（建筑信息模型）和 PHM（故障预测与健康管理）技术的建养一体化技术平台。通信信号、牵引供电系统率先现代化。重点研究攻克复杂环境和特殊地质条件下山区铁路工程建养关键技术（如川藏铁路）；研究攻克跨越海峡的大跨深基桥梁和深水长大隧道建养关键技术（如跨越琼州海峡、渤海海峡、台湾海峡的铁路通道等）；研究高铁大跨简支梁系列新技术。

3.创新运输管理技术

加强路网运输组织技术研究，集成相关新技术提高列车运行速度、缩短列车追踪时间、扩大列车编组，提高运输质量和效益。充分发挥中国铁路调度指挥中心平台作用，高效公平配置路网资源。研究国铁干线与市域铁路及周边邻国铁路互联互通技术，基础设施和运载装置的服役状态实时监测管控技术。发展绿色智能铁路运输技术，大力减少用人、节约能源、减排降噪。

三、强化运输经营管理

构建同交通运输一体化相适应的铁路管理体系。完善铁路现代企业制度，运输经营市场化，经营板块多样化。增加铁路客货运输产品有效供给，增强市场竞争力，提升铁路所占运输市场份额。

1.提高运输组织水平

坚持市场和效益导向，科学编制列车开行方案，适时动态调整列车运行图，充分挖掘路网和设备潜力。客运要优化车流路径，合理确定不同客流的输送模式，灵活运用大编组或小编组列车。货运要研发自动编组，根据需要自动组合，开行满足不同需求的货物列车。

2.加强客货运输营销

整合多源信息，加强市场监测，建立运输营销辅助决策系统。制定有竞争力的营销策略，丰富营销内容和手段。密切同重点企业或单位的战略合作，建立契约运输服务机制，开行重载列车或快运列车。根据地域、季节等特点，适时增加特色运输产品与增值服务产品。如旅游列车、商用汽车列车等。采用灵活运价及激励措施，吸引广大旅客和货主。

3.打造"铁路+"新业态

充分发挥铁路运输优势，加强铁路与地方政府、有关企业合作，打造"铁路+土地开发""铁路+旅游""铁路+商务"等不同种类的专业化服务。探索以铁路运输为主、其他服务匹配的综合电子商务平台，提供多类商品在线销售服务，搭建电子商务生态圈。

四、提供一流铁路服务

全面提高铁路运输服务水平，建设人民满意铁路，是交通强国战略核心任务。针对人民对铁路运输的要求和新技术对铁路运输服务的作用，建设覆盖全运输链条的客货运输服务体系，迈向铁路运输服务现代化。

1.客运满足不同旅客出行需求

构筑谱系化铁路客运产品设计体系，实现高速、快速、普速列车合理匹配，跨线列车与本线列车、夜间列车与日间列车、直达（或少停站）列车与多停站列车、干线列车与城际列车（以及市域列车）的有机结合，满足不同层次旅客出行需求。打造"出行即服务"的联运平台，为旅客提供信息化服务和综合化出行方案，提供定制化客运服务。加强多种运输方式协作，实现"无缝衔接"。建设以铁路客运站为中心的综合交通客运枢纽，促进长途、城际、城市轨道系统"三网融合"，为旅客提供"一站式"便捷服务。

2.货运适应现代物流发展

建立市场化铁路货运营销模式，完善现代化铁路物流网络，在提高铁路传统货运效益的同时，创新铁路货运产品。大力发展多式联运，研究制定多式联运规则，完善多式联运经营人管理制度。拓展集装箱海铁联运班列、冷链物流专列以及快捷货运列车。提供全供应链的"一单式"货运服务，提高货运效率，降低物流成本。完善互联网物流平台，使货主能在网上办理货运，并实时跟踪货物状态，保证货物按时到达。针对货物类别及货主个性化需求，提供定制化解决方案。

3. 打造客货服务品牌

根据运输市场需求和未来发展趋势，充分发挥铁路运输优势，实施创建服务品牌战略。要聚焦核心竞争力强、影响范围广的铁路优质客货产品，如成为客运先进典型的高铁列车、普速列车及绿皮列车、旅游列车等，货运方面有特色的商用汽车列车、快捷货运列车，以及树为标杆的车站等。把中欧班列打造成具有国际竞争力和信誉度的中国铁路国际物流驰名品牌。通过品牌展示铁路优质服务水平，进一步提升铁路竞争力。

五、提高铁路安全水平

铁路安全事关人民生命财产安全，是推进交通强国建设的重要任务，也是铁路运输的永恒主题。要制定"零死亡"铁路安全战略愿景，构建国际领先的铁路安全发展体系，全面提升铁路安全水平。

1. 完善铁路安全保障体系

与国际先进水平对标，全力降低铁路运输事故率。深入开展人因工程研究，认真落实企业安全生产责任制，加强从业人员培训教育，完善绩效考核、责任追溯和激励约束机制。健全铁路安全技术标准体系，提高基础设施和运载装备的韧性与安全可靠性，增强抵御自然灾害的能力。加强安全风险管理，及时排查解决不安全因素。提高维修专业化、集约化、精准化、智能化水平。筑牢由人防、物防和技防构成的"三位一体"安全保障体系，确保铁路运输安全。

2. 强化铁路安全治理体系

坚持依法治理、源头治理、系统治理，全方位全过程综合施策。着力解决铁路行业法律修订周期长、不适应政企分开新形势要求的问题，促进政府部门科学高效安全监管。强调企业和社会组织的安全责任。确保基础设施和运载装备本质安全，落实新技术、新产品准入认证制度。实施既有铁路安全评估，加强对重要设备设施维护安全监测，使运输全过程安全可控。依靠地方政府和社会力量，开展铁路沿线安全治理，创造良好的外部安全环境。形成政府主导、企业主体、创新驱动和社会参与的共建共享安全治理新格局。

3. 构建高效应急救援体系

应急救援是减少安全事故人员伤亡的重要手段，也是铁路安全管理的薄弱环节。要整合有关部门组成综合应急救援机构，建立职责明确、运转高效的铁路应急救援体制。加强铁路应急救援能力建设，成立应急救援中心，优化铁路应急救援队伍（以铁路专业救援队伍为主，联合国家、地方和有关企业的救援队伍），研制新型铁路救援设备（如大能力、多功能救援起重机、钻井机等），利用空（无人机）、天（卫星遥感）、地（北斗终端、三维激光等）技术，建设智能应急救援体系（包括应急预案、应急指挥、资源保障等），组织风险预报和应急演练。

六、提升铁路国际影响力

铁路国际影响力是竞争发展能力、服务保障能力、创新盈利能力的综合体现，实际上也是国家铁路硬实力和软实力的综合体现。

1. 增强国际铁路事务的话语权

铁路国际组织总部大都在欧美落户，我国应积极吸引国际铁路组织来华落驻。倡导在北京设立"一带一路"国际铁路联盟机构，促进国际铁路基础设施互联互通，主导制定相关通用规则。同时，我国应争取向国际组织输送人才，在管理机构任职，承担相应的负责职位。加强与国际铁路联盟（UIC）、国际电工组织（IEC/TC 9）、国际标准组织（ISO/TC 269）三大组织的联系。积极参与或主持国际铁路技术标准制定。深入参与全球治理活动，大力推荐中国铁路技术标准走向国际化。

2. 增强铁路企业的国际竞争力

加强铁路建设、装备制造、运营管理方面的技术创新，形成国际先进的核心技术体系。构建铁路全产业链战略联盟，搭建整合优质资源平台，形成综合竞争优势，参与国际市场竞争。在工程承包、产品出口、劳务输出基础上，发展技术输出、管理输出、资本输出，实施"本土化"经营。推进中欧班列等中国铁路品牌建设，扩大中国铁路的全球知名度。推进中老铁路、雅万高铁等重点铁路项目实施，高标准、高质量完成建设、运营工作，充分展示中国铁路技术标准先进水平，打造国际铁路示范工程，扩大中国铁路国际影响力。

3. 加强国际铁路科技人才培训

为我国铁路培养大批具有国际视野、熟悉国际规则并能参与国际竞争的复合型人才。这不仅包括工程科技素质，而且包括人文素质以及国际交流能力，以适应铁路企业"走出去"发展需要。我国铁路要建立国际组织后备人才库，有针对性地参加国际组织项目，获得必要的工作经历，并进行相应的考核评价，以便具备应聘资质和能力。同时，大力为东道国培养铁路专业人才，可以依托合作项目在中国进行学历培养或短期培训，也可以由中国资助在东道国联合办学。这些人才对中国铁路技术标准比较熟悉，有利于扩大中国铁路技术标准的国际影响力。

实施"交通强国铁路先行"战略重点任务，需要研究顶层设计，作出统筹安排，持续稳步推进。同时，要研究制定完善有力的保障体系，主要是：完善法律法规体系，包括修订铁路上位法律和配套行政法规，修改有关技术标准和规范；深化铁路体制改革，健全市场机制和管理机制，建立现代企业制度；推进投融资体制改革，实现投资主体多元化，投资来源多渠道，采取有效措施化解铁路沉重债务负担；加强人才队伍建设，在全员培训提高素质中，突出高层次科技人才、高技能实用人才、高素质管理人才培养，建立有效的考核和激励机制。铁路要为建设"安全、便捷、高效、绿色、经济"现代化综合交通运输体系，为建设"人民满意、保障有力、世界领先"的交通强国，作出卓越贡献！

（2017 年由傅志寰和作者任项目组组长、何华武和翁孟勇任副组长，主持了中国工程院重大资询项目"交通强国战略研究"。研究团队主要有中国公路学会、清华大学交通研究中心、中国铁道科学研究院等。本文系作者 2019 年在"交通强国铁路先行报告会"上的发言。）

中国铁路"走出去"发展战略初探

中国铁路"走出去"是实施国家发展战略的重要举措，是构建对外开放新格局的重要内容，也是展示中国铁路发展水平的重要途径。随着"一带一路"建设深入推进，中国铁路"走出去"迎来了难得机遇，也面临着严峻挑战。必须加强中国铁路"走出去"发展战略研究，做好顶层设计，进行统筹部署，采取综合措施，才能在激烈竞争中开拓市场，创造世界瞩目的辉煌成就。

一、铁路"走出去"的形势分析

1. 铁路"走出去"发展历程

改革开放前，铁路"走出去"主要是政府对外经济技术援助。改革开放给铁路企业参与国际市场竞争带来了契机，铁路"走出去"逐步从劳务输出、工程承包、产品出口，发展到全产业链参与国际竞争。

（1）对外援助阶段。新中国成立后，我国铁路部门在许多援外项目上取得了突出成就。抗美援朝战争时期，铁道兵团和铁路职工承担抢修铁路和军事运输任务。1954 年后，我国帮助越南抢修、建设各种铁路设施。特别是 1970 年至 1976 年，我国援建坦赞铁路，在世界上引起巨大反响。我国铁路还对许多亚非发展中国家提供经济技术援助，帮助修建铁路、桥梁、体育场、医院等，受到国际社会称赞。

（2）**劳务输出阶段**。改革开放初期，铁路"走出去"主要形式为劳务输出。以中国土木工程公司为代表的外经企业，依靠劳务承包和劳务合作方式开拓海外建设市场，形成了基础工程型劳务、生产技术型劳务、技术专家型劳务、社会服务型劳务、培训研修型劳务等五大类劳务输出结构。如中国土木工程公司先后在伊拉克、利比亚、科威特、阿联酋、坦桑尼亚、尼日利亚、阿尔及利亚、日本等国数百个项目上派出了近3万人次劳务，创汇1亿多美元。这一时期，中国铁路企业也承担了一些分包工程，提供了一些装备配件。

（3）**工程承包和装备出口阶段**。20世纪90年代至21世纪初期，我国铁路企业开拓了海外工程总承包业务。市场范围拓展到东南亚、南亚、非洲等地区，工程项目从铁路、路桥、港口码头扩展到市政工程、建筑、厂房等。中国土木工程公司自1982年4月获得首个工程承包项目——伊拉克鲁特巴等4座公路桥项目后，积极开拓了东南亚、非洲等市场。到20世纪90年代中期，总计中标200多个工程承包项目，合同总金额超过3亿美元。同时，我国铁路机车车辆制造企业积极拓展海外市场，从亚洲、非洲到欧美发达国家，从铁路机车、客车、货车、动车组到地铁车辆、有轨电车，从单一产品出口、跟随工程项目推介产品逐步向国际化发展，实现了全面进入国际市场竞争的历史性转变。

（4）**转型升级新阶段**。随着中国铁路高质量高速度发展，铁路"走出去"进入了新的发展阶段。从传统低端层面的劳务输出、初级产品输出、半成品输出以及"贴牌"成品输出，向高端领域全面合作转变。印度尼西亚雅加达至万隆高速铁路项目开工建设，标志着高速铁路"走出去"实现了重大突破；已通车运营的非洲本格拉铁路、埃塞俄比亚—吉布提铁路和正在建设的中老铁路等，全面采用中国技术标准、中国运输设备，为推动中国铁路技术标准国际化、铁路全产业链输出迈出了坚实步伐。铁路装备制造出口范围逐步走向全球，形成了产品、技术、资本全方位"走出去"态势。中国铁路"走出去"产生了重大国际影响。

2. 铁路"走出去"比较优势

（1）**铁路技术先进**。我国铁路经过六次大提速，主要铁路干线运行速度有了大幅度提高。在自主创新基础上，通过引进消化吸收再创新和大量实践，中国铁路系统掌握了集设计施工、装备制造、运行控制、运营管理于一体的高速铁路成套技术，自主研制运行时速350公里的中国高速列车，形成了具有自主知识产权和世界先进水平的高速铁路技术体系。通过大秦、朔黄铁路的成功实践，掌握了3万吨列车整套重载技术。同时，创造和掌握了高原、高寒铁路设计施工和运营维护技术，以及适应各种环境条件和运输需求的机车车辆装备谱系。

（2）**产业链集成齐备**。我国铁路已形成从规划咨询、投资融资、设计施工、装备制造、运营维护到教育培训等强大产业链条，拥有完整的产品体系、技术体系和成套标准体系。可满足各种不同地形地貌、工程地质条件，覆盖准轨、宽轨、米轨，普速、重载、高速及城际铁路，内燃机牵引或电气化铁路，货运、客运和客货混运等需求的铁路产品系列，可以为不同国家提供"一揽子"服务。

（3）**铁路技术标准完整**。中国铁路以技术创新为动力，逐步建立了与中国国情相适应的、完整的、兼容性较强的铁路技术标准体系。中国铁路技术标准体系按照高速铁路、普速铁路（包括高原铁路）、重载铁路等分类，按勘察、设计、施工、验收等建设程序实施，对铁路建设涉及的地质、测量、线路、桥隧、站场、牵引供电、通信信号等专业作出规定，结构清晰、系统性好、可操作性强。中国铁路技术标准体系具有完全自主知识产权，为中国铁路建设和安全可靠运营提供了强大技术支持。

（4）**铁路建造能力较强**。中国铁路具有不同地质条件、不同气候环境下建设和运营铁路的丰富经验，形成了技术先进、造价经济、安全可靠、服务完备的铁路建设和运营体系，拥有全系列轨道交通装备制造能力，形成了较强的竞争优势。随着铁路"走出去"发展，中国铁路建设业、装备制造业、运营业积极参与国际竞争，在国外铁路建设、运营中也积累了一定经验。中国铁路企业在"走出去"过程中注重创新，努力提升自身管理水平，运用现代项目管理技术和手段，使工程项目进度、质量、安全、环保和投资得到有效控制。

（5）**性价比较高**。中国铁路具有人工、原材料等低成本优势，同时在质量（包括安全、环保）、造价、工期等方面具有其他国家所不可比拟的优势。世界银行报告显示，中国速度350公里/时高铁项目建设的加权平均单位成本，相当于国际常规建设成本的43%；速度250公里/时项目建设的加权平均单位成本，相当于国际常规建设成本的30%左右。中国参与建设的首个海外高铁项目土耳其安伊铁路二期工程（依诺努至科斯科亚，全长158公里），核算造价仅为每公里5000万元人民币，大大低于国际常规建设成本。中国铁路突出的性价比优势，彰显出超强的领导力和执行力。

3. 铁路"走出去"的机遇和挑战

目前，全球许多国家都在调整并实施新的交通运输发展战略，制定铁路发展规划，加大对铁路建设投入。国家战略和市场需求双向发力，为我国铁路"走出去"提供了难得机遇，同时也提出了严峻挑战。

（1）铁路"走出去"迎来机遇

开展全球铁路合作。2008 年国际金融危机以来，全球经济增长格局、国际投资贸易格局、国际金融和产业分工格局出现巨大调整。在经济全球化过程中，区域经济一体化也在增强，这对基础设施建设特别是交通运输行业发展提出了需求。同时，为刺激经济增长并带动就业、推进城镇化，需要铁路等交通基础设施建设拉动。经济社会发展带来的资源消耗、环境污染、气候变化等问题日趋严峻，对人类生存与发展产生了严重的负面影响，促使许多国家重视绿色铁路发展。高新技术成为振兴铁路新动力，全球轨道交通运输业得以复兴。越来越多的国家把铁路作为优先发展领域，为轨道交通行业广泛开展合作提供了良好机会。

建设"一带一路"。2013 年秋，国家主席习近平西行哈萨克斯坦、南下印度尼西亚，先后提出建设"丝绸之路经济带"和"21 世纪海上丝绸之路"（简称"一带一路"）的重大倡议，成为推动构建人类命运共同体的重要实践平台。铁路互联互通，是推进"一带一路"建设的先行领域，秉承"共商、共建、共享、共赢"理念，开展铁路工程建设、装备制造、运营管理全产业链合作。充分发挥中欧班列速度比海运快、成本比空运低、全天候、大运量、绿色低碳的优势，高质量持续发展，成为我国与"一带一路"沿线国家紧密联系的"钢铁纽带"。

铁路需求旺盛增长。根据收集到的各国和地区铁路网规划资料预测分析，未来 20～25 年（2040 年前）世界铁路需求约 12 万～15 万公里（不含中国），投资总额预计在 0.6 万亿～1 万亿美元。城轨、普速铁路新建及扩能改造需求达 2.6 万公里。全球轨道交通装备需求，包括新造和维修更新，总体保持稳定增长态势。

（2）铁路"走出去"面临挑战

铁路"走出去"是一项复杂系统工程，不仅涉及工程建造、装备制造、技术标准、运营管理等方面，也受政治、经济、外交、资金等诸多因素影响。铁路"走出去"依然面临不少风险与障碍。

国际地缘政治风险上升。世界上正面临百年未有之大变局，世界政治经济形势变幻莫测，围绕全球治理体系和利益格局的战略博弈更加复杂，国际形势演变对我国海外拓展的影响持续增强，整体风险水平呈上升趋势。部分地区和国家局势混乱，非传统安全威胁带来的风险加大，企业"走出去"将会遇到诸多政治风险。

面临市场准入和技术壁垒。受投资保护主义影响，我国铁路企业"走出去"在许多国家面临市场准入和技术壁垒，时常遭遇不公平待遇。一些国家运用技术标准等给我国铁路进入该国市场设置障碍。有些国家在市场准入、企业资质、劳工制度等方面的法律法规，也形成了对我国企业进入的壁垒。

国际铁路市场竞争激烈。我国铁路"走出去"主要竞争对手，包括日本、法国、德国、加拿大、西班牙、韩国等国企业。面对国际基础设施建设市场的巨大潜在需求，发达国家企业凭借其进入国际市场较早、熟悉市场规则、海外经验丰富，以及由其主导的、被国际认可的技术标准，与我国企业在国际市场展开了激烈竞争。

铁路"走出去"能力亟待提升。铁路"走出去"虽然取得了显著成绩，但在许多方面还不适应"走出去"新要求。一是政府部门顶层设计和统筹协调机制尚不完善，部分企业有时存在无序竞争，影响形成合力；二是职业化国际人才严重缺乏，具备铁路、外语、金融、法律等专业知识的复合型人才不多，海外企业经营和国际工程管理的领军人才更少；三是财政金融政策支持不够，企业开拓海外市场的前期工作费用负担沉重，项目融资成本高、保险费用高；四是风险管理和控制能力欠缺，对国别风险和项目风险重视不够，法律观念不强等。这些都需要采取有效措施加以解决。

二、铁路"走出去"的战略路径

实施中国铁路"走出去"发展战略，必须在国家战略指引下，坚持"共商、共建、共享、共赢"原则，通过"规划对接、需求衔接、利益搭接、通道连接"等途径，努力打造人类命运共同体、利益共同体、责任共同体。

1. 规划对接

中国"一带一路"倡议与欧洲"容克计划"、俄罗斯"欧亚经济联盟"、哈萨克斯坦"光明之路"、蒙古国"草原之路"、印度尼西亚"全球海洋支点"、韩国"欧亚倡议"、东盟"互联互通整体规划"等，在某些方面都有共同之处。可以就共同关注的问题进行对接，搭建境外铁路项目合作平台，共同形成扩大开放新格局的重要基础。

2. 需求衔接

在推进国际铁路合作中，必须广泛深入了解不同东道国（或地区）发展历史与现实需求，分析确定不同市场轨道交通的介入时机。依据中国铁路技术创新成果，结合国际铁路产能合作需要，为东道国铁路项目量身定制"一揽子"解决方案。如印度尼西亚雅万高铁项目，中国尊重印尼方提出的不使用政府预算、不提供主权担保的决定，同意与印尼方在友好协商、平等互利基础上由企业合资建设，采用符合印尼国情需要的技术标准和装备。

3. 利益搭接

面对合作各方不同利益诉求，要通过沟通机制和协商机制寻求最大公约数，实现合作各方利益搭接，实现共赢目标。铁路合作项目既可推动中国设计施工、装备制造、运营维护等输出，又可利用东道国铁路建设的带动作用和辐射效应，促进东道国经济社会发展，改善当地民众出行方式。如亚吉铁路建设中，中国同埃塞俄比亚和吉布提两国商议，在沿线合作建设若干工业园区，打造亚吉经济走廊，帮助两国建立自己的铁路产业体系，培养铁路建设和运营人才，这条铁路被誉为"繁荣之路"。

4. 通道连接

中国在实施全方位扩大开放中，特别重视"一带一路"沿线国家铁路通道建设。要加强中国铁路与周边国家铁路互联互通，增加铁路口岸，完善配套设施，形成国际铁路运输大通道。要充分发挥铁路通道作用，发展多式联运，增开国际物流班列，为亚欧经济发展注入新活力。

三、铁路"走出去"的实施战略

充分发挥中国铁路在设计、施工、装备供应、运营维护及融资能力等方面的综合优势，围绕"一带一路"国际经济合作走廊建设，在周边国家和"一带一路"沿线区域构筑铁路通道，实现铁路互联互通。强化与非洲及拉美地区的战略合作，同时开拓发达地区的铁路市场。争取到 2030 年基本完成全球战略布局，形成完整产业链"走出去"，增强国际影响力。

中国铁路"走出去"发展战略，主要由"五大战略"构成：实施咨询先行战略，搭建铁路合作平台，实现与各国发展战略和规划对接；实施技术创新战略，提高铁路技术装备水平，满足各国实际需求，实现需求衔接；实施合作联盟战略和本土运作战略，构筑利益共同体，实现利益搭接；实施中铁品牌战略，建造示范工程，开行中欧班列，实现通道连接。这"五大战略"构成一个有机整体，从工程设计、施工建设、装备制造、运营维护等全方位打造铁路"走出去"产业链、价值链，培育国际竞争新优势，为实施国家战略提供支撑（图1）。

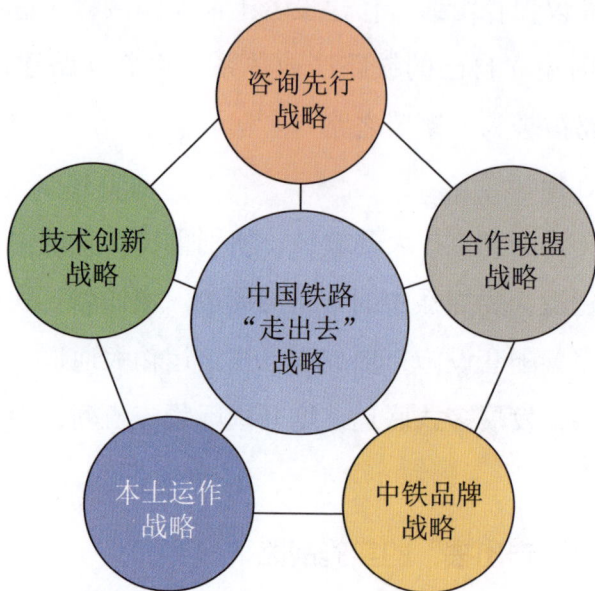

图 1　中国铁路"走出去"实施战略示意图

1. 咨询先行战略

咨询先行战略就是对接东道国铁路发展规划。坚持咨询先行、信息优先，把咨询设计业作为工程项目建设先导，使中国铁路"走出去"逐步从承包工程转向设计引领、技术带动、施工建设、装备制造、运营维护的全产业链集成输出。要通过外交、经贸、民间等多渠道了解各国铁路市场需求，发挥我国铁路咨询设计行业优势，做好项目投资决策，提供专业项目管理，以设计为龙头实现工程总承包。

（1）增强咨询设计能力和国际化水平。促进铁路咨询设计企业大力提高自身专业能力，提升经营管理水平和业务拓展能力，组建专业技术水平高、业务经验丰富的职业化专家团队。完善咨询设计企业海外布局，使咨询设计企业在专业能力、运行机制、品牌管理等方面与国际水平接轨。

（2）大力开展区域发展规划研究。瞄准全球潜在市场，积极主动从事海外国家铁路发展区域规划和战略设计。通过咨询设计引领打入铁路市场，寻找和储备目标项目。深入分析项目所在地的资源、环境、地缘、产业、政策等，量身定制项目方案，从技术、装备、设计、制造、运营提供全方位支持。以高端的设计咨询服务，带动铁路勘察、监理、项目管理、建筑施工、装备制造、运营维护等全产业链输出。

（3）做好重点项目咨询设计。对莫斯科—喀山高速铁路、两洋铁路、印度高铁、马新高铁等项目，要加强市场调研，与政府部门沟通，深入了解东道国需求，适时开展勘察和规划设计工作，提供量身定制方案，深化技术方案比选，落实融资方案。

2. 合作联盟战略

组建合作联盟可使企业利用其现有资源或者核心能力，与其他企业资源融合，有效地利用组织和市场双重优势，创造更大价值。合作联盟有横向联盟、纵向联盟、银企联盟、跨国企业联盟等多种形式。合作联盟有利于突破贸易壁垒、迅速融入东道国市场，有利于分担风险和培养高素质工程管理人才，是中国铁路"走出去"的实力保障。

（1）构建面向国际市场产业联盟，开启合作新模式。推进中国企业之间开展深度战略合作，形成国际化产业联盟。避免同业恶性竞争，提高企业协作配合能力，形成联合参与全球资源配置、推动资源开发和基础设施建设一体化项目的强大合力。建立合适的组织机构，制定相应的制度规定，明确联盟目标，形成共同的价值取向，构建互信机制。

（2）**加强与国外企业合作，大力开拓新市场**。与国外企业联手开拓当地及第三方市场。重点推动中德两国共同开拓亚非拉高铁市场，两国共同参与土耳其高铁项目。推动国内企业与欧洲各国家和美加澳日韩等国相关企业建设基础设施战略合作，培育战略合作伙伴。在突破技术壁垒、解决市场纠纷方面发挥积极作用，形成风险共担、互利共赢的良好局面。

（3）**收购海外优质公司，提高国际化水平**。根据铁路企业发展战略和业务拓展需求，通过收购国外具有关键市场生产经营核心资源的优质企业，特别是国际咨询、先进研发机构等，缩短中国企业开拓境外市场的进程，提升我国铁路企业的国际化水平。

3.技术创新战略

技术创新是引领企业发展的第一动力。我国铁路"走出去"要朝着绿色、智能方向发展，创造独有的核心竞争力，参与全球铁路产业分工调整，占据价值链高端位置。以持续技术创新和标准国际化构建企业长期竞争优势，促进企业获得可持续发展动力。

（1）**提升铁路企业核心创新能力**。铁路企业要把握新产业革命中的创新机遇，开辟新的发展空间。构建以高技术为基础、适应不同国家与不同市场需要、支持铁路"走出去"的核心竞争力。加大科技创新的资金和人力投入，加强核心技术创新，加强关键技术储备，增强持续创新能力。深化关键领域核心技术装备自主创新，加强针对欧美发达国家市场的科技研发，推进产品定制化、个性化，提高产品安全高效性能和低碳节能绿色环保水平。实现从中国制造向中国创造、中国速度向中国质量、中国产品向中国品牌的转变。

（2）**部署重大关键技术创新项目**。把科技创新与对外合作战略相结合，推动形成全球化创新体系。针对不同市场开展技术创新，提高在全球创新活动中的地位和话语权。加快部署和推进一批重大关键核心技术创新项目，加强高铁列车安全运行技术、高铁建设运营节能环保技术、中俄400公里/时高铁列车、高速货运列车、高速及中速磁悬浮列车等关键技术和装备研发，推进建设国家实验室和制造业创新中心，占领全球高铁技术制高点。

（3）加快铁路标准国际化步伐。做好中国铁路标准国际化基础工作，对比分析与国际先进标准的差异性和等效性，助推中国铁路标准走向国际。积极参与国际标准化活动，加强与国际铁路联盟（UIC）、国际电工组织（IEC/TC 9）、国际标准化组织（ISO/TC 269）三大组织的沟通与联系。适应国外铁路技术标准要求，不断提升我国铁路技术标准的兼容性与可扩展性。依托国际项目推动使用我国铁路技术标准，推广中国铁路标准的直接应用和融合应用。

4. 本土运作战略

本土化核心是要有全球化思维、实施本土化运作。充分考虑东道国的国情和需求，充分利用东道国的自然资源、社会资源和供给能力，努力为东道国经济社会发展作贡献，这是企业国际化发展的大趋势，是"走出去"企业的共同选择。本土运作战略将促进东道国发展铁路及相关产业，在实施铁路项目中共商、共建、共赢、共享。

（1）确定本土经营方向及领域。视东道国具体情况确定培育本土产业内容。深入分析与铁路产业相关的目标市场现状，确定本土产业领域和方向，搭建附加值生产链，制定产业布局构架。从低端实施路径起步，逐步向中高端发展（图2）。充分利用东道国资源，聘用当地技术专家和咨询顾问，在当地注册合资企业，设立子公司、技术研发中心或制造维修基地，在当地设立建筑材料、构配件生产厂等多种方式，实现本土化运作。

（2）**因地制宜开展本土运作。**针对不同区域和国家，细分铁路设计、施工、装备和运营等全产业链市场，在非洲、东南亚、南美、中亚以及欧洲和北美等不同市场，采取不同的铁路产业培育模式，充分发挥双方的比较优势，减少政治和文化冲突造成的经营障碍，最终实现互利共赢。

（3）**积极履行企业社会责任。**在铁路建设过程中，严格执行东道国法律法规，重视民族宗教习俗，避免因文化差异造成经营管理损失。要全面实现项目的安全、质量、环保等目标，并发挥企业优势开展公益活动。积极帮助当地建设学校、改善道路设施、治理环境污染等，构建和谐建设环境，使东道国人民受益，为开拓市场提供良好的外部舆论环境。

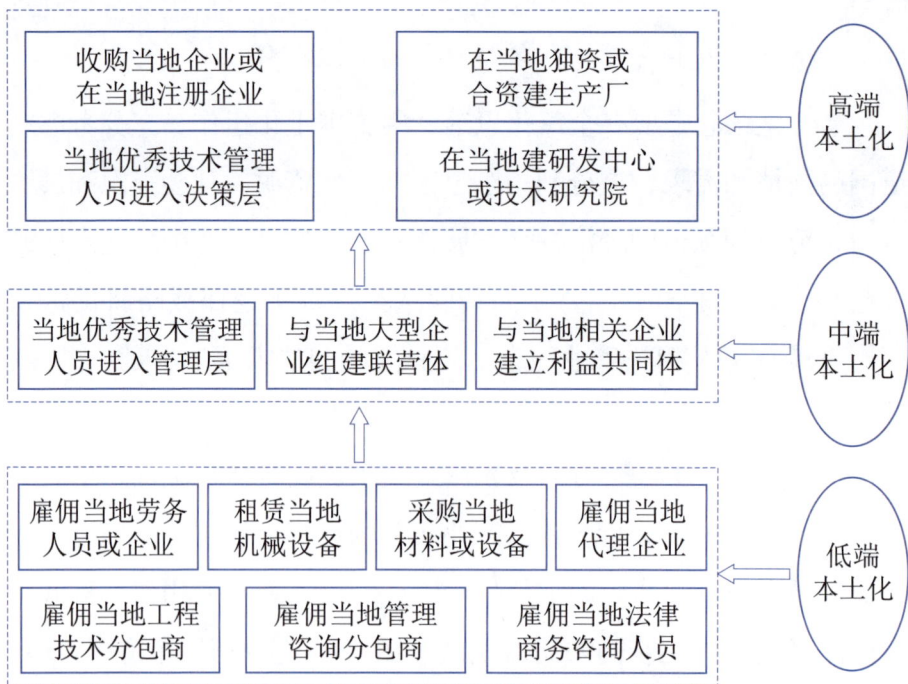

图 2　"本土化"实施路径

5. 中铁品牌战略

当今世界是品牌制胜的时代。品牌是企业走向国际化的通行证。知名品牌能够在国际市场上创造独特的竞争优势和更多的外溢效益。"中铁品牌"是中国铁路企业构成独特市场形象的无形资产。实施中铁品牌战略，要将中国铁路先进文化理念、技术优势、产业链优势、性价比优势、管理优势融入品牌价值，树立高端品牌形象，打造覆盖全球铁路业务的、具有国际化高端品牌的中国铁路跨国企业。

（1）培育和推广中国铁路品牌。制定品牌创立行动规划。把"自主创新、全程服务、优质高效、合作共赢"作为中铁品牌的精髓，从产品、组织、技术、价值、传播、营销、管理、市场全方位推进品牌创造和延伸。通过拳头产品和高质量项目提升中国铁路品牌的知名度和信誉度，不断丰富和提升铁路品牌的技术文化内涵和附加价值。充分发挥当地或国际媒体作用，向国际市场传达中国铁路品牌的产品、优势和理念，树立中国铁路典范。

（2）打造铁路精品示范工程。选择前期工作准备充分，项目资金、征拆和技术方案落实，东道国政府配合度较高，风险易控制的不同类型的项目作为示范工程。例如，通过中国老挝铁路、印尼雅万高铁、匈塞铁路等工程示范项目，塑造中国铁路的国际形象，提高中铁品牌的国际影响力。利用示范效应带动发展其他市场。

（3）扩大中欧班列国际影响力。中欧班列是中国铁路国际运输产品的代表，现已成为连接亚欧两大洲的强纽带、"一带一路"金名片，呈现出良好的品牌效应和可喜的发展前景。中欧班列要从规模速度型发展走向高质量发展，努力打造为具有国际竞争力和信誉度的中国铁路国际物流典范，成为现代国际物流新模式，为推进"一带一路"建设当好先行。根据市场需求和中欧物流发展趋势，加强"一带一路"沿线国际铁路合作，统一规划，稳步推进，构建中欧铁路运输大通道以及连接西南与沿海的铁路运输大通道（西部陆海通道），不断扩大开行范围，优化运力资源，提升运输组织效率，拓展跨境电商货物、国际邮包、冷链运输。大力挖掘回程货源，推进通关便利化，压缩运输时间，降低运输成本。强化智能化保障和监控设备设施，成为国际知名品牌，为保障国际产业链、供应链稳定畅通不断作出新贡献。

四、铁路"走出去"的保障措施

1. 建立高效管理协调机制

（1）积极构建国家之间政策沟通机制。以高层互访为引领，加强政策对话和协商，增进政治互信，达成合作共识，共同制定推进区域合作的规划和措施，及时协商解决合作中出现的问题。加强政府间交流协调，以及与相关国际和地区组织合作，为企业对外合作搭建平台，完善与有关国家在投资保护、金融、税收、海关、人员往来等方面合作机制，为企业"走出去"提供全方位支持和综合保障。

（2）完善我国政府统筹协调机制。充分发挥国家"一带一路"建设工作领导小组和铁路"走出去"工作机构的统筹协调作用，形成分工明确、运转顺畅、协调高效的日常工作机制。研究制定铁路"走出去"的重大决策，组织推动重大项目，协调解决重大问题。

（3）充分发挥中国铁路总公司（现中国国家铁路集团有限公司）综合优势。由中国铁路总公司牵头建立企业间协调机制，形成参与各方共同商讨、利益共享、风险共担的合作联盟。做好项目规划研究，设计系统架构，形成合理项目方案。充分调动各企业参与"走出去"项目的积极性。

（4）加强行业协会和中介服务机构作用。培育面向境外投资和跨国经营的社会化服务机构。鼓励服务机构"走出去"设立境外服务站点，加强信息、法律、维权等境外服务。借助东道国的华人华侨力量，统筹利用贸促机构境外办事处、境外商会、双边企业家理事会及国际商事调解、仲裁机构等组织和网络，为企业"走出去"提供市场化、社会化、国际化的法律、会计、税务、投资、咨询、知识产权、风险评估和认证等专业服务。

2. 加大财政金融支持力度

（1）**完善财税金融支持政策体系**。充分利用财政税收和金融支持政策，大力推进铁路国际产能合作重大项目。加大对企业"走出去"的财政税收支持力度，加快与有关国家商签避免双重征税协定，落实企业境外所得税收抵免政策。

（2）**构建多方参与的金融服务体系**。构建以政策性银行和开发性金融机构为主体，以商业性金融为支撑，吸纳商业保险公司、非银行金融机构等机构共同参与的"走出去"金融服务体系。探索并构建政策性金融机构合理使用国家外汇支持铁路"走出去"的业务模式。鼓励商业性金融机构开展银团贷款、出口信贷、项目融资等业务，以股权投资、债务融资等多种方式，支持铁路"走出去"项目。支持"走出去"企业以境外资产和股权、矿权等权益为抵押进行融资。

（3）**引导金融机构提供全方位服务**。建立政策性金融与商业性金融分工协作，发挥综合金融业务优势，为"走出去"的企业提供涵盖融资、保险、国际结算、金融信息咨询等一揽子、全方位金融服务。鼓励金融机构提前介入境外铁路项目前期开发进程，参与具体项目预可研、可研工作，帮助企业设计可行的项目融资结构。

（4）**建立风险共担的政企银信合作机制**。完善金融机构资本补充和约束机制，全面提升金融业综合实力和抗风险能力。鼓励中国出口信用保险公司设计针对性保险业务。建立金融机构风险补偿机制。

3. 强化风险防控体系

（1）做好前期风险评估。从政治、经济、社会、技术、法律和环境等方面研判国别风险和项目风险，必须从源头上控制风险。重视对东道国发展环境和产业环境的评估，完善境外安全风险防控体系，实现风险管理规范化、标准化、科学化、动态化，提高风险管控效率与效果。

（2）建全企业风险防控体系。重视建立企业自身管控制度，加强"走出去"过程中风险管理规划、风险分析与评价，建立预防、分担和控制风险的有效机制。在项目实施过程中，要加强风险监测，及时进行预警，采取相应措施妥善化解风险。

（3）关注不同地域法律风险防控。借助内外部律师等资源，加强境外投资环境、法律环境及法律政策研究，加强投资项目法律论证和尽职调查。重视合同管理，在合同条款中规定争议解决办法。灵活利用东道国法律和项目合同，加强自身索赔能力。建立危机公关处理机制、舆情引导机制，多方防范和应对法律风险。

4. 加强人才队伍建设

（1）构建多层次国际化人才培养体系。充分发挥铁路院校、铁路企业、铁路学会协会作用，开展国际化人才培养培训活动。构建"政府主导、学校主体、企业参与、科研机构协作"的政产学研人才培养培训协同机制。对接铁路"走出去"重点领域，加大对国际资本运作、新兴国际贸易、国际法律咨询、国际商务谈判等紧缺人才的培养力度。鼓励骨干企业加强紧缺人才培养。

（2）打造铁路人才培养和实践基地。以院校、企业深度合作为依托，科学布局，合理定位，高起点、高标准打造国际化人才培训机构，建立"走出去"人才培养培训实践基地。注重依托"走出去"项目，加强培养铁路国际化人才。

（3）实施引导人才配套政策。改进人才激励机制和管理方式，健全与国际接轨的人才制度体系。拓宽人才引进渠道，完善引进国内优秀人才和外籍人才的配套服务，引进一批具有国际经营能力、熟悉国际运营模式、精通重点国别语言文化的高端国际化人才。

5. 提高企业国际化管理水平

（1）增强铁路全产业链竞争优势。制定企业"走出去"发展战略规划，充分发挥中国轨道交通的集成优势，推进产学研一体化，做好管理集成、技术集成和产业链集成，强化资源整合，培育具有全球领先水平的骨干企业。

（2）建立知识产权保护机制。做好海外知识产权布局，灵活运用知识产权策略，塑造铁路良好形象。避免、控制或减少知识产权风险，维护企业自身合法权益，有效遏制竞争对手。

（3）增强企业国际化经营管理能力。完善国际化经营战略，健全公司治理结构，构建符合国际化经营的组织结构和管理平台，创新商业运作模式，增强全球资源配置能力，提高境外投资效益。

（2015 年由作者任项目组组长、何华武和郑健任副组长，主持了中国工程院重大咨询项目"中国铁路'走出去'发展战略研究"。研究团队有中国铁路经济规划研究院、中国中铁二院等。本文系作者 2019 年在"国际工程项目管理论坛"上的报告。）

构建面向"一带一路"的国际铁路通道

共建"一带一路"旨在促进经济要素有序自由流动、资源高效配置和市场深度融合，推动沿线各国开展区域经济合作，打造中国与世界利益共同体和命运共同体。国际铁路通道是"一带一路"建设的优先领域和物质保障，对构建我国对外开放新格局和推动国际经济合作走廊建设都有十分重要的意义。国际铁路通道是一项系统工程，要坚持"共商、共建、共享、共赢"原则，统筹规划，加强协调，稳步实施。本文在分析我国周边国家铁路通道现状、对接相关国家铁路规划基础上，根据"一带一路"建设需要，研究提出了国际铁路通道规划原则、战略重点和关键项目。通过中欧班列快速发展实例，凸显出国际铁路通道的比较优势，谋划了创建现代国际铁路物流品牌的蓝图。针对国际铁路通道建设和运输存在的主要问题，提出加快推进的措施建议。

一、国际铁路通道建设的重要意义

加强国际铁路通道建设，实现铁路互联互通，是"一带一路"沿线国家的共同愿景。这对促进区域经济合作，开创国际间和平发展新局面，将产生深远影响。对我国扩大对外开放，促进经济社会发展，也具有重要作用。

1. 铁路通道是建设国际经济走廊的重要基础

"一带一路"沿线 65 个国家，44 亿以上人口，资源禀赋各异，经济互补性较强，合作潜力和空间很大，需要建设完善的交通网络。铁路具有运能大、速度快、安全高效、绿色低碳等优势，是国际物流领域陆上运输的骨干方式，许多国家都把加强铁路建设、实现铁路互联互通放在优先位置。在"一带一路"建设中，共同打造国际经济合作走廊，都要依托国际大通道形成产业合作。这些国际经济合作走廊基本上是以铁路为主轴布局，以铁路为先导推进。因此，铁路是建设国际经济走廊的"先行官"，其巨大的聚集效应和辐射效应，将成为跨区域经济合作的新引擎，成为构建利益共同体的新成果。

2. 铁路通道是建立新型国际关系的重要载体

面对世界多极化、经济全球化深入发展，文化多样化、社会信息化持续推进，我国坚定不移地走和平发展的道路，倡导构建以合作共赢为核心的新型国际关系。对我国周边国家，坚持与邻为善、以邻为伴，坚持睦邻、安邻、富邻。铁路通道成为联系周边国家及"一带一路"沿线区域的强大纽带，承担着跨国货物运输的重任，为促进各国优势互补、良性互动，提供了运力支持。铁路促进中国与相关国家战略伙伴关系发展，已成为推动我国外交和对外开放的主要抓手。

3. 铁路通道是推动中国东西部协调发展的重要举措

加快我国同周边国家及"一带一路"沿线国家铁路互联互通，促进国际贸易发展和人员往来，为我国西部地区特别是沿边地区对外开放提供了新机遇。西部地区将成为中国与"一带一路"沿线各国合作的"桥头堡"，这特别有利于改善我国对外开放"东强西弱、海强陆弱"的严重失衡状况，逐渐形成"陆海统筹、东西两向"的全方位对外开放新格局。铁路通道将推动中国东西部地区均衡协调发展，这对我国全面建设社会主义现代化国家至关重要。

4. 铁路通道是展示中国铁路品牌的重要窗口

中国铁路走出了一条自主创新、成功发展的新路子。以高速铁路、高原铁路、重载铁路为代表的技术创新成果，标志着我国铁路技术水平已走在世界前列。在国际铁路通道建设中，积极开展形式多样的友好合作，打响中国铁路品牌，可推动铁路全产业链"走出去"。这对于促进我国经济结构调整，扩大进出口贸易，加快铁路技术创新，都有积极作用。

二、国际铁路通道规划布局

我国与相关国家共建国际铁路通道，必须规划先行，搞好顶层设计。在统筹规划基础上积极推进，优先安排条件基本成熟的建设项目，以实际效果扩大影响。

1. 我国同周边国家铁路通道现状

我国陆地边境线绵延达 2.2 万公里，与 14 个国家接壤。但是仅同 5 个相邻国家有铁路相联通，共有 11 个铁路口岸。我国同俄罗斯、蒙古国、哈萨克斯坦的铁路联通是亚欧大陆桥的重要组成部分，同朝鲜、越南的铁路联通则主要是区域双边合作。铁路通道的国际客运量不大，每周仅开行国际班列 10 对；国际货运量较大，2019 年铁路口岸站进出口总量为 6264 万吨（表 1）。货物进出口量大的铁路口岸站有 4 个：满洲里、阿拉山口、二连浩特、绥芬河。进口主要是资源类货物：金属矿石、木材、石油、化肥、煤炭等。

长期以来，我国同周边国家铁路互联互通比较薄弱，铁路口岸不仅数量少，而且分布偏。我国与东北亚地区俄罗斯、蒙古国、朝鲜相邻，有 7 个铁路口岸；与哈萨克斯坦和越南各有 2 个铁路口岸；一直没有通往南亚、印度洋的铁路口岸。有些铁路口岸站设施及后方铁路运输能力很不适应需求，有待继续加强。

表 1   2019 年我国铁路口岸货物进出口总量　　　　单位：万吨

相邻国家	俄罗斯			蒙古国	哈萨克斯坦		越南		朝鲜			合计
铁路口岸	满洲里	绥芬河	珲春	二连浩特	阿拉山口	霍尔果斯	凭祥	河口	图们	集安	丹东	6264
货物进出口总量	1888	1054	—	1472	1335	421	22	60	0	0	12	

资料来源：全国铁路统计资料汇编。

2. 国际铁路通道规划原则

国际铁路通道规划，不仅涉及相关国家根本利益，而且涉及相关国家政治、经济、法律等重大问题。要把国际铁路通道作为一项合作发展工程，共商、共建、共享，构筑利益共同体。国际铁路通道规划研究，主要应遵循以下原则：

（1）对接协商。铁路互联互通必须建立在双边或多边互利合作基础上，将相关各方铁路发展规划进行对接。通过协调形成共识，按商定的铁路通道方案组织实施。

（2）远近结合。既要建设跨越亚欧两大洲多个国家的陆桥型铁路通道和西部地区陆海型铁路通道，又要建设同周边国家互联互通的区域型铁路通道。国际铁路通道成为共建沿线经济带的先导。

（3）充分利旧（即利用既有线）。为加快国际铁路通道建设，应充分利用相邻国家既有铁路。必要时可对既有铁路进行适当技术改造，以提高通道运输能力和安全便捷性。

（4）突出重点。国际铁路通道建设是一项长期任务，要从国家战略出发，分期推进重点项目，优先安排缺失路段。通过示范项目，展示国际铁路通道的重要地位和作用，推动项目实施。

3. 国际铁路通道战略重点与关键项目

从区域经济学角度来看，丝绸之路经济带本质上是一种路域经济，是依托陆上重要国际通道，以沿线中心城市为支撑，以重点经济产业园区为合作平台形成的区域产业合作带。因此，打造国际经济合作走廊的关键，是建设大能力国际铁路通道。

为推进"一带一路"建设，必须建好铁路战略通道（图3）。

图3　国际铁路战略通道布局

（1）中国—欧洲铁路通道。从新疆阿拉山口（或霍尔果斯）、内蒙古二连浩特、内蒙古满洲里（或黑龙江绥芬河）出境，依托俄罗斯西伯利亚铁路，形成中欧铁路通道。由中国连云港经阿拉山口至中亚直达欧洲荷兰鹿特丹，铁路途经7国，全长10900公里。

（2）中国—西亚—北非铁路通道。拟由中国喀什经吐尔尕特出境，途经吉尔吉斯斯坦、乌兹别克斯坦等国，通往土耳其或埃及。目前中国喀什至吉尔吉斯斯坦卡拉苏450公里铁路正在规划中。

（3）中国—中南半岛铁路通道。由中国云南省磨憨出境，经过老挝、泰国、马来西亚至新加坡，直达印度洋。目前正在建设中国段和老挝段铁路，泰国段铁路也在积极筹建中。

除上述铁路战略通道外，还要建设西部地区陆海通道。要畅通我国沿海港口城市后方铁路通道，开展铁海联运。特别是建设连接西南地区与北部湾港口的陆海通道，对扩大对外开放、推动"一带一路"建设，具有重要意义。

这些铁路战略通道，都体现了中国"一带一路"建设与沿线国家发展战略的紧密对接。如俄罗斯"跨欧亚大铁路改造"、蒙古国"草原之路"、哈萨克斯坦"光明之路"、土库曼斯坦"强盛幸福时代"，以及东盟"泛亚铁路"等发展规划，与中国"一带一路"建设是相互关联、相互对接的。

对于中国与周边国家互联互通，边疆各省（自治区）表现了极大热情，在完善既有铁路口岸设施的同时，拟新增铁路口岸10多处。经对国际铁路通道项目的重要性和实现的可能性进行分析，建议突出6个关键项目：

（1）中蒙俄铁路。中、蒙、俄三国政治关系良好，经济往来不断升级，都有参与经济合作走廊建设的强烈愿望。同时，中国也为蒙古国、俄罗斯提供了出海通道。中、蒙、俄三国铁路互联互通，主要有3条通道。

东线通道：从大连、哈尔滨至满洲里出境，经俄罗斯后贝加尔—赤塔，接入西伯利亚铁路。中国境内哈尔滨至满洲里铁路完成复线电气化改造，俄罗斯境内完成卡雷姆斯克至后贝加尔铁路366公里复线电气化。这是最早的亚欧大陆桥通道重要组成部分，铁路运输能力较大。

中线通道：从锦州至珠恩嘎达布其出境，经蒙古国西乌日图、乔巴山，在俄罗斯赤塔接入西伯利亚铁路。这个通道是蒙古国通往渤海的新通道。蒙古国境内规划新建乔巴山经西乌日图至蒙中边境铁路460公里。中国境内已建成珠恩嘎达布其至巴彦乌拉铁路230公里、巴彦乌拉至阜新铁路487公里，建成阜新至锦州铁路复线110公里。

西线通道：从天津至二连浩特出境，经蒙古国乌兰巴托，与俄罗斯西伯利亚铁路相连。该通道铁路运输能力已不适应发展需要。中国境内集宁至二连浩特铁路扩能改造，增建第二线 295 公里，既有线改造 30 公里。蒙古国境内苏赫巴托至扎门乌德铁路 1100 公里扩能改造，处于规划阶段。

在中蒙、中俄边境地区还有一些新的铁路联通规划。如：中国策克—蒙古国纳林苏海特铁路（蒙境内约 50 公里），中国甘其毛都—蒙古国塔本陶勒盖铁路（蒙境内约 267 公里），以及中国同江—俄罗斯列宁斯阔耶铁路（跨江大桥由中俄两国共建），中国海拉尔—黑山头—俄罗斯普里阿尔贡斯克铁路等。这些口岸铁路主要功能是促进中蒙、中俄之间资源开发利用和旅游贸易发展。

（2）新亚欧大陆桥。新亚欧大陆桥沟通太平洋与大西洋，是连接亚太经济圈和欧盟经济圈的重要陆上通道，对于推动亚欧一体化发展，有着极其重要的作用。我国境内铁路是高速度、大能力电气化铁路，从江苏连云港至新疆乌鲁木齐之间已全部形成四线，精河至阿拉山口单线（长 75 公里）将改造为复线电气化铁路。哈萨克斯坦境内多斯特克至阿克斗卡单线内燃铁路（长 320 公里），已有综合改造规划。

我国新疆霍尔果斯口岸具有鲜明的地缘优势。精河—伊宁—霍尔果斯铁路（长 286 公里）增建第二线，与哈萨克斯坦境内阿腾科里—阿拉木图铁路相连，发挥辅助通道分流作用。

（3）中吉乌铁路。中吉乌铁路自中国南疆铁路喀什站引出，经吐尔尕特口岸进入吉尔吉斯斯坦境内，在卡拉苏与该国既有铁路接轨，终点站为乌兹别克斯坦境内安集延站，往西可达土耳其、埃及等国。中吉乌铁路全长 452 公里，其中中国境内 174 公里。吉尔吉斯斯坦段 228 公里、乌兹别克斯坦段 50 公里（既有铁路）。20 世纪 90 年代已编制完成中吉乌铁路预可研，现仍在深化研究和加强协调之中。中吉乌铁路建成后，将为我国与中亚、西亚、中东及南欧开展经贸合作、文化交流提供便捷通道，也可增加新亚欧大陆桥的运输灵活性。

（4）**中巴铁路**。巴基斯坦是中国的全天候战略合作伙伴，与中国具有深厚的历史友谊和政治互信。中巴两国已决定共同投资打造中巴经济走廊，有些合作项目已开始实施。中巴铁路是从中国南疆喀什站引出，经红其拉甫口岸（铁路最高海拔 4350 米）出境，连接巴基斯坦首都伊斯兰堡。新建铁路全长约 1194 公里，其中中国境内 468 公里。线路翻越帕米尔高原，工程地质复杂，桥隧工程集中（约占线路全长 66%）。中巴铁路在伊斯兰堡接入巴基斯坦国家铁路，沿既有铁路到达卡拉奇港。新建南部沿海铁路 529 公里，可达瓜达尔港。中巴铁路互联互通将构成"中国—南亚—海湾通道"，不仅直接承担我国及中亚国家与巴基斯坦之间的货物运输，也将成为我国及中亚国家经巴基斯坦通往印度洋的重要通道。

（5）**中缅铁路**。中缅铁路以中国昆明为起点，线路由云南瑞丽出境，经过缅甸曼德勒、马奎至皎漂港。中国境内昆明至大理为既有铁路，大理至瑞丽 330 公里为在建铁路。缅甸境内线路长约 885 公里，其中木姐至腊戌段 145 公里及马奎至皎漂港 220 公里为新建铁路，既有铁路为米轨标准。中国与缅甸铁路实现互联互通，将为缅甸东北部、中部和西南地区大开发提供难得机遇。同时，也为我国西南部地区进入印度洋提供便捷通道，对确保我国能源安全具有重要意义。中缅铁路将在孟中印缅经济合作走廊建设中发挥先导作用。

（6）**中老泰铁路**。中老泰铁路是中国连通中南半岛的最短路径。中国境内昆明至玉溪铁路已通车运营，新建玉溪至磨憨段长 513 公里，老挝境内磨丁至万象段长 444 公里，这两段铁路将于 2021 年底建成。泰国境内廊开至曼谷段 472 公里，其中一期工程曼谷至呵叻段正在建设。上述铁路全部采用标准轨距。中老泰铁路往南通向马来西亚和新加坡，构成完善的泛亚铁路中通道。中老泰铁路实现互联互通，将促进中国—中南半岛国际经济合作走廊建设，同时也将成为中国西部地区通往印度洋的重要通道。

对于铁路通道项目，相关国家因各自国情不同，所持态度和实际行动也有差异，建设管理模式更为多样。中国境内既有铁路扩能改造和新建铁路均有安排，正在抓紧实施。邻国境内既有铁路设施比较陈旧，运输能力比较薄弱，扩能改造进展缓慢。邻国境内新建铁路面临诸多困难问题，包括增进政治互信、确定铁路技术标准、筹措铁路建设资金、防范重大风险等。所以，要充分认识境外铁路项目的复杂性，重视研究实施策略的灵活性。

三、陆桥运输品牌——中欧班列

中欧班列是由中国开往欧洲的"五定"（即定地点、定线路、定车次、定时间、定价格）货运编组列车，通常由 41 个 40 英尺（1 英尺 = 0.3048 米）集装箱（41FEU）编组而成，通过亚欧大陆桥送达目的地。中欧班列（包括中亚班列、泛亚班列）是铁路互联互通的新成果，是引领内陆对外开放的新业态。中欧班列是连接亚欧两大洲的纽带，是"一带一路"建设的标志性工程，为贸易商品提供了一个新的战略通道，提供了一种新的贸易方式选择。

1. 中欧班列背景分析

21 世纪初，重庆市在改革创新精神指引下，凭借着土地、劳动力价格低廉，政府实施优惠政策，培育良好的创业生态环境，吸引了大批沿海地区外资企业内迁，汽车、电子信息、装备制造三大产业及其他新兴产业在这里集群发展。以笔记本电脑产业集群为例，从 2009 年开始，惠普、宏基、华硕等"笔记本电脑出口制造基地"先后落户重庆；其后，富士康等 6 家台湾代工企业及 300 多家零部件企业也在重庆建厂。重庆很快形成每年生产数以亿计的笔记本电脑产业集群，产品主要销往国外，其中欧洲占一半左右。但内陆城市交通运输不便，是制约产品出口的瓶颈。为突破这一难题，2010 年重庆市政府与铁道部商议，研究制定适应产品出口的铁路运输新方案，同时加强与沿线国家政府和铁路部门联系，构建具有时效性的现代铁路物流体系。当年 10 月，组织了 40 节车辆进行国际通道国内段试运行。

2011 年 3 月 19 日，首趟"渝新欧"国际班列由重庆经新疆阿拉山口开往德国杜伊斯堡（图 4）。集装箱班列装载着笔记本电脑等高附加值产品，运行 16 天后顺利到达目的地。由中国、德国、俄罗斯、哈萨克斯坦四国铁路龙头企业和重庆市交运企业合资组成的渝新欧（重庆）物流有限公司，创造了中欧铁路运输国际合作新模式。"渝新欧"集装箱班列开行以来，不仅形成连接亚欧的重要物流通道，而且改变了人们的思维模式，促进了经济结构调整，助推重庆作为内陆开放高地快速崛起。"渝新欧"班列开行，对中欧班列快速发展

图 4　"渝新欧"班列到达德国杜伊斯堡

具有示范效应。几年来，中欧班列运营规模和质量稳步提升，有力地促进了中欧经济贸易合作和"一带一路"共建、共享、共赢。

2. 中欧班列比较优势

中欧班列全程运行距离为 1.0 万～1.3 万公里，时间约为 12 ～

17 天。航空运输虽然很快，但运费昂贵，约为铁路运费 4 倍以上。远洋运输价格便宜，但时间较长。若重庆至德国杜伊斯堡采用江海联运方式，全程 22252 公里，时间为 38～44 天。而中欧班列仅为海运时间的 1/3，可缩短时间 20 多天。这样显著的节约时间效应，有利于企业加快资金和存货周转，降低借贷成本。在铁路运费水平比远洋运费水平高的情况下，由于国内地方政府给予补贴，中欧班列具有一定的竞争力、吸引力。中欧班列安全快捷、绿色环保、受气候等自然条件影响小，已成为国际物流中陆路运输的骨干方式，受到各国政府、企业广泛关注和欢迎。这也是中欧班列得以快速发展的根本原因。

3. 中欧班列规范管理

近两年，中欧班列发展态势喜人。中欧班列开行范围扩大，我国已有 48 个城市开行班列，累计开行班列超过百列的城市达到 29 个，通达欧洲 21 个国家 92 个城市。货物品类增多，从 IT 产品、高端装备、汽车及配件等，扩展到食品、服装、医疗用品等。通关效率进一步提高，通关时间从 2 天压缩到 0.5～1.0 天；2020 年因为全球疫情，海运、空运均受到极大限制，中欧班列承接了大量由海运、空运转移的出境货运业务，开行班列数量大幅增长，2020 年开行中欧班列 12406 列，为 2015 年的 15.2 倍（表 2）。

表 2　中欧班列开行数量统计表　　　　单位：列

年份	2015 年	2016 年	2017 年	2018 年	2019 年	2020 年	合计
往程	550	1130	2399	3696	4525	6982	19282
返程	265	572	1274	2667	3700	5424	13902
合计	815	1702	3673	6363	8225	12406	33184

资料来源：国铁集团货运部。

为解决中欧班列快速发展中出现的各自为政、无序竞争问题，铁路部门研究制定了《中欧班列组织管理暂行办法》，统一品牌标识（中欧班列 CHINA RAILWAY Express，缩写为 CR express），实行规范管理，提高质量和效益。2020 年 10 月 11 日，国铁集团实施新列车运行图，安排中欧班列运行线达 73 条，按照高于旅客列车的等级管理，使中欧班列正点率达 99% 以上。规范化管理为中欧班列持续健康发展提供了制度保障。

4. 中欧班列品牌建设

中欧班列要在激烈的市场竞争中大发展，必须建立由国务院有关部门牵头的中欧班列组织协调机构，负责整合国内资源，统一对外合作，加强品牌建设。要以诚信为根本，以规范为准绳，以安全准时为目标，建立优质高效的综合服务体系，把中欧班列打造成具有国际竞争力和影响力的现代铁路物流品牌（图 5）。

图 5　首列统一品牌标识的中欧班列抵达波兰华沙

（1）创新铁路运输服务模式。中欧班列运行距离长、涉及国家多，铁路运输规章制度也不相同，因此需要搭建统一的国际铁路联运平台，建立全程运输协调机制。要融合物流、运输与互联网技术，按照供应链管理要求，实现全部环节无缝衔接，提供一站式综合服务。推行多式联运"一单制"，赋予国际铁路联运的多式联运提供提单物权属性。打造全程化、数字化国际铁路联运服务链条，提升中欧班列运行品质。

（2）**大力降低全程物流成本**。建立量价捆绑、灵活定价机制，依靠规模化运营能力，统一开展对外价格谈判。进一步压缩口岸滞留时间，减少全程运行时间。拓展国际邮件运输，增加适运货源品类，加快沿线工业园区、物流园区建设，积极组织回程货源，提高运输效率。经过与相关国家铁路运输企业共同努力，现在中欧班列全程运价已较开行之初下降 20%。

（3）**推进沿线国家便利大通关**。调查资料表明，中欧班列在通关口岸停留时间约占全程运时的 30% 以上，其中因海关程序繁杂等约占六成，运力接续不畅等约占四成。建立沿线国家海关合作机制，开展信息互换、监管互认、执法互助友好合作，实行一次申报拓展国际邮件运输，增加适运货物品类，即运地（出境地）一次查验、换装地不改变施封状态直接放行。加强检验检疫通关业务一体化建设，对符合条件的集装箱货物实施免于开箱查验、口岸换证等政策，实现中欧班列出口直通和进口直放。

（4）**构建中欧班列信息平台**。整合国内相关部门和企业的信息资源，建设中欧班列信息服务系统。积极推进与沿线国家铁路、海关等信息系统对接，推进服务标准统一、信息平台统一，实现数据共享、全程信息追踪。强化智能监控监管，全程卫星定位，增加集装箱安全智能防盗措施，确保货物运输安全。

中欧班列是跨大洲、全天候、大运能的绿色低碳运输方式，搭建了开放合作的友谊桥梁，彰显了互惠共赢的积极成果。今后要持续创新，推进中欧班列高质量发现，为构建全球发展命运共同体作出更大贡献！

四、推进国际铁路通道建设的措施建议

"一带一路"沿线各国多有加强铁路互联互通的意愿，但真正

落实绝非易事。需要有长期努力的思想准备，也要研究制订扎实有效的工作措施。

1. 加强政府部门统筹协调

国际铁路通道建设与运营，是涉及国家关系的大事，政府部门要有专门机构统筹协调。要增强中国与周边国家的战略互信，澄清各种质疑，形成铁路互联互通共同意愿。在对接两国发展战略和铁路规划基础上，经过充分协商，平衡各方利益，签署两国政府间合作框架协议、合作规划或备忘录，作为共同推进铁路互联互通的依据。建立统一的全过程协调机制，促进国际通关、换装、多式联运有机衔接，实现国际铁路运输便利化。通过机制整合，为铁路通道建设和运营创造良好的政策环境。

2. 深入做好项目前期工作

前期工作关系到项目立项、建设时机、建设规模、经济效益等一系列重要问题，是科学决策的重要程序。对于境外铁路项目，中国企业要密切跟踪，抓住机会提前参与设计、咨询等业务。结合相关国家发展需要和运输需求等因素，对国际铁路通道建设进行系统规划，遵循国际通行规则严格进行可行性论证，特别要重视风险评估和风险防范。要优先打通缺失路段，畅通瓶颈路段，完善各项运输设施，提高铁路通达水平。

3. 妥善处理铁路技术标准

在讨论国际铁路通道建设时，技术标准往往是颇受争议的难题。我们积极推介中国铁路技术标准体系，因为中国标准涵盖客货运输各类铁路，包括勘察设计、建设、运营各阶段多专业，具有系统性、兼容性和先进性。中国铁路建设和装备制造技术在世界上处于先进水平，造价低、安全好、效率高。但是，一定要尊重相关国家的意见，在工程设施和装备制造上宜考虑相关国家国情作适当调整。对于不同轨距标准的铁路联通，可采取相应技术措施（如可变轨距列车等）妥善解决。

4. 创新铁路建设投融资模式

周边国家都是发展中国家，虽然有修建铁路通道的意愿，但大都缺少建设资金。铁路建设规模大、投资多、回收周期长、风险高。项目公司作为投资主体，在政府部门支持下积极运用市场机制筹措资金。要争取亚投行、丝路基金、金砖国家开发银行、上合组织开发银行等金融机构支持，以"众筹"方式筹集建设资金。积极探索资源换贷款、资金换市场等融资模式，探索合资合作、PPP 模式、BOT 模式等，开创吸引民间资本参与的新路子。对于西方国家将中国资金参与项目合作污蔑为"债务陷阱"，要据理予以回击。

5. 集中力量抓好示范项目

以共建中老铁路作为示范项目。精心组织，控制风险，确保实现工程质量、安全和职业健康、环境保护、工期、投资五大目标要求。为该国培训技术人才，重视本土化、属地化经营，积极履行企业社会责任，反映项目建设对该国经济社会发展的重大作用。通过中老铁路项目，实现中国铁路全产业链"走出去"，总结出遵循"共商、共建、共享"原则、实现互利合作共赢的典型经验，树立品牌，扩大影响，发挥示范作用。

面向"一带一路"的国际铁路通道建设，不仅要重视铁路线路设施的"硬联通"，而且要推动技术标准的"软联通"，还要搞好民众交流融合的"心联通"，把国际铁路通道打造成福惠沿线各国人民的"发展路""幸福路"。

（本文系作者在"2016 年国际工程科技发展战略高端论坛"上的报告。收入本文集时补充了 2020 年资料。）

[链接]

　　1994年10月，孙永福率中国铁路代表团参加了在德国比勒费尔德举行的"欧洲铁路组织"第三届国际大会，会议主题是"货物联运"，欧洲10多个国家及美国和中国等铁路代表在会上作了报告。孙永福报告的题目是《中国铁路为丝绸之路货物运输提供优质服务》。报告介绍了我国铁路发展及开展国际联运情况，重点展示了我国新亚欧大陆桥（从连云港至阿拉山口）国际通道安全优质高效运输的新成就，希望有关国家铁路部门共同研究解决运价费率标准及费用清算等问题，更好发挥新亚欧大陆桥的重要作用。

国际工程科技人才培养研究

为贯彻构建人类命运共同体发展方略，推动共建"一带一路"向高质量发展转变，必须充分发挥工程科技创新对经济社会发展的驱动作用。这就迫切需要培养一大批多层次、多类型的国际化工程科技人才，以提供强大的智力支撑。

一、人才培养新形势

1. 新挑战

"一带一路"工程科技人才培养，面临着多方面的严峻挑战。如果不能有效解决这一基础性、先导性问题，工程科技支撑"一带一路"建设的要求将难以实现。

首先是产业转型升级的挑战。在经济结构调整和技术创新驱动下，产业转型升级由下游走向中游、上游，从而占据全球产业链、价值链的中高端，这就对人才资源提出了新需求。例如，"互联网+"应用到交通运输行业，不仅需要多种专业技术人才，而且对人才的交叉领域知识需求尤为强烈。

其次是人才规模质量的挑战。"一带一路"建设以六大经济走廊为引领，开展基础设施建设、产业经济带建设、国际产能合作、东道国工业园区建设等众多项目，对工程科技人才的需求规模较大，而且质量要求很高。这与难以调配的人力资源形成了鲜明的矛盾，存在着严重的不适应状态。

再就是人才互认流动的挑战。由于各国劳动力市场保护，工程教育学历认证、工程师资格认证体系不健全等原因，"一带一路"工程师跨国流动受到一定限制。除2016年我国加入工程教育本科学历互认的《华盛顿协议》外，我国还不是《悉尼协议》（3年制学历互认）、《都柏林协议》（2年制学历互认）的成员。我国也不是工程师资格互认的相关协议成员。

2. 新机遇

"一带一路"倡议已成为沿线国家经济发展的新引擎，各国在诸多领域的国际贸易合作愈来愈紧密。2017年"一带一路"沿线的71个国家对外贸易占全球贸易总额27.8%，在全球贸易版图的地位日趋重要。

截至2018年9月，中国已与"一带一路"沿线106个国家和地区以及29个国际组织，签署了150份合作文件。中国与"一带一路"沿线国家进出口总贸易额超过6万亿美元，新签对外承包工程合同超过5000亿美元，为当地创造就业岗位24.4万个，上缴东道国税费累计20.1亿美元。2016年，中国接收沿线国家来华留学生共计20.77万人，同比增长13.6%。

"一带一路"倡议突出"五通"（即政策沟通、设施联通、贸易畅通、资金融通、民心相通），与联合国193个成员国正式通过的可持续发展目标（SDG），具有高度的关联性。工程科技将在"一带一路"建设和世界可持续发展中发挥重要作用，这是工程科技人才培养的重大机遇。

3. 新要求

对"一带一路"工程科技人才的要求，不仅包括工程科技素质，也包括人文素质，以及国际交流能力。对于具有国际视野、熟悉国际惯例和国际规则并能参与国际竞争的外向型人才的需求尤为迫切。

"一带一路"沿线国家之间开展互利合作、共建共赢，既有市场主体的竞争关系，又有共建共享的广泛合作伙伴关系。这就要求培养具有全球胜任力（OECD 倡导）的人才担当重任。

二、人才培养 SWOT 分析

工程科技人才国际化，要特别强调风险意识，重视工程风险管理。一般按风险源不同，可划分为国别风险和项目风险。国别风险包括政治、经济、法律、社会文化、自然灾害等风险，项目自身风险包括技术、合同、工期、安全、质量、环保、投资、合作伙伴等风险。面对"一带一路"需要，对我国工程科技人才培养进行SWOT（即优势 Strengths，劣势 Weakness，机会 Opportunities，威胁 Threats）分析，可以提供研究制定相应的实用对策。

1. 优势（S）

改革开放 40 年来，我国经济发展和科技进步取得了举世瞩目的伟大成就，积累了丰富经验。工程教育体系完备，工程教育国际合作潜力巨大。目前，我国已与 47 个国家和地区签署学历学位互认协议（包括"一带一路"沿线 26 个国家）。

2. 劣势（W）

工程教育的国际化程度普遍较低，工程教育认证的覆盖面不足。工程教师大都缺乏工程实践背景，产学研协同联动育人机制欠缺，海外人才培训机制不完善。

3. 机会（O）

工程科技各个领域国际合作交流十分活跃。工科学生流动国际化趋势明显。2017 年我国出国留学人数突破 60 万人，来华留学人数接近 49 万人。援外培训力度不断加大，累计已为受援国培训各类人才近 40 万人。

4. 威胁（T）

"一带一路"沿线国家经济承载力有限，政治文化背景差异较大。中国标准与国际标准完全对接有一定困难。高级国际化人才短缺，在部分工程科技领域与发达国家直接竞争缺少特色优势，等等。

基于以上分析，建构了工程科技人才培养的 SWOT 矩阵，提出了相应对策（表 3）。

表 3　"一带一路"工程科技人才培养的 SWOT 分析

外部能力	内部能力	
	优势（Strengths）	劣势（Weakness）
	1. 时局稳定、政策开放、经济发展 2. 工程实践、工程教育大国 3. 工程教育培训体系日益完善 4. 工程科技学生基数庞大	1. 工程教育认证体系不完善 2. 海外人才培训制度不完善 3. 工程教育国际化程度相对较低 4. 校、企、科研单位联动机制较弱
机会（Opportunities）	SO	WO
1. 国际间各领域合作交流频繁 2. 工程科技学生流动国际化趋势明显 3. 沿线国家工程建设需求量大且迫切 4. 沿线国务实合作、成效显著	1. 制定利好政策，积极推进沿线国家多领域合作 2. 完善工程教育培训体系建设，推动相关学科建设 3. 加强工程教育力度，推动工科学生国际交流 4. 推进沿线国家设施联通，主动承接工程建设任务	1. 推动工程教育认证体系建设，促进工程人才国际流动 2. 建立海外专业人力资源管理制度，完善人才培养机制 3. 引导院校国际化发展，注重培养复合型高级人才 4. 政府牵头引导海内外校、企、科研单位多方合作，创造多方共赢模式
威胁（Threats）	ST	WT
1. 某些方面与发达国家竞争缺少优势 2. 技术标准国际对接存在困难 3. 沿线国家经济承载力有限 4. 法律、宗教等人文交流受限	1. 承接非洲国家工程建设，助力其产业升级改造 2. 帮助沿线国家经济发展，缩短与发达国家差距 3. 加强国际间人文交流，协助国企海外落地生根 4. 提高中国技术标准，对接国际技术标准	1. 与发达国家对接，推进中国工程教育认证体系建设 2. 引入国际工程教育理念，学习先进工程教育方法 3. 以国家为主体，搭建国际交流合作平台 4. 推动沿线国家人文交流，推动舆论正面导向

三、人才培养模式集锦

对于"一带一路"建设需要的工程科技人才，按照学位教育（培养）和非学位教育（培训）分别采用多种途径实施。这里选录的是我国最具典型性的主要培养（培训）模式。

1. 依托院校

如清华大学国际核能工程管理研究生项目，为友好国家培养核能与工程管理复合型高端人才；北京航空航天大学卫星导航方向国际研究生项目，已为 17 个国家培养博士 18 名、硕士 60 名，成为本国卫星导航部门技术骨干、行政主管。

2. 依托项目

如中国交建在实施马来西亚东海岸铁路项目时，依托该工程项目与当地院校合作，并引进我国大学教授和专家资源，培训当地工程师，提高当地工程师技术水平。这种模式受到马来西亚政府和社会的赞赏。

3. 校企合作

如中国路桥公司与北京交通大学签署《"一带一路"国际人才联合培养战略合作协议》，由中国路桥公司为肯尼亚留学生提供全额奖学金，已培养 60 名本科生。中国空间技术研究院国际硕士项目，主要面向友好国家招收留学生来华攻读航天专业硕士。

中国中铁依托院校、依托项目，开展校企合作，培养国际化人才。中国中铁已与中南大学、西南交通大学等多所大学建立了战略合作关系，开办中国中铁国际班。该国际班学员须与中国中铁签订就业合同，大学前三年按学校既定教学大纲完成学习，第四年学校要按中国中铁需求单独开设课程（如商务英语、国际合同、法律法规等）。在校学习期间，学校培养费用由中国中铁承担；学生毕业之后，由中国中铁安排到该公司项目实习。这种"3+1"订单式培养国际人才模式，为中国中铁开拓海外市场提供了强力支撑。

4. 海外办学

如厦门大学马来西亚分校，已开设 15 个专业，涵盖文理工医商等学科门类。该校借助华侨资源，融入当地社会，深受各界欢迎。已有来自马来西亚、印度尼西亚、孟加拉国、埃及等 22 个国家的学员就读，在校学生规模 4100 名。2017 年，我国境内大学在"一带一路"沿线设立的海外分校已遍及 30 多个国家。西南交通大学在海外设立天佑铁道学院，为东道国培养培训铁路工程技术人才。

5. 政产学联盟

如西南交通大学、中南大学等发起"一带一路"铁路国际化人才教育联盟，开展我国铁路国际化人才和东道国本地化人才的学历教育及专业培训。在教育部、中国工程院、西安市人民政府和相关企业支持下，西安交通大学丝路国际学院（丝路培训基地）形成工程科技人才培养的协同机制。

6. 短期培训

组织东道国有关部门和技术人员来华短期培训，除专家讲授外，通过参观现场增强对中国技术和设备的了解。对东道国技能人员培训，主要是掌握操作、维修等技术，以及正确运用中国技术和设备。

除上述模式外，中国企业也很重视本企业员工国际化能力培训。如 2017 年中国中车在西交利物浦大学、宁波诺丁汉大学开办了高级培训班。先在国内集训 4 个月，然后择优选拔部分学员分别赴美国、英国、德国等进行一个月企业培训。再如中国中铁对外派人员出国之前有针对性地进行岗前国际化培训，到达驻外机构后要进行本地化培训，专门开办各种培训班为海外员工不断"充电"。

中国土木集团有限公司定期举办项目经理培训班、高级研讨班等，同时组织国内人员到境外项目进行短期培训。这些措施都取得了良好效果。

四、人才培养质量保障

以提高工程技术人员胜任力和适应力为核心，重点解决人才培养中存在的培养资源分散、企业高端人才和技能人才不足、实用复合型人才缺乏、工程技术人员流动困难等问题。在加快国际化人才培养步伐的同时，要特别重视提高培养质量，创出人才培养品牌。这就需要建立国际化人才培养质量保障体系，主要包括以下内容（图6）。

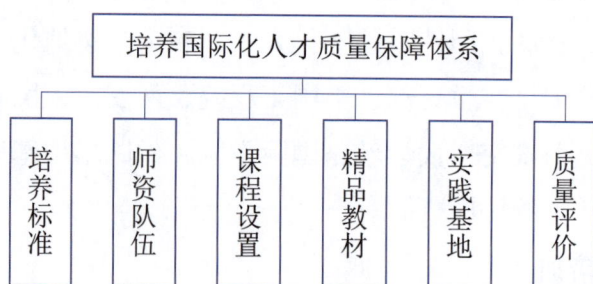

图6　国际化人才培养质量保障体系

1.培养标准

要充分考虑"一带一路"沿线国家实际，共商共建包容性的各专业领域人才通用标准。根据专业特点，细化培养程序。

2.师资队伍

采取"走出去""请进来"相结合，依托重大工程建设项目、专项基金等，开展对沿线国家高校师资培训，提高当地教师教学能力。

3.课程设置

根据东道国人才需求，总结国内外课程经验，构建特色国际化课程群，开展 MOOCs 课程，鼓励线上线下混合学习。

4. 精品教材

贯彻先进性、实用性要求，关注相关学科交叉，精选典型案例，采用自编、引进、外译等方式，加强国际化精品教材建设。

5. 实践基地

鼓励大学与企业联合建设海外工程实践基地，因地制宜、因企制宜，虚拟与现实相结合，实践与创新相结合，打造新型实践教学模式。

6. 质量评价

坚持质量第一原则，建立人才培养质量标准。实施质量跟踪调查，及时反馈质量问题，持续改进人才培养工作。

为加强国际工程科技人才培养工作，需要国家层面进行顶层设计，建立配套政策。在国际合作中，积极推进工程教育认证和工程师流动。大力整合国内培训资源，形成政、产、学及社会团体协同机制，注重培养创新思维和实践能力，提高工程科技人才培训质量。

（2017 年由作者和朱高峰主持了"'一带一路'工程科技人才培养与人文交流研究"。研究团队为清华大学、浙江大学。本文系作者 2018 年 11 月在"'一带一路'工程科技人才培养国际研讨会"上的报告。）

高速铁路安全系统治理战略研究

高速铁路是安全便捷、运能强大、节能环保的大众化交通工具，对服务国家经济社会发展、提高人民群众出行水平，发挥着重大作用。高速铁路安全是关系人民生命财产安全的头等大事，是交通强国铁路先行的首要任务。实施高铁安全系统治理战略，推进高铁安全治理体系和治理能力现代化，将为中国高铁这张亮丽名片增添新光彩。

一、高铁安全态势分析

1. 高铁发展成就巨大

20世纪90年代，中国开展高速铁路技术研究，并进行了多项前期工程实践。21世纪初，在自主研究基础上，通过引进、消化、吸收再创新，联合设计生产了"和谐号"动车组。随之，通过自主创新突破关键技术，成功研制了具有完全自主知识产权的中国标准动车组"复兴号"。我国高铁发展虽然比发达国家晚40多年，但依靠党的领导和新型举国体制优势，经过铁路人多年持续奋斗，实现了从无到有、从追赶到并跑、再到领跑的历史性变化。

建成了规模大、速度快的全国高铁网。2008年我国第一条高铁——京津城际铁路建成运营，最高运行速度350公里/时。十多年来，我国高铁快速发展，年均投产高铁3500公里以上。2020年底，我国铁路运营里程为14.63万公里，其中高铁运营里程达3.79万公里，占世界高铁总里程的 69%。原先规划的"四纵四横"高铁网提前建成，新规划的"八纵八横"高铁网正加密成型。现在我国高铁已覆盖全国 92% 的 50 万人口以上的城市。高铁运营网络通达水平和列车运行速度令世界各国为之惊叹！

创新完善的高铁技术体系。我国自主创新取得丰硕成果，构建了成套的高铁技术体系。在工程建设领域，具有适应不同气候条件和复杂地质条件的工程建设技术，包括长大桥隧、特殊路基、无砟轨道、无缝线路、无线通信、CTCS-3 级列车控制系统技术以及牵引供电技术等。在装备制造领域，可满足不同运行速度和不同运行环境要求，提供 160 公里 / 时至 350 公里 / 时的复兴号动车组系列技术。在运营管理领域，拥有不同速度等级高速列车高密度跨线运输调度技术，以及安全舒适的旅客服务系统等。我国高铁技术总体上已进入世界先进行列，有的已处于世界领先水平。

形成具有中国特色的高铁品牌。在全国铁路系统持续开展"客运提质"行动，实施"复兴号"品牌战略，使高铁运营品质得到全面提升。彰显了"安全、正点、舒适、便捷、经济"的特色优势，发挥了旅客运输的骨干作用以及对沿线地区经济社会发展的促进作用，深受广大旅客和社会各界好评。我国高铁不仅技术性能优，而且经济性能好，平均建设成本仅为其他国家的 2/3，高铁平均票价仅为其他国家的 1/4 至 1/3。因此，中国高铁具有国际竞争力，有利于"走出去"发展。

2. 高铁安全持续稳定

安全是高铁的生命线。全国铁路系统认真贯彻安全发展理念，强化安全基础工作，针对安全薄弱环节实施综合治理，取得了明显成效。2008 年至 2020 年，我国高铁每百公里平均事故率比其他国家低 82%。截至 2021 年 6 月，我国高铁已累计安全运行 92.8 亿公里，安全运送旅客 141.2 亿人次，在国内外都享有盛誉。

高铁安全管理制度不断健全。国铁集团认真落实企业安全生产主体责任，建立健全以《铁路安全管理规定》为基础的制度体系。制定了运输技术规章、专业安全管理制度、全员安全生产责任制、员工培训制度、安全评估和事故责任追究制度等，使安全管理走向规范化、制度化。

"三位一体"安全保障体系不断完善。经过多年实践，构建了人防、物防、技防的"三位一体"安全保障体系，发挥了重要作用。"人防"突出了人在高铁安全上的关键作用，着力提高人员素质，严防不安全行为发生。"物防"强调提高技术标准，增加设备设施安全可靠度，保障正常运转。"技防"发挥科技保障作用，监测不安全因素，预防各类事故发生。人防、物防、技防三者有机结合，保障高铁运行处于可靠可控状态。

高铁安全"双重预防"机制基本形成。基于风险分级管控和隐患排查治理的"双重预防"机制，增强了高铁安全超前防范能力。一方面要求树立风险意识，强化安全风险判识，重视风险预测预警，采取有效的风险管控措施；另一方面要求坚持开展安全隐患排查活动，及时发现隐患并进行整治。建立安全风险管控和隐患排查治理信息平台，有机嵌入安全管理制度之中，实施动态监控，预防风险升级和隐患爆发。

高铁安全监管体系进一步加强。2013 年铁路实施政企分开后，初步建立起以安全运输为核心的政府监督管理、企业自主经营、社会广泛参与的行业安全监管新格局。在政府监管层面，以交通运输部、国家铁路局（设七个地区铁路监管局）为主，国家有关部委（发改委、财政部等）为辅，共同监管铁路行业。作为企业安全管理主体的国铁集团，在集团总部、铁路局集团公司及管辖站段均设立了企业内部的安全管理机构。社会各界发挥对铁路的安全监督作用，积极参与高铁沿线外部环境治理。我国铁路安全监督立法逐步形成了法律、行政法规、部门规章、地方性法规等不同效力层级的体系，使安全监督管理有法可依。

3. 高铁安全面临的主要威胁

我国高铁已步入一个较长的安全期，安全治理取得了良好的效果，但也存在一些必须高度重视并认真研究解决的问题。当前，我国高铁安全存在的突出问题，主要表现在工程和装备源头隐患、运用管理精细化不够、人员储备及素质亟须提升、自然灾害问题和社会环境隐患越来越突出等方面。

设备设施质量隐患风险高发。高铁工程设施和运营装备存在的一些质量问题，导致事故占比高、整改难度大，已经成为影响高铁运营安全的主要风险之一。在 2008 年至 2020 年发生的高速铁路事故中，设备设施源头质量原因占 47.4%。其中造成特别重大事故 1 件，一般 A 类事故 1 件，一般 C 类事故 51 件。有的工程项目在规划设计阶段地质勘察不充分、设计深度不够，有的施工质量存在缺陷。如某隧道洞口顶部仰坡处理不到位，存在陡峻大孤石，养护人员无法到达坡顶检查和处置。有的隧道衬砌背后填充不实，形成开裂掉块，导致列车脱轨。个别项目对邻近化工厂的线路安全距离设计考虑不周，存在安全隐患。

设备运用疲劳风险开始显现。我国高铁技术发展，经历了在自主研究基础上引进、消化吸收再创新，再到完全自主创新的历程。国外技术设备的可靠性和疲劳寿命等安全相关指标，都基于外国运用场景制定，与我国高铁高速度、高密度、点多线长、昼夜联动的运营环境存在较大差异。对于这些新技术、新设备的安全性能规律变化，需要在我国高铁运用实践中不断摸索和验证。目前，我国高铁运营十年以上的线路已有十余条，部分关键设备已呈现故障多发趋势。需要研究这些引进设备的疲劳寿命周期、伤损规律等特性，以利于制定精细化管理，对安全风险提前预警管控。

人员素质成为潜在风险。人的安全素质是保障高铁运营安全的根本因素。我国高铁创造举世瞩目成就的背后，与一代代高素质铁路人持之以恒的付出和经验积累密不可分。近几年，第一代高速铁路安全技术人员和管理人员，特别是一线有经验的人员将迎来大规模退休期，新职人员在熟练安全技术和安全管理方面还要一个过程。随着新线开通规模扩大和新设备大量使用，高铁管理和专业技术人员配备不足、培训力度不够等，导致人员素质不适应高铁发展的情况比较突出。

社会环境风险依然突出。社会环境因素对高铁运营安全的影响呈现不断攀升之势。社会环境风险源主要包括：建筑和物资侵入铁路限界，违法生产经营活动（如采石爆破、储存危险品等），人员非法进入线路破坏设施等。近年来，接连发生彩钢板等硬质飘浮物和塑料地膜、防尘网等轻质飘浮物导致供电中断，邻近营业线施工侵入铁路限界，以及跨越高铁的公路桥上坠物等事件，直接影响列车运行安全。2016 年 11 月京沪高铁济南西至德州东间一化工厂发生爆炸，将供电接触网接地线砸断，碰撞正在通过的 G176 次列车，造成动车组、线路及声屏障设施损坏，中断行车 2 小时 34 分钟。2018 年河北省廊坊市村民擅自在京沪高铁线路附近搭建彩钢板房屋，被大风刮至高铁供电接触网上，砸坏接触网设备和安全护栏，剐蹭动车组列车，中断行车 5 小时 32 分钟，造成铁路交通一般 A 类事故。2021 年"五一"假期首日，京广高铁定州市内因大风吹扬地膜造成接触网故障，致使部分列车晚点停运，严重影响京广高铁列车运行秩序，导致大量旅客滞留北京西站，引发社会高度关注。上述事件，在多种不利条件耦合作用下，极有可能造成更为严重的事故，危及人民生命财产安全。

自然灾害风险长期存在。我国是自然灾害多发国家，自然灾害影响面较为广泛，造成损失相当严重。2008 年至 2020 年，自然灾害导致的高铁事故占所有高铁事故的 6.0%，特别是暴雨洪水对高铁运行安全带来的风险尤为突出。大风、低温雪害、地震等都可能对高铁运行安全造成威胁。自然灾害带来的安全风险具有突发性强、防控难、灾害后果不确定等特点，而目前用于此类风险的监测预警手段方法尚不完备。

二、高铁安全系统治理体系

1. 高铁安全系统治理内涵

"治理"（Governance）原意是指控制、引导和操纵的行动和方式。20 世纪 90 年代，"治理"作为一种新概念首先在公共管理领域兴起。按照全球治理委员会的定义，治理是指公共或私人领域内个人和机构管理其共同事务的诸多方式的总和。它是使相互冲突或不同利益得以调和并采取联合行动的持续过程。因此，有一部分学者认为治理是过程方法论。而另一部分学者认为，治理是一种机制和制度，是一系列的组织活动。

习近平总书记指出："治理和管理一字之差，体现的是系统治理、依法治理、源头治理、综合施策。"管理是通过计划、组织、协调和控制等职能，实现既定目标的过程。而治理是一种优化、良性、多元化、多角度的管理，是一种提升，通过协商合作、伙伴关系共同处理相关事务。治理与管理的主体、对象、运作方式和手段等均不相同，治理的内涵比管理更加全面。

高铁安全治理是一项系统工程，必须实施全要素、全方位、全过程的安全治理。系统治理的特征有三：一是治理主体多元化，包括政府部门、铁路企业、社会组织等，形成"多元共治"结构；二是治理对象全面化，包括铁路工程建设和装备制造质量的源头治理，运营阶段设备维护、安全管理以及沿线外部环境治理等；三是治理手段综合化，包括法律、法规、经济、科技、教育、考核与奖惩等。在各级党委领导下，创建政府监管、企业主体、创新驱动、社会参与的高铁安全系统治理新格局，构筑全生命期、全过程环节、全要素受控的高铁安全系统治理新体系。

2. 高铁安全系统治理理论基础

高铁安全系统治理理论涉及范围较广。本文主要基于系统论、协同论及战略管理论，指导研究系统治理问题。

系统论思想。系统是指由两个以上相互联系的要素构成的整体，系统论的核心思想是系统的整体观念。世界上任何事物都可看成是一个系统，通过研究系统、要素、环境三者的相互关系和规律性，优化系统的整体功能。系统论有两个基本理论：一个是整体大于部分之和，另一个是功能耦合原则。要运用系统论的观点和方法，对影响高铁安全治理的因素进行分析，制定相应的制度。

协同论思想。协同论是研究不同事物共同特征及其协同机理的新兴学科。协同理论的主要内容可概括为三个方面：协同效应、伺服原理、自组织原理。在高铁安全治理中，要自始至终体现政府推动、企业主体、社会参与的协同合作，实现统筹指挥，使信息共享、资源互补，发挥系统整体功能。

战略管理论思想。企业战略管理是指企业为实现战略目标、制定战略决策、实施战略方案和控制战略绩效的动态管理过程。高铁安全治理的战略目标是安全水平世界领先，必须研究战略部署，明确战略重点任务，制定保障措施，分阶段检查落实，适时进行动态调控。

3. 高铁安全系统治理体系架构

高铁安全系统治理的主体是：政府铁路监管部门、铁路运输企业、地方政府及社会力量。在明确界定各治理主体责任前提下，建立政府监管运行机制、铁路行业自律机制和社会协调机制。从多层面、多维度研究并进行整合，构成高铁安全系统治理体系。

依法治理是前提。法律好比是轨道，不铺好轨道就无法保证列车运行安全。推进高铁安全治理现代化的关键在于依法治理。习近平总书记指出："人类社会发展的事实证明，依法治理是最可靠、最稳定的治理。"要建立完善的高铁安全法律规范体系，治理方式和管控规则要依法合规；要建立高效的法制实施体系和严密的法制监督体系；还要建立有力的法治保障体系。

综合治理是手段。高铁安全治理完全依赖行政手段是不够的，必须采取多种手段综合治理，包括道德教育、行业自律、责任落实、科技支撑、协同监督、机理约束及安全文化建设等。政府、企业、社会形成一个治理整体，协同进行治理。

源头治理是基础。把高铁安全治理的关口前移，重心下移，从事后处置转向事前和事中延伸，筑牢安全生产基层基础防线，包括工程建设和装备制造的质量管控，以及运营过程安全管控。这是安全治理有效性的基础和前提。

全生命期治理是根本。高铁安全治理不是权宜之计，而是贯穿高铁项目整个生命期的重要任务。按照高铁项目生命期阶段划分，包括设计、施工、验交的质量控制和运营过程的安全管控。通过事前事中安全预防控制和事后应急及事故管理，使安全治理绩效更佳。

高铁安全系统治理体系框架如图7所示。

党委领导

| 政府监管 | 法律法规制修订
监管服务职能健全完善
行业技术标准制修订
行政审批和资质许可
设备质量监管评价
外部环境执法整治
突发事件应急管理
重大事故调查评估 |

依法治理 + 源头治理

事前 / 事中 / 事后

高铁安全系统治理体系架构

企业主体：
许可、批准、认证
落实"三同时"
建设质量监督检查
安全验收及评估
安全管理制度机构建设
安全生产责任制落实
安全生产标准化建设
风险隐患安全双重预防
人员队伍素质管控
安全生产资金投入
安全文化建设
设备状态检测监测
养护维修动态管理
自然环境监测应对
外部环境治理管控
应急救援处置
事故调查处理

设备设施源头质量安全
设备设施运用维护安全

事前 / 事中 / 事后

全生命周期治理

社会协同：
创新社会协同治理机制
激发社会组织活力
社会舆论监督
公众自发参与
协会自觉自律
路地联动外部环境综合治理
军民融合应急救援合作

公民安全教育体系
全民安全文化培育
安全风险网格化管理
外部环境安全宣传

事前 / 事中 / 事后

系统治理　综合治理

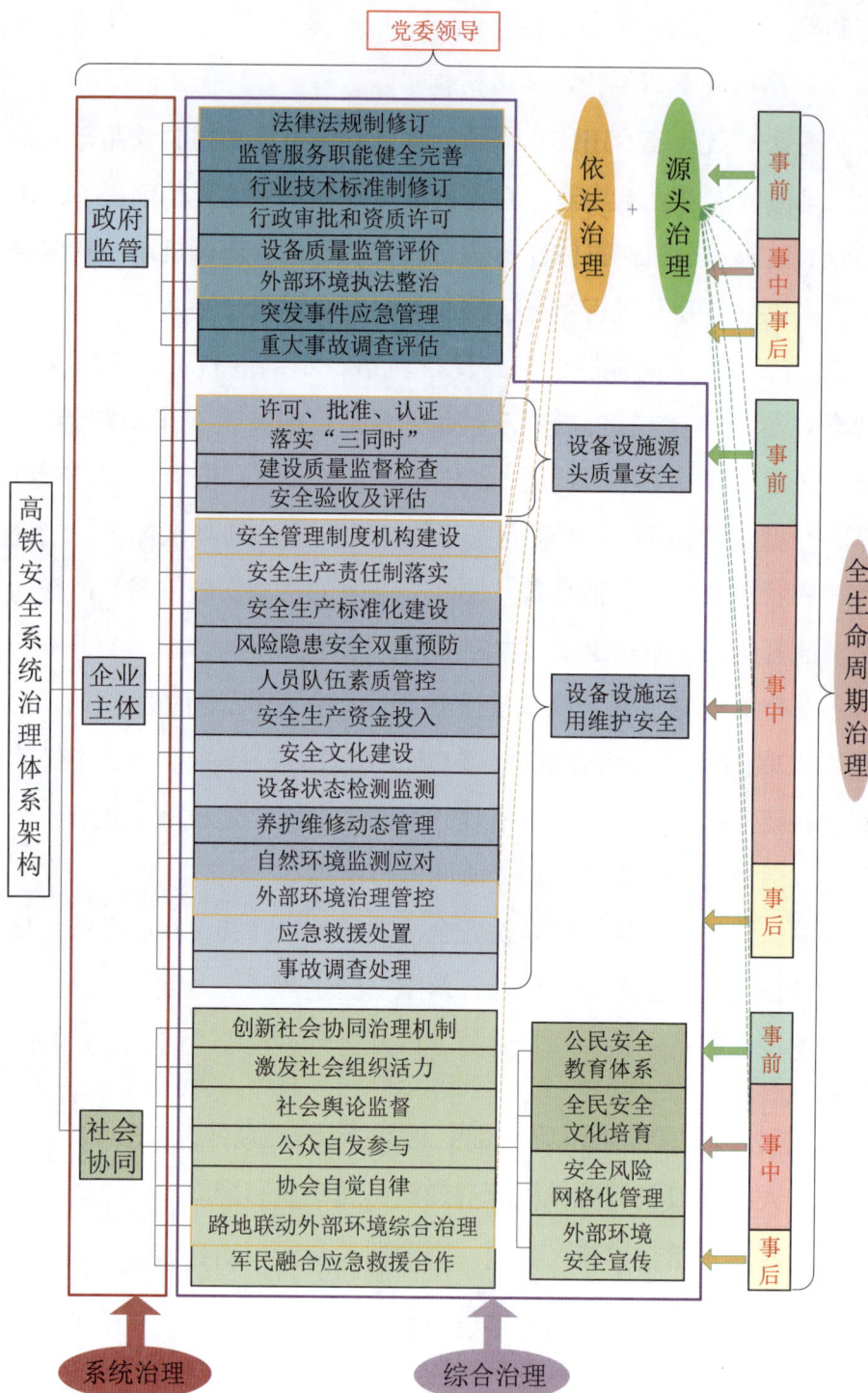

图7　高铁安全系统治理体系架构示意图

三、高铁安全系统治理战略重点任务

高铁安全系统治理战略目标：2025 年，建立全社会多元参与的高铁安全系统治理体系框架，基本形成依法依规共建共赢的治理格局。健全科学有效的高铁安全管理体系和安全预防控制体系，强化安全基础保障、应急管理和外部环境治理。高铁安全治理制度和机制更加完善，杜绝出现重大伤亡安全事故。到 2035 年，基本实现高铁安全治理体系和治理能力现代化。

高铁安全系统治理战略重点任务，主要有以下 6 个方面：

1. 加强高铁行业安全监管

健全高铁安全监管立法体系是当务之急。要尽快修订《中华人民共和国铁路法》，制定《高铁安全监管条例》，建立地方性法规，明确安全监管责任，强化安全监管力量，完善高铁安全规范标准。优化监管部门资源配置，充分发挥新型监管手段（如信用监管），提高监管透明度，建立监督影响评价机制。建立健全高铁安全监管制度（如行政许可制度、准入退出制度），建立安全绩效考核和激励惩戒机制。培育安全评估认证机构，开展第三方安全评估和产品准入认证。

2. 确保高铁设备设施质量优良

高铁安全治理要高度重视工程建设和装备制造质量，从源头上治理高铁安全。健全和完善质量安全法律法规和标准体系，开展全生命期设备设施安全评估方法研究，建立质量责任追溯机制，增加工程设施和运输装备的韧性，提高安全可靠性，延长使用寿命期。加强质量安全人才支撑保障体系，优化质量安全技术保障体系。工程设计、施工、建设单位及装备制造单位都要实行质量终身负责制。

3. 科学组织高铁运营管理

建设现代高铁设备设施运用维护安全治理架构，实施全面风险管控，完善双重预防机制，组成人防、物防、技防"三位一体"安全保障体系。持续强化安全生产标准化建设，全面提高设备设施检测监测能力，进一步优化设备设施养护维修体系。建立铁路安全大数据平台，利用安全大数据分析提高安全治理精准性。加快建设高技能、高素质产业大军，确保高铁运输安全。

4. 重视地方政府及社会力量参与

高铁沿线外部环境对列车运行有重要影响，高铁安全治理不只是铁路内部行动，也需要地方政府及社会力量积极参与。完善组织领导体制，压实地方政府参与高铁安全治理的责任，科学谋划社会力量参与高铁安全治理的顶层设计，积极组织社会力量治理沿线安全外部环境。在各级党组织领导下，由政府部门、铁路企业与社会力量构成"三协同"高铁安全治理长效机制，对高铁两侧 500 米范围内环境安全隐患进行排查整治。高铁安全文化体系建设和高铁志愿服务体系建设，都体现了中国社会主义制度优越性，值得大力推广。

5. 提升高铁应急救援能力

构建高铁综合应急救援保障体系，主要由 7 个相互关联、相互作用、相互制约的基本要素组成，包括：应急客体（突发事件属性，自然灾害、安全事故、公共卫生事件或社会安全事件）、应急主体（应急救援组织，铁路与政府、企业、社会相结合）、应急目标（应急救援价值）、应急规范（应急救援制度）、应急保障（应急救援资源）、应急方法（应急救援技术）、应急环境（应急救援文化）。这七个相互联系、相互作用、相互制约的基本要素，共同构成了一个完整的高速铁路综合应急救援保障体系。优化完善高速铁路"一案三制"（应急预案、应急体制、应急机制和应急法制）建设，加强应急救援队伍建设，创新灾害救援医学。研制铁路专用多功能救援设备，提升高铁综合应急救援保障能力。研发智能应急调度指挥平台，优化资源配置，打造应急"智慧大脑"和"大应急"救援格局。

6. 发挥科技创新支撑作用

贯彻高质量发展新理念，完善高铁安全科技创新体系，组织攻克安全关键技术，保障人员、设备、环境全方位安全。应用5G、物联网、大数据、区块链、人工智能等新技术，"空、天、地"全面监控监测设备设施及环境安全状态，完善安全信息管理平台，及时采取有效预警预防措施。建议制定"中国高铁安全数字化工程"行动规划，依托大数据综合应用技术辅助安全治理决策，构建高铁安全数据治理体系。

四、高铁安全系统治理保障措施

1. 完善铁路行业法律法规制度体系

坚持"立法先行"，引领和推动高铁安全系统治理。认真贯彻执行新修订的《中华人民共和国安全生产法》，强化企业主体责任，正确运用法治思维和法治手段解决高铁安全问题。加快修订《中华人民共和国铁路法》《铁路安全管理条例》《铁路运输安全保护条例》《铁路交通事故应急救援和调查处理条例》等，进一步明确行业管理体制、明晰路地事权划分、科学理顺政企关系。对铁路相关法律规范体系进行汇总分析，形成从法律、行政法规和地方性法规、行政规章和地方性规章等多个层次相互协调与衔接的完整法律法规体系。考虑到《中华人民共和国铁路法》等法律修订周期长，建议先对个别重要条款作出修订并由各省、自治区、直辖市制定地方性法规或者规章，以弥补铁路地方性规范层面的空白。

2. 制定"零死亡"安全愿景目标

愿景目标是企业或组织发展的愿望，也是引导奋进的内在动力。明确愿景目标，可以凝聚团队形成攻坚克难的强大合力。瑞典于 1997 年提出了"零死亡"交通安全的愿景目标并写入了法律，至今已经执行超过 20 年，取得了显著成效。在瑞典汽车保有量不断上升的同时，交通事故伤亡率却在持续下降。日本、澳大利亚和欧盟成员国等也相继提出了交通安全发展愿景目标。日本提出到 2020 年死亡人数减半，2030 年实现"零死亡"；澳大利亚提出2050 年"零死亡"；欧盟提出 2020 年减半，2050 年"零死亡"。我国制定高铁运营安全"零死亡"愿景，纳入推进"交通强国"建设重要内容，作为强化交通安全文化建设的战略共识，制定科学合理的分阶段战略目标。这对高铁安全治理参与主体具有强大号召力，同时有助于形成激励机制。

3. 协同创新攻克安全关键

瞄准制约影响我国高铁运营安全的关键问题，组织国内优势科研力量联合攻关。鉴于铁路安全重要性，要在设计标准上强调高安全高可靠性，适当增加抵御意外影响的韧性。采用新技术解决桥梁深基、隧道衬砌状态检测难题。对固定设施和移动设备全面建立"健康管理"，对服役状态进行实时监测。对自然灾害易发地段，建立完善的自动监测体系。开展人因工程研究，对关键岗位人员（司机等）运用脑机接口技术等，预防精力不集中导致安全事故。运用 5G、大数据、物联网、人工智能等新技术，加强铁路安全风险监测预警和管控，提高安全管理水平。

4. 完善产品准入认证制度

在创新驱动下，高铁设备设施不断更新，新技术、新产品上道准入管理成为重要安全风险源。铁路产品准入认证制度是国际通行规则，法国、德国铁路产品按照欧盟铁路互联互通指令开展第三方认证，涉及互联互通的基础设施、牵引供电、机车车辆、通信信号等结构子系统或构件，需由欧盟铁路局 ERA 指定的第三方机构 NotifyBody 进行认证，才能进入铁路市场。与安全相关的信号设备、机车车辆设备，还需由欧盟铁路局指定的安全评估机构 AssBo 进行独立安全评估，对产品准入严格把关。我国在安全认证管理方面存在短板，要完善铁路产品检验认证制度，修订《铁路产品认证管理办法》。倡议建立几个独立的铁路产品认证机构，形成公开、公平、公正的市场竞争机制。在此基础上，推进高铁设备设施产品标准与中铁检验认证中心（CRCC）认证结果的国际互认，促进中国产品标准国际化，助力高铁设备设施"走出去"。

5. 加强高铁人才队伍建设

研究制定高铁运营安全人才建设规划。明确责任，制定标准，严格考核，建立有效的激励机制。采用校企联合、短期培训、案例分析、现场观摩等多种形式，持续开展人员培训，不断增强应急能力。特别要重视培养一批高级安全管理和技术领军人才，培养一批覆盖各专业技能的"工匠"，扎实推进标准化、规范化、制度化建设。

6. 推进高铁安全系统治理战略实施平台建设

建议成立相关部委和单位组成的高铁安全系统治理战略实施领导小组，明确领导小组主要职责和相关制度，加强配合协作。铁路运输企业承担产权范围内治理责任，完成职责内治理任务。地方政府承担高铁沿线属地治理责任，组织社会力量做好本地区高铁安全治理工作。国务院铁路行业监管部门承担专业监管责任，依法依规严格监管执法。国务院有关部门承担涉及本领域有关问题隐患治理的指导督促责任。建立健全高铁安全系统治理暴露问题整改督办制度，列出存在问题清单，落实整改单位责任，实施有效的激励约束机制。

（2020 年作者和卢春房主持了中国工程院重大咨询项目"中国高速铁路安全治理战略研究"。主要研究团队为国铁集团安全研究中心等。本文系作者 2021 年 10 月在"国际工程科技高端论坛"上的报告。）

加强我国重大灾害
应急管理机制建设的建议

2008 年 9 月 17 日至 27 日，全国政协常委视察团赴发生地震灾害和冰冻灾害的四川、贵州、湖南三省，就"我国重大灾害应急机制建设情况"进行视察。视察团深入受灾市县、乡镇、企业、学校，了解重大自然灾害应急管理体制、机制、法制建设以及应急保障体系等情况，慰问受灾群众、学生以及救灾队伍。经过参加视察的全国政协常委认真讨论，形成了视察报告。现在，我代表视察团发言，提出加强我国重大灾害应急管理机制建设的建议。

全国政协常委视察团认为，四川、贵州、湖南三省党委和政府认真贯彻党中央、国务院的决策部署，把重大灾害应急管理摆在重要位置，加强应急预案制定与管理，提高应对突发事件的处置能力，取得了一定成效。但也存在许多实际困难，有些带有全局性的问题亟待研究解决。主要表现在：应急管理体制、机制不够健全，统筹协调效率不高；相关法律法规不够完善；自然灾害监测预警体系和信息系统建设滞后；应急救援队伍（包括抢险救灾和医疗防疫）亟待加强；应急物资和财政保障能力有待提高；日常宣传教育不够深入，自救互救能力不强，社会力量参与不够普遍。

经视察团认真研究，特提出以下七点建议：

1. 完善国家应急管理体制

《中华人民共和国突发事件应对法》（以下简称《突发事件应对法》）是我国在应对重大自然灾害方面唯一综合性法律。该法第四条规定："国家建立统一领导、综合协调、分类管理、分级负责、属地管理为主的应急管理体制。"由于《突发事件应对法》实施时间较短，应急管理体制建设还没有完全到位，改革和完善国家应急管理体制刻不容缓。建议：建立统一的应急领导与指挥体系，成立国家应急管理委员会，由党、政、军有关部门主要负责人组成。在国家遇到重大突发事件时，按照党中央、国务院和中央军委的决策，由国家应急管理委员会统一指挥协调军队、警察、公安、消防、医疗等各部门以及社会各方面力量快速高效行动，最大限度地降低伤亡和损失，同时避免过度响应造成的行政资源浪费。

国务院组建部级应急管理机构，作为国家应急管理委员会常设办事机构和《突发事件应对法》的执法主体。该机构负责组织编制国家应急总体预案和应急规划。建立全国灾害信息系统、应急通信系统，组织协调灾害监测、预警与风险评估，协助和督促有关部门抓好应急管理规章制度建设、抢险救援专业队伍建设、救灾物资（包括设备）储备与调配、灾后损失评估与补偿，以及日常宣传教育工作等。重大突发事件发生时，该机构作为应急指挥协调中枢，具体组织实施全局性重大任务。按照国家应急管理委员会部署，统筹协调各部门、中央和地方、军地之间、条块之间、政府和民间组织之间的分工与协作，指导各地区各部门应对突发事件工作。由各地方政府成立相应的应急管理职能部门，负责本地和本部门应急管理和指挥协调工作，加强应急预案体系建设并组织预案演练。从中央到地方建立起集中领导、统一指挥、反应灵敏、运转高效的应急管理工作机制。

2. 建立政策性巨灾保险和突发事件应对基金

目前，我国商业性保险条款都把巨灾风险列为除外责任条款（即不包含巨灾保险），致使巨灾保险处于停滞状态。建议尽快建立针对重大自然灾害的政策性巨灾保险，实现政府与市场共担风险。由于地震、洪水过后应急和灾后重建工程外部性很强，在某些方面具有公共物品性质，因此根据我国国情，各级政府应该成为保险主要参与者，为建立保险制度提供必要财力保障和制度支持。

政府财政预备费在应对突发事件中发挥了重要作用。但预备费不能在年终结转到下年使用，致使财政预备费的作用受到一定限制。建议严格按照预算法确保应急处置经费在年度财政预算中足额列支，同时每年从财政预算中单列一部分资金，设立政府突发事件应对基金，实行逐年滚动发展，以提高各级政府应对重大灾害和突发事件的经费保障能力。建立科学合理的中央和地方分担机制。积极探索建立针对重大灾害的政策性保险制度。

3. 建立完善的应急物资储备体系

建立应急物资储备制度是《突发事件应对法》明确要求的一项全新工作，迫切需要落实。特别要抓好以下三项工作：一是国家要明确应急物资管理行政主体，赋予应急物资储备、调拨等综合管理职能，建立常态与非常态管理相统一的应急物资管理体制；以该行政主体为依托，针对政府物资储备分级分类管理现状，建立健全统一协调、信息共享、相互配合、快速动用，跨部门、跨地区、跨行业的应急物资保障综合协调机制，使各种资源形成有机整体，为第一时间快速处置突发事件提供物资保障。二是根据应急工作需要，统筹规划，合理布局，建设若干应急物资保障基地，同时建立物资储备信息管理系统，实现物资储备、调运、配置的科学化、规范化、信息化，为应对突发事件及时提供应急物资支持。三是依托军队和国企，对重大突发事件应对处置过程中峰值需求大、储备条件要求高、生产工艺条件特殊的应急物资，可建立生产能力储备机制（有生产场地、设备和技术），平时由生产能力储备单位维护管理，需要时及时启动，统一扩大生产调用，避免重复建设浪费资源。

4. 建立专业化和社会化相结合的应急救援队伍

自然灾害、事故灾难、公共卫生事件和社会安全事件等四大类突发公共事件经常是相互关联、相互渗透、相互转化的，往往会耦合发生关联性强、面积大、时间长、灾种多的突发事件，这就需要一种跨领域、跨部门的风险处理方式，特别需要建设一支综合性专业化常备应急救援队伍。我国公安消防队伍既是公安机关一个重要警种，又是武警序列一支现役部队，具有体制机制、技术装备等方面优势，目前已经发展成一支分布广泛、昼夜执勤、反应迅速、装备专业、训练有素、作风顽强的常备骨干救援力量。建议把公安消防队伍建设成为各级人民政府综合性专业应急救援队伍，强化技术装备和专业人才。

同时，要建设社会化应急救援队伍。充分整合利用现有应急救援资源，如安全生产、医疗卫生、人民防空、国土、交通、能源、地震、气象、环保等部门，并突出其专业性、技术性，建设社会化应急救援力量，与公安消防专业化应急救援队伍协调联动。要强化医疗救治和防疫防护措施，发展灾害救援医学，重视社会力量参加应急救援，建设应急救援志愿者队伍。

5. 加强防灾减灾科技研究

在国家科学与技术发展规划中，安排防灾减灾科技专项。突出灾害风险管理、灾害预防措施、灾害预警预报技术，以及减灾防灾技术装备等，提高应急救援能力。推广应用地理信息、遥感、导航定位技术，研制减灾卫星、救援直升机和无人机、应急通信系统等，为防灾减灾提供技术支撑。以提高基础设施韧性为重点，大力采取新技术、新材料、新设备，建设韧性城市。

6. 完善应急管理法律法规体系

《突发事件应对法》颁布实施，对于明确突发事件防范处置权利、义务等做出法律规定是一大成效，但有关规定过于笼统和原则。建议尽快出台《突发事件应对法》的实施细则，明确执行机构职责，增加监督机制和评价机制等内容。对气象灾害等单一灾害，可制定相应条例及相关配套政策。提高基础设施技术标准，以增强抗灾减灾能力。形成完备的应急管理法律法规体系，提高各级政府依法应对突发事件能力。为妥善应对各类突发事件提供可靠的法律保障。

7. 加强应急知识宣传教育

建议将汶川特大地震发生日——5月12日确定为"防灾减灾宣传日"，每年突出一个主题，积极开展各类专题活动。把应急管理和公共安全知识教育纳入科普工作国民教育体系，在学校开设公共安全课程，加快我国学校安全教育制度化、规范化建设步伐。通过居民委员会、村民委员会向社区、农村居民传授应急知识，在各社区、村镇建立群众性居民安全防控体系，普及防灾知识，提高群众避险、自救和互救能力。组织出版各类有针对性和吸引力的应急知识宣传教育读本，并向群众免费发放。加强对各级公务员队伍特别是各级领导干部的应急管理培训和考核，提高处置突发事件的实际能力。

通过全方位推进应急管理体制和机制建设，形成全社会参与的应急管理格局，加强预测预警和有效应对，最大限度地减少突发事件造成的危害，最大限度地保障人民生命财产安全。贯彻以人为本的思想，科学规划，趋利避害，做好灾后恢复和重建工作。

（本文系作者 2009 年 3 月 9 日在全国政协十一届二次会议上的发言。全国政协常委视察团关于地震灾害和冰冻灾害的视察报告，经全国政协审核同意后上报中共中央办公厅和国务院办公厅。视察报告所提加强重大灾害应急管理机制建设的建议，被有关部门研究后采纳。）

城市轨道交通工程
政府应关注的重大问题

一、引　言

城市轨道交通具有运能大、安全好、能耗低、污染少等优点，是便捷高效的大众化交通运输方式，是现代大城市公共交通骨干。轨道交通是城市重要基础设施，是缓解大城市交通拥堵、减少环境污染的有效措施。发展轨道交通，对加快城市化进程、优化城市布局、促进经济社会发展、提高人民生活水平，具有重要作用。

我国城市轨道交通进入了快速发展的黄金时期。目前已获国家批准建设轨道交通的城市有 27 个。2009 年我国大陆已有 10 个城市 38 条轨道交通线路投入运营，正线总长为 962 公里。预计 2020 年城市轨道交通正线总长将达到数千公里以上。这样的发展速度和建设规模为世界所罕见。我国城市轨道交通之所以能取得这样巨大的成就，主要得益于贯彻科学发展理念，得益于国家经济实力增强、科技进步支撑，同时也得益于中央和地方政府的高度重视。

积极探索城市轨道交通发展新模式，要发挥市场在资源配置中的决定性作用，同时要强调政府正确履行职能，提供优质服务。本文就城市轨道交通（这里主要指"地下铁道"）发展急需政府加强的薄弱环节，如地下空间规划、综合交通枢纽建设、依法监督、政策支持、风险防范等进行研讨并提出建议。

二、科学规划城市地下空间

我国城市化进程面临着土地紧缺、交通拥挤、环境污染等严峻挑战。向地下要土地、要空间，是城市发展的必然趋势，这已成为衡量城市现代化的重要标志。建设城市地下铁道等交通工程，提供了形成带状多功能地下空间的巨大平台。

1. 城市地下空间的功能和定位

城市地下空间是巨大而丰富的空间资源。我国城市地下空间管理薄弱，存在着法律法规不健全、总体规划缺失及多头管理效率低下等问题。必须破除忽视地下空间资源的旧观念，深刻认识有效开发利用地下空间，对增强城市的集聚效应、促进经济发展、改善城市环境、提高应急能力等发挥的积极作用。倡导对城市地下空间开发利用实施综合管理，包括法律法规、体制机制及管理措施。

按照《地铁设计规范》（GB 50157—2003），城市轨道交通地下空间着重体现为区间隧道、车站站台、进出站通道等交通功能，满足轨道交通运营服务，这是项目自身的本质功能。同时，轨道交通作为城市主要基础设施，其地下空间还具有一定的城市功能，如商业服务等；地下空间还是应急避难的重要场所，可供防空防灾使用等。全面正确认识轨道交通地下空间具有的城市公共交通、城市商业服务及城市防空防灾等功能，对于指导轨道交通规划、建设、运营具有重要意义。

2. 城市轨道交通地下空间规划

城市轨道交通线网规划必须符合城市总体规划，符合城市交通发展战略，适应城市定位及未来发展需要。地下空间开发利用应贯彻"统一规划、综合开发、合理利用、依法管理"的原则，坚持经济效益、社会效益、环境效益相结合，使其完整功能得以全面体现。因此，轨道交通地下空间布局和开发利用，要在确保公益优先、平战结合的前提下，满足不同利益相关者的需求。城市轨道交通地下空间规划，应实行竖向分层、由浅到深、立体综合开发，横向相关设施空间相互联通，地面建筑与地下工程相互协调。如深圳地铁1号线车公庙站地下工程，在深南大道下打造出500米长的步行商业街——丰盛町，方圆不到0.5平方公里区域内每天人流量达29万人。成都天府广场地下工程有4层，除地铁1、2号线换乘站外，预留有地下公交站、停车库、商业、文化博览等场地。

3. 大城市综合交通枢纽

大城市综合交通枢纽集轨道交通、公共汽车、干线铁路、民用航空等多种运输方式于一体，是客流集散、换乘的重要场所。综合交通枢纽规划要统筹研究、系统安排、协调配合，使多种运输方式无缝衔接，方便旅客，提高效率。综合交通枢纽开发，应包括交通设施及换乘空间、公用事业设施空间、附属交通设施或独立的经营性空间。上海虹桥枢纽将铁路、地铁、磁悬浮、汽车、航空等各种运输方式融为一体，展示了大城市综合交通枢纽的现代化水平。

4. 依法管理城市地下空间规划

健全法律法规。我国已成为世界上城市地下空间开发利用的大国，但是缺乏有关城市地下空间开发利用方面的专门法律，相关法规也不健全。1997年建设部颁发了《城市地下空间开发利用管理规范》，这是我国关于地下空间开发利用的基本法规，但属于行政管理范畴。有的城市颁布了一些法规，尚需完善细化。地下空间开发利用涉及诸多问题，必须依据国家法律法规加快解决。如地下空间的建设用地审批和权属管理等均不够明确，对地下空间的安全和环境质量等重视不够等。因此，研究制定地下空间开发利用的法律，完善相关法规是当务之急。城市轨道交通建设牵涉面广，需要密切配合协作，政府要建立有效的协调机制。如上海市建立地下空间管理联席会议制度，杭州市设立地下空间管理办公室等，落实综合管理职能。

控制规划用地。地下空间总体规划是城市总体规划的组成部分。但普遍存在城市总体规划因为政府换届反复修编的现象，以及多头管理、各自为政的现象。地下空间管理薄弱，用地规划不能得到保证，给轨道交通建设带来很大影响。拆迁工作量增加，建设难度加大，必然造成浪费，甚至使项目难以实施。如北京站至北京西站地下直径线，规划时考虑铁路运输与城市轨道交通相结合设计为4线，但由于线路经由地带各类新增建筑物制约，现在只能修建2条铁路线。而1996年建成的北京西站就做得比较好，在修建站房时就建设了地铁预埋段和旅客交换场，为10多年后修建北京地铁9号线创造了条件。因此，规划先行是合理、高效开发利用地下空间的关键所在。

配套相关规划。在制定轨道交通规划的同时，要研究相关部分规划。在轨道交通车站，由政府建设管理的公共设施（如地下管廊），按市场规则运作的经营性设施（包括商业服务等），都应有相关规划同步实施。例如重要车站应考虑建设停车场及有关服务设施。在日本东京，很多人住在远郊或相邻城市，自驾车到地铁始发站停车场泊车，然后乘地铁到市内上班，地铁站附近没有汽车停车场是不可思议的。加拿大因其地下庞大的交通、综合的服务设施和优美的环境而享有盛名。

三、制定加快城市轨道交通发展的支持政策

世界轨道交通发展历史表明，各国都不同程度地实施了优惠政

策，以支持轨道交通发展。

1.明确城市轨道交通准公益性特征

公共物品和私人物品是相对而言的。相对于私人物品的竞争性和排他性，公共物品是具有非竞争性和非排他性的物品，而介于这两者之间的则是准公共物品。城市轨道交通具有准公益性，一定程度上具有效用不可分割性、消费非竞争性、受益排他性，总体看具有准公共产品的属性。

城市轨道交通为旅客提供方便服务，同时给其他社会成员带来收益，具有明显的正外部效应：节约时间、减少污染、减少事故、提高效益、促进发展。中铁二院提供了某项目社会效益分析资料（见表4）。尽管这份资料尚未计算沿线土地升值等影响，但大体可以看出最显著的效应是节约时间，可以看出轨道交通社会效益显著。

表4 某项目可量化社会效益平均每年收益比重

项　　别	比　　重
诱发客流效益	10% 左右
节约时间效益	55% 左右
减少乘车疲劳效益	10% 左右
减少交通事故效益	1%～2%
改善环境效益	1%～2%
减少公交投资效益	10% 左右
其他效益	10% 左右
可量化效益总值	100%
收益／成本	3.5 倍

资料来源：中铁二院。

据欧盟有关研究报告，1995 年欧洲 17 个国家交通运输业外部成本总额为 5300 亿欧元，占这些国家 GDP 的 7.8%（未考虑交通阻塞的后果）。其中：应对大气污染和气候变化的费用占 48%，处理交通事故费用占 29%，治理噪声的费用占 7%，应对自然景观和对城市影响的费用占 5%，从源头上解决环境污染和交通事故的费用占 11%。外部运输成本：铁路占 1.94%，航空为 6.1%，公路为 91.5%，水运为 0.45%。可见铁路外部成本低，正外部效应大，社会效益好。

因此，政府要大力支持城市轨道交通发展，应在以下三个方面有所作为：建设投资，运营补贴，优惠政策。

2. 拓宽城市轨道交通投融资渠道

城市轨道交通工程项目一般投资都很大，建设周期长、盈利能力低。但城市轨道交通提供的是准公共产品，其项目的社会效益远大于项目自身经济效益。因此，在轨道交通发展初期，许多城市项目投资主体单一，完全由政府财政出资或贷款，并在运营期间给予合理补偿。

在改革开放形势推动下，城市轨道交通投融资体制改革取得了一定进展。从完全政府投资模式，发展到政府主导的债务融资模式，进而走向投资主体多元化模式，逐步形成"政府引导、社会参与、市场运作"的雏形。现阶段城市轨道交通的投资主体仍然是政府，包括项目资本金和债务融资（国内外贷款、企业债券等）都离不开政府。有的市政府设立了轨道交通发展基金。上海市政府以定额补贴方式注入资金，由项目公司进行商业化运作。有些城市积极探索投融资主体多元化的新模式，在一些项目中试行建设—运营—移交（BOT）模式、建设—移交（BT）模式、公私合伙（PPP）模式。

深圳轨道交通 4 号线是国内首条采用 BOT 模式建设的城市轨道交通项目。深圳市政府和香港地铁公司签署协议，由香港地铁深圳公司负责地铁 4 号线二期工程的建设、运营和维护，并将已建成通车的 4 号线一期工程（4.5 公里）租赁给港铁深圳公司经营。全线建成通车后由港铁深圳公司统一运营。深圳市政府授予该公司30 年特许经营权。在整个建设和经营期内，该公司由香港地铁公司绝对控股、自主经营、自负盈亏。特许经营期满后，4 号线二期设施全部无偿移交给深圳市政府，并返还一期设施。

北京地铁 4 号线是国内首条采用 PPP 模式建设的地铁线路。由香港地铁、北京首创及北京基投公司组成京港公司，以 PPP 模式合作投资、建设、运营。该工程按建设责任主体划分为 A、B 两部分：A 部分为公共性较强的内容，主要是土建工程，由政府投资方负责（约占总投资 70%）；B 部分为经营性较强的内容，包括车辆、信号等设备资产投资、设施运营和维护，由特许公司负责（约占总投资 30%）。政府部门与特许公司签订特许经营协议。特许公司通过向 4 号线公司租赁取得 A 部分资产使用权。在项目特许期 30 年结束后，特许公司将 B 部分项目设施无偿移交给政府指定部门，将 A 部分项目设施归还给 4 号线公司。

拓宽城市轨道交通投融资渠道，关键取决于政府推进改革的决心。政府不能对城市轨道交通控制过死，应该积极创造条件吸引社会资本。政府通过补偿性投入（包括资本补偿、经营补偿、资源补偿），使社会资本达到平均（或高于平均）收益水平，满足社会投资者的盈利目的。这样即可使本不具备市场化经营条件的轨道交通项目，转变为市场可以接受的项目。政府在总结实施 BOT、BT、PPP 等模式经验的基础上，要研究政府购买公共服务、特许经营、公私合伙等法规和政策，实行规范化管理。轨道交通公司在进行债务融资的同时，要力争公司上市进行股权融资。新加坡地铁和我国香港地铁为上市融资树立了典型，我国上海申通地铁的成功上市也在股权融资方面进行了有益探索。

3. 授予轨道公司一定的土地开发权

我国城市轨道交通项目仅靠运营收入，但又受运价限制，自身盈利能力很低，投入资金回收周期较长。如果把沿线土地增值的外部效益一部分返还给轨道交通公司，变成轨道交通公司的内部收益，则会彻底改善项目建设运营状况，成为盈利企业。新加坡和我国香港采取多种方式将轨道交通建设与沿线物业开发结合起来，使轨道交通公司收益剧增，成功实现盈利，甚至物业开发盈利比线路运营盈利高出很多。这些成功经验可供我们借鉴。

我国土地所有权归国家所有。政府应研究制定有关法规，授予轨道交通公司一定的土地使用权。轨道交通公司以合适的价格获取轨道交通站场上盖物业使用权。同时，以协议方式一并出让给轨道交通公司线路相邻地下空间的地下建设用地使用权。这样，可使轨道公司按照城市规划布局有效开发地上和地下空间，形成"自我造血"功能，增强对社会资本的吸引力，减少政府补偿性投入。例如，日本东京车站拥有站区土地完整产权的自持物业开发。再如，我国台湾高铁桃园站企业拥有土地开发权的自持物业开发。

4. 实施财税优惠政策

目前，城市轨道交通项目大多由政府主导推进。政府要加大投入，提高资本金比例，有的还承担了偿还项目公司贷款利息。政府要建立运营合理补偿机制，运营票价低于正常成本时，应由政府财政给予适当补偿。同时，政府在征收税费、贷款、折旧等方面，对城市轨道交通项目实行优惠。在一定时期内减免营业税，帮助提供无息或低息贷款，实行特殊固定资产折旧，用电从低计费等。

有些国家和地区通过立法调节税收，扶持轨道交通发展。如新加坡和我国香港开征公共交通税或从其他交通税中分配给轨道交通。美国实施陆上运输援助法，增加建设资金来源。德国采取地方交通财政资助法，征收城市轨道交通税，每升汽油交税 1 马克。

四、严格防范安全风险和环境风险

项目管理的成功经验表明，必须加强质量、安全、环保、工期、投资"五大控制"。而传统的项目管理只强调了质量、工期、投资管理，忽视了健康安全、环境保护管理，轨道交通公司应认真研究改进。政府部门要高度重视防范化解项目风险。

1. 安全风险和环境风险十分突出

随着我国城市轨道交通建设规模扩大，安全风险和环境风险更加突出，事故数量呈逐年增多之势。由于勘测设计和施工管理方面存在许多问题，致使项目风险频繁发生。特别是线路经过淤泥软土、断层溶洞等复杂地质地段带来的风险，以及多种地下管线和建筑物等周边环境影响带来的风险，增加尤为显著。现有城市轨道交通项目建设中无一例外地会遇到风险危机，有的发生了重大事故，后果极其严重。2003 年 7 月 1 日，上海地铁 4 号线施工中发生特大涌水现象，隧道结构部分出现损坏，导致黄浦江防汛墙局部坍塌，周边地区地表大面积沉降，造成重大经济损失。2007 年 3 月 28 日，北京地铁 10 号线苏州街车站发生塌方事故，6 名施工人员被埋。2008 年 11 月 15 日，杭州地铁湘湖站北基坑坍塌，造成 21 人死亡，直接经济损失 4961 万元。有的城市地铁建设和运营过程中发生地面沉陷，造成人身伤亡事故。这些重大事故给我们敲响了警钟，沉痛教训应深刻吸取。

2. 贯彻"预防为主"方针防范风险

针对项目风险剧增的实际情况，从政府主管部门到项目业主、设计、施工、监理等单位，都要增强风险意识，提高控制风险能力，以尽量减少或避免风险损失。项目风险管理要贯彻"预防为主、综合施治"的方针，变过程控制、事后处理为事前预防，变单一措施为多管齐下、综合治理。项目风险管理内容和程序如图8所示。

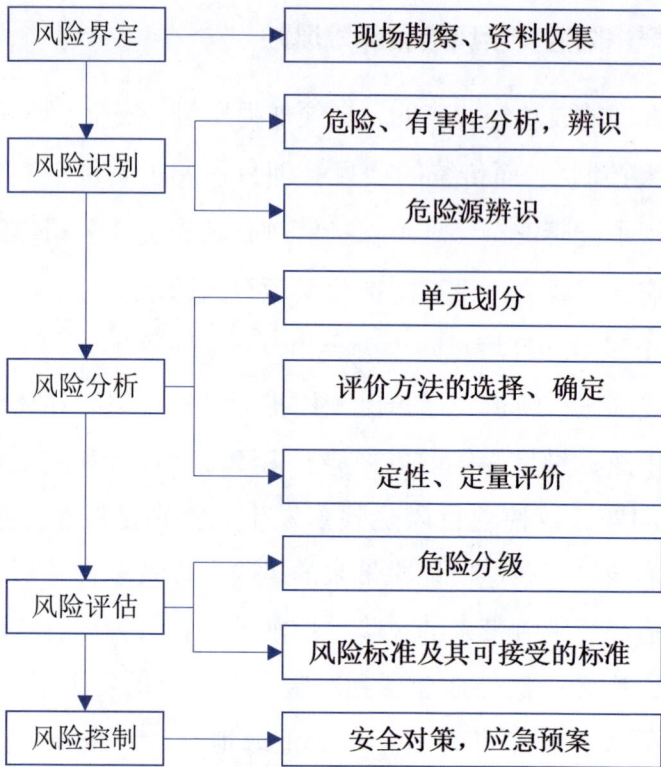

图8　工程项目安全风险管理控制程序

　　项目开工前应进行强制性风险评估。目前，环境影响评价制度已在法规中明确要求，但安全风险评估尚未列入法规之中。对于安全风险大的轨道交通项目，在开工前进行安全评估很有必要，其目的在于加强安全风险研究，使安全防范措施更臻完善。项目招标评标时，一般分成技术、商务两部分评定，在"技术标"内已包含了安全、环保要求，但对特别重大的项目可考虑增加"安全标"。香港特别行政区政府规定，特区政府管辖的全部主要工程，当预算总额在2亿港元以上时，都要实施系统化的风险管理程序。为此，出版了《风险管理手册》，详细阐述了风险管理程序。要求指定一位高级管理专业人士担任"风险管理经理"，全面负责风险管理。

风险管理费用应纳入项目工程概（预）算。以较低的风险管理成本，避免或减少工程风险损失是值得的。

3. 完善风险防范的法规、制度

国际上风险管理已有一系列指导性法规。如 2003 年英国隧协和保险业协会联合发布的《英国隧道工程建设风险管理联合规范》，2004 年国际隧协发布的《隧道风险管理指南》，2006 年英国隧协与国际隧协（ITA）发布的《隧道及地下工程风险管理作业规范》，2006 年国际隧道工程保险集团（ITIG）发布的《隧道工程风险管理实践规程》。我国政府主管部门积极倡导开展风险管理，工程技术界加强风险管理研究，取得了不少成果。2007 年中铁二院主持编写了《铁路隧道风险评估与管理暂行规定》，铁道部在宜万铁路建设中首先实行风险管理，积累了实践经验。2010 年住房和城乡建设部发布了《城市轨道交通工程安全质量管理暂行办法》，不少轨道交通项目在风险管理方面取得了优异成果。

我国轨道交通实施项目风险管理时间不长，相应法规尚不够健全。政府应着力解决相关法规不足、覆盖面窄、系统性不强等问题。通过法规明确政府风险监管事项、依据、标准、程序，以及信息公开透明等要求。这里特别要强调风险评估不仅应组织专家认真审查，也要吸收公众参与，听取不同意见。这既有利于深化风险分析、完善风险对策，也有利于化解矛盾、增进社会和谐。关于保险在轨道交通建设风险管理中的应用，要总结实践经验，不断改进提高。

五、全过程加强风险监管

我国城市轨道交通工程属于大型工程项目，由规范化管理的轨道交通公司负责项目实施。轨道交通公司是项目责任主体。政府主管部门要加强宏观指导，实施有效监督。

1. 立项阶段

政府组织编制城市轨道交通线网规划、审批项目可行性研究报告等，要建立和完善行业技术标准体系。运量预测、线路走向、站位设计等应由专业机构研究，听取专家意见和群众意见，反复进行论证，确保科学民主正确决策。

2. 实施阶段

实行项目法人责任制、招投标制、合同制、监理制，全面加强项目管理。政府部门按照职责分工，定期或不定期对项目进行审计监督、质量监督、安全监督、环保监督及行政监察，确保项目建设顺利进行。

3. 运营阶段

项目法人对运营全局负责，采用先进技术科学管理，保持设备状态良好，安全、优质、高效完成运输任务；要经常听取社会各界反映，提高服务水平，使旅客满意。政府部门对重大安全事故、环境影响事故、运营服务质量、运营价格及运营补偿等实施监督，确保运营目标全面实现。

六、结束语

大力发展城市轨道交通，已成为我国大城市构建绿色交通的必然选择。在积极探索城市轨道交通发展新模式中，要充分发挥市场在资源配置中的决定性作用，重视发挥政府规划引导和有效监督作用。最重要的是推动政府深化改革，健全法律、法规，建立协调机制，强化监督管理，实施支持政策，为建设项目提供优质服务，促进城市轨道交通可持续发展。

（原文载于《隧道建设》2011 年第 2 期。）

对颠覆性技术预测研究的思考

颠覆性技术被视为"改变游戏规则""重塑未来格局"的革命性力量，对推动人类文明进步、改变社会生产生活方式、影响世界强国的更替兴衰，产生广泛而深远的影响，从而受到世界各国的高度重视。当前，新一轮科技革命和产业变革呼之欲出，世界各国纷纷瞄准这一时代契机，研究战略规则，谋划推进措施。我国要从科技大国走向科技强国，必须抓住这一难得的历史机遇，突出自主创新，特别是颠覆性技术创新，抢占战略制高点，才有可能弯道（或换道）超车、后来居上，加速实现中华民族伟大复兴。

从国家发展战略需要出发，中国工程院于2015年以后开展了"引发产业变革的重大颠覆性技术预测研究"。在这里，我就颠覆性技术预测研究，谈一些自己的认识和思考。

一、什么是颠覆性技术

最先提出颠覆性技术（Disruptive Technology）这一概念的，是美国哈佛商学院教授克莱顿·克里斯坦森（Clayton M. Christensen）。1997年他在《创新者的困境——当新技术导致大企业失败时》一书中，针对商业创新背景，将技术分为持续性技术（Sustaining Technology）和颠覆性技术。他认为，持续性技术创新是对现有技术渐进式、增量式的改进或简单调整，而颠覆性技术则是追求标新立异、改变现有技术发展轨迹，形成新的跳跃式性能提升轨道。

国内外研究都强调，颠覆性技术是指用全新的科学原理、产品设计、生产材料、加工工艺或施工方式，来生产消费产品或生产设备的创新性技术。一项颠覆性技术出现之后，相关产业会发生翻天覆地的巨变，社会结构也会出现相应的调整，同时引发产业组织管理模式、产品制造模式、商业运行模式等变革，从而极大地改变人类生活现状。简而言之，可以说颠覆性技术就是对某个应用领域产生颠覆性效果的新技术。

从技术秉性来讲，颠覆性技术与在位技术各自沿着不同的技术轨道前进。颠覆性技术产生途径主要有三种：可以来自基础科学原理突破（原始创新），也可来自现有技术交叉融合突破（集成创新），或者来自解决问题思维突破（重大技术范式变革）。颠覆性技术基本特征表现在：一是技术取得重大突破，能够对产品性能或形态产生重大影响；二是以该技术为核心的产品具有颠覆性，实现更新换代；三是社会对新产品需求旺盛，市场规模巨大；四是由此引发产业必须进行创新性变革。

二、颠覆性技术典型案例

我们接触多、感受深的一些新技术，如数码相机技术、智能手机技术、复合材料技术、液晶显示技术、机器人技术、互联网技术等，都是影响巨大的颠覆性技术。研究团队对这些典型案例进行研究分析，加深了对颠覆性技术的认识，有助于探寻颠覆性技术的规律。这里，仅以下述四项为例。

1. 数码相机技术

多年前使用的胶卷相机，主要靠胶卷上溴化银的化学变化来记录图像。而数码相机（Digital Camera，DC）是利用电子传感器把光学影像转换成电子数据的照相机，是集光学、机械、电子于一体的产品。数码相机的传感器是光感应式的，当光线通过时能根据光线不同转化为不同的电子信号，在图像传输到计算机之前，这些信号通常会储存在数码储存设备中。数码相机与胶卷相机技术路线截然不同。

柯达公司曾经是世界上最大的影像产品及相关服务的生产商和供应商。在"胶卷时代"，柯达公司产品占全球市场份额曾高达三分之二。1975年柯达公司研发成功世界上第一台数码相机试验品，并拥有多项数码摄像专利。但是柯达公司并未及时将数码相机技术商业化，而是从保护自身胶卷业务出发，有意延长传统胶卷的生命周期，以获取丰富利润，结果错失了发展良机。

20世纪末，在中国胶卷市场上，柯达公司面临着日本富士公司等激烈竞争。柯达公司为了垄断中国市场，果断地采取了强力措施。1998年柯达公司同中国政府有关部门签订了"全行业合资协议"，成功收购中国胶卷工业7家企业（部分股份）并进行重组，一举击败曾称霸中国胶卷市场的富士公司。但国内有些人士也认为，柯达公司收购中国胶卷企业打击了民族企业，甚至有人将决策人员称为"卖国贼"，对此举相当不满。

1991年，日本东芝公司出售了第一台数码相机。出人意料的是数码相机进入市场后，备受顾客欢迎，得到迅猛发展。在"数码时代"，日本松下公司、索尼公司和韩国三星公司等占据市场领先地位，佳能、尼康、奥林巴斯等著名品牌数码相机已成为市场主力。此时柯达公司再想向新兴的数字产业转移，显然为时已晚。2012年4月20日，柯达公司这个庞大的商业帝国申请破产保护。

柯达公司不缺先进技术，而且一度垄断了数码成像技术，但由于作风保守、缺乏前瞻、决策失误，最终在数码相机技术竞争中败下阵来，教训极为深刻。

2. 液晶显示技术

液晶是一种特殊物质，其性质介于液态和结晶态但又兼具两者部分性质。虽然早在 19 世纪末，奥地利科学家就已发现液晶分子随着电场和温度的改变而发生化学性质的转化，但人们长期不清楚如何运用这种化学现象。20 世纪 60 年代，发明彩色电视机的美国无线电公司（RCA）开始研发基于液晶显示屏的彩色电视机，1968 年研发成功第一块液晶显示屏。但当时认为液晶技术极不成熟，误认为液晶技术只适用于小型显示屏，从而放弃了应用研究。

1973 年日本声宝公司首次将液晶显示技术用于电子计算器，开始进入商业化阶段。直到 20 世纪 80 年代末，夏普公司接过 RCA 的液晶技术专利，开始运用于液晶手表显示器，2001 年推出首款液晶彩色电视机。这项技术给夏普公司带来十多年辉煌时期。

3. 智能手机技术

手机是便携式电话（或移动电话），是我们常用的通信工具。在技术创新驱动和市场需求引导下，手机技术发展迅速，从依靠频率不同来区别不同用户的模拟手机，到靠极其微小的时差来区分不同用户的卫星定位系统（GSM），靠编码不同来区分不同用户的 CDMA，直到智能手机上市。智能手机优秀的操作系统、可以自由安装各类软件、安全大屏的全触屏式操作，这三大特性使前些年流行的键盘式手机很快被颠覆。

总部设在芬兰的诺基亚公司，是从事移动通信设备生产和相关服务的跨国公司。该公司是全球第一家生产手机的制造商，以通信基础业务、先进技术研发为主。20 世纪 90 年代创新功能前位的手机，占全球市场份额急剧增长，让其他厂商望尘莫及。21 世纪初，诺基亚手机搭载塞班系统、持续创新设计，在全球手机市场竞争中处于绝对优势，占有主导地位。特别是 2005 年至 2008 年，可以说是诺基亚手机的巅峰时期，创造了辉煌的业绩。

就在这时，新的竞争对手崛起。2007年，美国乔布斯主持的苹果公司发布了第一代iPhone智能手机，随后安卓系统上市，"触屏＋应用"引爆全球智能手机新时代。触摸屏操作极为流畅，网页浏览非常轻松，硬软件操作系统领先，迅速进入全球手机市场。2010年6月，苹果手机iPhone 4横空出世，以顶级配置的功能性能，占领全球智能手机高地，对诺基亚公司形成强烈冲击。主导全球手机市场14年之久的诺基亚公司，从此一蹶不振走向衰落，2013年被微软公司收购，2014年宣布退出手机市场。

为何会有如此结局？主要是因为诺基亚公司沉溺于往日辉煌，对市场变革反应迟钝，生态系统创新不力，结果错失良机，被后起之秀苹果公司和三星公司等全面超越，使往日的一个帝国无声陨落。智能手机技术，颠覆了传统手机技术，带动了新产业升级，对经济社会活动和民众生活产生了深刻影响。

4. 互联网技术

互联网是利用通信设备和线路，将各地相对独立的计算机节点互联起来，以功能完善的网络软件，实现网络资源共享和信息交换的数据通信网络。创始之初，旨在把美国西南部大学的4台主要计算机连接起来，为专家提供一个通信网络。后来此项技术实际应用效果喜人，迅速得到拓展。

20世纪70年代之后阿伯网诞生，开启了计算机网络发展的新纪元。接着传输控制协议（TCP）/互联网协议（IP）技术进入社会化应用，推动了万维网诞生，宽带、无线通信等技术又催生了第二代万维网。2010年以后互联网在全球范围内与社会各领域深入融合，促进产业转型升级，基于互联网的新兴业态不断涌现，深刻改变了人们生活和社会管理方式。"互联网+"时代已成为人类经济、社会生活不可或缺的组成部分。

互联网技术融合三大技术，即传感技术、通信技术和计算机技术，分别承担着对信息的获取、传递和处理功能，这是重大技术突破。互联网金融产品对传统银行金融产品造成巨大冲击，产生了颠覆性影响。互联网创新产品形态，拓展了新市场，引发诸多产业发生重大变革，推动整个社会发展和经济持续增长。

三、如何预测颠覆性技术

颠覆性技术具有探索性，存在诸多不确定性，难以准确预测技术发展，但颠覆性技术预测在一定程度上有规律可循。研究团队对近几年国外政府、企业、智库和科技界发布的与颠覆性技术相关的报告进行跟踪整理，梳理国外提出的颠覆性技术以及颠覆性技术研究方法；同时，也吸收借鉴国内一些研究成果。鉴于颠覆性技术预测的复杂性，对颠覆性技术预测要分层次推进：首先，识别技术领域（在哪些领域有可能发生颠覆性技术）；其次，聚焦技术方向（在领域确定后进一步明确发展方向）；再次，研究具体技术。在不同层次可以采取不同的研究方法。

颠覆性技术发展大都经历了三个时期：萌芽期——技术突破性进展；成长期——逐步形成市场规模；成熟期——用于新领域，产生新模式，发展更显著。国外典型机构所运用的颠覆性技术识别方法主要有：文献（专利）分析法、技术定义法、问卷调查法、场景模拟法及技术路线法等。国外典型机构所运用的颠覆性技术预测方法主要为：技术成熟度曲线法、技术成熟度评价法、质量功能展开法、情景分析法及社会趋势聚焦法等。这些方法大多是通过专家咨询评估来定性的，少数是定量的（如文献专利分析法、技术成熟度法），也有定性定量相结合的（如技术定义法、质量功能展开法）。对于早期颠覆性技术识别，大多侧重于宏观层面的定性分析。随着研究深入，定性定量相结合方法值得重视。

中国工程院"引发产业变革的重大颠覆性技术预测研究"，在深刻理解引发产业变革的颠覆性技术内涵基础上，研究建立了以技术、产品、市场、产业为要素的评价指标体系，开展多轮技术遴选。借鉴国外部分研究成果和国内已有研究报告，形成最初的"技术选项清单"。第一轮问卷调查，通过问卷回收统计分析及对院士专家补充意见研究，定性遴选出一定数量的"技术备评清单"（实际筛选160余项）。第二轮问卷调查按照评价指标体系进行统计，定量遴选出有限数量的"颠覆性技术备研清单"（实际筛选约20余项）。颠覆性技术主要热点领域是：信息电子、材料制造、能源环境、生物医药等。

此项研究以德尔菲法为主，充分发挥了院士专家多学科交融的优势，听取了有关政府部门及研究机构的意见，并同部分企业家、创新群体及青年学者座谈，进行必要的补充和修正，调整技术颗粒度，对有争议的技术选项做出抉择。由于初次探索，研究方法难免存在缺陷和不足，需要进一步改进提高。

当有人问及"交通颠覆性技术预测"时，我认为这方面研究尚显薄弱。安全交通、绿色交通、智能交通需要有颠覆性技术支撑。影响未来铁路发展的颠覆性技术，可能是速度达 600 公里 / 时以上的低真空管道超高速磁悬浮系统。

四、几点建议

1. 政府主管部门要制定关于颠覆性技术发展战略的指导性意见

全面部署颠覆性技术研发和应用，营造有利于颠覆性技术创新的政策制度环境。在全社会形成关注颠覆性技术的良好氛围，使蕴藏的创新智慧充分释放，创新力量充分涌流，尽快进入世界颠覆性技术发展先进行列。

2. 组织专业队伍开展颠覆性技术常态化研究

不仅政府有关研究部门、中国科学院和中国工程院应设立颠覆性技术研究智库，而且要鼓励有关行业（或领军企业）和有实力的创新型高校建立颠覆性技术研究机构，建立常态化研究机制，适时公布研究成果。特别要重视发挥企业在颠覆性技术产业化过程中的主体地位。

3. 积极探索具有中国特色的颠覆性技术预测方法和评估体系

加强应用基础研究，对前些年颠覆性技术预测研究成果进行"回头看"，核评各种预测方法适用范围及存在不足之处，推进颠覆性技术预测方法创新。建立符合颠覆性技术发展特点和规律的评估体系，对潜在颠覆性技术进行评估，进而推动颠覆性技术立项论证。

（2015年作者和王礼恒主持中国工程院重大咨询项目"引发产业变革的重大颠覆性技术预测研究"。研究团队为中国航天工程科技发展战略研究院等。本文系作者2019年7月在"中国工程科技颠覆性技术高端论坛"上的报告。）

上海磁悬浮示范线项目概略

20世纪末，对京沪高速铁路究竟是采用轮轨技术还是磁悬浮技术，铁道部组织专家进行了多次深入研讨。一致认为：高速轮轨系统技术经过几十年运营实践已经完全成熟，而高速磁悬浮系统技术虽然具有无接触运行、加速度大、爬坡能力强等优点，但尚未投入商业运行。因此，2000年6月12日我在向国务院总理朱镕基汇报时，对轮轨系统与磁悬浮系统作了对比分析，认为在京沪高速铁路这样的长大干线上采用磁悬浮技术的风险太大，建议采用轮轨技术。对于磁悬浮技术，可先建设一条较短线路示范，待总结实际运行情况后再扩大到干线。此项建议受到许多部门领导的赞同，也得到国务院领导的关注和支持。随后，经过方案比选，确定在上海建造一条30公里左右的磁悬浮技术示范线。

中德合作

2000年6月和10月，国务院总理朱镕基先后访问德国和日本，派出先遣组提前赴德国和日本，考察高速磁悬浮系统和轮轨系统。赴德先遣组成员有国家计委副主任张国宝、科技部副部长徐冠华和我。（同年10月，我们三人也是赴日先遣组成员。）

在这次考察之前，我曾多次赴德国、日本访问，对磁悬浮铁路（Transrapid）进行了比较深入的研究。从德国磁悬浮技术发展历史可知，最早是 1922 年德国人赫尔曼·肯佩尔（Hermann Kemper）提出了电磁悬浮原理，1934 年获得了"无车轮悬浮铁路"的专利。1969 年德国联邦交通部确定了"高速铁路研究"课题。同年，德国克劳斯 – 马菲公司（Krauss-Maffei，KM）研制了第一辆短定子磁悬浮模型车（被称为 TR01）。1971 年德国梅塞施密特 – 伯尔考 – 布洛姆公司（Messerschmitt-Bolkow-Blohm，MBB）研制了第一辆载客磁悬浮原型车，1976 年建成了第一条载人长定子磁悬浮铁路。1981 年成立了磁悬浮研究中心（MVP）。1987 年德国磁悬浮铁路联合体（KMT）建成长为 31.5 公里的埃姆斯兰（Emsland）试验线（两端为环线，中部直线段长约 8 公里），1993 年 TR07 型磁悬浮车创造了试验最高速度 450 公里 / 时。随后研制成功 TR08，技术特性已具备商业运行条件。1997 年 4 月，德国决定修建柏林至汉堡磁悬浮铁路（全长 292 公里），因预测运量偏大面临亏损等原因，于 2000 年 2 月取消该项目建设计划。

这次技术考察时，按照国内确定的方案，先遣组同德国磁悬浮铁路国际公司（TRI）商议了使用德国常导磁悬浮技术（速度 430 公里 / 时），在中国上海修建一条长约 30 公里示范线的有关问题。在朱镕基总理访问德国期间，由上海市市长徐匡迪与德国 TRI 公司总经理 Wahl 先生签署了《中德共同开展上海市磁悬浮列车示范运营线可行性研究协议书》。

商签合同

2000 年 11 月，中德合作如期完成了《上海市磁悬浮列车示范运营线可行性研究报告》。本项目从上海市浦东龙阳路至浦东国际机场，全长约 33 公里（其中正线 29.863 公里），双线，设计最高速度 430 公里 / 时，列车间隔 10 分钟。德国 TRI 公司、西门子公司、蒂森公司联合组团来沪洽谈合同，2000 年 12 月底基本上完成了主合同和技术规格书的谈判。但在价格谈判中，双方分歧较大。

德方提出的设备和服务报价总额为 24 亿马克。他们说，这不包括以往投入的技术开发费，也没有巨额利润。报价主要由四部分构成：一是正常的工料费用；二是为实现 505 公里 / 时演示速度增加工作量的费用；三是赶工费用；四是工装模具和设计研发费用。中方认为，这个价格比德国柏林至汉堡磁悬浮线所列设备单价高出很多，不能接受。双方在设计标准、供货范围和分工界面等方面寻求缩小差距的出路。中方把演示速度降到 430 公里 / 时，承担设备运输、安装，并主动参与调试、试运行等，减轻了德方的费用支出。德方在赶工费等方面也做了较大让步。在朱镕基总理直接过问下，德国政府表示在原承诺提供赠款 1 亿马克（实际上是用于线路导轨工程技术转让）的基础上，再提供赠款 1 亿马克（实际上是对中国采购设备的优惠），西门子公司总裁表态再让给中方 0.5 亿马克，最终取得突破，达成一致意见。2001 年 1 月 23 日中德双方签署《上海磁悬浮快速列车项目设备供货及服务合同》，合同总额为 12.93 亿马克。上海市市长徐匡迪会见了德方成员，科技部副部长徐冠华、外经贸部副部长张祥和我参加了签字仪式。另外，德方同意向中方转让"磁悬浮快速列车混凝土复合轨道系统技术"，合同金额为 1 亿马克。

项目实施

上海市领导对磁悬浮列车示范线工程十分重视，专门成立了项目建设指挥部，由上海市计委副主任、浦东国际机场总指挥吴祥明负责。聘请了各方面专家成立专家组，进行技术指导。铁道部也应邀派遣了机车车辆、通信信号、电气化等专业技术人员参加项目可行性研究，派遣桥梁工程专家研究现场制梁方案。

早在 2000 年 8 月，上海市就成立了磁悬浮交通发展有限公司（简称"磁浮公司"）。由上海申通（集团）有限公司、申能（集团）有限公司、上海国际集团有限公司、上海宝钢集团公司、上海汽车工业（集团）总公司、上海电气（集团）总公司等 6 家企业出资组成，注册资本金 20 亿元。有关银行已承诺，将以联合贷款方式提供该项目其余资金。

项目初步设计完成后，又进行了扩大初步设计。征地拆迁全面展开，各项开工准备工作已经就绪。2001 年 3 月 1 日举行了开工仪式。

在建设期间，我曾几次到施工现场了解过进展情况。对于德方转让的磁悬浮轨道系统技术，中方进行了消化吸收，进而研究提高，设计了新型简支梁变连续梁的复合梁结构，减少了制造、运输和架设困难。对于跨越河道的较大跨度桥梁，设计了迭合梁结构。为适应沿海地区深厚的软土地质情况，设计时严格控制了沉降变形，并使用了可调节高度的支座。研制了侧面导向板专用软磁钢，对定子铁芯、绕阻电缆、车载蓄电池等也取得了诸多研究进展。在全线开通试运营之前，我乘磁悬浮列车体验了运行状况。从首列磁悬浮列车组装成功后进行试运行看，轨道系统、牵引供电和车辆性能比较稳定，但也存在噪声大、造价高等问题，需要研究改进。对列车高速运行引起的动力影响、列车控制系统的软件更新等问题，要高度重视，开展创新研究。

2002 年 12 月 31 日全线开通试运营。在朱镕基总理亲自关心和推动下，中德合作建成了世界上第一条磁悬浮商业运行线（图 9），展示了高速磁悬浮交通的崭新形象，对发展磁悬浮交通具有示范作用。

图 9　磁悬浮轨道交通

　　（本文系作者 2003 年"关于上海磁悬浮示范线有关情况的综合汇报"摘要。）

中国低真空管道
超高速磁悬浮铁路战略构想

提高列车运行速度，是铁路系统的不懈追求。在改革开放和创新驱动下，我国高速铁路取得了举世瞩目的伟大成就。进一步提高速度，将受制于轮轨摩擦、空气阻力和噪声污染等影响。如果使磁悬浮列车在低真空管道内运行，将消除轮轨阻力、降低空气阻力、降低噪声污染，可以全天候超高速（600～1000公里/时及以上）运行。因此，研究低真空管道（包含隧道，下同）超高速磁悬浮铁路是一项国家科技发展战略，是推进交通强国建设、抢占铁路科技制高点的重要举措。

一、战略需求及战略定位

1. 发达国家客运需求发展启示

发达国家客运发展实践表明，旅客运输需求与GDP有密切关系。当人均GDP达到中上等收入经济体前，客运需求增长速度较快，之后则逐步放缓。据美国统计资料，从20世纪60年代到2000年前，旅客周转量一直处于增长状态；但20世纪70年代美国人均GDP达到7000～8000美元之后，旅客周转量年均增长速度趋于平缓；1990年之后，当美国人均GDP达到20000美元以上时，旅客周转量年均增长速度下降至2.3%。

公众在收入增长达到一定水平后，对于高端客运方式的需求增长更快。但从长期来看，人们出行结构有规律可循，生产性和生活性出行比例基本稳定。在现有技术条件下，人均出行次数达到一定水平后，由于公众外出欲望受到时间和经济成本的约束，便会处于基本稳定阶段。每户年均出行次数和客运总距离在达到峰值后，将会有所下滑，人均客运需求存在一个"天花板"。

2. 我国客运需求总体趋势

中国社科院对我国经济发展预测表明，我国 GDP 年均增长率2021—2035 年为 5.0% 左右，2036—2050 年为 3.6%（前期高，后期低）。一般来说，经济增长会导致运输需求增加，因此可以认为未来 30 年我国运输需求总体呈上升趋势，但后期年均增长速度将会放缓。

随着产业结构优化，第三产业比重增加，分工进一步细化，产生了对生产性服务业的大量需求，将出现更多的商机，这对高质量客运有明显促进作用。人民群众收入水平提高后，对出行费用的承受能力增强，将推动形成消费主导经济的新格局。人们从"走得了"到"走得好"，对出行品质将会有更高要求。

城镇化快速发展，带来城市群、大城市间快速通达需求。在城镇化初期阶段，客运需求具有总量水平和增长率"双低"特征。在2030 年前，我国城镇化处于中期阶段，客运需求总量将持续增长，但增长率达到高峰后会逐渐放缓。在 2031—2050 年我国城镇化进入成熟期后，虽然客运需求总量还会有增长，但增长率将会有下降，呈现"总量高，增速低"的特征（图 10）。

3. 高速地面交通客运需求分析

从运输经验总结可知，影响旅客运输需求的主要因素是：旅行速度、旅行成本和乘坐舒适性。一般认为，个体旅行疲劳临界点为乘车 3 小时左右（有的认为 4 小时左右），超过疲劳临界点则疲劳指数上升，导致旅行舒适度降低。旅行时长为 3~4 小时，高铁二等座票价约为民航经济舱票价的 50%。法国铁路调查认为，4 小时乘坐时间是铁路与航空运输市场占比的临界点（图 11）。乘坐时间 4 小时以内，铁路占运输市场（铁路 + 航空）比例高；乘坐时间 4 小时以上，则铁路所占市场（铁路 + 航空）比例急剧下降。

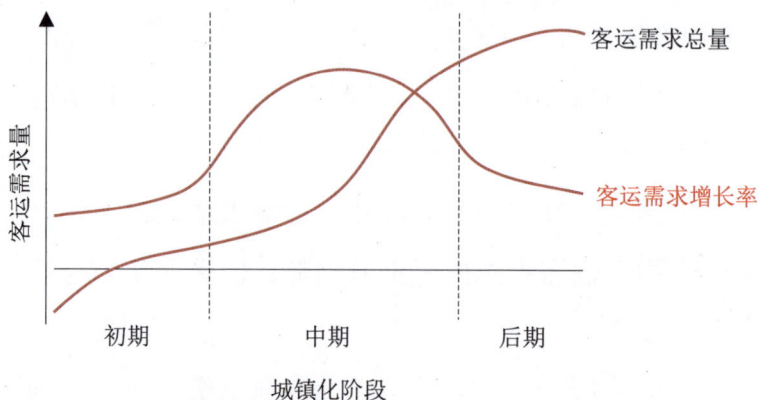

图 10 城镇化阶段客运需求总量与增长率变化曲线

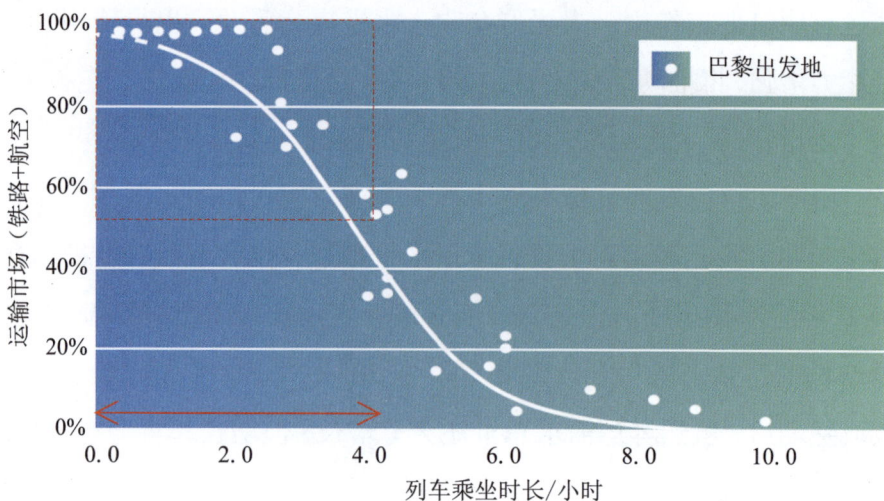

图 11 法国铁路占运输市场（铁路 + 航空）比例与乘坐时长关系曲线

我国高速铁路快速发展，京沪、沪杭、广深等高速铁路客流持续增长。以京沪高铁为例，从 2011 年 6 月开通运营到 2019 年 6

月止，累计发送旅客 10.3 亿人次，年均增长 20.4%。2018 年完成 1.92 亿人次，2019 年完成 2.15 亿人次。2020 年 1 月 22 日，创出日开行 666 列新纪录。沿线调研表明，京沪高铁徐州至蚌埠段运能已接近饱和，需要研究扩能措施。通过对区域全社会客运量、现状通道铁路客流增长、现状通道航空客流增长、通道客流预测及通道内主要路径预测，得到的结论是，客流仍有持续增长之势。除京沪线外，京广深、沪杭线等客流增长潜力也很大。

人民群众对更高速度交通运输方式充满期待。中国工程院咨询项目研究对旅客问卷调查表明，超过九成旅客对更高速度交通运输方式持欢迎态度。七成左右旅客倾向于选择更高速度交通运输方式出行。超过四成旅客期望铁路列车速度达到 600 公里 / 时。随着出行距离增大，选择速度为 800 公里 / 时和 1000 公里 / 时的旅客将逐步增多。期望乘坐更高速度运输方式的旅客，70% 以上是出差和旅游，节约时间价值备受关注。

4. 低真空管道超高速磁悬浮铁路战略定位

磁悬浮铁路是利用磁力将车辆悬浮于导轨之上，利用直线电机驱动列车前进的铁路系统（或称磁悬浮轨道交通系统）。低真空管道超高速磁悬浮铁路则是磁悬浮列车在低真空管道中运行，因而具有速度快、能耗低、运量大、安全舒适等特点，能够提供全天候的绿色智能出行服务。低真空管道超高速磁悬浮技术是一项国际科技界十分关注的颠覆性技术。加大低真空管道超高速磁悬浮铁路研发力度，把建设低真空管道超高速磁悬浮铁路作为推进交通强国建设的标志性工程，对于我国抢占交通技术制高点、引领世界铁路发展，具有重要战略意义。

低真空管道超高速磁悬浮铁路速度目标战略定位，重点用于长途旅客运输。运行速度目标值：最初实施 600 公里 / 时以上，随后紧跟 800～1000 公里 / 时及以上。低真空管道超高速磁悬浮铁路同民航具有互补性，这就为旅客出行提供了多种选择。

二、高速磁悬浮铁路研究历程

磁悬浮技术最早在德国出现。1922 年德国工程师赫尔曼·肯佩尔（Hermann Kemper）提出了电磁悬浮原理，并于 1934 年申请了世界第一个磁悬浮列车专利。他提出在真空隧道中运行磁悬浮列车，速度可达 1800 公里 / 时。1953 年他在 ETZ 电子杂志上，发表了关于《电子悬浮导向的电力机车车辆》的研究报告。

20 世纪 70 年代以来，随着工业化进程加快，国家经济实力增强，发达国家相继开展磁悬浮技术研究。譬如英国，1984 年建设了连接伯明翰机场与火车站的低速磁悬浮系统（长 620 米），1996 年因维修工作量大，经营持续亏损，决定关闭停运。法国、加拿大、美国、苏联、韩国等也都开展了相关研究。目前此项技术研究，德国、日本和中国成绩最为显著。主要形式有：常导电磁悬浮、低温超导电动悬浮、高温超导永磁悬浮等。

1. 常导电磁悬浮（即常导吸力型，EMS）

电磁悬浮的基本原理，是利用电磁铁（以铁心、线圈为主要部件）与导磁金属、轨道（A3 钢，硅钢片等）之间的磁吸力，实现车体悬浮。电磁铁与轨道之间的电磁吸力，可通过主动调制进行调整，确保间隙的稳定悬浮目标。德国从 1968 年开始研究磁悬浮列车，最初是常导型与超导型并重。1969 年克劳斯 – 马菲（KM）公司研制出首台 60 千克电磁悬浮模型车（TR01）。1971 年后接连研制了 TR02、TR03、TR04 等型号车。1977 年德国政府组织专家评审后，认为采用长定子直线电机的常导电磁悬浮技术（图 12）是发展方向，于是停止了超导电动式磁悬浮技术研究，也不再研究适于中低速的短定子直线电机磁悬浮技术。

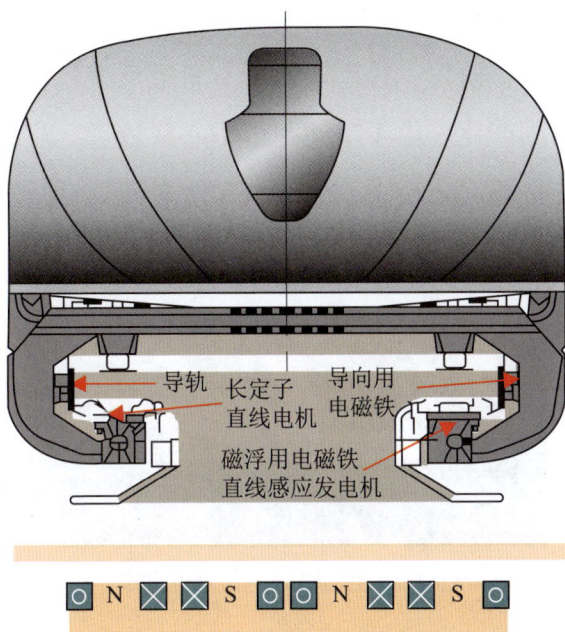

导轨　长定子直线电机　导向用电磁铁
磁浮用电磁铁　直线感应发电机

图 12　常导电磁悬浮制式示意图

　　德国 TR（TransRapid，简称"捷运"）系列的常导高速磁悬浮列车研究，30 年经历了三个发展阶段：第一阶段概念设计（1969—1979 年），TR05 在 1979 年汉堡国际交通博览会上成功演示；第二阶段工程试验（1980—1991 年），建造了埃姆斯兰试验线（TVE，长 31.5 公里），1991 年德国政府对 TR07 进行鉴定，认为已达到可用水平；第三阶段工程建设准备（1992—1999 年），议会先后通过 4 项立法，研制成用于商业运营的车辆（TR08）。计划建设柏林至汉堡高速磁悬浮铁路，后因客流量比预测减少、概算投资增加、运营面临亏损而被国会否决，2000 年 2 月 5 日德国交通部长宣布该项目停建。接着，又选择了几条短线，但均未立项建设。

　　进入 21 世纪，我国在上海建成了世界上第一条商业运营的高速磁悬浮示范线。上海陆家嘴至浦东国际机场磁悬浮列车示范线，正线全长约 30 公里，设计最高速度为 430 公里 / 时，于 2002 年 12

月31日开通运营，2006年4月27日正式投入商业运营（图13）。这条高速磁悬浮示范线，采用的是德国常导电磁制式。经过三个五年计划进行国产化研发，现已实现所有轨道系统、大部分车辆设备及系统维护的国产化。由于车站距市中心区较远，旅客乘坐磁悬浮列车前往浦东机场需要换乘，因此旅客运量不大，经济效益欠佳。

图13　上海常导电磁悬浮列车

　　"十三五"期间，600公里/时高速磁悬浮铁路研制，是科技部安排的国家重点研究计划"先进轨道交通"专项课题。由中国中车牵头开展中国磁悬浮车辆、牵引供电、运行控制及长定子电力系统等方面的研究。2019年5月23日，600公里/时常导磁悬浮试验样车在中车四方公司下线（图14）。正在研制600公里/时常导磁悬浮工程样车，并进行上线运行测试。这标志着我国在高速磁悬浮技术领域取得重大突破。

图14　中车四方600公里/时磁悬浮试验样车

2. 低温超导电动悬浮（即超导排斥型，EDS）

电动悬浮的基本原理，是基于楞次定律，利用车载低温超导磁体（或永磁体）与轨道感应部分（非导磁金属板 / 线圈，例如铜、铝等，在磁体经过时感应出涡流）之间相对运动产生的洛伦兹力实现车体稳定悬浮，在无相对运动时车辆靠支撑轮支撑（图 15）。

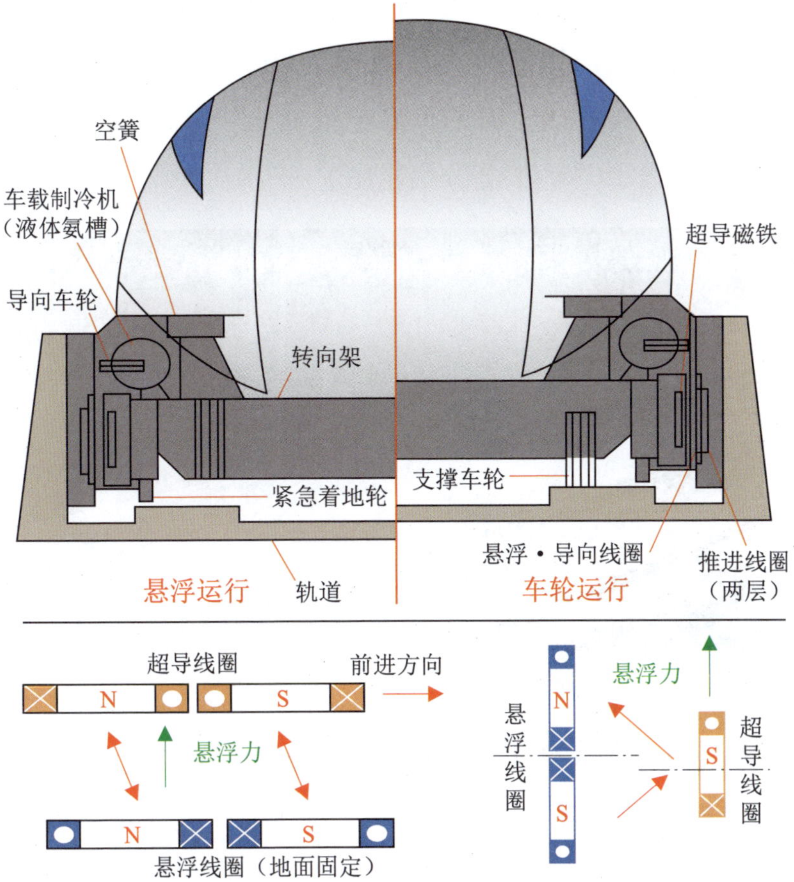

空簧

车载制冷机
（液体氦槽）

导向车轮

转向架

超导磁铁

紧急着地轮

支撑车轮

悬浮运行 轨道

车轮运行

悬浮·导向线圈

推进线圈
（两层）

超导线圈

前进方向

N S

悬浮力

N S

悬浮线圈（地面固定）

悬浮力

N

S

悬浮线圈

S

超导线圈

图 15 电动悬浮制式示意图

日本从 1962 年开始研究常导电磁悬浮列车。后来由于超导技术发展改变了研究方向，从 20 世纪 70 年代转向研究超导磁悬浮 ML（Magnetic Levitation）系列。1972 年在日本国铁创业 100 周年之际，演示了超导磁悬浮列车模型（ML100）运行试验。1977 年在日本九州建成宫崎试验线（长 7 公里），利用 ML500 型试验车进行试验，非载人最高试验速度达 517 公里 / 时。后来，由于车体加宽，导轨由 "T" 形改为 "U" 形，研发了新型试验车 MLU。1990 年 6 月，计划新建山梨试验线（为东京至大阪中央新干线的一段），总长 42.8 公里。1997 年建成山梨试验线第一段 18.4 公里，用 MLX01 超导磁悬浮列车进行走行试验、性能试验、确认可靠性等，最大速度达 550 公里 / 时。2015 年 4 月 21 日，L0 系车型在山梨磁悬浮试验线上创造了 603 公里 / 时的世界纪录（"L" 代表 Linear，即线性马达；"0" 则表示 "零排放"）（图 16）。

图 16　日本 L0 系磁悬浮列车

日本磁悬浮中央新干线项目正在实施中。在 20 世纪 70 年代，日本就曾规划建设第二条东海道新干线。后来安排修建磁悬浮中央新干线，从东京至大阪全长 438 公里，运行速度 505 公里 / 时，2014 年 12 月开工，全线预计 2045 年建成（有可能提前）。其中东京至名古屋段（全长 285 公里，复线，线间距 5.8 米，隧道占86%）计划 2027 年建成。该项目开通运营后，东京至大阪将从目前东海道新干线的 2 小时 18 分钟缩短到 1 小时 7 分钟，东京至名古屋从 1 小时 28 分钟缩短至 49 分钟。

3. 高温超导磁悬浮（磁通钉扎效应，Flux-pinnig)

所谓高温（-196℃，液氮相变温度），是相对于低温（-296℃，液氦相变温度）而言的。钉扎悬浮的基本原理，是利用车载高温超导体块材与永磁体轨道之间的电磁作用力，实现车体稳定悬浮力和导向力。高温超导块材独特的钉扎特性，使高温超导体能够随外磁场变化，感应出阻碍超导磁体运动的强大电流，超导电流与轨道磁场相互作用产生悬浮力（图 17）。

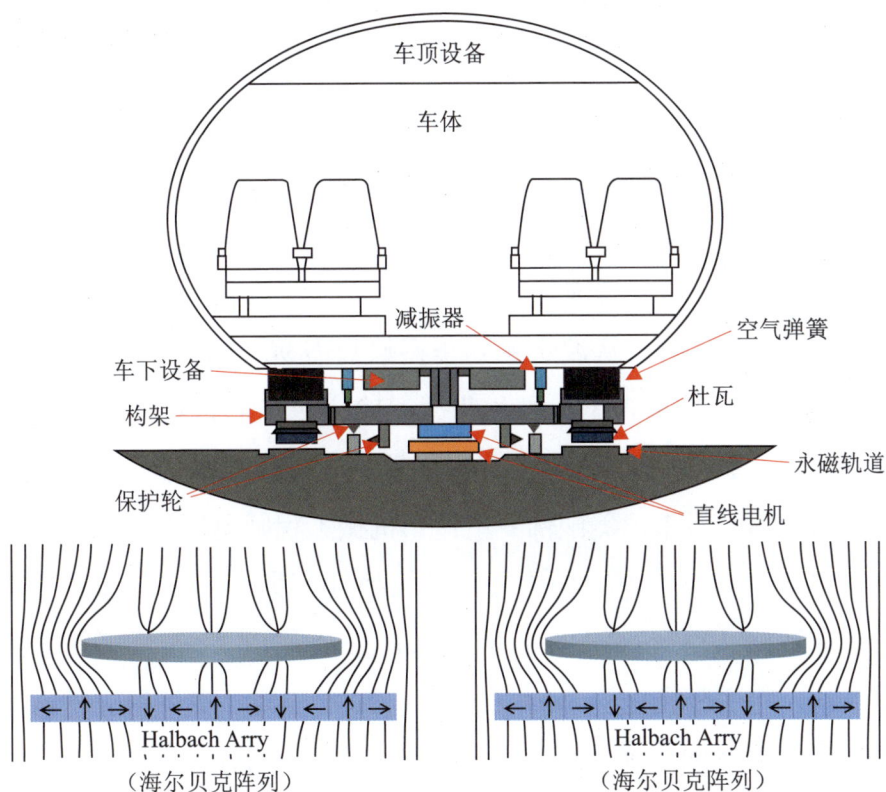

图 17　高温超导永磁悬浮制式示意图

西南交通大学于 20 世纪 90 年代初开始研究高温超导磁悬浮技术。2000 年研制出世界首辆载人高温超导磁悬浮试验车"世纪号"，可载 4 名乘客，悬浮高度大于 20 毫米，悬浮力高达 6350 牛。2013 年成功建成我国首条高温超导磁悬浮车环形试验线。

三、低真空管道超高速磁悬浮铁路研究现状

低真空管道超高速磁悬浮铁路，是采用高速磁悬浮列车技术，在低真空环境管道内运行的新型交通方式。高速磁悬浮列车没有轮轨系统的摩擦阻力，但在稠密大气中高速运行的气动阻力与速度的二次方成正比，气动噪声随速度的七次或八次方剧增。德国和日本的实测数据都表明，磁悬浮列车速度超过 400 公里 / 时，空气阻力所占列车牵引力的比例超过 80%。让高速磁悬浮列车在低真空环境下的管道内运行，则可有效减小气动阻力，从而使列车运行速度更高，就是"超级高铁"。

1. 美国

1965 年，美国有研究机构曾提出高速管道运输（High-Speed-Tube Transfortation）的构想，车辆在抽成一定真空的管道内以 800 公里 / 时速度运行，从波士顿到华盛顿只需 90 分钟。1978 年，兰德公司研究人员报告了一种称为"运输之星"的地铁系统，由电磁支撑和在地下一定真空度的管道中运行的车辆组成，能在 1 小时内穿越美国。后来，美国佛罗里达州机械工程师奥斯特（D. Oster）提出"架空真空管道"作为公路升级换代方案，1999 年他的"真空管道运输（Evacuated Tube Transportation，ETT）"获得了美国发明专利，并注册成立了 Et3.com 公司（2002 年底，奥斯特应邀访问过中国，在西南交通大学任外聘专家工作 3 个月）。2003 年以来，美国铁路人员斯瓦茨威尔特（B. Swartzwelte）提出了"美国地铁"的发展思路：将城市地下空间进行分层规划，地面以下 10 米左右用于建设本地真空管道地铁线路，地下 30 米用于建立区域真空管道地铁线路，地下 50 米以上则用于建立国家真空管道地铁线路。由直线电机驱动的磁悬浮车辆，在抽成部分真空（相当于 1%～2%

大气压）的隧道内，运行速度可接近音速。

2013 年，美国特斯拉公司首席执行官埃隆·马斯克（Elon Musk）提出了"超级高铁"（Hyperloop）的理念。他在发布的白皮书中，从车辆、管道、牵引、线路、安全与可靠性以及造价等方面阐述了对 Hyperloop 系统的技术思考。之后，出现了多家超级高铁公司，采用将高速磁悬浮系统置于真空管道内运行的思路，积极开展相关研发。主要有：

SpaceX 公司。2016 年在该公司总部所在地加利福尼亚州霍桑市，建造了外径为 1.83 米、长度为 1.6 公里的测试管道，举行了三届超级高铁竞赛。2018 年 4 月，马斯克宣布旗下"超级高铁乘客舱"（图 18）将进行测试，目标运行速度为音速的一半。

图 18　SpaceX Hyperloop

Virgin Hyperloop One 公司。原名为 Hyperloop Technology，2016 年 5 月更名为 Hyperloop One（图 19），2017 年 10 月获得维珍（Virgin）公司注资后再次更为现名。该公司正进行三个阶段试验：第一阶段在真空环境下磁悬浮小车全系统测试，v_{max}=113 公里 / 时；第二阶段全尺寸乘客舱试验，v_{max}=310 公里 / 时；第三阶段更高速测试，v_{max}=387 公里 / 时。

HTT（Hyperloop Transportation Technologies）公司。以概念图为基础，采用众筹方式推动研发，主要致力于全球宣传推广。该公司先后与多个国家开展合作。2018 年 10 月，在西班牙展示了该公司首款 Hyperloop 全尺寸乘客舱（图 20）。

图 19　Hyperloop One

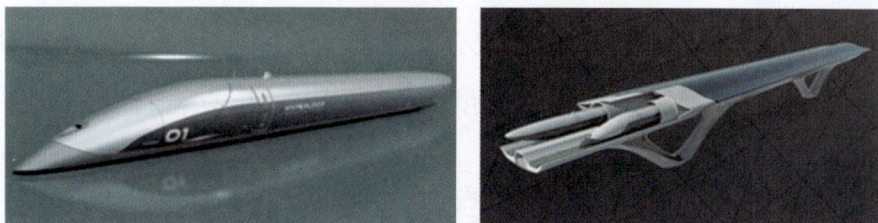

图 20　Concept of Hyperloop TT

2. 中国

我国西南交通大学、航天科工、北京九州动脉、大连奇想等单位正在积极开展低真空管道超高速磁悬浮铁路研究，有的已建立或正在推动建立相关试验平台。

西南交通大学。1988 年西南交通大学郝赢教授在《中国铁路建设》一书中，把真空管道运输系统视为未来铁路发展的一种模式做了介绍。2004 年 1 月，西南交通大学首次提出 600 公里／时及以上载人超高速真空管道高温超导磁悬浮列车技术方案，并通过了包括 14 位院士在内的 50 余位专家的论证。2004 年底，中国科学院院士、中国工程院院士沈志云在成都主持召开了"真空管道高速交通"学术报告会，提出低真空高速轨道交通研究构想。2006 年 12 月该校交通运输学院成立了真空管道研究所。2014 年建成首个真空管道高速磁悬浮试验系统"Super Maglev"（图 21）。目前正在建设一条长 140 米的真空管道高温超导磁悬浮直道试验线（图 22）。计

孙永福文集

112

划在成都建设一条 1.5 公里的动模试验线，进行 1000 公里 / 时以上列车关键技术和工程示范研究。

图 21　真空管道高温超导磁悬浮车试验线"Super Maglev"

图 22　真空管道高速比例模型试验线

中国航天科工。2017 年 8 月该公司宣布开展"1000 公里 / 时高速飞行列车"项目研究论证，成立了首个国际性高速飞行列车产业联盟。2018 年 11 月，在珠海展示了 1 : 1 高速飞行列车仿真平台、实体模型及磁悬浮装置（图 23）。在河北省涞水县建成超高速电动悬浮电磁推进试验线，即将进行 1000 公里 / 时试验。

海军工程大学。以永磁电动斥力型悬浮系统为研究对象，完成了 800 公里 / 时悬浮导向系统方案设计，初步动力学仿真验证表明方案合理可行。

据报道，贵州省铜仁市政府与美国 HTT 公司签署合作建设真空管道超级高铁线路协议。双方按 1 : 1 投资比例在铜仁成立合资公司,共建"真空管道超级高铁研发产业园"。计划先建设 10 公里左右商业运营线路,以后再延长线路。但近几年无实质性进展信息。"铜仁一号"超级高铁效果图如图 24 所示。

图 23　中国航天科工高速飞行列车模型

图 24　"铜仁一号"超级高铁效果图

3. 其他国家

瑞士。1992 年成立专门从事真空管道开发的 Swissmetro AG 公司,筹备和实验超高速地铁工程项目(Swissmetro)。2009 年该项目因缺少资金支持而终止,迫使公司解散。2017 年成立新一代 Swissmetro NG,系非营利性组织,采用全新理念和技术开展低真空管道高速磁悬浮系统研究。

韩国。2017 年初宣布打造代号为"HTX"的超级高铁计划。韩国与美国 HTT 公司签署了超级高铁相关技术授权合同,韩国可使用 HTT 提供的悬浮推进等技术及测试轨道。

加拿大。2017 年 TransPod 公司提出了类似于 Hyperloop Alpha 系统的超级高铁模型设计，发布了一项初步建造成本研究，概述了在安大略省西南部温莎至多伦多间修建 TransPod 轨道系统的可行性。

四、战略路径构想及建议

1. 新型装备研发路径

低真空管道超高速磁悬浮铁路是一项复杂系统工程，必须遵循大型系统工程创新研发流程稳步推进（图 25）。

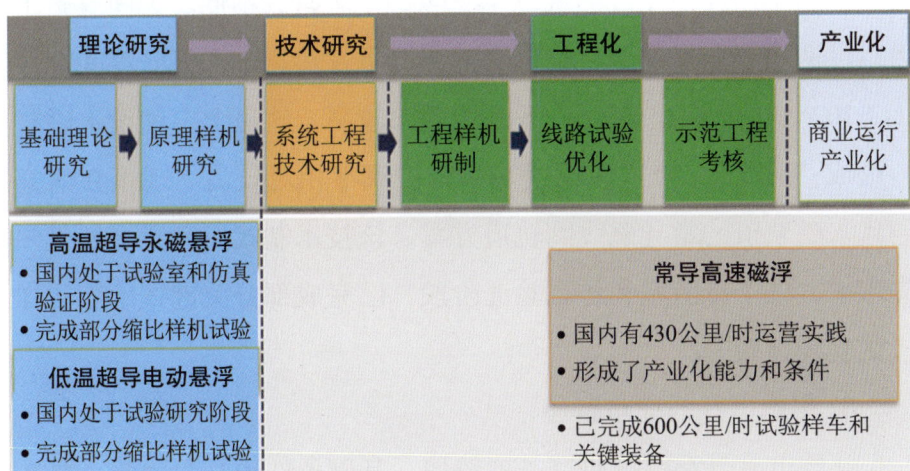

图 25　低真空管道超高速磁悬浮铁路创新研发流程

2. 各种制式主要技术特征

常导电磁悬浮制式。可实现全程无接触运行，系统架构冗余功能强，系统技术较为成熟，有一定的商业示范线建设和运营技术积累。但悬浮和导向的间隙较小（8～12 毫米），对于线路平顺性要求高，低真空环境下电磁铁发热量大。我国已完成了大气环境下 600 公里 / 时试验样车、关键装备样机，技术成熟度较高。

低温超导电动悬浮制式。悬浮间隙大（100 毫米），线路轨道工程相对易于实现，低真空环境下发热量少。电动制式是被动悬浮，不需提供悬浮能耗，牵引能耗也较低，所以建设和运营成本相对较低。但车上要搭载制冷系统，车载超导磁体系统技术难度较大。在列车启动低速运行时需要支撑轮。日本正在建设东京至名古屋速度 505 公里/时的运营线路。我国目前尚处于实验研究阶段，建设关键技术缩比样机试验线进行试验。

高温超导永磁悬浮制式。可实现全程无接触运行（即无需设置支撑轮）。悬浮和导向是无源的，不需要供电，而且是自稳定的，无需悬浮和导向控制，列车系统简约。"高温"工作环境（-196 ℃）远比低温工作环境（-269 ℃）容易实现，运营成本低。无固有磁阻力，可适用于全速度域，且低真空环境下发热量小。但悬浮间隙较小（10～30 毫米），对线路平顺性要求较高。轨道上要铺设永磁材料形成"磁轨"，轨道建设成本和维护成本相对较高。现正在研究替代永磁轨道的常导磁线圈轨道方案。该技术制式研究我国处于领先水平，处于试验室和仿真验证阶段，已完成部分关键技术缩比样机试验线试验。

3. 实施可行的战略路径

常导电磁悬浮系统研究进展较快，基础条件较好。因此，要在深入掌握关键技术基础上，研究编组列车运行，实现工程化、产业化。尽快建设一条长约 60 公里以上的试验线（可在规划的高速磁悬浮线位）进行高速验证，通过运行测试系统优化。近 10 年内建设示范线，开办商业运营，进行适应性技术研究。依据实际运行情况，实现谱系化技术。

低真空管道超高速磁悬浮技术，无论运用高温超导永磁悬浮或低温超导电动悬浮技术，都需要加强基础理论研究和关键技术研究，形成可行性工程技术方案。近十多年内，主要建立试验平台，研制原理样机，开展试验研究。然后，研制工程样机，建设试验线，验证关键技术，投入商业运行。在此基础上，按照发展规划，扩大应用规模。

4. 建议

（1）将低真空管道超高速磁悬浮铁路纳入国家发展规划。我国颁布的《交通强国建设纲要》明确指出，"合理统筹安排时速 600 公里级高速磁悬浮系统、时速 400 公里级高速轮轨（含可变轨距）客运列车系统低真空管（隧）道高速列车等技术储备研发"。在《交通领域科技创新专项规划》中设立低真空管道超高速磁悬浮铁路研究专项，强化基础理论研究和应用技术研究。特别要加强低真空管道内车辆—轨道—管道—气压—热量等耦合作用机理研究，突破车辆、管道、站场、通信、信号、供电以及低真空形成与维持等关键技术。

（2）建设低真空管道超高速磁悬浮工程试验线。尽量在规划建设的干线线位上选取一段，作为试验线先行开工建设，以便进行全速度级的试验验证和系统优化。试验线路长度宜在 60 公里以上。当线路长度为 40 公里时，只能实现 600 公里 / 时达速；当线路长度为 50 公里时，可按 600 公里 / 时达速运行约 1 分钟；当线路长度为 60 公里时，可实现 600 公里 / 时达速运行 2 分钟。

（3）选择合适项目建设低真空管道超高速磁悬浮示范工程。在客运需求旺盛的城市群，可研究建设高速磁悬浮城际运行线路。对运能趋于饱和的长大干线，可研究建设低真空管道超高速磁悬浮铁路，实现商业运营。示范线要充分展示这种运输方式的优势，展示其良好的经济效益、社会效益和环境效益，以人民满意的创新成果，引领世界铁路发展。

（2018 年何华武和作者主持中国工程院重大咨询项目"低真空管道超高速磁悬浮铁路战略研究"。主要研究团队为：中国铁道科学研究院、中国中车四方股份公司、中国航天科工三院、西南交通大学、中国铁路设计集团等。本文系作者 2020 年 9 月在"高速磁悬浮交通论坛"上的报告。）

改革发展

发达国家铁路改革大趋势

20世纪90年代，在我国建立社会主义市场经济体制的形势下，铁路改革步伐加快。鉴于铁路对国民经济和社会发展的重要性以及网络性特征，铁路行业改革比其他行业改革难度更大。为了深化铁路体制改革，铁道部成立了专门班子，组成多个研究团队开展研究。同时，采取"走出去"和"请进来"的方式，学习借鉴外国铁路改革经验。

我于1997年10月率中国铁路代表团赴奥地利首都维也纳，参加世界银行主办的"铁路改革圆桌会议"，以"铁路改革、规划未来"为主题，研讨铁路改革问题。我在会上发言，介绍了中国铁路改革进展，并同10多个国家的铁路专家进行了交流。20世纪90年代以来，我多次率团赴西欧、北美、日本等国家考察铁路改革，并在国内同来华访问的发达国家铁路负责人探讨铁路改革，曾写了大量考察报告和研讨报告。综合这些报告中的有关内容，可以看出发达国家铁路改革的大趋势。

一、改革动因分析

自1825年世界上第一条铁路在英国诞生以来，许多国家竞相掀起铁路热潮，世界迈进"铁路时代"。按照亚当·斯密（Adam Smith）的经济理论，主张"自由放任"（Laissez-faire），发扬自由市场作用，这些铁路大都由私人资本修建。到了20世纪30年代，世界经济出现大萧条，自由主义放任经济政策受到质疑，凯恩斯主义（Keynesianism）倡导政府干预恢复有效竞争。第二次世界大战后，许多国家从政治、经济、国防方面考虑，纷纷实行铁路国有化（或国营化），以利于国家宏观调控。到了 20 世纪中叶之后，在铁路面临激烈竞争陷入困境时，经济理论研究推进了市场化改革历程。

尽管各国铁路改革动因各有不同，但都是形势所迫，不得不改。影响较大的改革动因是以下三个方面：

1. 铁路市场份额下降

由于公路、航空迅猛发展，在客货运输市场所占份额急剧增加，而铁路在运输市场竞争力较弱，所占份额大幅下降（表 5、表 6）。面对这样严峻的形势，铁路必须探寻新出路。这是铁路改革的直接动因。

表 5　发达国家铁路货运市场份额变化

国别	统计起点		统计终点	
	年份	份额（%）	年份	份额（%）
美国	1951	56.2	1978	35
英国	1952	40	1999	7.5
德国（前联邦德国地区）	1950	56	1990	20.6
西班牙	1950	52	2002	4.2
日本	1955	52.9	1985	5.1

表 6　发达国家铁路客运市场份额变化

国别	统计起点		统计终点	
	年份	份额（%）	年份	份额（%）
美国	1950	47.2	1978	5.7
英国	1952	20	1992	5.6
德国（前联邦德国地区）	1950	36	1990	6.1
西班牙	1950	60	2002	5.1
日本	1950	70	1985	38.5

2. 铁路经营亏损加大

许多国家铁路经营效益欠佳，建设和维护资金短缺，亏损额度增加，需要政府财政补贴。有些国家铁路债台高筑，处境十分困难。如法国国铁 SNCF，仅 1996 年当年就亏损 100 亿法郎，1997 年总负债达 2080 亿法郎。德国铁路长期亏损，1992 年前民主德国地区铁路当年亏损 47 亿马克，总负债 93 亿马克；1992 年前联邦德国地区铁路当年亏损 77 亿马克，总负债 478 亿马克。1986 年日本铁路负债总额已达 37.1 万亿日元，超过当年 GDP 的 10%，其中日本国铁负债总额为 25.4 万亿日元。企业处境困难，政府财政危机，铁路改革势在必行。

3. 铁路市场化呼声强烈

西方国家经济自由化盛行，成为经济发展主导趋向。有些国家领导人竭力推行私有化，带来一定影响。许多国家对铁路垄断经营反响很大，要求开放铁路市场，形成多元主体竞争态势。为了推进欧洲经济一体化，欧盟致力于克服各国铁路分割弊端，主张建设统一的欧洲铁路网，实行市场化经营。可以说，欧共体 EEC 91/400 号指令为欧洲铁路改革确定了方向，要求成员国铁路实行政企分开、网运分离、开放路网。在国内国际形势影响下，内外压力促使铁路市场化改革成为许多国家的必然选择。

二、主要改革模式

各国铁路依据本国国情，选用了不同的改革模式。主要针对四个方面研究取舍：基础设施与运营公司是否分离；客运货运等专业运输公司是否分立；基础设施公司或运营公司是区域性还是全国性；公司性质是国有（公有）还是私有或特许经营。在广泛调查研究基础上，我们把铁路改革主要模式归为以下三类。

1. 欧洲模式

欧盟各国"重新认识铁路"，以打通欧洲各国铁路界限，建立统一的欧洲铁路运输网络为目的，决定将铁路客货运营与基础设施管理相分离，实行"网运分离"模式（或称"上下分离"模式）。

英国铁路（BR）在第二次世界大战后一直是居于垄断地位的国有企业。英国政府1992年发表白皮书，决定英国铁路实施"网运分离"改革，铁路产权制度私有化，企图通过私有化改革甩掉财政包袱。此项改革经议会立法通过，于1994年4月正式实施。建立政府监管体系，包括铁路协调管理（ORR）、铁路客运特许经营（OPRAF）、安全监督、债务接管等。原英国铁路公司（BR）被拆分为近百家公司。组建全国性路网公司（Railtrack），1996年上市后全部股份由私人持有，国家不再持有股份。在铁路客运领域建立了25家客运公司（TOCR），投标获得特许经营权。货运公司最终形成一家大公司与若干小公司并存格局。实施"网运分离"改革后，铁路客货运量有一定增长，但路网公司与运输公司之间增加大量协调工作。由于长期投资不足，运营设备老化失修，多次发生安全事故，铁路内部竞争也不够充分。因此，英国政府采取新措施，2001年2月先在运输部成立铁路战略管理局（SRA），次年又成立新的路网公司（Network Rail），政府增加铁路投资，实行运营补贴及税收扶持政策。

瑞典铁路是国家所有。实施"网运分离"改革后，路网统一国有。1998年，瑞典国铁拆分为两个实体：一个是瑞典国家铁路管理局（BV），负责铁路基础设施；另一个是瑞典国家铁路公司（SJ AB），负责按商业原则经营铁路客货运输。2001年SJ AB公司再次拆分，按专业重组为6家独立经营的公司，以提高服务质量和竞争能力。

对 BV 内部机构也进行了调整。瑞典政府对铁路公益性客运给予补贴，但铁路货运市场全面开放。

德国铁路管理体制经历了私营—国营—私营—再国营—再民营的更迭演变。两次国营同第一次和第二次世界大战有关，当时从国家需要出发，由政府管理铁路。1993 年 2 月，德国联邦议会最终通过了《铁路新秩序法》（ENeuOG），德国铁路改革计划分为三个阶段实施。第一阶段，从 1994 年启动，实行政企分开，铁路从联邦政府管理中完全分离出来。成立联邦铁路署（EBA），直属交通部，负责铁路发展规划、技术标准、安全监督等；成立联邦资产管理局（EBV），该局是为处理铁路改革遗留问题设置的过渡性政府机构；组建德国铁路股份公司（DB AG），负责管理铁路企业。第二阶段，1999 年将 DB AG 股份公司改为联邦政府所有的控股公司，下设 5 个子公司，其中一个是德国铁路路网公司（DB Netz AG）。第三阶段，计划撤销 DB AG 控股公司，将 5 个子公司改为完全独立的公司。"网运分离"后各子公司分别上市。但是，德国铁路负责人非常强调铁路系统的完整性、统一性，认为"网运分离"不利于统一协调运输与路网的关系，这表明德国国内对"网运分离"存在严重分歧。德国交通部调查研究后，2001 年建议路网公司继续留在 DB AG 公司内。

意大利铁路经过几年争论之后，于 1998 年 7 月正式启动"网运分离"改革。2000 年 6 月成立意大利铁路运输公司（Trenitalia），负责意大利铁路客货运输及机车车辆维修。2001 年 7 月成立意大利路网公司（REI），负责铁路基础设施管理。这样，意大利国铁转变成一个控股公司（FS Holding Company），其经营活动由 Trenitalia 和 RFI 负责。

法国国营铁路公司（SNCF）长期实行集中管理体制，同时负责路网建设和铁路运营管理。1997年法国总统颁布政令，对法国国铁SNCF（简称法铁）进行改革。成立了法国铁路网公司（RFF），将国家铁路网建设投资管理职能与相应的资产负债从SNCF剥离出来，移交给RFF。所以RFF是"具有工商性质的国家公共机构"。而SNCF仍然是国家铁路运营公司，同时受RFF委托对铁路基础设施进行维修管理。SNCF保留"大型国有工商企业"性质，但不再拥有铁路基础设施财产权。法国也有人对"网运分离"持保留态度，认为法国铁路改革实际上是一个折中方案。一位法国铁路负责人坦言，欧盟各国铁路改革推进力度不同，改革内容也有差异，法国就希望保持法铁公司的完整性。

2. 日本模式

日本国家铁路公司（JNR）是根据《日本国有铁道法》，由政府1949年独资建立的公共企业。从1964年开始，日本国铁财政状况不断恶化，政府补贴逐年增加。1986年12月日本国会通过了《日本国有铁路改革法》，1987年日本政府决定对日本国铁实施民营化改革，旨在把铁路从亏损大户转变为创利企业。

日本铁路运输的突出特点是以地区客运为主。日本国铁民营化改革，主要是将国铁分拆，成立6家客运公司和1家货运公司。6家客运公司JRs是区域性的，在本洲设立了JR东日本、JR西日本、JR东海3家铁路公司，在北海道、四国、九州3个岛屿分别设立独立的铁路公司（为弥补这3家铁路公司客流较少带来的经营赤字，设立了"经营稳定基金"）。1家货运公司为全国性，除本公司货运专用线外，主要向客运公司租赁线路。

JRs公司最初为国家全资公司，随后实行股份制改造，逐步转向民营化。JR东日本公司于1993年首先上市，接着JR西日本公司和JR东海公司也陆续上市，成为民营企业。但3个岛上的客运公司和全国性货运公司，经济效益欠佳未能上市。因此，想让所有铁路公司全部民营化的计划难以完全实现。

日本铁路改革实施区域化"网客合一"模式，避免了"网运分离"引发的大量协调工作，具有高效优势。但按区域设立一个公司并不能形成真正的竞争机制，各客运公司之间没有直接竞争，只存在对服务质量、安全效率等方面的比较性竞争。1997年10月日本开通的第一条新干线高速铁路，采用了新的管理模式，由日本铁路建设公团作为这条新干线的所有者，向使用该线路的各客运公司收取过路使用费，而线路养护维修则委托JR东日本公司负责。

3. 北美模式

以美国铁路和加拿大铁路为代表的北美模式，突出特点是：货运以干线为主，组建若干"货网一体"的区域性货运公司；设一个客运公司，靠租用货运公司线路开展运营。加拿大国家铁路公司（CN）经历了国营化到商业化，再到私有化的改革历程。这里着重介绍美国铁路改革情况。

美国铁路为私有化铁路，铁路改革重点是政府对铁路的管制。1980年美国国会通过了《斯塔格斯铁路法》，放松了联邦政府对铁路的管制，促进了区域性大公司和地方性公司重组。政府部门在运输部领导下，设立联邦铁路署（FRA），是专司铁路管理的机构。

美国铁路主体部分是货运公司，这些货运公司拥有美国铁路网的绝大部分线路。美国铁路货运公司按其规模分为三大类：1998年Ⅰ级铁路公司经过大规模兼并之后还有4家，Ⅱ级铁路公司（即地区铁路公司）和Ⅲ级铁路公司（即地方铁路公司）数量甚多。货运公司经过改革，市场份额有所回升。

1971年成立全美国唯一由国家管理的铁路客运公司（Amtrak），一直处于经营亏损状况，依靠联邦财政补贴维持运营。1994年后美国铁路客运公司进行重组，逐步减少联邦财政补贴。普遍认为，美国铁路客运市场缺乏竞争、效益欠佳。

从以上三类模式比较可以看出，北美模式以货运为主，日本模式以客运为主，欧盟模式是客货兼顾。虽然各国改革目标各有不同，但改革目的都是要实施政企分开，增强铁路企业活力，彻底改变政府财政不堪重负的状况。各种模式都有一定优点，但都存在不少问题，如竞争机制尚不完善，政府监督有待加强等。因此，铁路改革需要继续深化。

研究认为，中国铁路改革可借鉴发达国家经验，在实施政企分开基础上，成立一个全国性铁路网公司负责基础设施，除收取过路费外不足部分由国家补贴；成立若干个地区性（或按干线）运输公司，负责铁路客货运营，自主经营，自负盈亏。但是，这种"网运分离"改革模式也存在不少问题，需要高效协调路网与运输关系，加强对路网公司考核激励等，因此，要继续深化改革方案研究。

三、铁路改革启示

发达国家铁路改革的大趋势是理顺产权关系，增强企业活力，使铁路企业在市场竞争中发展壮大。发达国家铁路改革实践，为中国铁路改革提供了有益借鉴。

1. 实施政企分开、政社分开。这是铁路改革的首要任务，必须取得突破性进展。积极稳妥地改革多年沿用的"政企合一"体制，强化政府在交通运输公共行政方面的政策、法规、监督等职能，确立铁路企业的市场主体地位，实行"政企分开"新体制。首先要积极推进非运输企业与铁道部脱钩，分离铁路企业办社会职能，同时在运输企业内部实行经济责任制，逐步减少政府对企业的过多直接干预，为彻底实行"政企分开"打好基础。

2. 加强政府对铁路企业监管。要通过立法，建立健全政府监管机构。遵循独立性、公正性、法定性原则履行监督职能，特别要重视市场监管、安全环保监管、服务质量监管等。建立公平、有序的市场竞争环境。维护国家和社会公众利益，保护企业、用户和投资者的合法权益，保障铁路安全畅通、优质高效，促进铁路可持续发展。中国铁路改革不能走私有化道路，要坚持国家对铁路的控股。

3. 建立有效的市场竞争机制。铁路改革以国家部署为指引，建立统一、有序的开放市场。按照现代企业制度建设铁路企业，健全公司法人治理结构，实行规范化、制度化管理。要尊重企业市场主体地位，尊重企业创新主角地位。打破垄断经营格局，形成有效的竞争机制。运输企业之间不只是运价竞争，还要有运输安全、服务质量、运输效率以及诚信经营等方面的竞争。充分发挥市场的竞争机制，调动企业的积极性和创造性。

4. 明确政府的支持政策。在路网建设方面，政府要对公益性较强的项目给予投资支持。在铁路运营方面，政府要对公益性运输亏损给予适当补贴。在征收税费方面，政府要对铁路实行优惠政策。在处理债务方面，政府要承担国铁的历史债务（或分担部分债务），使铁路企业重组后能够轻装上阵。

（本文系作者 2002 年关于铁路改革情况汇报的内容节选。）

铁路建设管理体制改革历程

20世纪80年代到21世纪初，我国铁路紧紧抓住产权变更这个核心，持续推进建设管理体制改革，取得了丰硕成果。在铁路建设领域实施政企分开，引入市场机制，建设现代企业制度，发挥中介组织桥梁作用，逐步建成了适应社会主义市场经济的建设管理新体制。

一、引入市场机制

1. 推行经济责任制

根据国家经济管理体制改革总体部署，铁道部实行简政放权，落实经济责任，增强企业活力，开启了铁路建设管理体制改革的新篇章。1984年铁道部精简行政管理机构，把计划、财务、物资、干部和劳动工资等五个方面的部分权限下放给工程局。工程局及其下属工程处也逐级放权，从而调动了基层单位生产积极性，增强了企业发展活力，主动承揽各项施工任务。完善"百元产值工资含量包干"办法，按完成建安工作量用定员和劳动定额测算的工资含量系数换取实际工资，作为对施工人员进行分配的一种内部责任制形式，改变了多年来不分企业对国家贡献大小、统一按人头确定工资总额的做法，消除了平均主义"吃大锅饭"的弊端。与此同时，也在探索实行各种不同形式的经济责任制。

1986年经国务院批准，"七五"期间铁道部实行经济承包责任制，自负盈亏，以路建路，将铁路运输税后利润用于铁路建设。在政企合一体制下，铁道部对所属企业实行资产经营责任制，目的是通过理顺产权关系，明确铁路国有资产出资人和铁路企业法人的权责，转变政府职能，转换企业经营机制，提高经营管理水平，实现国有资产的保值增值。

2.试行招标承包制

项目招标投标是市场经济条件下进行工程建设活动的一种主要竞争形式和交易方式，也是国际通用的一种管理模式。为推进铁路建设项目招标承包制，1984年底铁道部颁布了《招标暂行办法》，并成立了由我担任组长的招标领导小组，加强指导和协调。1985年1月，国务院决定"国家预算内基本建设资金全部由拨款改为贷款"（即"拨改贷"），对项目招标承包带来更大压力。当时，许多施工企业思想阻力较大，认为过去都是部里分配任务，现在要企业自己找活干，难以接受。我们在深入做好改革宣传工作基础上，先抓试点，取得实效。

1985年5月，首批11项工程（包括衡广复线韶关—广州段、大秦铁路茶坞段—甲岭段、湘黔铁路贵阳—大龙段电气化等）试行招标，确定施工单位。当年还对3项工程设计（如焦枝复线黄河特大桥等）试行招标，确定设计单位。接着推行项目总承包试点：在侯月铁路浍河大桥、海子沟大桥及南昆铁路4座新型结构桥梁，实行设计施工总承包试点；在京九铁路、内昆铁路和秦沈客专等项目，实行施工总承包试点；在成达铁路进行风险抵押承包试点等。这些设计、施工招标试点项目都取得了良好成绩，不仅项目质量提高、造价降低，而且带动企业内部改革和技术进步。在总结试点经验之后，完善招标投标管理办法，在全路积极推行招标承包制。

3. 学习鲁布革经验

位于云南省罗平县与贵州省兴义县交界处的鲁布革水电站（装机 60 万千瓦）引水工程项目（包括全长 8.8 公里、直径 8 米的隧洞，调压井和两条 450 米长的钢管斜井），由于利用世界银行贷款 1.454 亿美元，因此必须进行国际招标。经多家企业激烈竞争后，日本大成建设公司中标。大成公司标价为 8463 万元，比标底（预算）14958 万元低 43%。1984 年 10 月开工，1986 年 10 月隧洞贯通，比合同工期提前 5 个月。1988 年 7 月工程全部竣工，创造了"鲁布革效应"。

鲁布革水电站引水工程项目主要经验是：管理机构精简，大成公司成立了一个"事务所"，从日本来了 30 多位技术管理人员，全面负责，高效管理；施工队伍精干，原先水电十四工程局准备上 1500 人，大成公司只用了该局 500 人，混合编组，一专多能；施工技术先进，采用外加剂使每立方米混凝土少用水泥 90 千克，隧道光面爆破减少超挖；建立激励机制，一线工作人员劳动报酬与完成工作量和质量安全挂钩。

鲁布革工程管理经验给我国建筑业带来了冲击，为推进建设管理体制改革树立了样板。1987 年 5 月，国家确定 18 家企业作为推广鲁布革工程管理经验的首批试点企业，其中有中铁一局。通过试点实践，冲破了成建制调转的传统施工管理模式，建立了按项目需要组织精干队伍上一线的全新模式，引发了铁路建设项目管理的重大变革。

二、政府转变职能

1. 厘清政府职能

在社会主义市场经济体制下，政府主管部门从事国家行政管理，主要职能是经济调节、市场监管、社会管理和公共服务等。根据铁路行业的外部性和网络性特征，政府主管铁路的部门应该担当"调控人""监管人""公益人"等角色。政府主管铁路部门的职能主要体现在以下几个方面：研究制定全国铁路发展战略，编制中长期铁路网发展规划，实行科学民主依法决策；完善铁路建设管理法规、政策和技术标准，推进铁路建设管理规范化、法治化、现代化；加强建设市场行为监管，培育公开、公平、公正竞争的市场环境；加强质量安全环保监管，确保铁路建设全面达标；建立铁路建设基金，加强政府建设资金监管，确保政府建设资金合理有效利用。根据政府职能定位，凡是市场能解决的问题应该交给市场解决，凡属企业的职能应该回归企业。同时，政府部分职能可以转移给社会组织（学会、协会）完成。如铁道部的铁路科技奖励工作，可以转移给中国铁道学会实施。

2. 明确建设单位

在计划经济体制下，铁路建设项目由铁道部直接管理。在建立社会主义市场经济体制下，按照国家对建筑业改革要求，应实行项目法人责任制。铁道部在积极推进政企分开中，从铁路实际出发确定项目建设单位，代表铁道部管好国家投资。铁路建设单位分为三种类型：

（1）组建专门机构负责重大铁路工程项目建设。1986年成立了中国铁路工程发包公司，作为建设单位承担侯月铁路、宝中铁路及京九铁路（北段）等项目，积累了经验，完善了制度，培养了人才。1998年11月，铁道部决定在原中国铁路工程发包公司、京九铁路建设办公室、南昆铁路建设指挥部和内昆铁路建设指挥部的基础上，组建铁道部工程管理中心，负责铁道部建设投资的重大铁路工程项目管理和控制。

（2）**委托铁路局负责部分铁路工程项目建设。**发挥铁路局主管运输优势，负责既有线和枢纽技术改造（包括增建第二线、电气化改造等），统筹运输和施工生产，提高工作效率。在确保运输安全和建设安全基础上，实现双丰收。同时，负责一部分地区性铁路及专用线等建设管理。

（3）**成立合资铁路公司负责项目建设管理。**由铁道部、地方政府及有关企业共同出资的铁路项目，成立规范化的合资铁路公司。由公司法人负责组建项目管理机构。合资铁路建成后，由本公司自主经营，也可委托相关铁路局进行运输管理。

铁路建设单位必须具备的基本资质条件：具有法人资格或法定代表人的委托代理人资格；具有与项目规模相适应的专业齐全的技术和经济管理人员；设有财务机构，能按有关法规进行财务管理和独立的会计核算；完善配套的管理制度。铁道部对铁路建设单位实行资质分级管理，按四个等级分别承担不同投资规模的铁路建设项目。依据有关法规实施项目管理，使建设单位管理逐步走上规范化、标准化。

在深化铁路改革中，要继续研究政企分开后政府投资代表人设置问题。建立铁路投资公司，可能是最佳方案之一。

3. 健全管理制度

为了适应铁路建设改革需要，铁道部在转变职能中弱化了行政管理，加强了规章制度建设。明确建设程序，对立项、决策、设计、施工、竣工验收等不同阶段，建立了较为完善的规章制度，基本上做到了有法可依。加强铁路建设市场管理，制定了企业资质管理、诚信管理以及公开、透明、有序竞争等规则。加强铁路建设项目管理，形成了以"四制"（法人责任制、招标投标制、工程监理制、合同管理制）为基本内容的新模式。由项目法人（或建设单位）对涵盖内部利益相关者和外部利益相关者的有关组织实行协同管理。

（1）项目法人责任制。铁路项目法人（建设单位）是实施项目的直接组织者，实现项目目标的直接责任者。铁路建设项目应尽早明确法定代表人，对该项目全寿命期实施管理。对项目策划、资金筹措、建设实施、生产经营、债务偿还和资产保值增值，实行全过程负责。项目法人按照批准的建设规模、技术标准和工期投资，组织项目实施，全面实现项目目标。

（2）招标投标制。项目招标投标是市场经济条件下，依据价值规律和竞争规律来管理社会化生产的一种经济管理制度，是基本建设领域促进有序竞争的全面经济责任制形式。铁道部规定铁路工程招标应按以下程序进行：由项目建设单位编制招标计划、发布招标公告、资格审查、发售招标文件、开标评标定标、发中标通知书。铁路项目评标办法主要采用综合评价法。为了防范不合法、不合规行为，确保公开、公平、公正竞标，必须加强政府行政机关对招标过程的严格监督，并接受社会监督。

（3）合同管理制。项目合同是明确和约定承发包双方权利义务关系的法定文件。项目合同按照不同标准有多种分类方法。按各方承包关系可分为总承包合同、分包合同等，按计价方式可分为总价合同、单价合同、成本加酬金合同等。为了规范合同管理，铁道部发布了施工招标文件示范文本。针对我国铁路项目合同条款不够完善、双方权利义务规定不够均衡、有些条件不够具体等问题，可以借鉴国际工程FIDIC《施工合同条件》作适当补充，但不能生搬硬套。

（4）工程监理制。具有法人资格的监理单位受项目法人（建设单位）委托，根据法律、法规及有关技术标准、项目设计文件和项目合同，代表建设单位对承包单位在施工质量、建设工期和投资控制等方面实施监督管理。1991年7月铁道部先在侯月铁路、宝中铁路进行工程监理试点，随后逐步在全路推行工程监理制度。工程监理是一个技术密集型的工程建设管理服务机构。铁道部成立了工程监理总站，有关企业组建了若干工程监理公司，承担铁路工程项目施工监理任务，实行总监理工程师负责制。

4. 加强市场管理

铁道部致力于建立经营主体明确、要素市场发育、中介机构健全、经营开放有序的建设市场。对有形建设市场实行统一归口、分级管理，强化交易准入制，市场信息公开制，推进开放式交易。铁道部颁布有关政策措施，吸引社会资本（包括外资）参加铁路建设。21世纪初，全面开放铁路建设市场，欢迎具有相应资质的非铁路建设企业（如中交、中水、中建等公司）进入铁路建设市场竞争发展。这给铁路市场带来活力，对提高铁路建设质量和水平有积极促进作用。值得提出的是，维护铁路市场良好秩序，严防腐败行为发生，仍然任重道远。

三、企业法人责任制

1. 建设企业与部"脱钩"

在计划经济体制下，铁道部基本建设总局是政府主管铁路建设的职权部门，同时也是代表铁道部全面管理铁路设计施工单位的职权部门。按照建立社会主义市场经济体制要求和政府机构改革部署，从1989年7月1日起，撤销铁道部基本建设总局，成立建设司履行政府职能。由铁道部所属铁路设计施工单位组建中国铁路工程总公司、由铁道兵集体转业的队伍组建中国铁道建筑总公司。两大公司成为铁道部领导下自主经营、自负盈亏、具有法人资格的全民所有制企业，并对下属企业进行公司制改革。2000 年 9 月，中国铁路工程总公司、中国铁道建筑总公司等非运输企业与铁道部彻底"脱钩"，移交给中央企业工委（后改为国务院国有资产管理委员会）管理。2003 年铁道部和各铁路局所属 42 个勘察设计单位和施工企业，分别移交给两大公司管理。铁道部所辖建设项目管理机构与两大公司不再有行政隶属关系，而是铁路建设市场主体之间的经济关系。

2. 建立现代企业制度

中国铁路工程总公司、中国铁道建筑总公司等企业成为真正的法人实体和市场主体，极大地调动了企业自主经营、自负盈亏的积极性，加快了企业转换经营机制和管理制度创新，增强了企业竞争力。按照"产权清晰、责权明确、政企分开、管理科学"的要求，建立现代企业制度。公司制是现代企业制度的一种有效组织形式，1998 年中铁二局、中铁十二局先后成立有限责任公司，带动了企业改制全面推进。1999 年 9 月中铁二局率先实行股份制改革，2001 年 5 月在上海证券交易所成功上市。中国铁路工程总公司和中国铁道建筑总公司进行企业重组，建立集团公司，实行股份制改革，完善法人治理结构，筹划整体上市。两大公司在党委领导下建立了决策机构（股东会）、执行机构（董事会）和监督机构（监事会）及经理层，形成了责权明确、各负其责、协调运转、有效制衡的企业领导体制，使产权约束在企业领导体制上得到保证。他们立足铁路、面向社会、走进国际、多种经营，创造了惊人业绩，成为全国建设企业排头兵，进入世界建设企业 500 强之列。

3. 全面推进项目法施工

项目法施工是我国施工企业根据经营战略和内外条件，遵循企业实施项目的内在规律，通过生产要素的优化配置和动态管理，实现项目合同目标，提高工程投资效益和企业综合经济效益的一种科学管理模式。其特征主要是：施工企业根据项目需要组织精干队伍进场，而不是以行政固定建制单位组织施工；建立项目经理部，负责施工生产经营管理，实行项目经理责任制；建立按项目生产要素组织劳动生产，以项目为对象的经济核算体系；建立稳定的企业后方基地，安置富余人员和家属，发展多种经营等。项目是成本中心，企业是利润中心。多年来，施工企业在推广应用项目法施工中不断创新，深化铁路建设管理体制改革，走出了一条现代企业发展的新路子，加快了与国际惯例接轨步伐。

20多年来，积极稳妥地推进铁路建设管理体制改革，基本形成了符合社会主义市场经济体制要求的新格局，为我国铁路大规模建设提供了强大动力，作出了巨大贡献。今后，要继续完善和深化铁路建设管理体制改革。

（本文系作者2004年在中央党校进修班所写"铁路建设管理体制改革研究报告"的内容节选。）

铁路局直管站段改革的先行者

为了适应铁路改革和发展新形势的需要，经国务院批准，铁道部决定：将南昌铁路分局从上海铁路局划出，成立南昌铁路局。其管辖范围除原分局管界外，增加了京九铁路部分地段。这是南昌局、上海局的一件大事，也是全路关注的一件大事。

上海铁路局和原南昌铁路分局广大干部职工，坚持以邓小平建设有中国特色社会主义理论为指导，认真贯彻党的十一届三中全会以来的路线方针政策，团结拼搏，奋力开拓，两个文明建设取得了显著成绩。运输生产坚持顾大局、保重点、保畅通，各项任务和经营指标连年超额完成；运输安全坚持从严治本、基础取胜，不断深化安全标准线建设，行车安全创造了历史最好成绩；基本建设历经"中取华东"和"再取华东"会战，强攻浙赣、大战京九，取得了辉煌成就；以改革总揽全局，推动了各项改革向纵深发展；"塑形"活动深入开展，职工生活不断改善，党的建设和思想政治工作进一步加强，实现了各项工作的整体推进，为华东经济发展做出了重要贡献。

成立南昌铁路局是铁道部作出的一项重大决策，对探索铁路局管理体制改革，推进铁路两个根本性转变，促进国民经济发展，将产生重要影响。

一、成立南昌铁路局是推进两个根本性转变、改革铁路运输管理体制的重要举措

为了适应社会主义市场经济发展需要，铁路运输必须从根本上转变在计划经济体制下形成的管理体制和粗放型的经济增长方式。根据党的十四届五中全会精神，铁道部明确提出，"九五"期间要以"政企分开，企业重构，市场经营，初步建立起适应社会主义市场经济的铁路新体制"为总体目标，集中力量加快推进铁路改革。建立铁路新体制，主体是建立运输管理新体制，这也是全路深化改革的关键所在。按照铁路体制改革总体构想，选择条件比较成熟的单位进行重构铁路运输企业试点，探索减少管理层次、调整管理跨度的改革经验，这是推进铁路体制改革的一项重要任务。

新成立的南昌铁路局，实行新的管理模式，路局下面不设铁路分局，由铁路局直接领导和指挥站段。这种管理模式突破了几十年来沿用的铁路局—铁路分局—铁路站段传统体制，由铁路局直管站段。这就直接减少了管理层次，克服了铁路局和铁路分局两级法人经营同一资产的弊端，是铁路运输管理体制改革的重大突破。这将为改变目前我国铁路运输企业层次重叠、管理重复、机构臃肿、效率低下状况，解决铁路改革中深层次矛盾提供新鲜经验，为建立适应社会主义市场经济的铁路新体制探索了一条新路子。

二、成立南昌铁路局是管好用好京九线、保证南北大通道高效运转的有力措施

举世瞩目的京九铁路，全线将于 1996 年 9 月 1 日开通运营。京九铁路为我国开辟了一条新的南北运输大通道，这对完善我国铁路布局，缓解南北运输紧张状况，带动沿线地方资源开发，形成新的经济增长带，推动革命老区经济发展，加快老区人民脱贫致富，

促进港澳地区稳定繁荣，都具有十分重要的意义。党中央、国务院对京九铁路建设和管理高度重视。李鹏总理指示，铁路部门要加强对京九线正式运营工作领导，把京九线真正建设好和管理好，成为安全可靠、优质服务、经济效益高的南北运输大通道。铁道部决不能辜负党中央、国务院和广大人民群众的期望，一定要把京九线管好用好。

原南昌铁路分局管辖的既有铁路已有近 1500 公里，如果加上京九铁路淮滨至定南的新线，总营业里程将增至 2400 多公里，其中复线占 1100 多公里，营业车站 200 多个，客货运量也将大幅度增长。既有南昌铁路分局已不适应加强京九线运营管理的需要。另一方面，上海铁路局管理跨度较大，营业里程达 6800 公里，铁路分布在七省一市，难以实行有效管理。成立南昌铁路局，合理确定管界，将为铁路企业管好用好京九线创造条件，保证京九铁路这条国民经济大动脉的安全畅通。

三、成立南昌铁路局是适应路网发展、加强铁路运输管理的客观需要

20 世纪 80 年代初，南昌地区外出通道主要是浙赣线，路网结构较为简单。十多年来，先后建成了大（冶）沙（河街）线、合（肥）九（江）线、京九线，并对浙赣线进行了复线改建，运输能力大幅度提高。现在，这里已有多条外出通道，北连湖北、河南、安徽，东接浙江、福建，南达广东，西通湖南，路网结构以及客流、货流、车流结构发生了很大变化。向塘西编组站已成为重要路网性编组站，南昌地区将是我国又一个重要铁路中心地区。成立南昌铁路局有利于适应其加强多方向货流车流调整的需要。

总之，我们必须从推进铁路运输改革、实行两个根本性转变的战略高度，从管好用好京九线、加强铁路运输管理的迫切需求，来充分认识成立南昌铁路局的重要意义，统一思想，统一行动，搞好这项关系铁路改革与发展的重要工作。

铁道部要求南昌铁路局精心组织、积极工作，确保运输安全，确保京九开通，确保队伍稳定，做到工作起点高、标准高、要求高，体现新机构、新风貌，努力开创新局面。为此，南昌铁路局、上海铁路局当前要着重做好以下工作：

1. 顾全大局，密切合作，顺利搞好交接

生产关系的调整，企业机构的重组，是一项政策性很强、要求很高、十分复杂而细致的工作。上海铁路局和南昌铁路局要讲政治、顾大局，高风格、守纪律，互相支持，紧密配合，按照已经达成的协议，有计划、分步骤地进行，保持工作的连续性和平稳性。交接工作要在一个月内完成。

2. 精心组织，积极配合，确保运输生产稳步发展

要集中精力抓好运输生产和京九铁路开通运营。京九铁路收尾配套工作已进入最后冲刺关头。两局要搞好京九铁路运营有关工作交接，使各项工作及时衔接到位，全力以赴地抓好设备安装调试、工程验收、人员落实等重点工作，保证管段任务按期、提前、优质、高效地完成。当前运输生产任务繁重，防洪不可麻痹大意，要战高温、夺高产，保证暑运目标实现。要扎实推进建线工作，保证实现1996年建线目标，把运输生产推上一个新台阶。

3. 大胆探索，积累经验，为深化改革闯出新路子

成立南昌铁路局是建立新型铁路管理体制的一次探索。这种新的管理模式需要在实践中完善，并逐步向现代企业制度迈进。面对新机遇、新要求，南昌铁路局广大干部职工要解放思想、更新观念、大胆探索、勇于开拓，闯出一条铁路局体制改革新路子，为全路提

供可资借鉴的宝贵经验。

要制定新机构运作具体方案。南昌铁路局机关编制、定员，不能照搬现有铁路局模式，要按照"精干高效"原则设置，逐步过渡到新管理体制和运行机制。关于南昌铁路局公、检、法机构的设置，将另行公布。

4. 加强领导，发挥优势，做好改革思想政治工作

成立南昌铁路局是铁路管理体制的一项重大改革，涉及方方面面工作，关系企业发展和利益格局调整。各级党组织要发挥政治优势，做好思想政治工作，创造一个有利于企业稳定和发展的良好环境，充分调动广大干部职工积极性。共产党员要当先锋、作表率，以自己的模范行为影响和带动广大职工，保证这次改革任务顺利完成。在机构转换过程中，局机关全体工作人员要坚守岗位、恪尽职守，保持正常工作秩序。基层站段要做好稳定队伍工作，确保运输生产安全。

5. 从严要求，加强管理，努力建设高素质干部队伍

建设高素质干部队伍，领导班子是重点。南昌铁路局新领导班子要讲政治、讲正气、讲实干，努力搞好自身建设。在政治上要努力学习，坚定信念，把握方向，顾全大局；在工作上要解放思想，勇于探索，开拓进取，打开局面；在作风上要联系群众，清正廉洁，克己奉公，勤奋敬业，以新的精神风貌、新的工作姿态，创造新的辉煌业绩。当前特别要注意加强团结，领导班子成员要互相尊重，互相支持，发挥优势，形成合力。

要结合这次机构改革，认真分析干部队伍、各级班子现状，按照建设高素质干部队伍有关规定，选拔配备好各级领导班子。把政治强、思想好、业务精的优秀干部选拔到领导岗位，努力建设一支高素质的干部队伍。

南昌铁路局要积极主动向江西省委、省政府以及湖北、河南省委、省政府汇报工作，为地方经济发展服务。要积极同相邻的上海铁路局、郑州铁路局和广州铁路集团公司协调合作，努力把各项工作做得更好。

当前，全路正在为实现"九五"奋斗目标、夺取开局胜利而努力奋斗，南昌铁路局任重道远。铁道部相信南昌铁路局广大党员和干部职工一定能够以建局为新起点，抓住机遇，开拓奋进，创造运输生产新水平，创造运输改革新经验，为全路深化改革、加快发展作出更大贡献！

（本文系作者1996年8月8日在南昌铁路局成立大会上的讲话。）

[链接]

在南昌铁路局实施直管站段后，作者又先后到三个铁路局，宣布了铁道部关于撤销铁路分局的决定。1996年10月22日，宣布撤销呼和浩特铁路局包头铁路分局和集宁铁路分局；1997年3月底，在南昆铁路全线通车之际，宣布撤销成都铁路局昆明铁路分局和开远铁路分局，成立昆明铁路局，划定了铁路干线管界；1997年11月，宣布撤销柳州铁路分局和南宁铁路分局，由柳州铁路局（后更名南宁铁路局）直管站段。在总结经验基础上，2005年3月，铁道部决定撤销全部铁路分局，新成立了武汉、西安、太原三个铁路局，对有关铁路局管界作了调整。这样，全国铁路统一实行铁路局直管站段的新体制。

努力开创合资铁路新局面

在改革开放形势下，我国铁路加快发展，合资铁路应运而生。十多年来，合资铁路发展经历了蓬勃兴起、快速发展阶段，正在迈向规范管理新阶段。合资铁路建设和运营取得了显著成绩，为我国铁路改革发展开拓了新路子。要抓住大好机遇，不断深化改革，完善管理制度，努力开创合资铁路新局面。

一、合资铁路是改革开放出现的新事物

1. 合资铁路界定

什么是合资铁路？这需要有权威的、明确的界定。1991 年颁布实施的《中华人民共和国铁路法》(以下简称《铁路法》)，将所管辖的铁路分为四类：即国家铁路——由国务院铁路主管部门管理的铁路；地方铁路——由地方人民政府管理的铁路；专用铁路——如为国防服务的铁路；铁路专用线——为企业服务的铁路。可以看出，《铁路法》并未对合资铁路做出界定。

最早对合资铁路作出界定的法律文件，是 1992 年 8 月 11 日国务院印发的《国务院批转国家计委、铁道部关于中央和地方合资建设铁路的意见的通知》(国发〔1992〕44 号)。该文件首次提出："合资铁路，是指铁道部与地方政府、企业和其他投资单位共同投资建设、经营的铁路路网干线和重要支线。"为贯彻国务院通知精神，国家计委、铁道部于 1993 年 11 月联合下发《〈关于发展中央和地

方合资建设铁路的意见〉实施办法》（计交通〔1993〕2209号），将合资铁路明确为："国家铁路部门与地方政府、企业或其他投资者共同投资建设和经营的铁路。"1996年5月，为加强对合资铁路规范管理，铁道部、国家计委根据上述两个文件精神，颁布了《合资铁路管理办法（试行）》（铁计〔1996〕55号），把合资铁路界定为："铁道部与其他部委、地方政府、企业或其他投资者合资建设和经营的铁路。"因此可以认为，合资铁路是由中央政府、地方政府、企业或其他投资者合资建设和运营的铁路。

2. 合资铁路兴起

长期以来，我国铁路干线和重要支线均由国家负责建设与管理。国家铁路建设的主体是中央政府，国家铁路建设资金由中央财政安排。但由于建设资金不足，建设速度缓慢，路网扩展有限，严重限制了全国铁路的发展。在改革开放方针指导下，一些省、自治区、直辖市政府为发展经济，修建铁路的愿望十分迫切，积极探索合资建设铁路。20世纪80年代初期，广西壮族自治区政府与铁道部共同合作建设南（宁）防（城）铁路，出现了合资建路的雏形。新疆维吾尔自治区政府与铁道部积极探索合资建设北疆铁路。广东省政府与铁道部合资组建了三茂铁路公司，1990年建成了我国第一条Ⅰ级干线合资铁路（三水至茂名铁路全长357公里）。

3. 合资铁路发展

1991年，国家计委、铁道部在广东省联合召开了全国合资铁路工作会议，推广了三茂铁路公司经验，肯定了合资铁路发展方向。1992年，国务院提出了"统筹规划、条块结合、分层负责、联合建设"的方针，并发文明确指出："修建合资铁路是对传统建设和管理体制的一大突破，是深化铁路改革的一条新路。""国家对合资铁路实行特殊运价，并给予其他必要的优惠政策。"1993年国家计委和铁道部联合下发了贯彻国务院通知的实施办法，有力地推进了合资铁路的发展。"八五"期间，先后有13个合资铁路项目开工建设。党的十四大确立了建立社会主义市场经济体制的改革目标，明确了国有企业建立现代企业制度的改革方向。《中华人民共和国公司法》的颁布实施，为企业制度创新提供了法律依据。按照新的形势要求，铁道部首先对既有的合资铁路公司进行了规范化改制。对新成立的合资公司一律按现代企业制度要求组建，并在合资铁路建设项目中率先推行了项目法人负责制、资本金制等，规范了合资铁路的建设管理体制。

4. 合资铁路成就

（1）**筹资渠道不断拓宽**。合资建路打破了多年来我国铁路建设投资主体单一的局面，调动了中央和地方两个积极性，拓宽了筹资渠道，初步形成了铁路建设投资主体多元化的格局。各级地方政府采取了财政拨款、企业集资、发行债券、利用国际金融组织贷款、招商引资、申请国家专项资金（债券）、收取铁路建设附加费等多种筹资方式，加大投资力度。合资铁路公司以法人身份积极开展项目融资，寻求国家政策性银行贷款、商业银行贷款等。"七五"期间，省筹铁路建设资金为12.67亿元，占同期铁路基建总投资的3.85%；"八五"期间，省筹资金达121.33亿元，占同期铁路基建总投资的10.1%；"九五"前三年，省筹资金达139亿元，占同期铁路基建总投资的14.5%。

（2）**建设规模不断扩大**。截至1998年底，全国建成和在建的合资铁路共有29项，遍布21个省、自治区和直辖市，线路总长8400公里，其中投入运营4897公里。"八五"期间完成的新建铁路铺轨工作量中合资铁路占40%，"九五"前三年则占47%。合资铁路公司资产总额达到 1082 亿元，其中资本总额为 456 亿元，占总资产的 42%。在全部资本金中，铁道部出资 281 亿元，占 62%；省、自治区、直辖市和其他有关部门出资 175 亿元，占 38%。调查表明，全国各省、自治区、直辖市都有合资建路的热切愿望，已提出了一批合资铁路项目，正在开展项目前期工作。

（3）**体制改革不断深化**。合资铁路公司在改革传统的铁路投资和建设管理体制、建立现代企业制度方面进行了积极有效的探索，构建了全新的管理体制和运行机制。在 29 个合资铁路中，已经有 24 个组建或改制为有限责任公司或股份有限公司，调整改善了公司资产负债结构，建立健全了公司法人治理结构。按照现代企业制度要求，近年新开工的合资铁路项目，基本做到了开工前首先确定项目法人，对项目策划、资金筹措、建设经营、债务偿还和资产保值增值等全过程负责。在施工管理中，普遍引入招投标等竞争机制，择优选择施工和监理单位，硬化施工合同管理。达万铁路公司利用亚行贷款，成功地组织了我国铁路项目第一次工程施工国际招标。这些改革措施，使合资铁路建设投资得到了有效控制，工程质量和投资效益有所提高。

（4）**经营管理不断加强**。合资铁路坚持以经济效益为中心，在经营管理方面逐步形成了新模式。一是非企业职能社会化。大部分合资铁路公司尽可能地减少非经营性机构，凡社会上有的或者国铁能够提供的，自己可以不办。有的公司实行后勤、辅助工作社会化协作制，客车车体整洁和卧具清洗委托保洁公司负责，职工就餐由快餐店配送。二是通用业务市场化。许多公司实行维修托管制，工务、通信信号设备维修养护均采取委托方式。大部分合资铁路公司不设建筑段，建筑工程实行公开招标，发包给社会上有资质的单位。三是管理机构轻型化。合资铁路公司严格控制定编，合并相关职能，管理机构都比较精干。达成铁路公司机关只设9个部室，包括调度所在内共90人。石长铁路公司1998年作了大幅度调整，机关人员压缩到80人。四是生产管理综合化。西延铁路公司将三级管理改为两级管理，撤销了段级机构，分公司统一管辖客货、工务、电务、列检和生活服务工作。金温铁路公司实行直线职能制，运输部直接管理各中心站、客车乘务、调度所、列检所、机务折返段、乘警队。工务、电务只设作业区，由工电部直接管理。五是用工方式多样化。有的公司实行一人多职、一职多责、一专多能的复合任职方式。有的公司对员工实行聘用合同制，每年考核一次，能进能出，能上能下，形成优胜劣汰的用人机制。

合资铁路伴随改革开放而诞生，在深化改革过程中得到发展，成为我国铁路网中不可或缺的重要组成部分。

我们在充分肯定合资铁路取得成绩的同时，也要清醒地看到存在的问题。在思想认识上，有些部门对发展合资铁路必要性还认识不足，有的同志对合资铁路关心不够、支持不力；在合资公司管理上，有的项目出资者、产权代表没有到位，亟待明确各方出资代表的权责，落实公司法人财产权；在改善外部环境方面，需要进一步加强政府对合资铁路的行业管理，拓宽资金筹措渠道，完善各项优惠政策，理顺合资铁路与国铁之间在建设、运营中的关系等。这些都需要在理论上继续探索，在实践中不断完善。

二、合资铁路创出了加快铁路发展的新路子

合资铁路发展过程，是坚持解放思想、转变观念的过程，是不断深化改革、开拓创新的过程，是逐步完善规范、走向成熟的过程。经过10多年艰苦奋战，各合资铁路公司在投资体制和经营管理体制改革等方面，积累了许多新经验。这些经验，奠定了合资铁路深

化发展的基础，丰富了铁路改革理论的内容，为加快铁路改革与发展提供了有益借鉴。

1. 实现投资主体多元化，是铁路投资体制改革的重要突破

合资铁路的基本特征是"合资"。这是铁路投资主体多元化的重要实现形式。合资铁路的兴起，突破了旧的铁路投资体制束缚，改变了长期以来铁路投资主体单一、资金来源依赖国家的状况，形成了多方筹资建设铁路的可喜局面。国家和地方政府先后出台了各类扶持政策，铁道部有关部门和铁路局对合资铁路建设、运输组织等都给予了大力支持，积极帮助合资铁路公司筹措资金，安排分流运量。各省、自治区、直辖市政府在征地拆迁、经营税收等方面给予了许多优惠政策。在集通铁路建设和经营中，内蒙古自治区每亩地仅收取140元的征地费用，并对地方税收实行"先征后退"的政策，以减轻公司债务负担。在各方面有力支持下，集通铁路公司运营三年来，经济效益逐年提高。北疆铁路是亚欧大陆桥重要组成部分。为使北疆铁路公司能够健康发展，新疆维吾尔自治区对公司开发多种经营实行优惠政策，使公司经营收入快速增长。广东、陕西、安徽、云南、湖南、福建、四川、贵州、山西、重庆、天津等省市，都对合资铁路提供了许多优惠政策。实践说明，"合资"是调动各方面积极性的重要手段。铁路作为国民经济的重要基础设施，国家财政支持是必不可少的。但只有国家的财政支持，远远不能满足铁路发展需要，必须坚持多渠道筹资建路方针，大力推进投资主体多元化，吸引调动更多社会资金，才能从根本上解决铁路建设资金短缺问题。因此，合资铁路不是要不要坚持发展的问题，而是必须加快发展，在发展中进一步深化改革。

2. 构建全新管理体制，是保持合资铁路活力的重要条件

合资铁路要用好多元化投资，提高经营效益，给投资者以满意

的回报，必须建立科学的管理体制和经营机制。"九五"以来，按照建立现代企业制度要求，对合资铁路进行规范化改制，重新界定产权，调整资产负债结构，明确投资主体权责，规范内部治理结构。这就为合资铁路健康发展提供了根本性的制度保证，为真正落实合资公司法人财产权，实现自主经营、自负盈亏，创造了基础条件。新体制使合资铁路公司具有一种内在的动力和压力，能够大胆突破旧管理模式，以市场导向调整企业组织结构，在精干主业、剥离辅业、减员增效等方面迈出较大步伐。改革实践说明，只有按照现代企业制度要求，合资铁路才能建立起适应社会主义市场经济的新体制，才能更好地转换经营机制，实现企业经营发展的良性循环。

3. 建立有效运能竞争机制，是加快合资铁路发展的重要保证

合资铁路承担着自主经营、自负盈亏的责任，如何建立有效的投资约束机制和市场竞争机制，最大限度地节约投资、提高效益，就成为一个直接关系企业生存发展的关键问题。近年来，根据国家投融资体制和建设体制改革要求，在合资铁路建设中率先实行了项目法人负责制、资本金制，严格实行工程招投标、工程监理制和合同管理制度，对于控制工程造价、确保施工质量、提高投资效益，发挥了积极作用，取得了显著成效。合资铁路公司作为建设项目法人，集筹资、建设、运营、还贷四大责任于一身，有效遏制了"投资饥饿症"。邯济铁路公司在组织邯济线建设中，采取有效措施，坚持实行工程招标制、建设监理制和施工承发包合同制，严格验工计价，控制变更设计，千方百计节约资金，从而将投资控制在初步设计概算以内。广梅汕铁路公司在梅坎线项目管理中明确提出："调概就是调债（即增加负债），保建设质量就是保运营效益。"在概算标准较低情况下，坚持总概算不调，质量争创部优，工期适当提前。集通、西延等铁路公司在建设中，发扬艰苦创业精神，有效地降低了

工程总造价。这些成效表明，现代企业建立有效的运转机制，规范合资铁路投资和建设管理，是加快合资铁路发展的重要保证。

4. 实行灵活营销方式，是提高合资铁路经济效益的有效手段

合资铁路公司在客货运输经营中积极引入市场机制，以灵活的经营方式吸引旅客货主，增强了竞争优势。合资铁路公司都享有地方政府批准的特殊运价政策，可以根据运输市场供求关系变化，灵活调整运价。货运对大宗货物采取货主报价、公司与货主协商定价方式；客运根据列车载客情况实行浮动运价，使企业营销灵活适应市场，掌握了竞争主动权。合资铁路公司大多是在实力弱小的条件下参与市场激烈竞争的，这也促使企业更好地面向市场，提高运输服务质量。如金温铁路公司制定了客运"经营市场化、服务航空化、作业标准化、环境宾馆化"的目标。为了使车票以最快速度送达旅客手中，仅温州站周围就设了 40 多个代售点，实行电话订票，送票上门，使该站日发送旅客达 9000 人以上。列车服务按航空标准要求，严格各个岗位作业标准和操作规范，改善客车设施，使旅客感到舒适方便。总之，市场竞争给合资铁路员工带来了观念上的变化和机制上的转换，提高经营效益成为企业内在的追求。而合资公司市场主体地位的确立，也有利于企业争取市场化经营的必要政策条件，在运价改革等方面已率先取得突破。

5. 加强行业管理，是促进合资铁路发展的重要基础

合资铁路是我国铁路网重要组成部分，与国铁在运输生产上有着千丝万缕的关联；合资铁路公司又是多方出资组成的企业，与国铁企业有着产权纽带的联系。因此，加强行业管理和产权管理，协调各方利益关系，对合资铁路公司和国铁企业都非常重要。铁道部相继颁布了合资铁路统计、物资、财务、建设等规章，使合资铁路管理逐步做到有章可循，积极帮助企业解决运输组织、运量安排等方面的问题，搞好协调服务。合资铁路公司通过规范化改制，建立健全了股东会、董事会、监事会、总经理管理制度，明确了公司股东与经营者之间的权责利关系。铁路局受铁道部委托作为国铁产权代表，既履行所有者代表职责，又协调企业间利益关系，也在改革中摸索出了一些好的做法。如郑州铁路局作为西延铁路国铁产权代表，加强产权管理，注重西延铁路自身效益及对国铁干线带来的效益。西延铁路公司则在运输经营中主动与西安铁路分局加强联系，密切配合，经济效益有了明显提高，1998年运输收入较1994年增长137%。总的来看，经过多年实践，有关各方对于加强行业管理和产权管理的重要性认识比较一致，对于要深入研究解决的重点问题比较明确，这为有针对性地改进工作打下了基础。

三、合资铁路发展迎来新机遇

随着我国经济体制改革不断深化和市场化程度迅速提高，运输需求发生了重大变化，合资铁路发展迎来了新的机遇。特别是当前，国家为拉动国民经济增长，实施积极的财政政策，加大对基础设施的投资力度，明确要求加快铁路建设，这为合资铁路发展提供了难得的历史机遇。在这世纪交替之际，必须认清面临的形势和肩负的重任，适应新世纪社会经济发展对铁路提出的各种挑战，积极推进合资铁路的改革与发展。

1. 建立市场经济体制，实施可持续发展战略，为加快合资铁路发展创造了有利的大环境

从20世纪末到2010年，是我国社会经济发展极为关键的时期。按照党的十五大提出的战略目标，我们要建立比较完善的社会主义市场经济体制。铁路是国民经济的动脉，要建立统一、开放有序的市场经济体制，必须要有强大的铁路运力作保证。建立比较完善的

市场经济体制这样宏伟的战略目标，为铁路发展提供了历史性机遇。从可持续发展的战略角度看，铁路与其他运输方式比较，在同等运量条件下具有占地省、能耗低、运能大、污染少、全天候的综合技术经济优势，在综合运输体系中发挥着骨干作用。中央决定加大铁路投资规模，加快铁路基础设施建设，包括增加对合资铁路的财政支持，这不仅是为了拉动当前经济增长，更重要的是考虑到铁路在未来社会经济发展中的重要作用，进一步增强国民经济发展后劲。大力发展铁路运输业，构筑以铁路为骨干的我国综合运输体系，是实施可持续发展战略的重要组成部分。建立社会主义市场经济体制，实施可持续发展战略，都为合资铁路发展创造了有利环境。

2. 发展地方经济，彰显合资铁路带动作用，形成二者相互促进的良好机制

铁路对促进区域经济协调发展有重要带动作用，这已在20年改革开放过程中得到充分体现。合资铁路之所以能够发展起来，就是因为地方政府认识到了铁路对于开发地区经济增长点、增加劳动力就业、带动相关产业发展、促进当地资源优势转化为经济优势以及促进社会进步等，具有积极推动作用。各地贯彻党的十五大精神，积极探索公有制多种实现形式，推进国有经济的战略性重组，抓大放小，搞活企业，地区间经济交流更加活跃，市场开放程度越来越高。加快铁路建设，也是促进生产要素流动，改善投资环境，扩大对外开放的重要基础。同时，国家投资向中西部倾斜，进一步促进地方经济发展，地方政府财力逐渐增强，资本市场日趋活跃，合资铁路在政策、资金等方面也会得到更多支持。

3. 实行政企分开，加强行业管理，为合资铁路发展提供了体制保证

按照国务院统一部署，1998年8月铁道部机关进行机构改革，促进了政企分开、职能转变。根据国务院批准的铁道部机构改革方案，突出强化部机关行业管理、宏观管理和监督管理职能，弱化社会管理和微观管理职能。精简机构之后的部机关运转正常，当前正在清理规章制度，过时的、不适用的将予以废止。铁道部履行政府管理职能，从社会经济发展战略高度，统筹规划包括合资铁路在内的铁路行业发展。要研究制定政策，搞好协调服务，妥善处理好各类铁路之间的经济关系，形成各方协作互补、路网统一协调的发展局面。作为政府行业主管部门，铁道部要抓紧研究解决全行业投融资体制、建设管理体制、建立现代企业制度等关系铁路发展的大事，还要制定企业发展政策，促进铁路企业转换经营机制，尽快适应社会主义市场经济新体制。行业管理的加强，为合资铁路发展提供了有力保证。

4. 全面实行资产经营责任制，为合资铁路公司经营创造了有利条件

资产经营责任制是当前深化铁路改革的中心工作。铁路实行资产经营责任制是铁道部作为国有资产出资人代表，对铁路局实施的以明确企业法人财产权为基础，以落实国有资产保值增值为核心，以提高国有资产经营效益为目的的经营责任制度。铁路局与合资铁路公司是两个独立的经济实体，是企业与企业的关系，是平等互利的关系，既要统一调度、分别清算，又要相互协作、共同发展。在资产经营上，作为国有资产的产权代表铁路局与合资铁路公司之间，又有股东与公司经营者之间的关系，既要维护股东权益，又要落实公司法人财产权。铁路局成为市场经营主体之后，原来责任没有落实到位的出资者产权代表将变成真正意义上的股东。由于合资铁路对于国铁干线客货流能起到集散作用，合资铁路公司经营管理状况对铁路局经济效益产生一定影响，铁路局将会更加重视和支持合资铁路，在以资产为纽带基础上建立起更加密切的合作关系。对合资铁路公司来说，出资者到位是具有全新意义的经营管理基础。

四、合资铁路发展迈进新阶段

为使合资铁路沿着正确方向发展，针对合资铁路存在的问题，要进一步采取有效措施，坚持改革创新，实施规范管理，把合资铁路推向一个新的发展阶段。

1. 明确投资权责，全面落实项目法人负责制

国家计委制定的《关于实行建设项目法人负责制的暂行规定》，国家计委和铁道部联合颁布的《合资铁路管理办法（试行）》，都对项目法人负责制提出了明确要求，要认真贯彻执行。今后新开工的合资铁路项目，必须先确定法人，组建合资铁路有限责任公司或股份有限公司，按照《中华人民共和国公司法》和现代企业制度要求规范运作。有些在建或已建成的合资铁路项目，尚未按规范要求组建合资铁路公司的，要争取在 1999 年内实现规范化改造。

合资铁路公司作为项目法人，要全过程负责，承担资产保值增值责任。铁道部积极支持各地发展合资铁路，但必须有运量、有效益。要努力抓好项目前期工作，在项目可行性研究中要特别注重对项目运量预测、投资总额和经济效益分析。合资铁路项目施工设计文件，应由公司按批准的初步设计文件中确定的标准和规模组织审查，批准的施工设计概算原则上不得超出原批准的初步设计概算，并将施工设计文件的审查结果报投资各方核备。

合资铁路建设资金来之不易，一定要倍加珍惜。在建设实施中，要贯彻精打细算、节约投资的原则，严格控制工程规模和建设标准；要发扬艰苦奋斗精神，坚决杜绝讲排场、比阔气、铺张浪费

现象；要完善制度、加强管理，努力将有限的资金管好用好，创造较好的投资效益；要加强设计审查和施工组织，正确处理工期与质量的关系，工期要科学合理，服从工程质量，严禁盲目赶工、增加投资、忽视质量；要努力降低融资成本，切实对投资主体负责。

2.强化投资约束，完善项目资本金制度

实行项目资本金制度，是深化投资体制改革，建立投资风险约束机制，有效控制投资规模，提高投资效益的重要措施，也是建立现代企业制度和项目法人负责制的前提和必要条件。合资铁路建设项目通常投资较大，回收期较长，不能完全依靠贷款进行建设，必须实行项目资本金制度。合资铁路除资本金以外所需投资，由合资铁路公司负责筹措并偿还。

目前，有些合资铁路在实行项目资本金制度中还存在一些问题。有的项目资本金不能按时到位，既影响建设速度，又增加了建设成本；有的项目资本金比例偏低，公司负债过高，资产结构不合理。在已规范组建的合资铁路公司中，资本金占总资产的比例平均为42%，但个别合资铁路公司的资本金占总资产的比例还不到25%，影响了合资铁路的经营发展。对已建成的合资铁路项目，投资各方应按原承诺的出资比例，按时足额到位，并研究提高资本金比例、降低融资成本的办法。不能单纯依靠债务融资，而要采取盘活存量资产、增加投资主体、进一步落实优惠政策、增加项目资本金以及资产重组、改制上市等综合措施。铁道部积极支持经营业绩好的合资公司股改上市。

3.完善竞争机制，全面推行招投标制度

建设项目实行招投标制度是引入市场竞争机制、控制工程造价、提高工程质量的有效途径。合资铁路项目要严格执行国家有关规定，在施工、监理、设备采购等过程中，全面推行招投标制度，

有条件的项目也可进行设计招投标。各单位要严格按照合同条款规定执行，逐步同国际惯例接轨。

合资铁路项目设计、施工和监理，必须由符合资格、资质条件的单位承担，对不符合资质的坚决清退。合资铁路公司要加强对建设项目工程质量管理，认真贯彻《国务院办公厅关于加强基础设施工程质量管理的通知》（国办发〔1999〕16号），建立参建单位工程质量领导人负责制、工程质量终身负责制，正确处理质量、速度、效益的关系，在保证质量、安全、环保、效益的前提下加快建设速度。

4. 规范治理结构，构建全新的管理体制

按照现代企业制度要求，规范建立公司法人治理结构，以法定形式行使选择经营者、重大决策和资本收益的权力，可以形成所有者、经营者和劳动者相互激励又相互制衡的机制，使三者的权利得到保障，并使其行为受到约束，最终提高企业经济效益。

目前有些合资铁路公司尚未建立起有效的法人治理结构。要在2000年底前使所有合资铁路企业都按照《中华人民共和国公司法》规定，按现代企业制度要求，建立健全由股东会、董事会、监事会、总经理等构成的公司法人治理结构。各合资铁路公司要制定《股东大会制度》《董事会工作条例》《监事会工作条例》《总经理工作条例》等工作制度、议事规则和行为准则，严格界定各自的责任和权利，建立适应市场经济要求的决策机制，包括科学民主的决策程序、健全的决策机构和可追溯的决策责任。同时，要推进干部人事制度改革，把股东会依法选择公司董事、监事，董事会依法选择公司经营者和党管干部的原则有机地结合起来，改进和完善国有股东推选公司董事、监事的方式。合资铁路公司股东单位以出资额为限对公司承担有限责任，享有的权利和应尽的义务要在公司章程中予以明

确。要坚决维护公司合法权益，反对和抵制有损公司合法权益的行为。股东单位要依照合同书和公司章程规定及时选派和更换公司董事、监事，并负责根据有关规定进行考核和奖惩，对不称职的董事和监事要及时更换。

合资铁路公司董事会要审定公司中长期发展规划，制定重大项目投资方案科学决策程序，对重大决策要进行调研认证，以保证科学决策，避免决策失误。建立健全监事会监督机制，包括对董事会重大决策、总经理执行过程的动态监督。要定期向公司股东递交监事会工作报告。

5. 加强监督管理，创造良好的外部环境

铁道部机关各部门要进一步转变观念，牢固树立为合资铁路发展服务的思想，切实加强行业管理，对合资铁路工作给予指导、帮助、协调、监督。积极主动地协调好合资铁路与国家铁路之间的运输关系和利益分配关系，帮助解决合资铁路建设和运营中所需的物资、设备、技术人员等问题，协调解决合资铁路运输的接轨、过轨、费用清算等问题。各级地方政府要继续发挥各自优势，在征地、拆迁、税费征收等方面对合资铁路实行优惠政策。产权代表单位要切实负起责任，为合资铁路公司经营管理创造良好环境和条件。

加强企业党组织的监督和职工民主监督，是加强企业内部监督的有效形式。企业重大问题决策，必须发挥集体智慧，实行民主、科学的决策。各级党组织要加强和改善对企业经营工作的领导，大力支持股东会、董事会、监事会和总经理依法行使职权，切实发挥保证监督作用。

6. 提高经营管理水平，努力实现扭亏增盈目标

合资铁路公司要加强领导班子建设，发挥企业党组织的核心领

导作用。要全心全意依靠职工群众办好企业，搞好科学管理，千方百计增收节支、扭亏增盈。要努力发挥现代企业制度优势，积极探索按社会主义市场经济机制运行的经营管理方式，认真研究解决收入分配与效益不挂钩、盲目攀比，对外投资、借款、担保不严格按公司章程办理，财务管理不规范等问题。现已盈利的公司要提足折旧，按时还贷，增加盈利；亏损的公司要积极减亏，力争 2000 年底以前大多数公司实现扭亏为盈。公司董事会要制定扭亏增盈目标和考核奖惩办法，采取有效措施落实责任。

（原文载于《中国铁路》1999 年第 8 期。）

加强铁路企业社会责任管理

铁路企业为国家经济发展和社会进步作出了巨大贡献。目前，在宣传铁路企业履行社会责任成绩时，大都集中在铁路为沿线地方办好事上。例如，为贫困山区、民族地区、革命老区的农村修路建桥、引水供电、捐建希望小学、开办小型企业，以及开行"慢火车"等，受到各界好评。但这些成果并不能全面反映铁路企业的社会责任贡献。因此，需要认真研究制定铁路企业社会责任评价体系，加强铁路企业社会责任管理。

一、企业社会责任

关于企业社会责任（Corporate Social Responsibility，CSR）领域的研究，自 20 世纪 20 年代开始到现在已有近百年历史。研究成果大致可分为三个阶段：

1. 早期研究（20 世纪 60 年代以前）

随着世界经济不断发展，贫富差距加大，环境污染加剧，社会矛盾日益激化。1924 年英国学者奥利弗·谢尔登（Oliver Sheldon）首次提出了"公司社会责任"概念。他认为，企业经营者不能单纯追求自身的经济效益，还应承担满足产业内外各种相关者需要的社会责任。在企业快速发展中，企业经营者追求股东效益最大化的同时，企业劳动者也开始维护自身权益，政府也开始对企业履行社会责任提出了新的要求。美国学者弗里德曼认为，"民权运动、反战运动、消费者运动、环保运动、女权运动等，对企业社会责任活动起到了促进作用。"

1953 年，被称为"社会责任之父"的美国学者霍华德·R. 鲍恩（Howard R·Bowen）出版了《商人的社会责任》（*Social Responsibilities of Businessman*），对企业社会责任进行了系统阐述。他把社会责任定义为，商人按照社会的目标和价值，向有关政策靠拢、作出相应的决策、采取理想的具体行动的义务。这一论著标志着企业社会责任研究从感性认识走向理性研究。

1963 年美国斯坦福研究所提出了"利益相关者"的概念。1984 年美国弗里曼（Freeman）教授在《战略管理：一种利益相关者的方法》一书中，正式提出了利益相关者理论（Stakeholder Theory）。认为企业除了股东外，还存在一些影响企业生存的群体，即利益相关者。这既包括股东、员工、客户、供应商等首要利益相关者，同时也存在社会团体、公众、政府部门等次要利益相关者。企业不能只考虑股东利益，还必须关注利益相关者的利益。

2. 社会认可（20 世纪 70 年代以后）

针对愈来愈严重的诸多社会问题，全球更加关注企业社会责任，因而引发了学术思考和争议，许多学者提出了新理论。最具代表性和影响力的理论，是 1979 年美国学者卡罗尔（Carroll）提出的企业社会责任"金字塔"模型，首次界定了社会责任及其层次（图 26）。

在这个模型中，位于金字塔最底层的是经济责任，这是其他所有责任的基础；位于金字塔第二层的是法律责任，这是企业社会责任的底线；位于金字塔第三层的是伦理责任，旨在维护利益相关者的合法权益；位于金字塔顶层的是慈善责任，企业作公益事业回报社会。1991 年，Carroll 教授改进为三个层次：经济责任、道德责任和慈善责任。经济责任是企业的必尽之责，道德责任是企业的应尽职责，而慈善责任是企业的愿尽之责。

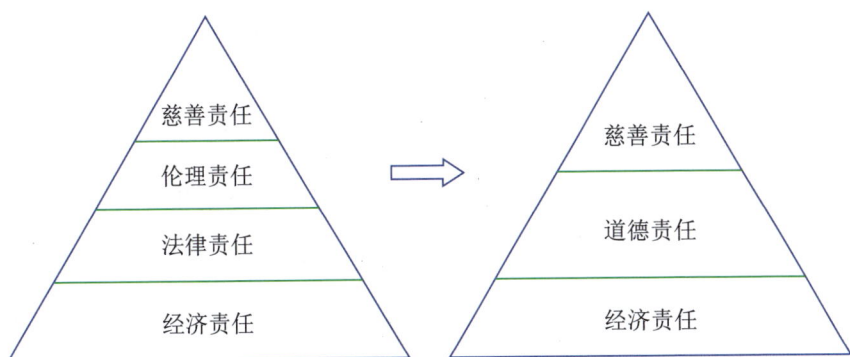

图26　企业社会责任的"金字塔"模型

1997年，英国学者埃尔金顿（John Elkington）提出了"三重底线"的新概念（图27），使社会责任边界更加清晰。他认为，企业社会责任可以概括为三大部分：经济责任、环境责任和社会责任。经济责任是传统的企业责任，就是创造利润、缴纳税费、回报股东；环境责任是指保护生态环境不受破坏；社会责任是强调对其他利益相关者的责任。这三个维度界限清晰，三个价值兼顾平衡，体现了综合价值最大化。"三重底线"理论符合价值导向，受到社会比较广泛的认可。

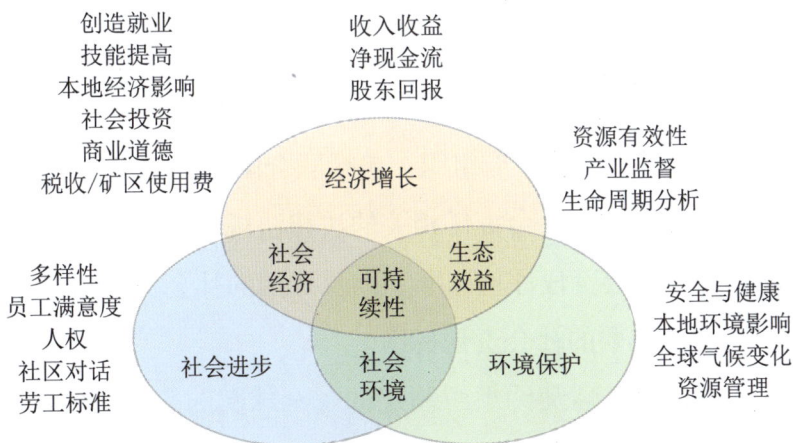

图27　企业社会责任的"三重底线"理论

3. 全球响应（2000 年至今）

进入 21 世纪，经济全球化进一步发展，企业责任已不局限于发达国家，正在以强劲之势向发展中国家扩展。在这种形势推动下，许多著名的国际组织试图提出适合全球发展的企业社会责任概念。其中，最具影响力的是 2012 年世界经济论坛提出的"全球企业公民"模型。该模型是以经济贡献为基础，推进有效治理，坚持慈善公益，自觉承担社会责任，创造社会价值，以实现全面、协调、可持续发展（图 28）。

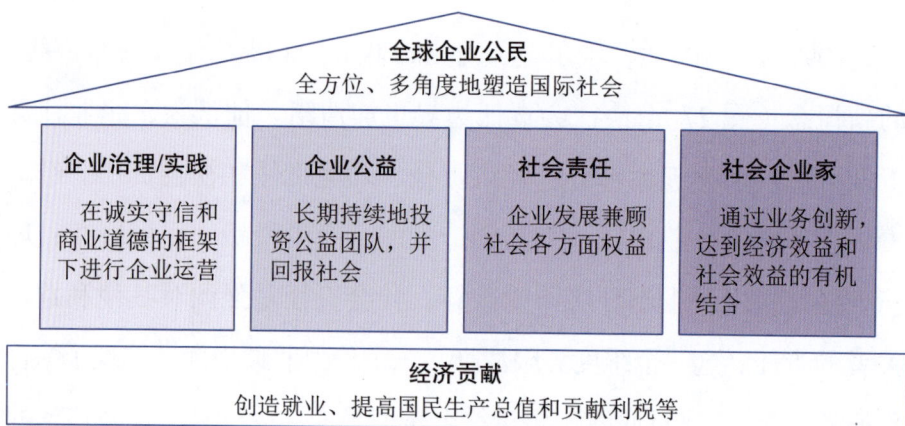

图 28 "全球企业公民"模型

二、企业社会责任标准

迄今为止，世界上并没有一个全球统一的企业社会责任标准。但是许多国家政府及非政府组织，包括联合国有关组织及大型企业，都制定了一系列企业社会责任相关的法律法规。这里仅介绍世界上较有影响力的社会责任评价标准，以及我国的社会责任国家标准。

1. 国际上主要的社会责任标准

（1）联合国全球契约组织制定的《全球契约》。在经济全球化大背景下，强调企业应履行社会责任。采用签约参与方式，为企业参与经济全球化条件下的国际事务和商业发展提供了机会和平台。主要关注：人权、劳工、环境、反腐败。其突出特点是企业自上而下的公民参与，对落实《全球契约》的要求具有重要作用。

（2）经济合作与发展组织（OECD）制定的《跨国公司行为准则》。这是唯一由政府签署并承诺执行的多边综合性跨国公司行为准则。1976年初次公布，2000年进行修订。主要关注：政策、信息、劳资关系、环境、科技、竞争、消费者利益等。几十年来，这项准则的实施，对各国政府推动在社会责任方面的立法和监管产生了重要影响。

（3）国际社会责任组织（SAI）制定的《SA 8000》。1997年10月颁布SA 8000，给出了一个标准认证体系。旨在确保企业所供应的产品均能符合社会责任标准的要求。主要关注：劳工、健康、自由权利、工作时间和劳动报酬等。这是首个有关道德规范的国际标准，受到国际社会关注。

（4）国际标准化组织（ISO）制定的《ISO 26000》。这是关于社会责任领域的第一个国际标准，是国际社会在社会责任领域取得共识的集大成者，旨在促进可持续发展。主要关注：组织治理、劳工、人权、平等、消费者权益及社会公益等。为企业组织将社会责任融入自身，提供了可操作性的建议和方法。但其本身不是管理标准，对任何国家或公司没有约束力，也不用于第三方认证。

（5）全球报告倡议组织（GRI）制定的《GRI 4.0》。该体系强调社会责任信息披露的标准化和可比性，适用于各种类型的组织，广泛为人们所接受。主要议题有三个方面：战略及概况、管理方针和绩效指标（经济绩效、环境绩效、社会绩效）。

2. 我国的社会责任国家标准

2015年6月，我国发布了社会责任国家标准，主要包括：《社会责任指南》(GB/T 36000—2015)、《社会责任报告编写指南》(GB/T 36001—2015)和《社会责任绩效分类指引》(GB/T 36002—2015)。这些国家标准对统一认识、指导实践、提高水平发挥了重大作用。主要关注：人权、劳工、环境、公平、消费者利益、社区参与和发展等。同 ISO 26000 一致，GB/T 36000 标准也不适用于认证，而是由组织自愿选择使用。

三、对铁路企业社会责任评价的思考

一般企业社会责任评价，现已形成多种体系。如：道琼斯可持续发展指数（1999 年），以投资角度从经济、社会和环境三个方面评价企业可持续发展的能力；《财富》企业社会责任 100 强排行榜（2011 年），通过环境、社会、企业治理三个方面综合衡量在华企业社会责任表现；中国企业社会责任发展指数（2015 年），以市场责任为基石，社会责任和环境责任为两翼，形成稳定闭环三角结构，责任管理位居核心；中国企业社会责任 500 强评价（2015 年），列出了 10 项指标。

国有企业是壮大综合国力、促进经济社会发展、保障和改善民生的主要力量，是中国特色社会主义的重要物质基础和政治基础。社会上一致认为，国有企业是经济发展的"顶梁柱"，是稳定社会的"压舱石"。《中华人民共和国公司法》(2006 年版)明确公司要"承担社会责任"，国务院国资委发布了《关于国有企业更好履行社会责任的指导意见》(2016 年)，强调这是深化国企改革的重要举措，也是适应可持续发展要求，提升企业核心竞争力的必然选择，要求充分发挥国企履行社会责任的示范作用。

铁路是国家重要基础设施，是综合交通运输的骨干，具有基础性、服务性、引领性、战略性。多年来，铁路建设和运输都在努力

履行企业社会责任，但对铁路企业社会责任评价的研究却较为罕见。我认为，研究铁路企业社会责任评价体系，要体现国有铁路企业的特点，可概括为以下六个方面：

1. 运力保障

铁路要把国家重点运输、应急运输和军事运输摆在首位，提供有效的运力保障，支持地方经济社会发展。

2. 经济贡献

强化经营管理，确保国有资产保值增值、国有资本收益上缴及照章纳税。承担有关公益性运输，促进可持续发展。

3. 安全环保

贯彻绿色发展理念，搞好职业健康，杜绝重大事故。落实节能减排措施，减少对生态环境的影响。

4. 服务质量

坚持诚实守信，实行信息公开。满足旅客货主的多样化需求，虚心接受公众监督，让人民满意。

5. 创新动能

实施创新驱动发展战略，重视科研投入，组织协同创新。突破关键技术，引领铁路发展。

6. 责任管理

企业社会责任管理要组织全员参与，在企业发展战略、经营管理等方面要融合社会责任管理概念。全面落实以人为本、和谐发展，形成企业文化。

四、措施建议

1. 铁路企业要高度重视社会责任管理

借鉴国内外先进企业的经验，将企业履行社会责任纳入战略管理，在制定企业发展规划时作出统筹安排。真正使履行社会责任成为企业提升国际竞争力、塑造良好社会形象、实现高质量发展的重大战略举措。

2. 要研究制定铁路企业社会责任评价指标体系

在一般企业社会责任评价指标体系基础上，考虑铁路企业属性和特征创新指标体系。可发挥行业学会（协会）作用，颁布行业学会（协会）团体标准，引导推广实施。

3. 要明确铁路企业社会责任管理机构

制定管理机制和相关制度，加强职工责任培训和企业文化建设。研究制定考核标准，将社会责任管理纳入企业考核内容。

4. 要加强铁路企业社会责任宣传报道

持续定期公布"铁路企业社会责任年度报告"，增强社会公众理解，共同营造有利于铁路发展的良好氛围。同时，激励铁路企业和职工增强责任意识，主动积极履行社会责任，逐步走上制度化、规范化。

（2016 年作者和胡文瑞主持"国有企业社会责任评价与管理研究"。主要研究团体为中国石油经济技术研究院。本文系作者 2017 年在"国有企业社会责任管理研讨会"上的报告。）

铁路"十五"规划研究新成果

铁路发展第十个五年计划（后改为"五年规划"），是进入 21 世纪的第一个五年计划，也是由计划经济体制转向社会主义市场经济体制的第一个五年计划。由铁道部计划司牵头，组织经济规划院等单位参加，经历了规划思路、草案编制和修改完善三个阶段，完成了铁路"十五"规划研究，取得了一系列新成果。在路网规划方面，首次提出了构建"八纵八横"主通道；在铁路技术方面，首次确立了铁路"四化"（客运快速化、货运重载化、管理信息化、适箱货物集装化）发展目标；在铁路建设方面，首次提出了分类指导分类建设方针。这些成果对"十五"及随后一定时期铁路科学发展，具有重要指导意义。

一、更新五年规划理念

1."十五"规划定位

新中国成立后，我国学习苏联经验，明确社会主义经济是按计划进行的，从 1953 年开始编制发展国民经济的第一个五年计划。40 多年来，我国以"五年计划"的发展模式，作为国家对经济发展的干预形式，对国家重大建设项目、生产布局和国民经济重要比例等作出安排，明确未来五年的主要任务，推动国家经济社会发展并取得了巨大成就。五年计划是中国经济社会发展的独特经验，已成为中国发展的制度优势。

但是，在改革开放的形势下，这种发展模式显然已不适应时代要求。1992年邓小平南方谈话时指出：计划经济不等于社会主义，资本主义也有计划；市场经济不等于资本主义，社会主义也有市场，计划和市场都是经济手段。党的十四大提出建立社会主义市场经济体制的目标。因此，在编制"十五"规划时国家形势发生了重大变化，政府不再作为资源配置的主角，要发挥市场在资源配置中的重要作用。"五年计划"总体上不再具有指令的性质，而是规划了发展战略目标方向（注：从"十一五"开始，国家五年计划改为五年规划）。

根据建立社会主义市场经济体制的要求，铁路"十五"规划编制工作必须更新理念。我们把"十五"规划定位为铁路中长期发展规划的组成部分。坚持把发展作为主题，结构调整作为主线，把改革开放和科技进步作为动力，突出规划的战略性、宏观性、前瞻性。着眼未来，统筹全局，围绕铁路发展战略，在扩大路网、优化结构、完善系统的基础上，大力提高铁路发展质量和效益。充分发挥规划对未来五年铁路发展的重要指导作用。

2. "十五"规划编制

铁路"十五"规划编制，遵循"五个坚持"的原则：

（1）坚持服务于国民经济和社会发展需要。铁路是国家重要基础设施，必须把服务于国民经济和社会发展需要作为首要任务。

（2）铁路要努力适应市场需求。更加重视提高运输质量，积极调整产品结构，及时推出适应市场需求的优质产品和服务产品，提高竞争能力。

（3）坚持加大结构调整力度。要以经济效益为中心，对铁路进行战略性调整。调整路网结构，强化路网主要骨架，加快西部铁路建设，积极发展地方铁路。调整铁路运输结构，重视客运和高附加值货物运输，大力开发运输新产品，提高服务质量。调整铁路技术结构，加强电气化改造，实施既有线提速战略，修建客运专线（高速铁路），积极推广应用信息技术。调整铁路经营结构，构筑多元经营新格局，开展多种运输方式联运。

（4）坚持体制创新和技术创新。突破影响铁路发展的体制性障碍，发挥市场配置资源的重要作用，解决铁路发展的关键技术。要深化铁路改革，实行政企分开，确立运输企业市场主体地位，建立适应市场经济的铁路体制。要发展高速技术、重载铁路、安全技术、环保技术，增强铁路可持续发展能力。

（5）坚持各种运输方式协调发展。铁路发展既要体现在综合运输体系中的骨干作用，也要体现同其他运输方式的协调发展，既要竞争，更要合作。发挥各自优势，互为补充，共同发展，避免重复建设。

3."十五"规划特点

铁路"十五"规划特点，可归纳为"四个体现"：

（1）体现了行业的全面发展。全面规划了国家铁路、合资铁路和地方铁路的发展方向和任务，涵盖了改革、运输、建设、科技等方面的内容，包括长期发展目标和近期工作重点。

（2）体现了战略性的思想。注重解决对铁路发展具有重大和深远影响的问题，既有路网建设，又有运输管理。突出了体制改革和科技进步对铁路发展的重要作用，明确了提高铁路客货运输质量的长期目标。

（3）体现了利用市场的机制。无论建设项目安排，还是管理体制改革、经营方式转变、技术装备升级、科技成果开发，都紧紧围绕市场需求，提供适应市场需求和引导市场需求的运输产品，增强铁路竞争能力。在国家宏观调控下，发挥市场对资源配置的重要作用。

（4）体现了计划编制的社会参与度和内容的透明度。注重调动各方面力量参加"十五"规划编制工作。多次召开研讨会，广泛听取路内外有关部门、专家学者的意见，提高了科学民主决策水平，提高了宏观指导和实际可操作性。

二、深化铁路通道认识

1.铁路通道的重要性

对于铁路通道的重要性，我们在改革开放实践中不断加深认识。运输通道是由连接各经济区域、大中城市的多种运输方式的运输线路共同组成的，是国家综合交通运输网的核心。铁路通道是大陆性国家综合交通运输网中的重要支柱，也是陆路运输中的骨干力量。对国家经济社会发展和区域协调发展，有着不可替代的作用。

铁路通道是指连接区域经济中心或大中城市之间的大能力铁路干线，可以是一条或多条平行铁路线，也可以由多条铁路线连接而成。根据铁路通道用途不同，可以分为区域通道、运煤通道、国际通道等不同类型。

2.铁路通道基本特征

（1）运输强度大。铁路通道运输负荷重，主要区段每公里运输负荷一般达3000万换算吨公里及以上。

（2）运营里程长。铁路通道连接两个以上大城市，一般在600公里以上，大多超过1000公里，属于铁路运输的优势距离。

（3）影响范围广。铁路通道具有连接多条铁路或其他运输方式的线路，其运输汇集和辐射作用广泛。

铁路通道是一项系统工程。要运用系统思想进行规划、建设、使用，特别要重视整个通道的区段能力、点线能力、移动设备与固定设施能力相互匹配，与其他运输方式紧密衔接，充分发挥通道优势。

3. 铁路通道主要功能

铁路运输通道除具有一般铁路线路所具有的作用外，还有其特殊功能。主要是：

（1）主纽带功能。铁路通道一般跨越两个区域以上，连接多个经济中心或城市，是形成经济产业带的主轴，是区域之间和城市之间客货交流的主要载体，发挥着主纽带作用。

（2）主动脉功能。铁路通道承担着大量客货交流任务，既是综合运输的主动脉，也是关系国计民生的大命脉，对经济社会发展起着强大支撑作用。

（3）主骨架功能。铁路通道自身运输强度大，又连接众多线路，在全国铁路网乃至全国综合运输网中都发挥着主骨架作用。

三、构建"八纵八横"主骨架

站在国民经济发展战略高度，以服务国家经济社会发展全局为前提，以适应运输需求为目标，充分发挥铁路优势，首次提出了构建"八纵八横"铁路网主骨架的规划。形成以北京为中心，以东北经济区、环渤海地区、长江三角洲、珠江三角洲及西南、西北等各大经济区域的经济重心城市为辐射点，跨两个区域以上连接多个经济中心、大中城市、旅游景点的多种类型的铁路运输通道。如沿长大干线以发展产业带为主的沿江通道，以运煤为主的北通道、南通道，以对外开放为主的国际通道等。"八纵八横"铁路主通道占全国铁路运营里程 40% 以上，涵盖了我国运输最繁忙的铁路干线，承担了全路 80% 的客货运输量。所以强化"八纵八横"铁路主通道，对我国铁路发展具有特别重要的意义。

1. "八纵"主通道

京哈通道［北京—哈尔滨—（满洲里）］。建成秦沈客运专线，完成北京—狼窝铺—秦皇岛既有线提速改造，形成北京至沈阳快速客运铁路。完成哈大线电气化改造，进行天津至沈阳铁路电气化改造。

沿海通道［沈阳—大连—烟台—无锡—（上海）—杭州—宁波—温州—厦门—广州］。完成蓝村至烟台铁路复线、宣城至杭州铁路扩能改造，建成新沂至长兴铁路，建设大连至烟台铁路轮渡、胶州至新沂铁路，构成东北至华东地区的陆海通道。

京沪通道（北京—上海）。建设京沪高速铁路，进行既有京沪铁路电气化改造，研究建成京津四线、蚌埠枢纽复线。

京九通道（北京—南昌—深圳—九龙）。建成龙川北至东莞东复线，形成京九复线运输通道。

京广通道（北京—武汉—广州）。完成武广电气化改造，建设武汉长江第二铁路大桥，增建长沙至衡阳第二双线。实现北京至广州通道全线电气化。

大湛通道［大同—太原—焦作—洛阳—石门—益阳—永州—柳州—湛江—（海口）］。建成北同蒲铁路太原至原平段复线，进行洛阳至襄樊电气化改造，建成益阳至永州铁路和粤海铁路轮渡。

包柳通道［包头—西安—重庆—贵阳—柳州—（南宁）］。建成神木北至延安北、西安至安康铁路，进行延安北至新丰镇、黔桂铁路扩能改造，建设安康至达县复线。形成包头至柳州贯通西部地区的南北通道。

兰昆通道（兰州—成都—昆明）。建成宝成铁路阳平关至成都段复线，完成成昆铁路电气化改造。形成兰州至昆明的电气化铁路通道。

2. "八横"主通道

京兰通道〔北京—呼和浩特—兰州—(拉萨)〕。进行丰沙、京包、包兰铁路提速改造，提高北京经呼和浩特、银川至兰州的旅客列车运行速度。

煤运北通道(大同—秦皇岛、神木—黄骅)。除完善大秦、丰沙大等铁路外，建成朔黄铁路。

煤运南通道(太原—德州、长治—济南—青岛、侯马—月山—新乡—兖州—日照)。完成石德、胶济、新月铁路电气化和邯长铁路扩能改造，建成菏泽经兖州至日照复线。

陆桥通道(连云港—兰州—乌鲁木齐—阿拉山口)。建成宝鸡至兰州、郑州东至郑州西复线，完成徐州至郑州、武威南至张掖电气化改造，进行兰州至武威南、北疆线扩能改造。

宁西通道〔西安—南京—(启东)〕。建设西安至南京铁路，包括西安至合肥段、合肥至南京段及南京至南通段，逐步形成西北至华东地区的一条新铁路通道。

沿江通道(重庆—武汉—九江—芜湖—南京—上海)。建成长江埠至荆门铁路，进行武九、宁芜铁路扩能改造，建设宜昌至万州、铜陵至九江铁路，逐步形成沿长江铁路通道。

沪昆(成)通道〔上海—株洲—怀化—贵阳—昆明(怀化—重庆—成都)〕。建成株洲至六盘水、昆明至沾益复线，建设遂宁至重庆及怀化铁路，进行浙赣线、沪杭线电气化改造。

西南出海通道(昆明—南宁—黎塘—湛江)。完成湘桂线黎塘至南宁段复线和南昆线扩能改造。

四、强化西部路网建设

我国西部地区国土面积占全国面积 71.5%，由于历史原因铁路发展严重滞后。铁路密度仅为全国平均水平的 49.7%，不仅铁路规模小，而且标准低，严重制约着西部地区资源开发，影响经济发展和人民生活水平提高。

1996 年 6 月，江泽民总书记指出，实施西部大开发，是一项振兴中华的宏伟战略任务。随后，党中央、国务院制定西部大开发的规划和政策体系。加强西部地区铁路建设，为实施西部大开发战略提供运力支持，对缩小我国东西部地区发展不平衡将发挥重要作用。

加快西部铁路建设的总体要求是：拓展内外通道，强化技术改造，提高运输能力，适应发展需要。

（1）加快沟通东西部通道建设。加强陆桥通道、京兰通道建设，研究修建西北至华北地区便捷铁路通道（如太原至中卫铁路）。强化沪昆（成）通道，建设沿江通道。

（2）加强西部省区间通道建设。除打通包柳通道外，建成内昆铁路安边至梅花山段、水城至柏果铁路，完成盘西、内宜线电化改造。建设青藏铁路格尔木至拉萨段，完成青藏铁路西宁至格尔木段扩能改造。

（3）推进西部国际通道建设。建设西北、西南进出境铁路。与中亚有关国家配合建设中吉乌铁路，和南疆铁路一起形成亚欧大陆桥的南部新通路。修建连接云南与东南亚国家的铁路（泛亚铁路），开辟我国至东南亚国际新通道。积极推动中国铁路"走出去"。

五、突出"四化"发展重点

纵观世界各国铁路发展趋势并结合我国国情，在铁路"十五"规划研究中明确提出：要大力发展电气化铁路，把"客运快速（高速）化、货运重载化、管理信息化、适箱货物集装化"（即"四化"）作为提高我国铁路质量效益的主要目标。要依靠改革开放和科技进步，朝着铁路现代化奋力前进。

1. 客运快速（高速）化

提高旅客列车运行速度，这是人民群众的迫切要求，也是增强铁路竞争力的重要举措。由连接全国各主要大城市的铁路客运专线（高速铁路）和客货混跑提速线，组成快速（高速）客运系统。以北京、上海、广州等为中心，连接各省会城市和其他大城市，构成"四纵四横"快速客运骨架，开行160公里/时、200公里/时以上快速列车，实现"朝发夕归""夕发朝至"。在此基础上，创建300公里/时及以上高速铁路。

2. 货运重载化

我国新建大秦铁路、朔黄铁路等运煤专用铁路，开行重载列车运输取得了宝贵经验，正在通过改革创新勇攀高峰，赶超世界先进水平。在既有铁路发展重载运输，不仅要提高货物列车牵引质量，提高货物列车运行速度，还要增加行车密度。因此，要加强既有线技术改造，加大复线建设、电气化改造和铁路枢纽扩能改造。这是内涵扩大再生产的重要途径。

3. 管理信息化

铁路发展必须依靠信息化，以信息化促进铁路现代化。在铁路建设和运输管理中，要按照总体规划、统一规范、统一标准、资源共享原则，大力推动数字化、网络化、智能化建设。运输管理信息系统全面投产，加快开发基础信息平台，建设铁路电子商务系统，以适应科技发展需要。

4. 适箱货物集装化

集装箱运输是多式联运的重要载体，是快捷货物运输的重要组成部分，也是现代化运输的发展方向。我国铁路集装箱运输发展滞后，市场占有率不高，仅占全路货物发送量的2.3%，同国外相比差距很大。为适应快速货物运输需要，增加铁路在高附加值货物市场的竞争力，更需要加快集装箱运输。要组建专业化运输公司，建设大型集装箱货站，形成连接各主要港口（口岸）的集装箱快运通道，改善集装箱运输组织，提高运输质量和效益。

六、"规划"实施保障措施

1. 深化铁路体制改革

按照"政企分开、引入竞争、加强监督"的总体改革要求，积极推进铁路体制改革。全面实施主辅分离、辅业改制，剥离企业办社会职能，将建筑业、制造业、物流业及学校、医院等移交给有关部门管理。推广铁路局直管站段经验，减少管理层次。对运输生产力布局做出重大调整，推进运输业减员增效。

2. 开展协同技术创新

组织产学研优势力量，协同研发高速、重载运输需要的机车、客车、货车等运输装备技术，桥隧路基、钢轨道岔及通信信号电力等基础设施建设技术，以及信息化管理技术。要加强综合自动化系统、列车运行控制系统及自动监测系统等关键技术研究。特别要重视提高安全、质量、环保、效益等方面的重大技术。

3. 拓展建设资金渠道

铁路建设资金短缺是制约铁路发展的主要因素。除用好铁路建设基金外，必须积极推进铁路投融资体制改革，扩大对内对外开放，实行分类建设，盘活存量资产，逐步实现投资主体多元化、资金来源多渠道。与此同时，还要争取国家和地方政府对铁路建设在贷款、征地拆迁、税费征收、沿线资源开发等方面给予强有力的政策支持。

4. 大力发展多元经营

重点发展运输代理、物流配送、旅游、广告、房地产、商贸流通、外经外贸、制造、建筑等产业，积极发展高新技术产业。多元经营得到快速发展，"十五"末期从业人员将达到 80 万人左右。

5. 挖掘人力资源潜力

通过深化改革、加强管理、减员增效，国家铁路运输业人数减少至 140 万人以下。建立人才培养和使用的激励机制，加大应用型研究生、本科生的引进、培养，重点培养一批高层次、复合型人才。从业人员岗位知识水平、资格能力、学历层次和综合素质有较大提高。

（原文载于《经济规划研究》2001 年第 3 期。收入本文集时，将作者在《中国铁路》2001 年第 3 期发表的文章和 2001 年"'十五'规划研讨会"上的讲话进行了整合。）

西部铁路通道建设及政策措施

铁路是国民经济的大动脉，是社会经济持续健康发展的生命线，是实施西部大开发战略的先导和基础。铁路发展面临着西部地区工业化、城市化的严峻挑战，同时也迎来西部地区大开发、大开放的历史机遇。加快建设大能力的铁路运输通道，突破制约经济社会发展的"瓶颈"，对于培育新的经济增长极，促进西部地区协调发展具有重要意义。

一、强化西部铁路通道必要性

我国西部地区包括陕西、甘肃、宁夏、青海、新疆、内蒙古，以及重庆、四川、贵州、云南、西藏、广西，共计 12 个省、自治区、直辖市。国土面积 686.7 万平方公里，占全国的 71.5%；人口 36523 万人，占全国的 37.5%；GDP 为 58256.6 亿元，占全国的 19.4%（2008 年）。由于历史、地理等原因，我国西部地区铁路起步晚、发展慢。新中国成立前，许多省份不通铁路，营业里程总共只有 1189 公里，占全国铁路的 5.4%。新中国成立后，经过 60 年艰苦奋斗，西部铁路有了长足发展。2006 年青藏铁路通车后，结束了西藏不通铁路的历史，各省、自治区、直辖市全部都有铁路连通。截至 2008 年，西部铁路营业里程已达 29535 公里，为全国铁路的 37.1%。

1.西部地区铁路运输需求旺盛

铁道部经济规划院等单位研究报告表明，2020年西部地区铁路运量需求旺盛。主要表现为：

（1）铁路货物运量增长迅猛。我国西部地区矿产资源丰富，东部地区经济发达，这种不平衡性决定了区域间的物流量巨大。发挥铁路在大宗物资长距离运输上的优势，使西部铁路货物运量大幅增长。根据改革开放30年来统计资料，西部铁路货运量年均增长达7.3%，远高于同期全国铁路货运量年均增长5.7%的水平。最近5年西部铁路货运量占全国铁路货运量比例，已从2004年的24.45%，增加到2008年的33.23%（见表7）。预计到2020年，西部铁路货物发送量大幅增长，将达到17亿吨左右。特别是煤炭、石油、化肥和冶炼物资，占西部货物发送量约80%。

（2）铁路客运增长潜力巨大。西部地区工业化、城市化进程加快，农村剩余劳动力转移，旅游资源开发，都为铁路客运增长提供了市场需求。改革开放30年来，西部铁路客运量年均增长达3.5%，同期全国铁路客运量年均增长仅2.0%。近5年西部铁路客运量占全国铁路客运量比例，已从2004年的18.39%，增加到2008年的20.22%（见表7）。预计到2020年，西部铁路旅客发送量将接近15亿人次左右。

（3）扩大对外开放带来铁路运量增长。除亚欧大陆桥通道运量大幅增长外，同周边国家经济贸易快速发展，开辟铁路运输新通道，将会有新增运量。

（4）对铁路客货运输质量提出更高要求。提高铁路运输安全性、舒适性、便捷性、经济性，发挥节地、节能、环保等优势，将会产生大量新需求。

2.西部铁路运输能力不足

伴随着我国社会经济持续快速健康发展，西部铁路运输能力同

表 7 西部铁路客货运量占全国铁路客货运量比例

	运量完成	2004 年		2005 年		2006 年		2007 年		2008 年	
		完成	比上年增长(%)	完成	比上年增长(%)	完成	比上年增长(%)	完成	比上年增长(%)	完成	比上年增长(%)
货运量（万吨）	全国铁路	248130	11.0	268349	8.1	287095	7.0	314474	9.5	329035	4.6
	西部铁路	60668	13.9	66760	10.0	74445	11.5	83357	12.0	109350	31.2
	占全路（%）	24.45	—	24.88	—	25.93	—	26.50	—	33.23	—
客运量（万人）	全国铁路	111764	14.9	115583	3.4	125656	8.7	135670	8.0	146193	7.8
	西部铁路	20557	15.2	22121	7.6	25247	14.1	28294	12.1	29556	4.5
	占全路（%）	18.39	—	19.14	—	20.09	—	20.86	—	20.22	—

实际需求不适应的状况更加凸显。主要体现在：

（1）**路网规模小**。西部地区铁路网主骨架十分单薄。新疆、西藏、青海、甘肃河西走廊、内蒙古西部，大多只有一条铁路通过，有些铁路是端头线，不能形成迂回通路，网络效益差。

（2）**技术标准低**。曲线半径小、坡度大，机车牵引质量小，列车运行速度低。在全路 6 次大提速中，西部地区提速线路很少。目前大多数线路速度为 100 公里 / 时以下，最高允许速度 160 公里 / 时。铁路复线率西北地区为 22%，西南地区仅为 13%，均低于 34.7% 的全国平均水平。

（3）**线路负荷重**。没有大能力通道和快速客运通道。西北地区与中东部地区的铁路通道，主要是陇海线和京包、包兰线，陇海线限制区段能力利用率为 99%，京包、包兰线能力利用率为 100%。西南地区与中东部地区的铁路通道，主要是沪昆线和襄渝线，这两条干线运能也十分紧张。联系西北地区与西南地区的重要通道宝成铁路北段，总运量已达到设计能力的 120%。路网性铁路枢纽和部分区域性铁路枢纽能力十分紧张。

（4）**国际通道少**。我国西部地区与 14 个国家接壤，边境线长达 1.9 万多公里，有陆路口岸 39 个，其中铁路口岸只有 5 个。2006 年主要铁路口岸站进出口总量为：满洲里 2116 万吨，二连浩特 638 万吨，阿拉山口 1311 万吨。从国家战略角度考虑，发展同周边国家友好合作关系，尚有多个国际铁路通道亟待建设。建设运能强大、功能配套、安全高效的铁路大通道和大枢纽，是西部铁路发展的重中之重。

三、西部铁路通道建设主要任务

1.西部铁路网发展目标

铁路建设要服务于西部大开发、大开放。为了适应西部地区进一步扩大对外开放、大力调整产业结构、加快构建新经济增长极需要，在我国铁路中长期发展规划中，把西部铁路建设作为重点予以倾斜。2020 年西部铁路网规模将比现有营业里程增加一倍，达到约 6 万公里，复线率达到 50%，电气化率达到 66%。近几年是西部铁路建设高潮时期，重大项目陆续开工建设。预计到 2012 年，西部铁路网规模可达到 4 万多公里，复线率达到 40%，电气化率达到 61%。具体规划及发展情况如图 29 与表 8 所示。

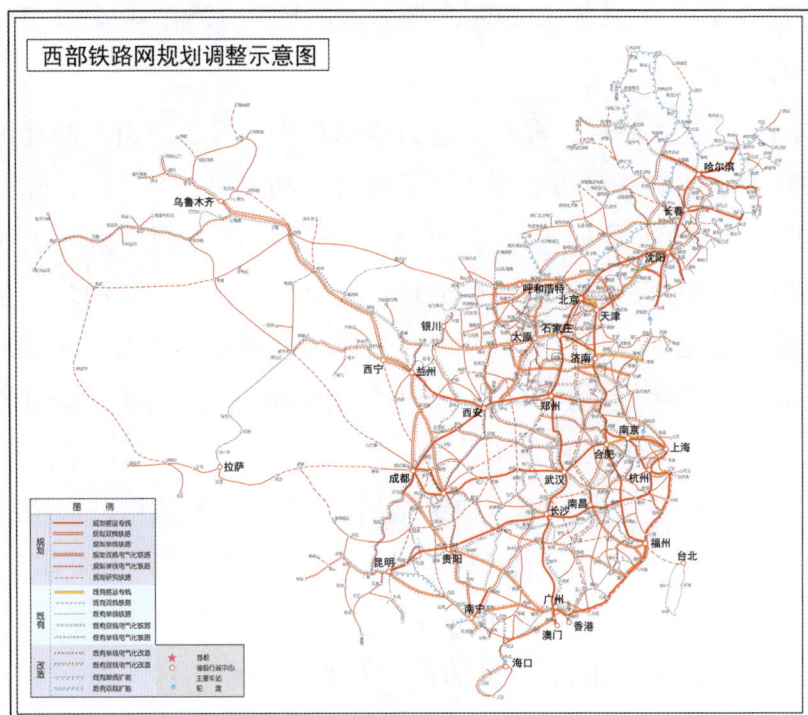

图 29 西部铁路网规划调整示意图

2. 西部铁路通道建设原则

20 世纪末，我国铁路通道理论研究取得重大进展，对铁路发展具有指导作用。铁路通道是指连接区域经济中心或大城市间的大运能快速度铁路干线。铁路通道具有运输负荷重、运行距离长、辐射范围广等特征，是铁路网主骨架，担负着客货运输的繁重任务。

表 8　西部地区各省、自治区、直辖市铁路发展目标

铁路网规模		内蒙古	陕西	甘肃	青海	宁夏	新疆	重庆	四川	贵州	云南	西藏	广西	西部合计
2008 年	营业里程（公里）	6480	3186	2435	1652	811	2761	1291	3006	1962	2309	550	2731	29534
	复线率（%）	23.1	19.6	64.7	40.2	9.7	26.9	0	12.9	28.5	6.8	0	16.7	23.1
	电气化率（%）	6.3	62.6	66.0	0	82.6	0	84.8	74.2	93.6	51.5	0	13.4	38.6
2012 年	营业里程（公里）	12690	4255	3694	2117	1168	6163	1652	3435	2075	3264	550	4122	42185
	复线率（%）	32.3	62	68.3	59.9	26.8	43.1	34.8	43	28.9	14.1	0	38.4	40
	电气化率（%）	32.5	91	84.5	59.9	89.6	49	97.8	88	92.2	65.7	0	53.9	61
2020 年	营业里程（公里）	13686	4653	4999	3276	1228	7721	2077	5374	3294	5761	2461	5315	59845
	复线率（%）	35.7	79	71.2	38.7	47.5	40.4	71.8	68	65.1	26.9	0	60.8	50
	电气化率（%）	39.8	95	85	67.7	90	45	98.3	90	95.1	83.6	0	69.7	66

建设西部铁路通道，应遵循以下原则：

（1）**贯彻系统思想**。把铁路通道作为一项系统工程，使各区段能力、点线能力、移动设备与固定设备能力相协调，形成运输大通道。

（2）**技术改造优先**。既有铁路通道能力不适应运输需要的，依靠运输改革、加强管理、技术改造，增加运输能力。技术改造包括增建第二线、电气化改造、更新设备等。但对技术改造工程艰巨、难度很大的线路，不必强求全部增建第二线，如黔桂线、宝成线北段等。

（3）**实行客货分线**。在繁忙干线运能已经饱和的情况下，需要建设第二个双线时，应研究建设客运专线方案（高速铁路），实现客货分线运行，使客运和货运能力都得到提高。由客运专线（高速铁路）、城际铁路及既有提速线路构成快速客运网络。

（4）**融入综合交通**。发挥铁路在综合交通运输中的骨干作用，高度重视铁路同其他运输方式的协调、衔接。大型铁路客运站应建成城市综合客运交通枢纽，包括铁路、公路、航空及城市轨道交通无缝衔接。

（5）**坚持节能环保**。研发和推广新技术、新设备，实现节能减排要求。采取严格措施，保护生态环境。在城乡居民区要减少震动和噪声影响。

3. 西部铁路通道建设内容

（1）西北地区与中东部地区铁路通道

北通道——既有京包线、包兰线全部复线电气化，其中集宁至包头间为平行四线。新建临河经哈密至乌鲁木齐铁路，形成新疆对外运输新通道。

中通道——建设连接西北地区与华北地区的太原至中卫（银

川）铁路。

南通道——既有陇海线、兰新线及西安南京线全部复线电气化。新建徐州至兰州客运专线、兰新第二双线，形成西北通往长江三角洲的快速客运通道。

（2）西南地区与中东部地区铁路通道

北通道——规划建设成都经西安至石家庄客运专线，重庆经万州至郑州客运专线，成为西南通往京津地区的快运通道。

东通道——既有襄渝线、沪昆线全部复线电气化。新建沪汉蓉客运专线（沿江）、沪昆客运专线，成为西南通往长江三角洲的快速客运通道。

东南通道——既有南昆线扩能改造。既有渝怀线复线电气化，并延伸至衡阳、赣州。新建成都经贵阳至广州铁路，云桂铁路（昆明至南宁）和南广铁路（南宁至广州），形成西南通往珠江三角洲的快速客运通道。

（3）西北地区与西南地区铁路通道

西北地区通往西南地区的既有通道主要是宝成线。受地形等条件限制，宝成线北段未建复线。西安至安康线和襄渝线要全部复线电气化。新建兰渝（成）铁路、西安至成都铁路，形成便捷通道。建设西部陆海联运通道。

（4）西部地区内部铁路通道

建设连接邻省铁路，如西安至平凉、敦煌至格尔木、泸州经黄桶至百色、丽江经攀枝花至昭通铁路，以及川藏、滇藏铁路等。建设内蒙古东部煤炭基地、陕西煤炭基地等外运通道。

发展城际铁路。建设潼关经西安至天水（关中经济区）、成都至重庆（成渝试验区）、绵阳经成都至乐山、北部湾地区、昆明地区等城际铁路，以适应城市连绵区和城市群发展需要。西部地区客运专线（高速铁路）及城际铁路发展规划见表9。

表9　西部地区客运专线（高速铁路）及城际铁路发展规划　单位：公里

年度	内蒙古	陕西	甘肃	青海	宁夏	新疆	重庆	四川	贵州	云南	西藏	广西	西部合计
2012	—	363	750	300	—	718	235	384	—	—	—	458	3208
2020	—	723	1065	300	—	718	358	1093	739	328	—	458	5782

（5）西部地区国际铁路通道

我国奉行"睦邻、安邻、富邻"外交政策，积极发展同周边国家的友好交往和互惠互利合作，国际铁路通道发挥着重要作用。在对5个邻国既有铁路口岸后方通道全面扩能改造的同时，规划建设的国际铁路通道主要是：拟与俄罗斯相连的莫尔道嘎至室韦铁路（或同江铁路），拟与蒙古国相连的临河至策克铁路、包头至甘其毛都铁路、白云鄂博至满都拉铁路，拟与中亚国家相连的精伊霍铁路、中吉乌铁路，以及拟与尼泊尔、印度相连的拉萨日喀则至国境铁路等。

这里特别要强调建设泛亚铁路通道（图30）。这条铁路通道由中国昆明通往东南亚、南亚各国。有三个方案：东线方案为昆明经玉溪至河口铁路，与越南相连；中线方案为昆明经思茅至磨憨铁路，与老挝相连；西线方案为昆明经大理至瑞丽铁路，与缅甸相连。与相邻国家铁路接轨问题，需要通过国家外交途径解决。我国境内铁路工程已先后开工建设，三个方案在境外均有新建连接线路的任务。这条通道建成后，将是我国西部地区直达印度洋的捷径。以长江中上游地区为例，货物到缅甸仰光港，运距可缩短2300公里左右。不仅速度快、费用省，而且安全、可靠，避开了远洋运输经由南海（南沙群岛）、马六甲海峡时易受美日等国"岛链"威胁的影响。这对扩大西部对外开放，促进我国与东盟等国交流合作，确保国家能源和对外贸易安全，具有十分重要的战略意义。据最新进展情况分析，中线方案（中老铁路）可能首先实施。我国西部地区陆海联运通道建设也正在加快推进。

图30 泛亚铁路线路走向方案示意图

（6）西部地区客货枢纽建设

随着西部地区经济社会快速发展，客货运量大幅增长，不仅要加快铁路通道建设，而且要加强铁路枢纽能力，使点线能力协调配套，实现管理最优化和效益最大化。

优化铁路编组站布局。综合考虑编组站在路网中的地位和作用，调整编组站布局，逐步集中化、大型化、自动化。全国规划12个路网性编组站中，西部地区有4个：西安新丰镇、兰州北（新建）、重庆兴隆场（新建）、贵阳南（扩建）。全国 12 个区域性编组站中，西部地区有 6 个：新建成都北，扩建通辽南、昆明东、柳州南，以及包头西、乌鲁木齐西。

加强铁路货运站建设。在具有大宗货源发送的车站，有计划地建设战略装车点。在大宗物资到达地区，规划建设战略卸车点。优化运输组织，发展多式联运提高运输效率。抓紧建设西部地区集装箱运输系统，包括西安、成都、重庆、昆明、兰州、乌鲁木齐 6 大集装箱物流中心，以及一批港口、铁路口岸等适箱货物集装箱专办站。逐步形成阿拉山口—太原—青岛、阿拉山口—兰州—成渝—贵阳—广州、成都—重庆—武汉—上海等双层集装箱运输通道。

建设现代化客运站。按照全国路网规划，位于西部地区的西安、成都为路网性客运中心。重庆是铁路、公路、水路、空运综合客运中心。同时建设一批大中型客运站。届时，重庆、成都、西安等城市的快捷铁路交通圈基本形成。2012 年前，预计可新建或改扩建县级以上所在地客运站 280 个。城市客运站建设要按照城市发展规划，强调功能性、系统性、先进性、文化性、经济性，满足综合交通枢纽要求，为人民群众提供高质量服务。

四、加快西部铁路建设政策措施

深化铁路投融资体制改革和运价改革，进一步扩大对外开放，加大政策支持力度，是加快西部铁路建设的关键所在。

1. 实行分类建设管理

铁路具有多重属性特征。既有垄断性特征，又有竞争性特征；既有公益性特征，又有经营性特征；既有公共物品特征，也有私人物品特征。大多数铁路项目都不同程度地承担着公益性服务，西部铁路尤为突出。铁路项目按其性质不同，可分为3类：公益性项目、经营性项目、准经营性项目。

（1）公益性项目。指为国家政治、国防及国土开发需要而修建的铁路，运量少，成本高，财务内部收益率小于6%或等于零，没有还本付息能力，运营后还会出现亏损。虽然项目本身经济效益欠佳，但社会效益、环境效益良好，经济内部收益率超过10%，体现国家整体利益，有明显的正外部效应。这类项目应由政府决策立项，政府是投资主体，建设资金以国家财政投入为主，并对运营亏损给予适当财政补贴。如青藏铁路、南疆铁路等。

（2）经营性项目。指客运量、货运量大的铁路项目，财务内部收益率大于6%，项目经济社会环境效益均较好，有较强的还本付息能力，具有竞争性特征。这类项目的投资主体是依法成立的规范化公司，建设投资运用市场机制筹措，建设债务由企业经营者负责偿还。如运煤专用铁路，包括为企业服务的专用线等。

（3）准经营性项目。指介于公益性与经营性之间的铁路，投资较多，运量不大，财务收益率大于零而小于6%，还本付息能力较差，但有好的社会效益和环境效益。这类项目，要在国家政策支持下，组建规范化公司作为投资主体，实行多渠道融资。政府可以通过直接注入资本金、减免税费、征地拆迁优惠等方式，支持铁路建设。西部铁路除典型公益性铁路外，大多属于此类项目。

2. 增加国家财政投入

20世纪90年代以来，世界上不少国家都加大了对铁路的投资力度。德国联邦政府决定，铁路网公司除有效益回报的铁路建设项目由德铁股份公司自筹资金外，其余铁路项目由德国联邦政府财政拨款或提供无息贷款。日本国铁民营化后，公益性铁路项目投资由中央和地方政府承担。我国主要以铁路货运征收的铁路建设基金作为国家财政投入，这显然是不够的。建议中央政府和地方政府在财政预算和国债建设资金中，增加西部铁路建设资金份额，加大财政转移支付力度。

3. 扩大投融资渠道

积极推进股权融资。选择经济效益较好的项目，吸引境内外战略投资者（包括国内社保基金、保险公司等）组成股份公司，运用市场机制融资。对于相对独立的铁路项目，可授权特许投资经营，采用 BOT（建设—运营—移交）、BOOT（建设—拥有—运营—移交）、PPP（政府与私人企业合作）等融资方式。铁路公司资本金不宜太低，最好在 50% 以上。鼓励盘活存量资产，支持铁路公司对站区土地综合开发。

合理使用债务融资。在提高资产收益率方面，债务融资明显优于股票融资。国家对西部铁路建设应安排政策性贷款，贷款利率低于商业银行，还本付息年限可延长到 25 年以上，宽限期延长到运营后 5 年。经国家批准后，发行西部铁路建设特别债券，期限放宽到 30 年。可有效使用外资贷款，引进先进技术和设备。

4. 实施税收优惠政策

世界上许多国家对铁路企业实行不同程度的税收优惠。如英国对铁路企业的实际税收为零，印度铁路免交营业税和所得税，瑞典铁路免征所得税、能源税等。建议我国对西部铁路税收实行优惠：免征铁路建设单位印花税，铁路运营初期免征营业税，5 年免征所得税或减半征收所得税。实行铁路汇总纳税政策、股改企业所得税返还政策。对于购买和持有铁路债务融资产品的企业，免征其利息所得企业所得税。将从低征收耕地占用税范围，由铁路线路及两侧留地扩大到车站站场和设施用地。

5. 建立铁路运价形成机制

鉴于铁路客货运输属于重要的公用事业和重要的公益性服务，又带有自然垄断属性，长期以来，我国铁路运价由政府定价，铁路运价水平偏低。2008 年国家铁路客运平均收入率为 0.1268 元 / 人公里。从 1990 年到 2008 年，19 年间铁路货运价格只提高了 3.46 分 / 吨公里，目前铁路货运综合价格仅为 9.61 分 / 吨公里（其中包括铁路建设基金 3.3 分 / 吨公里）。这既没有反映铁路实际运输成本，没有反映铁路市场供求关系，也不利于其他运输方式合理分流。建议加快铁路管理体制改革，建立国家宏观调控下灵活反映市场需求的运价形成机制，使铁路运输企业有充分定价自主权，根据市场情况上下浮动运输价格。

（本文载于《中国工程科学》，2010 年第 6 期。）

◎ ［链接］

推动内陆港生产性服务业聚集发展。当今世界经济正处在充满生机的服务经济新时代，其突出特征就是服务业在国民经济产业结构中占据主导地位。建设西安国际港区，推进生产性服务业集聚发展，是深入贯彻西部大开发战略部署的重要举措。在服务经济新理念指引下，坚持科学规划，基础设施先行，优惠政策激励，建成西安铁路集装箱中心站、西安综合保税区、西安陆路货运口岸等三大支撑平台，吸引大批生产性服务业向港区内聚集，现已初步形成了以现代物流、企业总部、高端商务、服务贸易为主的产业空间布局和产业体系。西安国际港区建设和发展取得的成就，创造了西部内陆地区生产性服务业发展的新模式。实践表明，在政企合一、垄断经营的体制下，没有发展生产性服务业的可能；在工业发展方式落后的状态下，没有发展生产性服务业的需求；在对外开放程度较低的环境下，没有发展生产性服务业的条件。因此，生产性服务业集聚发展，必须坚持解放思想，深化改革，扩大开放，持续创新。

（摘自作者 2015 年为《中国内陆港生产性服务业聚焦发展研究》一书所作序言。）

京九铁路对经济社会发展重大作用研究

京九铁路是我国纵贯南北的铁路运输大通道。从北京至深圳，连接香港九龙，途径 7 省 2 市，正线全长 2397.5 公里。新建北京至龙川全长 2127.5 公里，津霸、麻武联络线长 155.7 公里，总长 2283.2 公里，建设投资 400 亿元。1992 年 10 月全面开工，1996 年 9 月 1 日通车运营，是我国铁路史上一次建成线路最长、建成时间最短、产生影响最大的工程项目。

在京九铁路建成运营 10 周年之际，由我主持开展了《京九铁路对经济社会发展重大作用研究》。研究团队有铁道部原副总工程师杨建兴、铁道部经济规划研究院副院长林仲洪等，并请北京交通大学经济管理学院、中国科学院地理科学与资源研究所、中国铁道科学研究院环控劳卫所、解放军总后勤部军交部综合局等单位专家教授参加。在沿线各铁路局及各省市有关部门大力支持下，经过一年多深入现场调查研究，收集了大量资料，进行了专题研究和综合分析。用全新的视角、鲜明的观点、翔实的数据、生动的事例，深刻揭示了京九铁路在国民经济和社会发展中发挥的巨大作用。

一、京九铁路对完善全国路网的作用

1. 新增客货运输重要通道

（1）成为南北运输大动脉。铁路运输通道是综合运输走廊的重要支柱。铁路运输通道具有运输强度大、运输距离长、汇集和辐射范围广等基本特征。京九铁路完全具备这些特征，因此成为南北新的运输大通道。京九铁路建成前，南北方向京沪、京广和焦柳三条铁路运输能力全面紧张。京九铁路建成后，使南北客货运输能力大幅度增加。与 1995 年相比，2005 年四条南北铁路客货流密度大幅增加，京九铁路对客流密度增加值和货流密度增加值的贡献：在陇海铁路以北分别达到 48.3% 和 81.4%，在陇海铁路以南贡献更大（表 10）。2005 年京九铁路北京西至东莞东平均运输密度达 5623.19 万换算吨公里 / 公里，为全路平均运输密度的 1.39 倍。其中运输密度最大区段南昌至向塘段，已达 10361 万换算吨公里 / 公里。京九铁路除沿线地区客货交流外，还承担了华北、中南地区间区际客货交流以及跨区域客货交流任务，为区域协调发展及国家实施经济宏观调控提供了重要运力支持。

（2）成为路网主骨架。京九铁路北端连接京哈等 4 条铁路，南端连接广九铁路，与东西向朔黄等 7 条干线相汇，并与青阜等 8 条铁路相连，从而形成鱼骨形路网结构。截至 2006 年，京九铁路累计完成旅客发送量 3.68 亿人次，货运量 2.46 亿吨。2006 年京九铁路以占全路 3.0% 的运营里程，完成客货周转量分别占全路的 7.0% 和4.4%；京九铁路平均客运密度为 2012 万人公里 / 公里、货运密度为4105 万吨公里 / 公里，是全路平均客、货运密度的 2.34 倍和 1.44 倍。1997 年至 2006 年，京九铁路客货运量年均递增速度：旅客发送量和旅客周转量分别为 14.30% 和 17.54%，货物发送量和货物周转量分别为 27.25% 和 12.17%，远远高于同期全国铁路的增长速度（图 31），也高于京哈、津沪、陇海、沪杭、浙赣、京广等繁忙干线的增长速度。京九铁路平均运输密度以年均 19.1% 的速度快速增

表 10　京九铁路对南北铁路运输的贡献

线　路		陇海铁路以北					陇海铁路以南				
		京沪	京广	焦柳	京九	合计	京沪	京广	焦柳	京九	合计
1995年	客流密度（万人公里/公里）	1320	1414	38	—	2772	1678	1211	122	—	3011
	货流密度（万吨公里/公里）	6549	4652	1269	—	12470	8855	4453	976	—	14284
2005年	客流密度（万人公里/公里）	1762	2298	318	1500	5878	2415	1844	404	1600	6263
	货流密度（万吨公里/公里）	7324	3053	3254	5070	18701	7099	3961	2360	4407	17827
客流密度增加值（万人公里/公里）		442	884	280	1500	3106	737	633	282	1600	3252
增加贡献度（%）		14.2	28.5	9	48.3	100	22.7	19.4	8.7	49.2	100
货流密度增加值（万吨公里/公里）		775	-1599	1985	5070	6231	-1756	-492	1384	4407	3543
增加贡献度（%）		12.4	-25.7	31.9	81.4	100.0	-49.6	13.9	39.1	124.4	100

注：表中货运密度减少是因为客车对数增加所致。

长，2006年全线平均运输密度达到6117万换算吨公里/公里，为全路平均的1.65倍。

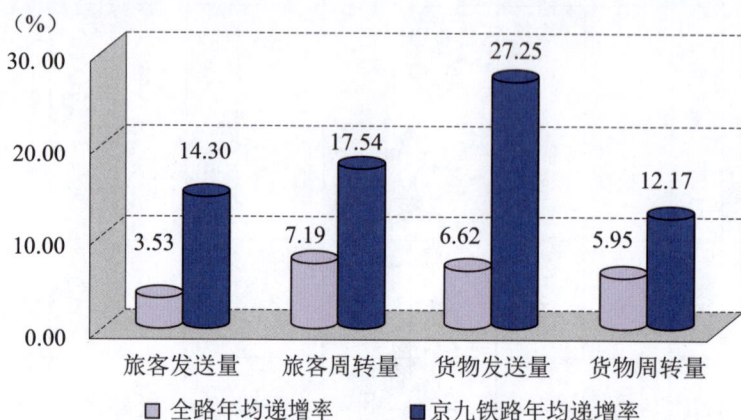

图31 1997—2006年全路／京九铁路客货运量年均递增率比较

（3）为铁路网储备运输能力。京九铁路设计时预测货运需求较大、客运需求较小，但开通运营后实际客运量增长势头很快。2005年京九铁路大部分区段实际客车对数均大于设计客车对数，阜阳以南近50%区段实际客车对数超过设计客车对数一倍以上。由于京九铁路建设时具有前瞻性，使其拥有强大的客货运输综合能力，即使在设计预测运量有偏差的情况下，也能够通过调整生产力布局适应发展需求，为铁路网储备了一定的运输能力。

2. 提高铁路网整体能力

（1）增加路网供给能力。京九铁路复线建成后，新增设计通过能力达到192.8对／日。通过对京沪、京广、焦柳、京九四条铁路横向断面比较，京九铁路通车后南北通道综合输送能力各断面均有较大幅度提高。2005年各断面综合运输能力均比1995年增加70%以上。利用铁路投资决策模型，在路网上进行2002年货运量分配模拟显示：如果没有京九铁路，未分配货运量为3994万吨，铁路运输将损失货物周转量363.8亿吨公里，约占2002年全路实际完成货物周转量的 2.3%。同时，如果没有京九铁路，京广、京沪铁路大部分区段货运密度将会增加，两线运输能力紧张状况更加突出，南北铁路通道的"瓶颈"制约更加严重，将会对我国国民经济发展产生重大影响。

（2）促进路网运力调整。京九铁路走向与京广铁路走向大致平行，两线承担的部分通过运量具有较强的替代性。1998 年铁道部对京广、京九铁路运力资源进行了优化调整，京广铁路以客运为主、兼顾货运，京九铁路以货运为主、兼顾客运。由于各有侧重，便于运输组织，相对提高了总体综合运输能力，也为大城市密集的京广铁路多开客车创造了条件。2006 年京广铁路旅客列车对数已达到 42～77 对 / 日，比 1997 年增加了近一倍。京广、京九两大干线运力资源优化调整后，促进了京广铁路提速战略的实施。2004 年京广铁路图定大部分区段线路旅客列车允许速度已达到 120～140 公里 / 时，部分区段速度达到了 160 公里 / 时，第六次大提速后部分区段速度达到 200 公里 / 时及以上，使大城市间铁路旅客运输时间大幅度缩短。与此同时，京广铁路货物列车速度也有提高。

京九铁路建成后，"三西"地区煤炭等重点物资可以经京九线、阜淮线运往华东地区，强化了进出华东地区的路网结构，使京沪铁路可以腾出更多能力承担旅客运输。京沪铁路徐州到蚌埠段开行的旅客列车从 1995 年的 38 对增加到 2005 年的 62 对，有效缓解了京沪铁路客货运输竞争能力的突出矛盾。另外，京九铁路为增加相关通道能力创造了条件。

朔黄铁路通过京九铁路、津霸联络线，形成到天津港的煤炭运输通道，增加了煤炭东运的下水能力。目前，天津港下水煤炭中，约有 35% 经由京九铁路运达。

（3）提高路网整体效率。京九铁路减少了客货迂回运输。京九铁路建成前北京至衡水需经京广、石德铁路绕道；北京至商丘需经京沪、陇海铁路绕道；北京至阜阳需经京沪、符夹、青阜铁路绕道；北京至南昌需经京广、武九铁路绕道。京九铁路建成后，上述城市均可直达，运距缩短约 117～299 公里。减少机车车辆走行公里，加快机车车辆周转，节省了机车车辆使用数量，提高了铁路运输效率。

京九铁路增加了运输机动灵活性。近几年我国部分地区雪灾、洪灾时有发生，京广铁路曾几度断道影响正常客货运输。1998 年我国湖南、湖北等省发生特大洪灾期间，为抢修铁路临时封锁京广铁路下行线，湖南境内有 76 列客车经京九铁路等绕行。2001 年 6 月中旬，因华南地区连日暴雨造成京广铁路湖南境内上行线中断，广州站部分列车改行京九铁路。2008 年初，雨雪冰冻灾害导致电网局部崩溃，京广铁路运输瘫痪，铁道部运用京九铁路迂回分流解决运输急需。京九铁路增强了铁路应对突发事件的能力。

3. 促进综合运输通道发展

京九铁路带动了沿线地区人流和物流增加，从而促进了沿线地区公路网建设，并加快了沿线水运发展。江西省建成与京九铁路平行和交叉的高速公路 833 公里，九江港开展了"北煤南运"转运。安徽省阜阳站由过去的铁路尽头站，发展成为连接五大方向的重要枢纽站，从而带动了安徽省阜阳市综合交通网络发展。革命老区湖北省麻城市，抓住京九铁路通车机遇，加快完善不同运输方式之间衔接配套的设施建设，逐步形成内部通达、外连通畅、线路等级高、通达性能强的公铁运输网络。京九沿线交通基础设施的发展完善，促进了综合运输通道形成，营造了"联系顺畅，四通八达"的良好格局，提升了铁路在沿线地区客货运输中的地位。

三、京九铁路对提高运输经济效益的作用

1.运输财务效益

（1）运营盈利稳定增长。为全面准确反映京九铁路成本发生特点，通过改进传统的铁路运输成本计算方法，提出了"区域成本分析法"，合理评价京九铁路财务效益。

归集京九铁路沿线铁路局财务核算数据、运营统计数据，测算出单位变动成本，推算出京九铁路运营总支出。采用京九铁路实际客运运价，按国铁统一运价率与京九铁路加价率相加得出货运运价水平。据此计算，京九铁路运营十年共计实现运输总收入920.4亿元，年均递增17.3%，高于同期全路12%的增速。十年共计运输总支出691.1亿元，年均递增9.4%。十年平均成本利润率为28.8%，营业利润率为21.7%；累计为国铁创造运输利润近200亿元（表11）。京九铁路优异的运营效益，得益于运量快速增长和新路新价政策。根据运输经济学一般原理，运量增长将直接带来运输收入增加与单位运输支出下降，从而提高运输盈利水平。实行新路新价政策，大大减轻了项目还本付息的压力。据初步估算，2007年后按照全路统一运价核算，京九铁路运营仍有良好经济效益。

表 11 京九铁路运输收支和利润估算表（1997—2006 年） 单位：亿元

年度	运输收入				运输支出			运输利润
	客票收入	货运运费收入	其他	收入合计	营运成本	营业支出	运输总支出	
1997	8.0	25.6	2.6	36.2	26.6	45.6	47.1	−12.1
1998	12.2	35.2	3.8	51.2	31.5	47.3	49.3	0.2
1999	15.4	45.8	5.1	66.2	35.5	48.6	51.1	12.9
2000	19.5	47.4	5.9	72.8	39.3	50.6	53.3	17.1
2001	27.3	51.2	7.2	85.7	51.6	62.9	65.9	17.0
2002	33.7	53.7	8.3	95.8	55.6	65.6	68.9	23.8

续上表

年度	运输收入				运输支出			运输利润
	客票收入	货运运费收入	其他	收入合计	营运成本	营业支出	运输总支出	
2003	33.9	58.4	8.1	100.5	57.9	66.7	70.2	27.0
2004	41.8	71.0	9.5	122.3	70.3	78.9	83.0	35.3
2005	44.1	81.5	10.3	135.9	82.1	92.0	96.4	35.1
2006	50.7	91.5	11.8	154.0	90.1	100.9	105.7	43.2
合计	286.6	561.2	72.6	920.4	540.5	659.3	691.1	199.6

（2）建设项目投资回收较快。按铁路建设项目评价计算期 25 年测算，京九铁路全部投资财务内部收益率为 8.62%，自有资金财务内部收益率为 9.12%，均大于铁路基准收益率 6%，表明该项目具有较强的盈利能力。至 2004 年京九铁路累计有能力偿还本息共计 224 亿元。京九铁路资产负债率逐年降低，资产状况良好。京九铁路投资回收期约 15 年（包括建设期 4 年），即京九铁路有能力在 2008 年左右收回投资。

2. 国民经济效益

铁路建设项目除了产生上述直接经济效益以外，从宏观分析可以看出，在节约运输时间和运输成本、降低旅客和货主运输费用、提高运输安全等方面也产生了大量的间接效益。运用效益分析评价理论方法和模型，进行了定量化分析计算。经初步估算，京九铁路运营十年合计产生的间接效益约为 687 亿元（表 12）。在项目评价 25 年计算期内，经济内部收益率达到 19.8%，高于规定的 10% 社会折现率。

表 12　京九铁路年度国民经济效益　　　　单位：亿元

年度	时间节约效益	成本节约效益	安全节约效益	消费者费用节约效益	合计
1997	0.57	6.45	2.08	12.09	21.19
1998	0.80	11.84	2.83	15.58	31.05

年度	时间节约效益	成本节约效益	安全节约效益	消费者费用节约效益	合计
1999	0.98	17.78	4.09	19.63	42.48
2000	1.96	19.49	5.38	20.53	47.36
2001	2.31	30.69	6.84	27.80	67.64
2002	2.77	34.19	7.06	29.75	73.77
2003	2.76	37.38	6.81	32.17	79.12
2004	3.57	44.28	12.67	38.14	98.66
2005	3.72	46.35	12.90	41.64	104.61
2006	4.30	50.75	11.55	54.44	121.04
小计	23.74	299.19	72.20	291.77	686.92

京九铁路本身取得了良好的运输经济效益，同时也提高了路网整体运输经济效益。京九铁路对全路运输经营效益的实际贡献，远大于现有的计算结果。

四、京九铁路对形成交通经济带的作用

1. 京九沿线正在形成经济增长带

经过十年发展，京九铁路沿线地区（不含北京、深圳）已经建立起一定规模的经济体系，一条新兴经济增长带正在逐步形成。主要表现：一是经济总量稳步提高。2005年沿线地区GDP规模为12408亿元，占全国总量的6.8%，比1995年增长了2.12倍，超过了全国同期经济增长速度（全国为1.38倍）。二是产业结构得到优化。沿线地区三次产业结构，由1995年的33.19：39.61：27.20演变为2005年的16.6：49.61：33.79，第一产业比重明显降低，第二产业和第三产业已经占主导地位。京九铁路沿线工业化进程加快，工业经济日趋发达，现代服务业不断发展，开始具备经济增长带初期阶段的基本特征。三是形成区域经济增长点。据统计，沿线20个主要城市十年间GDP年均增长率有14个超过了全国平均水平。沿线大多城市已成为经济发展的重要增长点和承载体，对区域经济发展

的带动作用大为增强。四是对外开放不断扩大。2005 年沿线地区实际利用外资、对外贸易额分别比 1995 年增长 1.85 倍、3.56 倍。京九铁路经济增长带正逐步成为沿线省份重要发展轴线和经济载体。

2. 京九沿线处于经济带不同发展阶段

交通经济带是将交通干线或综合运输通道作为发展主轴，以轴上或其吸引范围内的大中城市为依托，以发达的产业特别是第二、三产业为主体的发达带状经济区域。这个发达的带状经济区域，形成集聚效应并建立紧密协作关系，需要数十年才能完全。交通经济带的时空演化规律，可以概括为五个时期：启动期—雏形期—形成期—延伸连接期—网络化扩散期。

（1）京九铁路两端和江西昌九区段已形成经济集聚带。京津冀段（主要包括北京市、廊坊市、天津市等地区）、粤东南段（主要包括深圳、东莞、惠州等地区）是我国主要经济中心城市和城镇密集区，发展较为成熟，经济集聚效应和扩散效应明显。

（2）京九铁路沿线经济增长极崛起进入雏形阶段。京九铁路沿线一批城市迅速崛起，呈现快速发展态势。2005 年商丘、聊城、阜阳、衡水等地级市和任丘、三河、永城、河间等县级市 GDP 均超过 100 亿元，成为重要的区域经济增长极。周边地区的社会要素和经济要素日益向这些城市集聚，"极化"效应初步形成。部分城市形成孕育了一定程度的扩散效应，产业和经济活动开始沿京九铁路近距离扩散。以这些城市为核心，沿线地区开始显现经济带的雏形，极大地促进了京九铁路经济增长带的形成与发展。

（3）京九经济带完善与成熟仍需时间。京九铁路途经的省际边界多为山丘区及黄河泛滥区，经济基础十分薄弱。从经济总规模、产业结构、城市化水平等看，京九铁路比京沪、京广铁路经济带尚有较大差距。京九铁路经济增长带各区段所处发展阶段如图 32 所示，全线经济增长带与成熟仍需要较长时间。

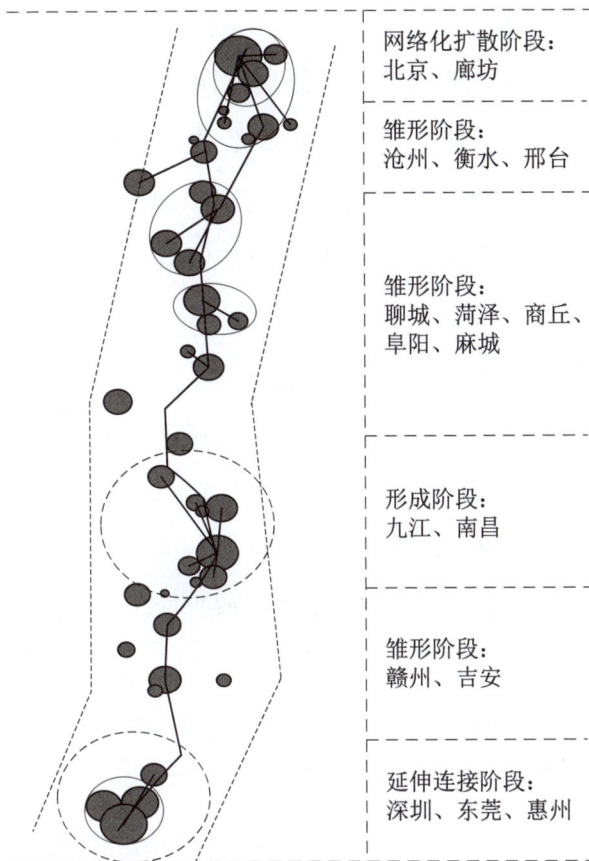

网络化扩散阶段：
北京、廊坊

雏形阶段：
沧州、衡水、邢台

雏形阶段：
聊城、菏泽、商丘、
阜阳、麻城

形成阶段：
九江、南昌

雏形阶段：
赣州、吉安

延伸连接阶段：
深圳、东莞、惠州

图 32　京九铁路经济增长带各区段发展阶段

五、京九铁路对促进经济社会发展的作用

1. 拉动沿线地区经济增长

　　京九铁路对沿线地区经济增长的影响，主要表现为京九铁路通车运营拉动沿线地区相关产业产生的增加值。采用比值法计算京九铁路产生的直接增加值，进而换算出京九铁路每产生 1 元直接增加值，拉动沿线地区相关产业增加值的数额。计算结果表明，京九铁路运营十年创造直接增加值累计约 1244 亿元，按 1995 年不变价格计算为 664 亿元。拉动沿线地区产生增加值累计 7765 亿元，按1995 年不变价格计算为 3816 亿元，是京九铁路直接增加值的 5.7 倍。

即京九铁路每产生 1 元直接增加值，就会拉动地方相关产业产生 5.7 元的增加值。京九铁路对沿线地区 GDP 的拉动作用为 1∶5.7。

以江西省为例，量化分析京九铁路对交通基础薄弱地区经济增长的拉动作用。将项目评价的"有无法"原则应用于系统分析中，计算出京九铁路十年累计产生直接增加值 610.86 亿元，按 1995 年不变价格计算为 287 亿元，占江西省 GDP 的 2% 以上。到 2006 年累计拉动江西省 GDP 为 3227.34 亿元，按 1995 年不变价格计算为 1574 亿元。1993 年至 2006 年，京九铁路拉动江西省 GDP 数量占江西省 GDP 总量的 18.23%。

2. 促进沿线地区社会进步

研究建立京九铁路对沿线地区社会进步贡献评价指标体系，主要包括：宏观经济（工业化、经济效益等）、人民生活质量（收入、健康水平）、科技进步（教育、文化、科技）、可持续发展（生态、社会、居民环境）、社会公平（社保、分配）等指数，基础指标达 30 余项。借鉴社会进步指数计算方法，对指标数据进行标准化处理后，确定各指数值和权重，最终求得社会进步综合指数。

计算结果表明，在京九铁路尚未建成时，1991—1995 年全国社会进步指数年均增长率为 7.3%，同期沿线地区平均社会进步指数年均增长率为 7.0%，沿线地区落后全国水平 0.3 个百分点。京九铁路通车运营后，1996—2005 年全国社会进步指数年均增长率为 6.8%，同期京九铁路沿线地区 8 省市（不含天津）社会进步指数年均增长率达到 6.9%，高于全国平均水平 0.1 个百分点；沿线地区年人均收入水平递增速度为 9.4%，比通车前 5 年高 1 个百分点；人民身体健康水平、科技进步程度、生态可持续发展水平和社会保障水平的提高速度，均从通车前低于全国平均水平转变为分别高于全国平均水平 0.2、0.5、0.3 和 0.2 个百分点。以江西省为例，回归分析结果显示，京九铁路对该省社会进步的贡献率达到36.17%。

3. 加快沿线地区产业发展

（1）推动工业化进程。京九铁路加速了沿线工业化步伐。京九铁路沿线大多数地区经济以农业为主体，工业和服务业等基础薄弱。1995年沿线各城市人均GDP水平仅为3254元，远远低于工业化起飞水平。京九铁路建成后，沿线地区工业快速发展，2005年沿线主要地区工业产值为8521.3亿元、工业增加值为2968.7亿元，分别比1995年增长了1.8倍、2.7倍；工业增加值占GDP比重达40.8%，比1995年提高了11个百分点。沿线整体上进入工业化初期末向中期转变阶段。有些地区基本形成了以京九铁路为轴分布格局，有的形成特色产业集聚区。南昌市至九江市之间，沿京九铁路集中了24个开发区；赣州市在京九铁路沿线建设13个重点开发工业点。京九铁路运送煤炭为沿线电力发展创造了条件，2006年底沿线地区新增火力发电装机容量为550万千瓦，是京九铁路开通前的4倍多。预计到2010年前后沿线火力发电装机容量将达到1832万千瓦，为京九铁路开通前的14倍。广东省河源市2005年铁矿石原矿开采量达到655.7万吨，其中大部分依靠京九铁路运往武汉和广州。湖北省黄冈市黄梅铁矿、红安萤石、麻城铁矿、浠水铁砂、蕲春石英石和武穴白云石、石灰石等大规模开采，经由京九铁路外运。

（2）优化农业发展结构。京九铁路促进了沿线农业总产出快速增长。京九铁路建成后，农业生产物资和农产品集运线路改变，运输距离缩短，中间环节减少，运输费用降低，刺激了农业生产扩大规模，主要农产品产量比1995年增加了1043.4万吨，增长了23.3%，比全国增长率14.2%高出9.1个百分点。沿线地区发掘各自农业优势，大力发展产销对路、量大质优的农产品生产，多数县被定为国家有关农产品的生产基地县。江西省赣州市抓住机遇发展现代农业，建设沿海优质农产品供应基地，重点发展脐橙、商品蔬菜、花卉苗木、外销生猪、特种水产、草食畜禽等主导产业和特色产业，打开国内国际两个市场。

（3）促进旅游业快速发展。京九铁路沿线旅游资源丰富，长江以北地区以中原历史文化古迹为特色，长江以南地区以山丘、江湖等自然景观见长。京九铁路建成通车为沿线地区旅游业发展带来了空前机遇，促进了地方基础设施建设和城市发展，提供了大量直接就业机会，增加了收入。如江西省制订了《江西京九铁路沿线旅游业总体规划要点》，形成了以京九铁路旅游线为主轴，带动北部和南部两个环形旅游线的"一轴带两环"旅游业发展总体框架，使江西省 70% 以上旅游资源通过京九铁路连接为一条丰富多彩、别具特色的旅游风景线。2005 年江西省旅游人数达到 5058 万人，全省旅游总收入约为 320 亿元，分别是 1996 年的 3.86 倍和 6.38 倍。

4. 推动沿线地区城镇化建设

（1）加快沿线城镇化进程。京九铁路沿线大多是农业区，城市规模较小，城镇化发展水平缓慢。1995 年沿线主要地区以非农业人口计算的城镇化水平仅为 15% 左右，大大低于全国平均水平。京九铁路开通后，伴随着工业化进程的不断加快，沿线地区城镇化也在加速。1995 年至 2005 年，沿线主要地区城镇化年均增长率达到 1.1%，已接近全国平均水平 1.3%。2005 年沿线主要地区城镇化平均水平达到 27%，比 1995 年提高了 12 个百分点。

（2）促进沿线城市体系形成和完善。京九铁路沿线除个别城市外，大多数地区经济实力都很薄弱，工业产值大都在 20 亿元以下。京九铁路通车后，改善了地区之间的贸易和经济的交流，加强了城市之间的分工和协作，促进了一批中小城市群落的初步形成。京九铁路北段河北省廊坊、沧州和衡水等地区，依托北京、天津等城市，成为城市群外围圈层，廊坊、衡水市城市化率分别从 1995 年的 14.3%、10.7% 提高到 2005 年的 43%、25%。京九铁路南段江西省九江、吉安、赣州等地区，已经初步形成依托南昌市的中小城市群落，其城市化率分别从 1995 年的 19.4%、16.2% 和 14.4% 提高到 2005 年的 26.4%、28.1% 和 20.0%。

5. 帮助沿线地区脱贫致富

（1）改善贫困地区人民生活。京九铁路运营十年，沿线地区贫困状况得到了显著改善，国家级贫困县农民生活有了显著提高。京九铁路沿线含有国家贫困县的地区为 12 个，大多为革命老区，如鲁西南、大别山、井冈山、粤东地区等。1995 年这些地区农民人均纯收入，除沧州为 1736 元外，其余 11 个地区为 980～1510 元，均未达到所在省的平均水平，也未达到全国农村平均指标 1578 元。2005 年这些地区农民人均纯收入为 2085～3533 元，有 6 个超过全国平均水平 3255 元。十年来沿线 67% 国家贫困县地区农民人均纯收入增长幅度和减贫速度均超过了全国平均水平。江西省变化最为明显，2005 年农民人均纯收入达到 3265 元，比 1995 年高出 2 倍多；吉安、兴国和赣县三县贫困人口数从 1995 年的 39.43 万人下降到 2005 年的 6.33 万人，贫困人口率从 1995 年的 25.82% 下降到 2005 年的 4.23%。京九铁路被誉为"最大的扶贫项目"。

（2）促进贫困地区商品经济发展。京九铁路开通后，大大改善了沿线贫困地区的发展环境，不仅加快了工业、服务业发展，增加就业机会，而且农副产品附加值和商品率提高，逐步形成产业化经营，增加农民收入。湖北省麻城市用京九铁路运来的煤炭建设电厂，为经济发展提供了强大动力；黄冈市以武汉市、京九沿线和沿海港澳地区为目标市场，大力开发精品农业、生态农业、观光农业和创汇农业，初步形成了优势产业带和特色产品主产区。江西省赣州市农产品商品率已提高到 70% 左右，农副产品外销率达到 90% 以上，2005 年农业总产值比 1996 年提高了 74%。

（3）推动贫困地区劳动力资源开发。京九铁路为沿线农村剩余劳动力外出务工提供了交通便利，不少地区农民劳务输出已成为当地经济主要收入之一。2006 年江西省外出务工人员达到 562 万人，比 1995 年翻了一番。其中京九沿线南昌、九江、赣州和吉安 4 个市外出务工人员达到 265 万人，占全省外出务工人员总数的 47.15%。外出务工人员总收入达到 160 亿元，人均年收入达 6000 元以上。京九铁路阜阳车站吸引区农村外出务工人数在十年间增长了近 8 倍，2006 年达到 190 万人。广东省东莞市累计已经接收了来自京九铁路腹地的农民工 200 万人次。通过劳务输出，农民开阔了眼界，掌握了技能，培育了"外出为了返乡创业"的务工新理念。2004 年安徽省阜阳市农民外出劳务带回本地的收入为 70 亿元，占当地国民生产总值的 32.7%。2006 年江西省返乡人员创办各类企业 9700 余个。返乡人员已成为建设社会主义新农村的生力军。

六、京九铁路对环境保护的作用

京九铁路环保措施扎实有力，效果十分突出。设计期进行环境影响评价，优化设计方案，节约用地，提高质量，全面落实环保要求。施工期精心组织，严格管理，开展环境监控，最大限度减少环境污染。运营期严格环保管理，生产污水和废气经处理后达标排放。沿线大力开展绿色长廊建设，提高绿化覆盖率，净化了空气、过滤了粉尘、降低了噪声，美化了路容，形成综合绿色防护体系。

京九铁路节地节能减排成绩显著。铁路占地较少，复线铁路与四车道公路综合占地面积之比为 1 : 2.5。据此推算，京九铁路比同等运量的公路可节约 60% 的土地资源。铁路运输单位能耗较低，较公路运输节约能源 84.4%。每完成 1 万换算吨公里运量，内燃铁路与公路能耗比为 1：6.4。以 2005 年为例，京九铁路完成的换算周转量燃油消耗约为 31 万吨，若改由公路运输承担则需多耗油 167 万吨。以开通运营至 2005 年计算，若以公路运输完成京九铁路运输量，其燃油消耗将高达 1230 万吨，比采用铁路运输多耗油 1041 万吨。同时，京九铁路运输大量减少了污染物排放，有利于提高沿线地区环境质量。

经济学界将由于经济活动影响环境使社会为此付出的代价，称为环境外部成本。运输外部成本由事故成本、噪声振动成本、空气污染成本和气体变化成本等构成。与公路相比，铁路可大幅度减少环境外部成本。以 2005 年京九铁路实际运量计算，铁路环境外部成本为 50.41 亿元，而在同等运量下公路环境外部成本达到 169.11 亿元。从京九铁路开通计算至 2005 年，铁路环境外部成本为 300.71 亿元，公路环境外部成本则达到 1042.65 亿元，铁路运输外部成本仅为同等情况下公路运输外部成本的 28.8%。

此外，京九铁路对国防建设也有重要作用。京九铁路构建了部队远程快速输送战略通道，为部队实施南北战略快速机动提供有力保障。京九铁路为部队执行重大军事任务提供了强大运力，特别在保障急、难、险、重运输任务中发挥了突出作用。如 1998 年夏天抗洪抢险中，通过京九铁路运输的部队达 1800 多车 5 万余人，占总运送任务量的 83% 以上。在某项"全员、实兵、实弹"千里应急机动作战演习中，京九铁路运送大量人员、装备和物资，圆满完成了任务。

京九铁路运营十年创造了辉煌成就，经济效益、社会效益、环境效益十分显著，对国家和沿线地区加快发展发挥了重大作用。要认真总结经验，继续深化改革、强化管理，积极推进京九铁路电气化改造，不断提高现代化水平，为经济社会发展作出更大贡献！

（2007 年作者主持"京九铁路对经济社会发展重大作用研究"。主要研究团队为铁道部经济规划研究院等。本文系作者 2008 年在"京九铁路对经济社会发展重大作用研究"结题会上的报告。）

铁路要当好绿色交通先行

绿色交通是推进交通强国建设的重要内容，是世界交通的发展趋势，也是人民群众的殷切期盼。绿色铁路是综合交通运输的骨干，务必在绿色交通中当好先行，促进交通可持续发展。

一、绿色交通发展趋势

20 世纪中叶，世界各地环保运动风起云涌。1962 年美国海洋生物学家蕾切尔·卡森（Rechel Carson）《寂静的春天》（*Silent Spring*）一书出版，揭示了农药对环境的污染，开启了环保运动新里程。1968 年一些西方科学家组成了"罗马俱乐部"。1972 年罗马俱乐部发表了震惊世界的著名研究报告《增长的极限》，对以资源能源的高消耗、污染的高排放和生态的严重破坏为代价的高增长理论，首次进行了深刻的反思，揭示了这种"高增长"的不可持续性，直接推动了可持续发展观的形成和绿色运动的兴起。同年，联合国斯德哥尔摩会议发表了《人类环境宣言》，引起全球对环境问题的高度重视。1980 年联合国环境规划署（UNEP）等联合发表了《世界自然资源保护战略》，首次明确提出了"可持续发展"（Sustainable Development）的概念。

1994 年经济合作与发展组织（OECD）在墨西哥大会上，首次提出了"可持续交通"。加拿大学者克里斯·布拉德肖（Chris Bradshaw）提出了"绿色交通体系"的概念。1996 年，OECD 在温哥华召开了主题为"面向可持续发展的交通系统"的会议。2002年，联合国约翰内斯堡峰会明确提出了可持续交通的发展目标。2008年，UNEP 倡议推进褐色经济向绿色经济转型，实现绿色发展。国际上绿色交通成为交通发展的大趋势。

欧盟。2011年欧盟委员会通过的《交通发展白皮书》，规划了减少交通碳排放的目标。为此，到2050年城市中将彻底淘汰传统能源汽车，航空领域低碳可持续能源的使用比例提升到40%，船用重油二氧化碳排放量减少40%，运距超过300公里的陆路货运应由铁路和水运承担，绝大多数中等距离客运应由铁路承担。2030年完善多式联运交通网络，高速轨道交通总里程将达到现有的3倍。欧盟认为，铁路是欧盟唯一持续减少能源消耗和减少碳排放的交通方式，将采取措施全面提高铁路运力，加快推动实施绿色新政，实现2050年碳中和目标。德国铁路公司提出2020年牵引供电中来自可再生能源的电能将占45%，二氧化碳排放量比2006年减少30%，铁路噪声比2000年降低50%（降低10分贝）。

日本。2007年日本推出《2050日本低碳社会》规划，到2050年实现二氧化碳排放量减少70%的目标。日本国土交通省提出完善交通运输网络和信息通信网络，重新构筑公共交通网络，推动"集约型城市"的形成。在全国范围内形成60至70个"生活圈域"（即人口规模为30万人左右，交通时间距离在1小时左右）。

美国。在《美国2045交通发展趋势与政策选择》中，提出交通节能减排主要措施：开展替代燃料和基础设施研究，投资燃油高效能技术研发，提高各交通方式燃油效率标准；对碳排放实行征税，对电动或替代燃料的车辆给予补贴；投资公共交通、铁路和海运基础设施以优化运输结构，支持减少公路拥堵的运营战略和防止城市蔓延的规划政策。

中国。交通运输是我国高碳排放领域减碳压力最大的行业。针对交通运输排放基数大、排放压力强的严峻形势，我国政府从 21 世纪初开始采取了积极对策。2005 年国务院明确指出"优先发展城市公共交通"，2012 年国务院发布了《关于城市优先发展公共交通的指导意见》。交通运输部要求"全面推进绿色交通发展"，并开展"绿色交通示范城市""绿色公路工程建设示范项目"。2018 年国务院办公厅印发《推进运输结构调整三年行动计划（2018—2021）》，深化交通运输供给侧结构性改革，推进大宗货物运输"公转铁"、"公转水"，使铁路、水路承担的大宗货物运输量显著提高。2019 年中共中央、国务院颁布《交通强国建设纲要》，把"绿色发展、节约集约、低碳环保"作为重点任务之一，强调促进资源节约集约利用，强化节能减排和污染防治，强化交通生态环境保护修复，加快绿色转型步伐。

二、绿色交通内涵释义

绿色是生命的象征、大自然的底色，更是美好生活的基础，人民群众的期盼。绿色发展理念是对发展规律的科学反映，是建立在生态环境容量和资源承载力约束条件下可持续的新型发展模式。过去我们的发展理念中将人置于自然界之上，在"大干特干"群众运动中将自然界当作人类可以无限淘宝的工具，一度出现 GDP 崇拜、"环境掠夺式"的经济增长方式，这是不可持续的。绿色发展理念从根本上更新了我们的自然观、发展观、价值观，将引发思维方式、生活方式和生产方式的变革。决不能因当代人急功近利而牺牲后代人的福祉，一定要尊重自然规律，在人与自然之间建立和谐共生的友好关系。

我国的基本国情是人口众多，尤其是城市人口密度大，土地资源和能源紧缺，城市区域环境容量有限。因此，交通面临着拥堵不畅、事故多发、大气污染严重等严峻挑战，发展绿色交通是应对挑战的必然选择。在实施交通强国战略中，把绿色交通作为一项重要战略任务，制定了明确目标，确定了评价指标，规划了技术路线，提出了保障措施。这对我国发展绿色交通具有重要指导意义。

对于绿色交通也有不同的概念表述。在研究全球气候变化时，针对气温升高的严峻形势，提出了发展"低碳交通"，突出了减少大气污染排放的要求。在研究经济发展方式转变时，提出了发展"可持续交通"，这是可持续发展理念在交通运输领域中的具体体现，要求更全更高，需要解决的问题更多。"绿色交通"是实现可持续发展的有效手段，成为现实奋斗的目标。

对于绿色交通内涵的理解在不断深化之中。最初，重点关注节能环保和铁路公路沿线绿化。以铁路绿化为例，全国铁路绿化里程达 5.3 万公里，线路绿化率达 87%。随后，增加了质量效益、以人为本的内容。现在，我国对绿色交通内涵基本取得了共识，主要聚焦在 4 个方面：

（1）**最小的资源投入**。交通项目要大力节省用地、节省用材、节省用水、节省用能，提高资源能源利用效率。

（2）**最小的环境代价**。交通项目要大力减小对生态环境的影响（包括保护植被、保护水源、保护野生动物、保护自然景观以及水土保持等），倡导使用可再生能源，逐步以新能源取代传统的燃油，减少污染排放，减振降噪。

（3）**最大程度满足合理的运输需求**。达到安全、便捷、高效、绿色、经济的要求，实现高质量发展。要增加设备设施韧性，少维修、长寿命，项目全寿命周期综合效益最大化。

（4）最大程度体现人民满意的发展要求。 促进区域合作与平衡，提高人民生活质量，实现社会和谐，推动可持续发展。

三、绿色交通战略任务

全球温室气体排放中，有四分之一来自交通运输领域。因此，推动绿色低碳转型是可持续交通发展的战略任务。绿色交通发展战略重点，可以概括为"5G"，即5项绿色任务（5 Green）：绿色规划、绿色方式、绿色工具、绿色设施及绿色管理。

1. 以绿色交通规划为引领

交通规划必须贯彻绿色发展理念。政府通过科学规划，描绘出未来发展的蓝图，实现资源集约高效利用，生态环境得到有效保护，使交通综合效益明显提高。特别是制定综合交通一体化规划，使各种交通方式合理布局并相互衔接，可以避免重复建设造成浪费。推动TOD模式，引领交通系统与周边土地一体化开发利用，促进城市布局集约发展（紧凑型城市）。交通方式选择要与土地使用性质和交通需求强度相适应。

2. 以绿色交通方式为主导

运输结构必须调整优化。充分发挥各种运输方式的比较优势，建立合理分工、优势互补、协调发展的综合运输体系。特别是大宗物资长距离运输，要发挥铁路、水运的优势，将公路的此类物资运输量向铁路、水运转移。高速铁路与民航相融合，减少短途飞行航班。城市交通要大力发展公共交通，包括轨道交通和公共汽车（电车）；短距离出行要推进自行车复兴计划，提供高品质的步行通道。征收碳排放税，对使用电动或替代燃料的车辆给予补贴，投资公共交通、铁路和海运基础设施，等等。努力使绿色交通方式分担率达到85%以上。

3. 以绿色交通工具为主体

运载工具必须创新升级。推动各种方式运载装备技术创新，实现绿色化、清洁化、智能化。特别要制定严格的节能减排降噪标准，完善各类运载装备的市场准入和退出机制。推进氢能、替代燃料研究和燃油高效能技术研究，支持发展电气化铁路，鼓励清洁能源交通装备研发，制定推广清洁能源交通装备的政策。重点城市应把零排放作为远期目标，逐步减少直至停售燃油动力车辆。

4. 以绿色基础设施为支撑

基础设施必须集约高效。在项目全寿命期内，成为资源节约型、生态环境友好型交通基础设施。特别是在规划设计和施工中，采取有效措施保护生态环境，采用绿色材料、绿色技术、绿色机械，节约土地和建筑材料，节约能耗和减少排放，提高工程质量，增强抵御自然灾害及意外情况的能力。在使用阶段加强设施养护维修，建立长期监测系统，实施生态修复，形成绿色长廊。

5. 以绿色组织管理为保障

组织管理必须科学先进。在绿色交通理念指导下，推进交通组织管理绿色智能化。特别是要把城市有限的通行空间资源优先分配给绿色交通方式，确保"公交优先、骑行优先、步行优先"。要加强综合交通大通道建设和多式联运交通枢纽建设，实现无缝衔接，节约时间，降低成本。

四、绿色铁路引领发展

铁路在综合交通运输体系中发挥着骨干作用。要特别重视绿色铁路（包括城市轨道交通）创造先进水平，发挥先行引领作用，推动绿色交通全面发展。

1. 制定绿色铁路发展规划

贯彻可持续发展要求，把绿色铁路作为重要发展战略，进行统筹安排。研究制定绿色铁路发展目标（可分阶段实施），提出绿色铁路主要任务和措施，补短板、强弱项、调结构、抓整合。既要对新项目、新设备提出新要求，又要重视对既有铁路、既有设备实行技术改造和更新换代，有序推进绿色铁路高质量发展，使绿色铁路融入现代绿色交通网络之中。

2. 研究绿色铁路评价标准

把绿色铁路作为一项复杂系统工程，认真研究绿色铁路理论和方法。分别制定绿色铁路工程标准、绿色铁路装备标准、绿色铁路运输标准等，构成绿色铁路标准体系。各项标准都要坚持科学性、实用性和先进性，在确保安全可靠、耐久适用的前提下，实现项目全生命期成本最低。从以技术主导评价转向以人为本综合评价，以全面引领绿色铁路发展。

3. 突破绿色铁路关键技术

依靠技术创新驱动发展绿色铁路。组织国内优质科研力量，研究节能环保、提质增效的新材料、新技术、新装备。如超导材料、纳米材料、碳纤维复合材料、改性工程塑料等在工程领域的应用，桥梁结构高强耐候钢、无砟轨道和钢轨的减振降噪材料，以及各类工程结构和设备的修复、加固材料。深化研究生态环境保护、水土保护、延长服役期限等技术，以及列车轻量化、提高牵引效率、优化列车运行组织等技术。节省资源能源，降低污染排放，达到先进标准。在大力发展电气化铁路中，突出研究储能和再生制动节电技术，研究太阳能、风能、氢能等新能源应用。

4. 推进绿色铁路示范项目

选择一批有代表性的铁路项目（不同功能、不同地区的项目）作为示范，包括新建铁路工程项目（如川藏铁路等）绿色选线和绿色建造、新型铁路装备项目（如 400 公里 / 时动车组）绿色制造、铁路运营项目（如京沪高速铁路等）绿色维护和绿色运营。通过示范项目展示绿色铁路品牌形象，总结经验，扩大试点，全面推进。

5. 建立绿色铁路运行机制

政府要制定支持绿色铁路发展的政策措施，关注欠发达地区和弱势群体。企业要发挥主体作用，把发展绿色铁路作为提高竞争力的发展战略，把促进社会公平和谐作为企业应尽的社会责任，大力培育绿色铁路文化，形成全员参与、全面覆盖、全程负责的良好氛围。建立严格考核评价制度，实施有效的激励机制，通过多种途径实现绿色铁路正外部性的内部化，促进铁路高质量可持续发展。

铁路要当好绿色交通先行，为建设美丽中国贡献力量！

（本文系作者 2019 年 4 月在"交通强国战略研讨会"上的报告。）

南非"蓝色列车"考察报告

南非位于非洲最南端，陆地面积 121.9 万平方公里，其东、南、西三面被印度洋和大西洋所环抱，被美誉为"彩虹之国"。南非是非洲经济最发达的国家之一，有非洲最完善的交通系统，对本国及邻国经济发展发挥着重要作用。2003 年 11 月 8 日至 13 日，我率中国铁路代表团赴南非访问，考察了南非运输网络公司机车车辆工厂、南非铁路公司、南非重载铁路及南非"蓝色列车（Blue Train）"。这里主要介绍南非"蓝色列车"考察情况。

一、南非铁路概况

南非政府交通部负责交通行业管理，铁路运输企业则由南非政府公共企业部管理。南非运输网络公司所辖南非铁路公司专门从事铁路运输业务。南非铁路公司客货运输主要分为 5 个部门：通用货运部、煤炭运输部、铁矿运输部、城际客运部、豪华列车部。南非铁路营业里程约 2 万公里，保有客车 2110 辆、货车 88000 辆、机车 2410 台，职工 34662 人。2002 年货物发送量 1.794 亿吨，货物周转量 1057 亿吨公里。

南非是非洲第二大经济体，人均生活水平在非洲名列前茅。南非矿产资源丰富，是世界五大矿产资源国之一。现已探明储量并开采的矿产有 70 余种，煤炭、矿石等大宗货物运输需求旺盛。从 20 世纪 70 年代开始，南非修建煤炭、矿石铁路运输专线，开行重载列车取得了成功。运煤专列由 100 辆载重为 84 吨的货车编组而成，由 3 台 10E 型电力机车牵引。在埃尔默洛，运煤专列重量达 18400 吨，总长 2.4 公里，由 4 台 11E 型电力机车牵引。1989 年 8 月，一列总重 71600 吨的重载铁矿石专列，在赛中—萨尔达尼亚全长 861 公里铁路线上运行。由 16 台电力机车牵引 660 辆货车组成的重载列车全长 7.31 公里，全程运行时间 22 小时 40 分钟，最高运行速度 80 公里 / 时，创新了世界铁路重载运输记录。（该公司计划将车辆轴重进一步提高到 30 吨，每辆货车载重 100 吨。）

目前，南非铁路重载运输的电控制动分配动力技术、声音判断轴承故障、GSM 蜂窝电话装置、车号识别、卫星全球定位及综合列车故障监测系统，在世界上居领先水平。这些先进技术有一部分是南非自己开发的，但多数是引进西门子、庞巴迪、阿尔斯通等公司的先进、成熟的技术和装备。在机车同步操纵、电控制动（ECP）、列车故障监测、桥梁状态监测以及提高车辆轴重技术等方面，值得我国铁路借鉴。

南非正对国有铁路运输实行市场化改革和企业化运作，以提高运输效率和竞争力。对客运实行国有经营，以使普通旅客享受合理的票价，对货运经营逐渐放开。在未来 10 年内将大规模融资用于机车车辆购置和路网改造，努力促成非洲（尤其是中南部非洲）铁路互连成网。对于"蓝色列车"，也有改革设想，准备通过招标采取市场化运作，让专业化企业经营。

南非铁路公司安排中国铁路代表团全体成员乘坐开普敦开往约翰内斯堡的"蓝色列车"进行考察。我们听取了专门介绍，同旅客及乘务人员进行座谈，察看了列车设备，全程感受了列车的优质服务，留下了极为深刻的印象。

二、"蓝色列车"技术性能

1. "蓝色列车"历史

"蓝色列车"最为瞩目的是，把两个旅游城市用铁路列车连接起来了。"蓝色列车"的前身，是 1890 年南非宝石与黄金发现时期开行的"联邦快车"，又称"联邦特快"。1928 年首列豪华列车在开普敦—约翰内斯堡之间投入运营，客车配置了取暖设备，冷、热水供应，床头灯和呼叫铃等设施。1939 年由英国制造的新型空调客车（第一代"蓝色列车"）投入运用，客车豪华、全钢车体，外表面为蓝色、灰色，当地人称之是"那些蓝色的列车"。第二次世界大战期间列车停止使用。1946 年恢复运营，"蓝色列车"重新出现在开普敦至比勒陀利亚之间，"蓝色列车"首次得到正式命名。此后越来越多的旅客乘坐"蓝色列车"，主要是体验舒适、愉悦的旅行经历。

1965 年，南非政府决定更新"蓝色列车"，提出了招标技术规范，要求新列车在豪华、材料、工艺质量标准上达到世界最高水平。1968 年南非联邦车辆公司中标生产。1969 年 4 月 11 日举行第二代第一列"蓝色列车"开普敦—约翰内斯堡开行仪式。1972 年第二代第二列"蓝色列车"投入运营。列车由南非制造，吸收了英国、德国当时最为先进的铁路技术，成为世界铁路客车豪华、精致和技术进步的标志。除技术之外，"蓝色列车"还以舒适、正点、美食、优质服务和领略世界上最为壮观的车外风景等而享有盛誉。1997 年至 1998 年完成第三代"蓝色列车"的更新。现在使用的就是第三代"蓝色列车"。

"蓝色列车"引领旅客穿越众多世界罕见的壮观美景，有着神秘的光环。国王和总统（包括曼德拉总统）都曾亲临这个移动的五星级酒店，使她的名字成为终极豪华和优质服务的代名词。

2. 列车编组设施

"蓝色列车"现有两组车底，编组均为 18 辆，采用电力机车或内燃机车牵引。车组 I 在尾部编挂了 1 辆会议车（观光车），车组 II 则没有编挂会议车。车组 I 和车组 II 车辆编组情况是：双人包间车 10 辆或 11 辆（其中有两辆是豪华双人包间车），酒吧车两辆，厨房车、餐车、行李车、乘务员车（兼洗衣）、发电车各一辆。每节双人包间车设有 4 个包间。两组列车定员分别为 76 人、84 人。

"蓝色列车"的卧车分为两个单人床包间和双人床包间，并设有带浴缸或淋浴设施的卫生间。设有大屏幕显示器，通过机车上的摄像头可观赏行车前方景色，通过大车窗观赏车外风光。

酒吧车分为两种：一种是不吸烟的酒吧车，供饮茶、咖啡、水、饮料及酒；一种是可供吸烟的酒吧车，用途与前一辆车相同，为全列车唯一的吸烟场所。

会议车（观光车）可供 22 人使用，设有计算机、投影、录像、幻灯等现代化会议设施，也可作为观光车使用。

餐车不设厨房。厨房车为空调客车，利用大功率风扇排出烹调油烟，外侧走廊的压力高于厨房，使气味、油烟不外溢，采用电和液化气及微波炉烹调。厨房内设烹饪区和熟食区，厨具为不锈钢制品。

发电车装用 2 台帕金斯（Perkins）3012 柴油发电机组，一台工作，另一台备用。每台功率为 500 千瓦，电压为 650 伏，通过供电母线向全列供电，电压为交流 380 伏、220 伏和直流 110 伏，全列最大用电功率 300 千瓦左右。

3. 车辆结构特征

车辆转向架形式与许多快速运输及美国东北走廊高速列车使用

的类似相同，一系为钢弹簧，设摩擦减振器，二系为空气弹簧。车钩缓冲装置采用德国沙芬格（Scharpenberg）半永久密接车钩。制动系统装用符合 UIC 标准的真空制动机，也可转换为空气制动机，基础制动为盘形制动。列车配有烟火监测及消防等安全设施。

登乘侧门设在车辆一端，侧门为塞拉门，用压缩空气操纵，关闭时空气密封，全列侧门可以集中控制。空调系统有两种：所有公用客车为气体制冷，对吸烟的酒吧车作了特殊的设计；所有卧车为水冷空调装置，每个包间具有独立的新风进口和制冷系统，具有温度调节器、风扇和空气流速调节器。在冬季空调系统提供加热循环，同时在地板下设电加热器，大多数卫生间设有加热系统。照明系统由白炽灯取代荧光灯照明。降低运行噪声，以 90 公里／时速度运行时车内噪声不超过 55 分贝。

包间设施。包间内设 2 个单人沙发或 1 个双人沙发，间壁上设与墙平齐可折叠的 2 个单人床或 1 个双人床，有可折叠的茶桌、一把座椅、一个衣柜和电视等，每个包间装有电话，可用于与列车乘务人员以及南非国内和世界各地的电话通信。设 1.8 米长大车窗，卫生间设洗脸台、坐便器及淋浴或浴缸设施。电视机遥控，提供耳机供个人欣赏音乐、广播和电视的音响。豪华包间设有计算机调制解调器、CD 机，可根据需要选订 CD 盘和 VHS 录像带。电视以日、德、法、英四种语音播出。

连挂卧车的走廊是在同一侧贯通的。车与车之间采用橡胶风挡连接，在车体端墙处设与车体外表面平齐的橡胶板材用螺栓将相邻的两车连接，保证了车辆之间的密封。

三、"蓝色列车"运营组织

1. 旅游线路

"蓝色列车"运行线路是根据旅游市场需要安排的，即使是冬季也有一定需求。目前，"蓝色列车"在南非开辟了四条黄金旅游线路：

比勒陀利亚—开普敦，从南非的行政首都（比勒陀利亚）开往南非母亲城和国会所在地（开普敦），沿途既有草原又有半沙漠地带，还要经过发现宝石的金伯利市（单程1600公里，1天1夜）；

比勒陀利亚—胡兹普雷特，胡兹普雷特位于Olifanto峡谷，途经瀑布、国家动物园、峡谷等景观（单程556公里，1夜）；

比勒陀利亚—维多利亚瀑布，自南向北运行，深入非洲腹地观看沿线城市，从南非进入津巴布韦（单程1596公里，两天两夜）。

开普敦—伊丽莎白港，途径果园和红酒产地、花园之城，沿线观赏印度洋风光。

图33　南非"蓝色列车"

2. 列车管理

每列车配置28名管理及服务人员，2名车辆技师。具体分工为：1名列车经理（车长），房间部监理、餐饮监理、行政主管、紧急主管等各1名，其余为服务人员。

车上服务人员上岗之前，在英国进行为期半年的培训。2名车辆技术师分为电气技师和机械技师，负责发电车操纵以及车辆设备检修、更换机车时连接风管、试风以及应急故障的处理。

在比勒陀利亚设有"蓝色列车"车辆段，对车辆进行检修、整备，也包括客运服务人员的整备工作。两辆列车配备8名技师、6名劳务负责日常检修及随车乘务工作，每半年进行一次轮对、制动检查、修理，每2年送修理厂进行检修，修理时间为3至6个月。

3. 经营情况

"蓝色列车"票价十分昂贵。以开普敦—比勒陀利亚为例，旺季（1月1日—4月30日、10月1日—12月31日）每个包间的票价最低11754兰特，最高17765兰特（兰特与美元兑换率约为7：1）；淡季（5月1日—9月30日）最低8595兰特，最高15100兰特。根据资料介绍，"蓝色列车"的上座率达到90%。但2002/2003年度上座率有所下降，除国际形势影响外，票价的上涨也是造成客流下降的因素。目前，淡季上座率约50%，旺季上座率为70%以上（我们乘坐的这趟列车上座率达90%以上）。按2002/2003年度计划发送旅客数量和70%的上座率计算，每年应开行210列左右，每列开行105次左右。按每趟平均1.5天计算，列车在线时间约为165天左右。

4. 旅客感受

民间盛传"蓝色列车"是"轨道上的宫殿"。"蓝色列车"被世界上181个国家25万家旅行社评为"世界上最豪华的列车"。旅游业界把"蓝色列车"称为"移动的五星级宾馆"，其理念是"宾馆化的经营模式、宾馆化的列车设计和宾馆化的列车服务"。

"蓝色列车"的旅客对象主要是有相应消费水准的旅游群体，可以说是"有钱、有闲"阶层。我们乘坐的列车定员84人，实有乘客72名。旅客中90%以上是年龄60岁以上的老年伴侣，全部是白人，多为美洲和欧洲游客。旅客的旅游线路多是由世界各地旅游公司网络安排。开普敦始发站有为"蓝色列车"乘客专设的候车室，面积350平方米左右，进入候车室相当于进入宾馆大堂，办理换票手续相当于办理宾馆入住手续，门外等候的列车服务员将旅客行李分别挂牌，从专用通道送达车上各自的房间。列车整体设计无论在功能、美工、内部装修和服务设施上都给人有进入"宾馆"的感觉，旅客受到的服务与地面宾馆十分相似。

南非"蓝色列车"之所以经久不衰，除了列车的"硬件"设施豪华、"软件"服务优良外，还得益于"蓝色列车"极为重视品牌宣传。规范的英文徽标BL，在车站候车室门口、客车侧墙和车上使用的家具、餐具、卧具、浴衣、浴巾乃至地毯等均可看到，这与五星级宾馆相似。每位乘客还可获得一张由车长签发的精美标志证书，在经营、推销服务中处处营造品牌效应。"蓝色列车"满足和适应"有钱、有闲"阶层的特定消费群体需求。在旅途中，我们与一些外国旅客交谈知悉，这些旅客大多是几个月前预定的席位。旅客们并不介意票价昂贵，也不追求从甲地到乙地的快速旅行，而是慕名而来，以体验旅游、休闲、享受为目的。"蓝色列车"为他们提供了舒适出行的方式，优美的旅行环境，以及良好的服务和可口的餐饮。总之，"蓝色列车"一切都以满足旅客需求为出发点和落脚点。

四、有益启迪

旅游业是以旅游资源为基础，以旅游设施为条件，向旅行者提供旅行游览服务的行业。随着国家经济实力、科技实力增强，人民生活水平提高，大众旅游时代到来，旅游业得到迅速发展。现在，旅游业已成为全球经济最具活力的产业之一。

铁路以其独特的优势，把重要的旅游景点连成一线，为旅客提供多景区安全舒适的旅行环境。可以在移动空间位置的同时，饱览沿线秀丽风光，也可以在停靠车站参观名胜古迹、民族风俗和奇异美景，还可以在行进途中休息、娱乐。因此，铁路旅游已有多年历史，博得许多国家的青睐，创造了不凡业绩。特别是在全球享有美誉的"东方快车""蓝色列车"等，对铁路旅游产生了深远影响。

中国铁路旅游正处在发展阶段，潜在市场十分可观。因此，必须高度重视铁路旅游业务，统筹规划，稳步推进。不仅要强化"硬件"，而且要完善"软件"，提高铁路安全优质服务水平。要重视品牌建设，总结经验，树立标杆，加强宣传。优先安排观光景点受宠、旅游需求旺盛的线路，开行定期或不定期的旅游列车，满足广大民众的旅游需求。同时，建议认真研究中国铁路开行高档旅游列车的必要性和可能性，以便满足不同档次旅客的需要。国内外都传递了这方面的呼声，说明这是有一定市场需求的。

20世纪90年代，铁道部曾受日本友人托请，安排了一节软卧车厢进行长途旅游。日本财团一行乘飞机到乌鲁木齐，然后乘坐铁路软卧自西向东，白天参观景点，晚上在卧铺休息，空间位移，节省时间。沿途停靠在吐鲁番、敦煌、兰州、西安、洛阳等地，游览中国名胜古迹，观赏西部自然风光和民族风俗，从乌鲁木齐至北京全程旅行长达3768公里。旅行结束时，我在人民大会堂宴请日本财团人士，他们特别高兴，对铁路旅游表示十分满意。当我问及有无不便之处时，他们笑着说了一个问题，就是在车上无法洗澡。我说今后研制旅游列车，设施条件一定会得到改善。现在，我国铁路规模扩大、运输能力提高，可以在运能富余的线路先开行旅游列车，以后再扩大范围。

（本文系作者在2003年出国考察报告汇集节选。）

[链接]

　　青藏铁路公司对开发高原旅游业进行了研究。2005年，贝祥投资公司和国际联合列车公司（Rail Partners，RP）与青藏铁路公司商议，拟成立中外合资公司（暂定名为唐古拉旅游列车有限公司），预期开行高原观光旅游列车。同年12月，BP公司与青岛四方庞巴迪铁路运输公司（BST）等签订旅游列车采购合同，实施中遇到困难被迫停滞。2007年4月，BST公司与原买主美国RPI公司签订了"铁道车辆购买协议"，生产制造3列青藏铁路高档旅游列车。

　　BST公司为了把青藏高档旅游列车设计成国际一流水准的、流动的五星级酒店列车，自概念设计开始便贯彻博采众长的思想，建立了一个具有国际视野的设计平台，体现了新理念、新材料、新技术、新风格。每列车编组为15辆，其中A型和B型卧车各6辆（每节卧车4个客房，有盥洗卫生间等），厨房餐车2辆，观光车1辆，定员96人。列车上IP电话、Wi-Fi网络、车载视频、电子地图、AV系统等设施齐备，提供了绿色、和谐、现代化的旅游环境。但是，2010年3月BST公司与RPI公司的协议因故终止，第一列高档旅游列车进行高原运行试验后存放在BST公司。据了解，有关方面正在积极寻求高档旅游列车的使用途径。

为繁荣铁道科技事业作出新贡献

中国铁道学会第七次全国会员代表大会，是在铁路改革创新发展、实现"十三五"良好开局形势下召开的一次重要会议。大会的主题是：高举中国特色社会主义伟大旗帜，以邓小平理论、"三个代表"重要思想、科学发展观为指导，全面贯彻党的十八大、十八届三中、四中、五中、六中全会和中央经济工作会议精神，按照统筹推进"五位一体"总体布局和协调推进"四个全面"战略布局要求，贯彻落实中国科协工作部署，以服务铁路大局、促进创新发展、提高科学素质为主线，以深化学会改革、加强自身建设、提升能力水平为重点，努力创新体制机制、拓宽服务领域、增强工作实效，团结引领广大科技工作者，为繁荣铁道科技事业作出新贡献。

一、八年工作总结

中国铁道学会第六次全国会员代表大会于 2008 年 11 月召开，到 2013 年 11 月已经届满。因当年国家实施铁路体制改革，撤销铁道部，组建国家铁路局、成立中国铁路总公司，机构和人员处在变动之中，不具备召开换届大会条件。经中国铁路总公司党组同意并报中国科协和民政部批准，决定推迟至今召开学会换届大会。对此，谨向各位代表和同志们予以说明。

过去 8 年来，中国铁道学会在中国科协、原铁道部和中国铁路总公司领导下，着力服务铁路大局，积极促进创新发展，强化体制机制改革，提升自身能力水平，各项工作取得了显著成绩。

（一）深入开展学术交流，促进科技进步成效明显

学会瞄准铁道行业重点科技领域，积极搭建各种类型的学术交流平台。研究编制学术计划，精心组织交流活动，评选表彰优秀论文，积极提出专家建议；充分发挥分支机构专业齐全优势，横向联合、纵向协同，围绕专业重点和技术难题进行学术研讨；指导省级学会密切联系区域铁路运输实际，开展各具特点的技术交流。共组织安排学术交流活动 558 项，其中学会 22 项、分支机构 239 项、省级学会 297 项；评选优秀论文 1182 篇，其中一等奖 49 篇、二等奖 1133 篇。有 20 多项重点学术活动形成专家建议并报有关领导和部门，有多项建议被采纳应用。

1. 学术交流活动成果丰硕

2008 年汶川大地震后，学会与工程分会在成都召开地震灾害对铁路影响及对策研讨会，围绕地质选线、结构防震和应急抢修等专题进行研讨，深刻认识汶川地震对桥梁、隧道、轨道和接触网等设施的破坏作用，以及对列车运行安全的严重威胁，提出铁路应对地震灾害的重要措施和建议。在青藏铁路通车运营 5 周年和 10 周年之际，学会联合青藏铁路公司两次举办青藏铁路技术研讨会，重点总结交流高原冻土铁路建设、运营管理等方面取得的技术创新成果，提出了完善高原高寒铁路多年冻土和自然灾害长期监测系统，加强工程、环境、冻土相互耦合作用和混凝土耐久性技术研究，重视路基和桥隧病害防治、无缝线路铺设与维护、健康安全保障、生态环境保护等一系列建议，为青藏铁路运营管理创世界一流水平提供了技术支持。针对铁路建设面临的重大技术难题，学会与工程分会先后联合举办了铁路工程地质研究学术研讨会、川藏铁路建设的挑战与对策学术交流会，提出加大铁路地质勘察投入，开展专题研

究，补充完善地质勘察标准和规范，及早安排川藏铁路关键铁路技术研究计划等建议。为深入推进铁路安全风险管理，学会与安全委员会和成都铁路局共同举办安全风险管理及技术装备研讨会，既有理论研讨又有经验介绍，对夯实安全风险管理基础起到了积极作用。

学会联合中国科协年会举办地的省级学会，围绕年会主题，结合铁路实际，相继在五届科协年会上举办了铁道分会场，充实丰富科协年会内容，得到中国科协充分肯定。其中，2009 年 9 月在重庆举办"复杂地质条件下铁路隧道建设技术"研讨会，被评为年会优秀分会场。2015 年 5 月在广州举办的中国科协年会上，邀请中国铁路总公司领导作了题为"中国高速铁路技术特点"的报告，受到与会代表高度称赞。学会在这届年会的铁道分会场，以"学术沙龙"方式交流我国综合轨道交通体系建设的规划、标准、融资、设计、施工、装备制造、安全管理等学术问题，提出了重视各种交通方式互联互通，推进轨道交通规划、建设和管理创新，实现轨道交通可持续发展等建议，受到了参会代表的广泛好评。

2. 专业技术研讨亮点频现

学会分支机构是开展学术活动的主力，每年都组织开展 50 多次专题学术研讨，围绕各专业重点、技术难点和发展热点进行学术交流，频现众多亮点。2010 年 9 月，在我国第一条高速铁路（350 公里 / 时）开通运营两周年之际，学会举办了京津城际高速铁路与区域铁路社会发展研讨会，展现了京津城际高铁的"同城效应"和"聚集效应"，提出了大力发展"高铁经济"的建议。2011 年 9 月，车辆、工务委员会联合在齐齐哈尔举办了铁路重载运输学术研讨会，提出了改造、强化既有线基础设施，开行 27 吨轴重货车，新建运煤专线按 30 吨及以上轴重设计等建议，已被主管部门采纳。

军交运输委员会针对铁路军代表体制改革方向目标、基本原则、职能定位和着眼南海方向军事斗争准备等内容，联合铁路和地方单位召开研讨会，提出了修订和完善军交运输相关制度、确保军运优先地位、加快提升跨海作战军交运输保障能力等建议，并参与起草《中华人民共和国国防交通法》，对提高铁路军运保障能力产生了重要影响。减速顶委员会在多次举办学术活动的同时，积极参与铁路减速顶各项专业技术标准研究和修订工作，先后承担了《铁道车辆停车防溜装置——停车防溜顶》《铁道车辆减速顶》《铁道车辆减速顶运用维修要求》行业标准的编制和修订任务，推动了减速顶调速技术创新发展。

3. 省级学会联合研讨活力倍增

各省级学会针对地区铁路专业技术存在的突出问题，积极采用联合研讨方式，组织开展学术交流，突出地区特色，具有实用价值。北京、上海、广东、香港铁道学会多次联合召开京沪粤港年会，邀请香港铁道学会会员考察广州新客站，交流珠三角铁路建设和新客站工程学术问题，促进了四地技术交流与合作。针对京津冀协同发展国家战略，北京市铁道学会、天津市铁道学会与河北省铁道学会多次联合举办专题研讨会，研究京津冀轨道交通一体化有关问题。吉林、辽宁、黑龙江省和内蒙古自治区铁道学会联合举办研讨会，研究共同关心的严寒地区铁路安全、质量和运营管理等问题；河南、河北、陕西、吉林、山东省铁道学会联合开展高速铁路道岔技术等学术研讨；北京、福建、河北省铁道学会联合举办客运专线运行管理与检修等内容研讨会；河南、山东、新疆铁道学会联合举办铁路专用线管理模式等内容研讨会。省级铁道学会联合举办研讨活动，既体现了主动性、协同性，又具有针对性、实效性，取得了很好的"抱团"效应。其中河南省、福建省铁道学会提出的"河南省内铁路规划、建设与发展"和"温福、福厦等高铁开通运营后的行包快运"等相关建议，已被有关部门采纳。

4．国际交流合作领域逐步扩大

2009 年学会在上海成功举办第九届国际重载运输大会，22 个国家和地区 580 名代表到会，交流了国际重载运输新技术，展示了中国铁路重载技术创新成果，对世界铁路重载运输发展产生了促进作用。2010 年 5 月学会组团参加美国联合铁路大会，我国高铁专家在会上做专题报告。2010 年 12 月在铁道部领导下，学会积极参与在北京举办的第七届世界高速铁路大会，为中国铁路"走出去"创造了良好国际氛围。学会先后组团参加 2011 年在加拿大召开的国际重载专题研讨会、2013 年在印度召开的第十届国际重载运输大会（收录我国论文居首位）、2015 年在澳大利亚召开的国际重载协会理事会会议和国际重载运输技术专题研讨会，持续深化了国际重载铁路学术交流。2015 年学会联合运输局邀请国际重载协会原主席 Wichael Roney 等专家，为工务管理及科技人员举办重载铁路钢轨技术讲座，对推广运用延长钢轨使用寿命技术措施，加快我国重载钢轨修程修制改革具有推动作用。由学会承办的 2016 年度国际重载协会理事会顺利召开，取得了圆满成功。学会积极协调有关方面，于 2016 年 10 月召开了国际铁路信号工程师协会北京技术年会，成立了挂靠中国铁道学会的国际铁路信号工程师协会中国分会，为促进中国铁路信号技术发展，搭建了国际交流平台。

（二）围绕铁路中心任务，科普工作取得良好成绩

学会把创新科普工作、提升科普水平摆在重要位置，克服困难，自我加压，扎实推进，取得了良好成绩。2011 年、2012 年被中国科协评为全国科普工作优秀学会；2013 年开展的"提高技术创新水平，支撑铁路科学发展"和 2014 年开展的"科普号列车开进

大巴山"铁路科普日活动,被中国科协评为全国科普日优秀特色活动。学会总结的"围绕主题,联动互动,深入开展铁路科普活动"的工作经验,在中国科协大会进行交流。学会和学会科普部被科技部、中央宣传部、中国科协评为(2006—2010年度和2011—2015年度)全国科普工作先进集体。

1. 科普研究工作创出新局面

学会在加强科普工作力量的同时,积极与有关分支机构、省级学会和铁路相关企业合作,主动申报中国科协科普资助研究课题。2011年以来,已完成了《话说青藏铁路》《高速铁路安全科普宣传》《铁路站车旅客春运科普宣传》等5项研究课题。不仅在承接国家级科普研究课题中实现了"零"的突破,并创出高质量完成课题研究、一次性获得结题验收的良好成绩。课题成果在中国科协公共科普服务平台上使用,提升了铁路科普研究能力,扩大了铁路科普影响范围。

2. 重点科普活动成效显著

学会根据年度铁路中心任务,研究确定科普活动重点。相继开展了主题为"加快铁路科技进步、创新发展高速铁路""确保运输安全稳定、努力服务人民群众""实施安全风险管理、强化安全管理基础""贯彻铁路安全管理条例、提高公众应急避险能力""全面保障职工健康、共享改革发展成果""体验智能高速铁路、共享科技创新成果"等10多项重点内容的铁路科技周、科普日活动,使科普活动内容与铁路工作大局紧密相扣、密切相联。把主题科普活动内容制成光盘,提供给各铁路局(公司)、省级学会和科普教育基地。通过发送科普资料,举办高铁安全、风险管理等讲座,采用科普挂图、科普展板、报刊影视宣传、解答旅客咨询等形式,广泛宣传普及铁路知识,得到社会各界广泛赞誉。积极指导省级学会完善科普工作措施，密切联系铁路及相关企业，同步筹划、同步运作、同步实施重点科普宣传活动，收到了协同互动的良好成效。

3. 科普进站段有效落到实处

学会强调重心向下开展科普活动，采取优选示范样板、搞好活动设计、加强沟通联系等措施，把"铁路科普进站段"举措落到实处。各年度铁路科技周、科普日活动启动仪式和活动现场，均设在基层站段、铁路工区、铁道博物馆或詹天佑家乡，使科普活动贴近基层、贴近一线、贴近社会、贴近实际。学会在西安铁路局巴山工务指导区设立铁路科普教育基地，并深入工区实地调研，提供资金物品支持，引导开展科普宣传，创新了活动形式、丰富了活动内容、提高了活动实效。邀请院士作"中国高铁的成功之路"专题报告，与北京市、湖南省铁道学会联合举办"高速铁路技术"报告会等，提升了铁路科普下基层、进站段的内容品质。各省级学会组织铁路专家、技术人员在基层站段开展科技咨询和现场交流，广泛普及铁路安全、节能减排、风险管理、抗震救灾、应急抢险、环境保护等知识，深受一线职工好评。

4. 科普工作基础不断夯实

学会重视铁路科普队伍建设，建立了涵盖铁路运输、工程建设、装备制造、环境保护、卫生防疫和信息化等专业300多名科普专家人才库。与中国科普作家协会联合举办培训班，传授科普创作基本要领，增强了学员科普创作能力和信心。中国铁道博物馆和文博委员会积极创建铁路科普教育基地，牵头组织铁道行业分布在各地的博物馆、纪念馆、陈列馆，举办各类文博展览，出版多种文博图书，不断拓展科教功能。在中国科协五年一次认定全国优秀科普教育基地的评审中，中国铁道博物馆连续两次（2010—2014年、2015—2019年）榜上有名。

（三）坚持正确办刊方针，科技期刊影响大幅提升

学会主办的《铁道学报》《铁道知识》以及分支机构主办的《铁道工程学报》《铁道安全》等 14 种科技期刊，不仅是研究和交流铁路前沿学术的平台，传播和普及铁路科学知识的载体，更是展示铁道行业科技创新成果的窗口。学会坚持正确办刊方向，加强期刊规范管理，转变理念，开拓创新，不断提高期刊学术水平和编辑质量。发挥了《铁道学报》《铁道知识》等期刊，在促进铁路技术创新、提高公众科学素质、满足读者知识需求等方面的交流提升作用和示范引领作用。

1. 学术水平和编辑质量持续提高

《铁道学报》始终坚持"围绕中心、服务大局"的办刊方针，完善规范编辑流程，严格同行专家双匿名审稿制度，确保稿件质量水平。开发"铁道学报在线稿件处理系统"，实现网上投稿、审稿和信息交流，为实现期刊信息化管理、积极传播和转化科研成果、接受各界监督创造了条件。《铁道知识》创新工作机制，精心策划栏目，严格质量把关，活跃版面形式，实现了全彩印刷、图文并茂，社会影响不断扩大。

2. 传播创新成果速度明显加快

为适应铁路大发展形势需要，学会克服人员缺乏、资金不足等困难，自 2011 年 1 月起把《铁道学报》由双月刊改为月刊，使年刊发论文达到 200 余篇，加大了刊发数量，加快了最新科技成果传播速度，满足了广大作者和读者需求，也培育了更多铁道科技新人才和新团队。联合 73 家相关企业、科研院所和大学成立《铁道学报》理事会，加强了对《铁道学报》的组织领导，较好解决了学报发展资金不足问题。2015 年 12 月《铁道学报》召开编辑委员会换届会议，组成了由铁路相关部门、企业、科研院所、高等院校共计 105 名

院士、教授、专家组成的新一届编委会，把"以读者为本、以学术为纲"摆在更加重要位置，确保学术论文既体现前瞻性、探讨性，又具有创新性、导向性和实用性。《铁道知识》编辑人员深入基层、走近读者，虚心听取意见和建议，不断改进工作，原创性科普文章比重逐年提高。追踪铁路建设和运输最新动态，从科普角度报道铁路建设和运输新技术、新设备，实现了形式更新、内容多彩。

3. 科技期刊社会评价名列前茅

《铁道学报》连续三届获中国科协"中国精品科技期刊"称号、连续六年获"百种中国杰出学术期刊"称号，一直位列全国学术期刊指标检索铁道行业期刊前列，入选美国 EI 等多家国外相关数据库，成为全国铁路行业权威性学术期刊。在 2015 年 2383 家中国科技核心期刊综合评价总分排名中位列第一，成为学会促进铁道行业科技进步的亮丽品牌。《铁道知识》把知识性与趣味性有机结合，解读铁路主要技术政策、宣传铁路改革发展成就、普及铁路科学技术知识，年印数总计 20 多万册，出刊质量和发行数量稳步提升，成为全国铁道行业最具影响力的科普期刊。

（四）促进铁路自主创新，科技奖励引领作用增强

21 世纪初，国务院决定各部门不再履行科技奖励工作职能，经原铁道部研究同意、国家奖励办批准，由学会承接了原铁道部科技进步奖工作，这是学会承接的第一项政府转移职能。学会坚持公开、公平、公正原则，规范评审，严格把关，使中国铁道学会科学技术奖成为铁道行业具有公信力、认可度和权威性的科技奖项。从 2009 年到 2016 年，共奖励铁道行业科技成果 2879 项。其中特等奖 41 项、一等奖 200 项、二等奖 600 项、三等奖 789 项；奖励单位 4031 个、奖励人员 21611 名。这些奖项得到了铁道行业科技工作者和社会各界高度认可，取得了良好的经济效益和社会效益，为

引领科技创新、培育创新人才发挥了特殊作用。

1. 奖励评审管理更加规范

学会在深入调研基础上，不断完善奖励办法，严格规范奖励工作。对原《中国铁道学会科学技术奖奖励办法》及实施细则进行修订，进一步明确了评审委员会组成、候选人条件、评审程序和评奖纪律等条款，经原铁道部党组研究同意后公布实施。在开展科技成果奖励评审工作中，认真遵守奖励办法相关规定，严格执行评审程序，切实加强评奖管理，落实公开公正公示制度，保证了评奖过程规范、透明。特别强调科技成果的真实性、先进性和适用性。同时，利用现代信息技术，开发应用奖励管理系统，实现了从推荐申报、形式审查、专业评审、评委会评审到全行业公示的全程信息化管理，大大提高了评奖工作效率和质量。

2. 举荐科技人才成果丰硕

为表彰奖励铁路环保工作突出贡献者，大力发展铁路环保事业，原铁道部研究设立了铁路环保奖励基金。经国家奖励办同意，于 2008 年在中国铁道学会科学技术奖下设立铁道环保奖，从 2009 年到现在共有 107 名为中国铁路环保事业作出突出贡献的铁路科技工作者和管理人员获此奖项。认真开展茅以升铁道工程师奖评审工作，2009 年以来共有 585 名铁路工程技术人员荣获茅以升铁道工程师奖。积极承担国家有关部门委托的推荐"两院"院士和铁道科技领军人物，精心组织、规范评审、严格把关，高质量完成各项推荐评审工作。其中，经中国铁道学会推荐的 4 名铁路科技工作者获全国优秀科技工作者称号，2 名铁路科技工作者获中国青年科技奖。

3. 获奖成果宣传力度加大

学会十分重视对获奖科技成果的宣传工作，除在颁奖大会期间集中宣传外，还有计划地安排了重点宣传内容。对授予中国铁道学会科技进步奖特等奖的青藏铁路工程技术、大秦2万吨重载组合列车系统集成创新、时速350公里高速动车组等重点项目，采取在《人民铁道》报上整版宣传，在《铁道知识》杂志连续介绍，在《铁道学报》系统发表等多种方式，广泛宣传重要奖项主要内容、关键技术、创新亮点以及取得的社会效益和经济效益。鼓舞了获奖单位和个人，传播了铁路科技创新成果，扩大了科技奖励社会影响力，激发了铁路科技工作者的创新积极性。

（五）培育铁路咨询队伍，拓展咨询服务领域

学会努力适应市场需求，积极探索为政府、企业和单位会员提供工程技术和管理咨询服务的有效途径，加强技术咨询团队建设。2014年以来，按照国家全面深化改革的总体部署和相关政策规定，围绕学会有序承接政府转移的团体标准研制等科技类社会化公共服务职能，切实增强团体标准研制能力建设，不断拓宽服务领域，工程技术咨询和团体标准研制工作取得了突破性发展。

1. 咨询队伍建设逐步加强

随着铁路改革不断深化，技术咨询服务任务越来越重，要求越来越高，迫切需要能力强、水平高的咨询服务团队。学会把聚人才、建队伍、打基础放在重要位置，修改完善咨询管理办法，聘请和选用高素质人才，强化咨询队伍建设。重视发挥分支机构和在职、退休专家作用，逐步建立起包括工程建设、装备制造、运输管理等专业的高原铁路、高速铁路、重载铁路等高级专家库，形成了车、机、工、电、辆、供电、信息、安全、运营管理等专业齐全的技术咨询专家队伍。

2. 咨询服务领域不断拓宽

学会针对开放铁路市场形势下，一些路外企业缺乏铁路施工经

验的情况，积极提供技术培训服务。先后为中国水电、中国交通等企业举办了4期施工管理和工程技术培训班，有240人接受了铁路施工安全、质量环保、施工组织、施工预算等方面的系统培训，取得了良好成效。受神华集团和朔黄铁路公司委托，学会组织召开"朔黄重载铁路轮轨关系及延长钢轨使用寿命研究"科技成果评审会、"重载铁路隧道机械化清筛成套技术及装备研究"项目成果鉴定会和"神华铁路大轴重重载运输成套技术研究"科技创新项目验收评审会，为服务铁路企业积累了经验。学会还先后完成国电黄金埠电厂二期工程项目前期论证、河南荣安能源项目和大同爱碧玺铸造有限公司、马鞍山钢铁股份有限公司等20余项技术咨询，以及《交通运输类专业教学质量国家标准》评审和其他7项技术评审，均受到相关企业和委托单位好评。

3. 团体标准研制取得新突破

按照国务院《深化标准化工作改革方案》和《中国科协所属学会有序承接政府转移职能扩大试点工作实施方案》要求，学会积极开展有序承接政府转移职能工作，被中国科协和国家标准委列入全国12家试点单位之一，承担铁道行业勘察设计、土木工程、装备制造以及运营管理等全产业链团体标准研制工作。自2015年6月开展团体标准研制试点工作以来，筹建了学会标准化委员会和13个专业技术委员会，挂牌成立了学会标准与认证部，组建了团体标准管理团队和专家队伍，制定了学会团体标准管理规章制度，搭建了基于网络信息化的团体标准工作平台。学会充分发挥铁道行业科技资源优势，整合路内外13家单位200多名技术骨干力量，编制完成并即将发布以"T/CRS"命名的中国铁道学会团体标准——《市域铁路设计规范》，适应了我国城市发展需要，填补了国内外市域铁路建设标准空白，促进了铁道行业技术标准领域改革。

（六）切实加强自身建设，学会工作跃上新台阶

学会是为党和政府科学决策服务、为铁道行业企业服务、为铁路科技工作者服务的群团组织，是促进铁路技术创新和科技进步的重要力量。"打铁还靠自身硬"，学会秘书处以改革为动力，加强自身建设，创新工作机制，实施"党建强会""服务立会"，增强服务能力，各项工作跃上了新台阶。

1."党建强会"引领发展

学会以"党建强会"为抓手，按照中国科协、中国铁路总公司党组和直属机关党委部署，组织学会党员干部和工作人员学习习近平总书记系列重要讲话精神，认真开展党的群众路线教育实践活动和"三严三实""两学一做"等教育活动。以学党章、守纪律、讲规矩和践行社会主义核心价值观为重点，严格对照中央八项规定、反"四风"和群众性团体组织出现的"机关化、行政化、贵族化、娱乐化"问题，仔细查摆、认真剖析。把加强党的领导、全面从严治党、遵守党纪党规、严格廉洁自律、增强看齐意识等要求，融入健全党的建设、坚定理想信念、转变学会作风和加强财务管理、严格费用审批、自觉奉公守法等工作中去，使学会始终保持了风清气正。

2.组织管理不断完善

学会每年召开理事会会议，审议决定一些重大事项。如审议通过了中国科协"八大""九大"代表推荐人选；增补副理事长建议推荐名单；设立中国铁道学会轨道交通工程分会（挂靠中国铁建）、轨道交通装备分会（挂靠中国中车）、通信信号分会（挂靠中铁通号）等重要议案。学会秘书处坚持实行秘书长办公会议、每周例会、月度会议等工作制度，研究解决存在的管理问题。修订完善了学会分支机构、单位会员、个人会员等管理办法，使组织管理步入规范化、制度化轨道。切实加强会员管理工作，开发使用"会

员管理系统"，严格规范会员、会费、专家数据库、会员论著和学会网站信息管理。依据学会章程，在广泛征求单位会员和相关企业意见基础上，统筹铁路科技资源，规范分支机构设置，对个别分支机构及挂靠单位进行了适当调整，有效增强了分支机构活力。截至2016年10月，学会分支机构发展到26个，单位会员发展到133个，个人会员达6万余名。

3. 服务能力明显提升

学会着力加强理论学习，不断解放思想，开阔工作视野，提升服务能力。多次组织秘书长、副秘书长到中央党校、国家行政学院、中国科协进行轮训进修，各部室负责人参加理论培训和学习交流，提升了学会干部服务能力和水平。秘书处认真落实会员代表建议、会费收缴、会务公开等制度，通过编印学会信息、反馈会员咨询、发送科技资料、办好学会网站等方式，与分支机构、省级学会和广大会员保持密切联系，促进了服务工作不断向细致、贴近、管用方面发展。

这些年来，学会工作虽然取得很大成绩，但与中国科协和原铁道部、中国铁路总公司党组的要求以及铁路科技工作者的期盼相比，还存在明显差距。主要是：在政企不分、政社不分情况下，学会对推进改革存在畏难情绪；学会人员的年龄结构、专业结构存在不合理现象，特别是承接和干好政府转移职能的能力明显不足；学会分支机构发展不平衡，会员管理比较薄弱，缺乏有效的考核激励机制；学会组织建设需进一步加强，服务水平需进一步提高。这些都需要在今后工作中依靠深化改革加以认真解决。

二、主要工作体会

中国铁道学会成立于1978年，在近40年发展中经历了初创、扩张、调整、改革等四个时期。为适应国家向科学进军、改革开放、深化改革和铁路创新发展的形势，学会逐步完善分支机构设置，不断拓宽服务领域，持续壮大学会队伍。学会会员遍布全国各地，涵盖铁路各个专业和轨道交通众多领域，具有广泛的代表性、较强的内外影响力和良好的社会公信度，已经成为团结联系铁道行业科技工作者的社会团体和促进铁路科技创新的重要力量。回顾以往工作，有以下深刻感悟和体会。

1. 必须坚持学会宗旨，牢固树立"三个服务"理念

学会以服从铁路大局为中心，以促进铁路科技进步为己任，始终坚持凝心聚智，牢固树立服务政府、服务企业、服务会员的工作理念。在服务政府方面，学会认真贯彻党中央、国务院以及中国科协的部署要求，组织专家对铁路改革发展重大问题建言献策，参与制定铁路技术标准规范，安排重点专项学术活动，适应了铁路创新发展需要。例如，为配合铁路投融资体制改革，学会联合北京交通大学组织专题学术研讨，汇总专家学者建议报送有关部门，为领导决策提供了重要参考。在服务企业方面，学会围绕企业管理模式论证、项目评价、运输组织、技术推介等方面积极开展咨询服务，取得了良好成效。学会组织院士、专家考察神华铁路运输组织，帮助神华集团制定行车组织规章规程；组织专家开展蒙华公司运营管理模式研究，经过充分调研和多方案比较论证，提出了符合铁路体制改革方向的合资铁路公司经营管理模式建议，为公司决策提供了依据。在服务会员方面，不断强化信息沟通、成果推介和政策解读，在学会网页上公布重要活动和学术计划，运用多种方式满足单位会员咨询需求，积极帮助他们解决难题。学会应太中银铁路公司之邀，组织专家深入太中银铁路沿线实地考察运营管理技术，并到相关铁路局进行座谈，全面分析公司现状，提出了创新运营管理模式的咨

询建议报告，被公司采纳收到良好成效。实践证明，坚持学会宗旨，致力"三个服务"，为学会充分展示作为指明了根本方向。对政府科学决策、企业创新发展、提高全民科学素质发挥了重要作用。

2. 必须坚持改革创新，不断增强学会发展动力

在 20 世纪 90 年代末之前，各省级铁道学会曾经是中国铁道学会的分支机构，接受挂靠单位和学会的双重领导。后来按照国家有关规定，省级学会与中国铁道学会脱离。进入新世纪后，不少省级学会通过各种途径向学会反映，对行业科技进步缺乏全面了解，开展学术活动深感力量不足。对此，学会从 2008 年开始组织专题调研，积极探寻新形势下密切联系省级学会、开展相互合作的有效方式。首先以湖北省铁道学会作为试点对象，探讨省级学会以单位会员身份加入中国铁道学会，这一做法取得了良好成效。随后学会协商各省级学会，在自愿原则下以单位会员身份加入学会。这项改革措施密切了学会与省级学会的联系，增强了学会凝聚力和影响力。学会组织开展《中国铁道学会分支机构管理》课题研究，确定分支机构设置基本原则，制定分支机构改革方案，提出了加强学会自身建设的建议，解决了长期困扰学会创新发展的一大难题，为深化学会改革、提高服务水平和承接政府转移职能提供了有力支撑。学会为适应新形势，积极探索设立新的分支机构，扩大服务范围。2013 年成立了学会军事运输专委会，积极组织军地铁路科技人员学术研讨和技术交流，为铁路军事运输和国防建设作出了积极贡献。2013 年经有关部门批准，设立了中国铁路文化与博物馆工作委员会，协同推进铁路文博事业，组织鉴定大量文物，编辑出版多部书籍，促进了铁路馆藏不断丰富和铁路文物保护利用。工务、车辆、安全专委会以改革精神大胆尝试，主动与挂靠单位协商将技术交流与工作会

议同期召开，使专家学者更接地气，基层领导更加了解新理论、掌握新技术，反应十分良好。实践证明，坚持改革创新，不断增强学会发展动力，是学会实现加快发展的必由之路。

3. 必须坚持主动作为，充分展现专业技术特长

学会轨道交通专业齐全，科技人才荟萃，专长优势突出。各分支机构注重发挥优势，广泛联系本领域专家学者，积极参与铁路工程、工业和运输标准制修工作，为服务铁路建设、装备制造和铁路运营做出了很大贡献。减速顶专委会发挥权威优势，完成3项铁道部重点科研课题，参加5项《铁道车辆减速顶》行业标准修订和6项哈尔滨局减速顶标准的制定工作，并多次召开减速顶技术研讨会，推动了减速顶调速技术创新发展。工程分会及车辆、工务、安全、自动化委员会和青海、贵州、河北省铁道学会，组织高等院校、科研单位、生产企业进行学术研讨，在积极推广新技术、促进科技成果转化和产学研用相结合等方面取得了良好成效。铁路文博委员会挂靠中国铁道博物馆，通过纵向联系、横向联合，织出了学术人脉，扩大了自身影响，提升了学会地位。今后要更好地发挥学会作用，拓展中介服务、职业资格管理、科技成果鉴定等业务领域。实践证明，坚持主动作为，充分展现专业技术特长，是学会增加内生动力的不竭源泉。

4. 必须坚持需求导向，紧盯行业市场发展趋势

随着国家改革开放不断深化，城市轨道交通地位和作用越来越重要。学会坚持需求导向、目标导向，积极改变组织机构不适应行业和市场发展趋势的状况，协商相关企业设立学会轨道交通工程分会、装备分会，从组织机构上完善专业设置。学会联合有关单位在成都举办"轨道交通工程建设与城市化协同发展"学术交流会，在

长沙举办"2016中国国际轨道交通博览会暨高铁经济论坛",对促进轨道交通发展和中国高铁经济发挥了积极作用。学会与有关单位共同发起成立中国轨道交通检验检测认证联盟,提升了学会服务轨道交通发展的水平。同时,学会鼓励和支持省级学会大胆探索服务区域轨道交通发展的有效途径。上海市铁道学会联合江苏省、浙江省铁道学会和有关企业,成立了长三角城轨交通企业发展战略联盟;北京市、天津市铁道学会与河北省铁道学会联合举办"京津冀一体化轨道交通协同发展"学术研讨会,在省级学会服务轨道交通发展方面进行有益尝试。实践证明,紧盯行业、市场发展趋势,是学会实现可持续发展的有效途径。

"四个坚持"的工作体会,是我们不懈探索和创新实践的智慧结晶,是推动学会开创工作新局面的宝贵财富。成绩来之不易,经验弥足珍贵,记忆深刻难忘。借此机会,我代表学会第六届理事会,向为关心支持学会工作而付出心血智慧、提供大力帮助的有关单位和各级领导表示衷心感谢!向为致力学会发展而付出辛勤劳动、作出宝贵贡献的学会成员和各分支机构、省级学会及广大会员表示崇高敬意!

三、今后工作建议

在新形势下,学会的工作指导思想是:高举中国特色社会主义伟大旗帜,牢固树立和贯彻落实新发展理念,坚持为科技工作者服务、为创新驱动发展服务、为提高全民科学素质服务、为党和政府科学决策服务的职能定位,主动适应发展需要,深化学会各项改革,积极强化能力建设,不断提升服务水平,团结引领广大铁道科技工作者创新争先、建功立业,促进科技繁荣发展,促进科学普及和推广,为实现科技强国、铁路强国目标和实现中华民族伟大复兴的中国梦而努力奋斗。为此，提出以下建议：

第一，切实加强思想政治引领工作。

要积极引导铁路科技工作者深入学习和认真贯彻习近平总书记系列重要讲话精神，特别是在中央群团工作会议和全国"科技三会"（中国科学院、中国工程院、中国科协大会）上的重要讲话精神，切实加强思想政治引领工作。不断增强政治意识、大局意识、核心意识、看齐意识，坚定政治立场和理想信念，严守政治纪律和政治规矩，自觉在思想上政治上行动上与以习近平同志为核心的党中央保持高度一致。要以突出群团组织的政治性、先进性、群众性为目标，按照走中国特色社会主义群团发展道路总要求确定改革路径，把自觉接受党的领导、团结服务科技工作者、依法依规开展工作有机统一起来，充分发挥创新作为发展第一动力和人才作为支撑发展第一资源的作用，凝聚带领铁道科技工作者勇担创新发展主力军的重任。要传承和弘扬科学家精神，强化责任担当，密切联系群众，提升服务能力，增强主体地位，改进工作作风，释放学会活力，真正把铁道学会建设成为具有强大吸引力凝聚力、能够为党和政府、为铁道行业提供高质量科技类社会化公共服务产品的科技社团。

第二，不断深化学会体制机制改革。

学会是科技社团组织，依靠的根本对象是会员单位广大铁路科技工作者，因此必须牢固树立"人才立会"的思想。把团结、联系、服务科技工作者作为最主要的本职工作，从体制机制入手深化学会改革，解决好与铁路科技工作者联系不够密切、服务不够到位等突出问题。要建立直接为分支机构、省级学会和广大会员服务的体制机制，加大人力配备和服务资源向基层倾斜力度，突出服务基层一线科技工作者的职能。要切实改变学会干部紧缺局面，拓宽择优选配渠道，汇聚更多优秀科技人才，为铁道学会创新发展提供可靠的人力资源保障。要切实抓好有序承接政府转移职能试点工作，不断提高"接得住""干得好"的能力。进一步明确目标，及时了解、准确把握政府职能转移趋势，积极参与政府购买服务的市场竞争，组织开展学会团体标准研制风险评估，确保发布的标准有效管用，做到让中国科协和国家标准委放心，让使用标准的企业满意，让学会有实实在在的获益。要积极探索"互联网＋学术交流""互联网＋科学普及""互联网＋会员服务"等工作模式，打造网上"建家交友"平台，直接听取会员诉求、意见、建议和呼声，充分发挥网络交流、视频会议作用，努力使学会成为广大会员可亲可信、知心知意的"铁路科技工作者之家"。

中共中央办公厅印发了《科协系统深化改革实施方案》，明确要求全面改革学会治理结构和治理方式。铁道学会要按照中国科协部署，积极推进会员结构、办事机构、人事聘任、治理结构、管理方式等改革，全面提升服务能力。逐步建立健全学会决策、执行和监督的有效机制。突出解决有的机构凝聚力不强和组织松散等问题。学会秘书处要确立会员主体地位，提高服务会员意识，探索建立会员分类服务和管理办法，明确会员责任、权利、义务及审批程序，提供针对性的服务。要规范分支机构设置，加强分支机构管理，强化对分支机构和省级学会的工作指导。建立健全分支机构管理制度，各分支机构年初要有工作计划，年终要有工作总结，重大活动要向学会秘书处沟通信息，建立考核激励机制，定期公布考核结果，促进学会与分支机构、省级学会协同发展。

第三，积极推动学会工作创新发展。

学术交流方面要聚焦国内外铁道科技发展前沿，加强国内学术交流，扩大国际交流合作，创新学术交流方式，优化学术交流环境，增强学术交流实效，促进学科资源开放共享。把学术研讨重点放在高原铁路、高速铁路、重载铁路，艰险山区铁路、地质复杂铁路、绿色铁路、智能铁路，高速动车组、先进机车车辆制造技术和先进运行控制技术，以及铁路运输安全、服务质量和经济效益等方面，每年要召开一至两次高水准的学术年会，努力创出在国内外具有影响力的学术交流品牌。

科学普及方面要创新工作格局，实施富有铁道行业特色的铁路科技周、科普日等重点科普活动，落实铁路科普进站段举措。组建铁道科学传播专家团队，推选铁路首席科学传播专家，采取有效措施激励技术专家热心科普事业、成为科普大家，吸引技术精、能力强、热情高的科技工作者加入科学传播队伍。

技术咨询方面要加强智库建设，建立铁路科技发展战略研究团队，构建覆盖铁道行业、城市轨道和军交运输的咨询网络。把咨询服务重点放在深化铁路体制改革，发展绿色智能铁路，提高质量效益上，参与国际标准制定，为实施"一带一路"和中国铁路"走出去"战略服务。

科技奖励方面要注重抓好顶层设计和具体环节，坚持好中选好、优中选优的奖励标准，努力建设具有行业权威性、社会公信力的铁道科技奖励体系。奖项要突出科技领军人物，特别要注重奖励青年科技人员，充分发挥奖励在科技创新与成果转化中的特殊作用。

科技期刊方面要按照高标准要求加强编辑管理，把主动组稿与自由投稿结合起来，搭建好促进技术创新、服务单位会员和广大读者的重要平台。努力把《铁道学报》办成具有国际影响力的高端科技期刊，把《铁道知识》办成深受铁路职工和社会公众喜爱的科普期刊。

面对铁路改革创新发展的大好形势，中国铁道学会肩负着任重道远的光荣使命。我们要紧密团结在以习近平同志为核心的党中央周围，全面落实中国科协和中国铁路总公司的部署要求，进一步振奋精神、深化改革，坚定信心、知难而进，自我加压、奋发有为，充分发挥科技社团开放型、枢纽型、平台型作用和密切联系科技工作者的桥梁纽带作用，为繁荣铁道科技事业，实现科技强国、铁路强国目标和实现中华民族伟大复兴的中国梦而努力奋斗！

（本文系作者 2017 年 1 月 4 日在"中国铁道学会第七次全国会员代表大会"上的工作报告。）

◎ ［链接］

清末年间，著名土木工程师詹天佑先生主持建成京张铁路（北京至张家口）。1912 年 1 月，詹天佑创立"中华工程师会"，并任会长，这是中国第一个工程学术团体。新中国成立后，1953 年在著名桥梁专家茅以升先生等倡议下成立了"中国土木工程学会"，选举茅以升为理事长。学会挂靠在铁道部，后来改为挂靠建设部。经中国科学技术协会批准，1978 年 4 月 1 日成立了"中国铁道学会"，首届理事会理事长由铁道部副部长刘建章担任。

履行政协职能　促进铁路发展

从 2003 年 3 月至 2013 年 2 月十年里，我十分荣幸地担任全国政协第十届和第十一届常委、经济委员会副主任。在政协履职实践中，我深刻认识到中国特色社会主义政治制度和政党制度的优越性，进一步增强了坚持走中国特色社会主义发展道路的自觉性和坚定性。积极参加政协会议，视察调研、提交提案、建言献策，尤其能为铁路科学发展鼓与呼，感到甚为欣慰。

（一）

认真履行职能是政协委员的崇高责任和使命。人民政协是中国人民爱国统一战线的组织，是体现中国人民大团结大联合的组织，具有广泛代表性和巨大包容性。当今，人民政协由 34 个界别组成，联系着多元社会各个利益集团，能够最大限度地团结各方面力量，形成强大合力，共同为振兴中华、实现四化而奋斗。

人民政协是发扬社会主义民主的重要形式。通过选举民主、协商民主，实现人民当家作主，使人民真正成为国家主人。实行选举民主与协商民主相结合，是中国社会主义民主的一大特点，其重要意义在党的十八大报告中给予了充分肯定。可以说，这是党在民主政治理论创新和制度创新方面的最新成果。选举民主通过投票行使权利，遵循少数服从多数的原则；协商民主通过相互对话沟通，遵循充分协商取得共识的原则。协商民主的本质，就是实现公民有序的政治参与，它既关注多数人的意见，又关注少数人的意见；既关注决策的结果，又关注决策的过程，从而拓展了民主的广度和深度。人民政协以独特优势成为协商民主的重要载体和主要渠道，符合社会主义民主政治的要求，彰显了中华民族兼容并蓄的优秀文化传统，体现了时代进步的崭新风尚。

人民政协非常重视丰富和创新协商民主的实现形式。在坚持和发展已制度化、规范化、程序化的有关会议协商形式的同时，不断丰富政协闭会期间的协商民主形式。如就国家发展重大问题召开专题协商会议，形成比较重要的意见和建议；针对行业共性问题开展界别协商，形成有助于决策的参政意见；政协各专门委员会同政府职能部门就专门问题进行对口协商，提案人员同提案办理单位之间进行提案办理协商等。现在，人民政协运用协商民主的范围愈来愈广，不仅协商于决策之前，而且协商于实施过程之中。近五年来，我参加专题议政性常委会、专题协商会议及调研视察活动20余次，突出调整经济结构、转变发展方式，对发展战略性新兴产业、推进西部大开发、加快铁路建设等，提出自己的意见和建议，亲身感受到人民政协运用协商民主收到了良好效果。

人民政协是我国政治制度的重要组成部分。它与我国实行的人民民主专政的国体相适应，与人民代表大会制度的政体相适应，与中国共产党领导的多党合作与政治协商的基本政治制度相融合。它不是国家权力机关，但也不是一般的社会团体，而是能够沟通国家权力与社会公众、具有不可替代作用的重要机构。这一具有中国特色的政治组织，是我国社会主义民主建设的伟大创造。在党的领导下，人民政协高举爱国主义、社会主义旗帜，坚持团结和民主两大主题，紧紧围绕党和国家中心工作，认真履行政治协商、民主监督、参政议政职能。人民政协充分发挥协调关系、汇聚力量、建言献策、服务大局的作用，为推进国家科学发展、维护和谐稳定、促进祖国统一、扩大对外友好交往，作出了重要贡献。

（二）

在参加全国政协工作中，我特别致力于加强政协与铁路部门的联系交流。政协委员们通过我的发言，能够直接了解铁路有关情况。同时，我也把听到的政协委员意见和建议，尽快转达给铁道部领导同志，以利于研究改进铁路工作。

政协委员们对铁路发展特别关注，曾多次组团赴铁路现场进行视察调研。举世瞩目的青藏铁路建设中，青藏两省区政协委员多次到建设工地检查工作，慰问建设大军。2005年8月30日，中共中央政治局常委、全国政协主席贾庆林率中央代表团全体同志视察正在建设中的拉萨车站。当我汇报了青藏铁路建设进展情况后，贾庆林主席说："青藏铁路建设取得了伟大成就，这是世界铁路建设史上的一大创举，党中央和全国人民感谢你们！"他在施工现场同建设者们亲切握手，嘱咐大家多保重身体，并一起合影留念。2006年8月初，青藏铁路刚刚通车不久，中共中央政治局委员、全国政协副主席、中央统战部部长刘延东，全国政协副主席张梅颖，分别率团乘专列全程视察青藏铁路。参加视察活动的有各民主党派负责人、工商联负责人、无党派人士、全国政协委员等200余人。他们一致认为，修建青藏铁路是党中央作出的正确决策，广大建设者发扬"挑战极限、勇创一流"的青藏铁路精神，在世界屋脊上建成了雪域高原迈向现代化的致富路，对促进青藏两省区经济社会发展、加强民族团结、维护社会稳定、保障国防安全，都将发挥重大作用。视察团成员积极建言献策，提出了许多重要建议。

2008年我国先后发生了"5·12"汶川大地震和南方低温雨雪

冰冻灾害。以全国政协副主席李金华为团长、由我担任副团长的全国政协常委视察团赴四川、贵州、湖南三省进行调研。在北京，听取了国务院 15 个部委相关情况介绍。在地方，听取了有关省市及部门灾害应急管理介绍，深入县乡、企业、学校，了解重大灾害应急情况。察看了汶川特大地震和南方特大低温雨雪冰冻灾害最严重的地方，并听取了陕西、甘肃两个邻省有关部门的情况汇报。我专门到铁路受灾现场了解地震和冰冻影响以及抢修措施。经过深入调查研究，针对需要国家层面解决的问题提出了 7 条具体建议。主要是：完善应急管理体制，建立统一的应急领导与指挥体系；建立政策性巨灾保险和突发事件应对基金；建立应急物资储备制度；整合资源，建设以公安消防队伍为骨干、专业部门相结合的应急救援队伍；完善应急法律法规体系；加强应急知识宣传教育，建议将"5·12"确定为"防灾减灾宣传日"。我代表视察团在政协常委会上作了大会发言。以上建议报送党中央、国务院，受到有关部门高度重视，有的建议已被正式采纳。

全国政协充分肯定高速铁路建设取得的巨大成就。2008 年末，全国政协副主席王刚率视察团考察了北京南站和天津站，乘坐速度 350 公里／时和谐号动车组列车考察了通车不久的我国第一条高速铁路——京津城际铁路，给予高度称赞。当我国铁路发展环境出现不利情况时，我多次在政协会议上介绍高速铁路技术创新成果，分析"7·23"旅客列车事故重要启示，使政协委员增加对铁路的了解和理解。许多政协委员强调，要全面评价铁路发展，决不能把成绩说成是问题。2012 年 3 月 23 日，全国政协主席贾庆林乘坐专列赴鲁视察途中，在列车上专门听取铁道部的汇报，对铁路工作成绩充分肯定，给铁路职工以极大鼓舞。4 月 9 日至 12 日，全国政协经济委员会成员乘坐和谐号动车组考察京沪、沪杭高速铁路，听取铁路工作汇报，了解站段情况，并召开座谈会充分听取意见。政协委员们认为，我国铁路快速发展，技术迈上新台阶，特别是建成世界先进水平的高速铁路，意义十分重大。针对铁路发展存在的不科学、不可持续的问题，提出了5条建议：加快铁路行政管理体制改革，转变铁路发展方式；加大财政投入，优化政策环境；以多元投资为重点，推进铁路投融资体制改革；安全第一，科学有序推进铁路建设；大力支持铁路实施"走出去"战略。此项建议上报后，贾庆林主席、李克强副总理、马凯国务委员等都作了重要批示，要求有关部门认真研究，大力支持铁路发展。

（三）

提案是履行人民政协职能的重要方式之一，是坚持和完善中国共产党领导的多党合作和政治协商制度的一种重要载体，是协助中国共产党和国家机关实现科学决策、民主决策、依法决策的一条重要渠道。我在调查研究基础上，以个人名义或联合其他委员就经济社会发展和民生热点问题，共提出14个提案，其中大多数同铁路发展有关。

比如，2010年我提交了"关于对铁路节能减排项目实施财税优惠政策"的提案（第3842号）。阐明铁路在综合交通运输中发挥着骨干作用，在节能减排方面比其他交通运输方式有明显优势。2009年实行的燃油税费政策，大幅度提高了征收标准，专项用于公路交通等有关支出。我认为，对铁路内燃机车用油征收燃油税是不合理的，因为铁路内燃机车并未占用公路资源。征收铁路运输柴油消费税用于补贴公路支出，有悖于鼓励节能减排原则，同欧洲一些国家征收公路税费以发展铁路的政策形成鲜明反差。因此我建议，国家征收燃油消费税不应包括铁路运输使用的柴油。财政部受理本提案后，同我进行了多次交谈。财政部认为，提案反映情况属实，但是"非公路用油量大、环节多、涉及面广，在目前征管条件下，如果对这些行业采取退税、返税或免征消费税政策，将造成较大的税收漏洞和较重的社会负担。"经多次协商后，财政部表示，每年给铁路安排一定的专项资金予以补偿。

再如，2012 年我提交了"加大中央财政对铁路建设支持力度"的提案（第 5018 号）。建议：实行分类建设原则，对公益性铁路项目应由中央财政安排投资，已经发生的公益性铁路债务不应记在铁路企业账上，应当由中央财政偿还。对铁路公益性线路亏损和公益性运输支出，应单独列账，由中央财政给予合理经济补偿。同时，建议设立铁路发展基金。财政部和国家发改委认真研究并同我交换了几次意见后正式答复："中央财政将进一步加大对西部、东北等公益性铁路建设的投资力度和比例""国家有关部门正积极研究对公益性线路及公益性亏损进行合理补偿的制度安排""原则同意由铁道部按照市场化运作方式来设立铁路发展基金"。

对于长期制约铁路发展的体制改革问题，我也提交了提案，并在政协会议上发言。我认为要积极推进铁路政企分开，转变政府职能，确立企业市场主体地位，规范企业经营管理，加快股份制改造，大量吸引社会资金，并要建立铁路运输价格形成机制和调整机制，完善运输企业独立核算体系。要加强铁路法治建设，尽快扭转立法滞后现象。这些建议已送交国家有关部门进行研究。

我深信，人民政协事业一定会在创新中不断奋进，铁路一定会在各界支持下实现科学发展、安全发展、绿色发展、和谐发展。

（原文载于 2013 年 3 月 2 日《人民铁道》报。）

穿越秦岭的历史丰碑

自古秦蜀通行难，难就难在有秦岭阻隔。茫茫秦岭，峰峦叠嶂，东西绵延，横亘中原，成为我国南北地理的分界线。西汉司马迁感慨秦岭为"南北之阻"，唐代韩愈更留下"云横秦岭家何在？雪拥蓝关马不前"的长叹。

历史上秦蜀两地往来多沿河谷攀古道，后来有了艰难崎岖的公路，而铁路穿越秦岭则是新中国成立后的新成就。我国在20世纪50年代修建宝成铁路（后来修建了阳安、襄渝铁路），20世纪90年代修建西康铁路，2017年建成西成高铁，构成了川渝铁路北通道，为西部地区经济社会发展提供了强大运力支撑（图34）。在喜

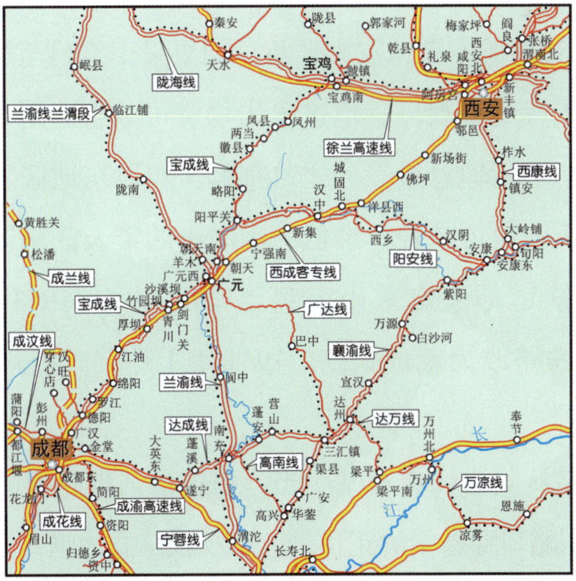

图34　西安至成都相关铁路通道平面示意图

庆西成高铁开通运营之际，回顾 60 多年来我国铁路三次穿越秦岭的光辉历程，这不仅是铁路建设技术飞跃进步的缩影和典型案例，也是镌刻着铁路建设者为国家繁荣昌盛作出巨大贡献的历史丰碑。

宝成铁路——螺旋展线越岭

新中国成立之初，在百业待兴、经济极其困难的形势下，我国集中人力、物力、财力修建了成渝铁路。1952 年成渝铁路通车，实现了四川人民四十多年的铁路夙愿。毛泽东主席亲笔题词："庆贺成渝铁路通车，继续努力修筑天成路！"四川省成立了天成铁路委员会，1952 年 7 月 1 日天成铁路成都端率先开工建设。

原规划的天成铁路由陇海线天水站引出，经甘肃省徽县到陕西省略阳县，再到四川省成都市。早在民国时期就有修建天成铁路设想，但一直未能动工兴建。1950 年 5 月，铁路勘测设计队伍在研究前期资料基础上，开展天成铁路勘察工作。1953 年在苏联专家参与下，对天水至略阳方案与宝鸡至略阳方案进行比较研究表明：两个方案线路长度相差不多，天水至略阳方案较易越岭，费用稍省，但有 40 公里线路地质不良，灾害严重。如果采用宝鸡至略阳方案，铁路翻越秦岭工程十分艰巨，但进出川物资可节省运距 154 公里，因为进出四川物资运输总量三分之二来自宝鸡以东地区。同时，铁路从宝鸡到略阳，也可减轻标准低、运能小的宝天铁路运输压力。经慎重研究，铁道部决定采用宝鸡至略阳方案。1953 年 12 月 1 日正式把天成铁路改为宝成铁路。1954 年 1 月宝成铁路宝鸡端开工建设。

宝成铁路从陇海线宝鸡站引出，跨过渭河即达秦岭北麓，沿清姜河而上在东峪口穿越秦岭正顶。此系汉代陈仓故道，是附近最低垭口。宝鸡至凤州段线路长 92.9 公里，原设计蒸汽机车牵引限制坡度

20‰。后来苏联专家建议采用电力机车牵引，限制坡度加大到30‰，这样可以缩短线路18公里，减少隧道12公里，节省投资3534万元，而且工期可缩短1年。经铁道部研究并组织专家考察我国矿山电力机车（窄轨）后，决定采纳苏联专家建议。由于当时我国尚未生产电力机车，只能用苏联BL-23型电力机车基本数据作为参考。

宝成铁路从杨家湾站到秦岭大隧道，直线距离只有6公里，却要盘绕展线运行27公里，升高达680米。在任家湾和杨家湾之间线路以30‰纵坡急速爬升。经过杨家湾站后，以3个马蹄形（U字型）和1个8字形的迂回展线升高，线路重叠3层，高差817米，这就是铁路建设史上著名的"观音山展线"。接着，以长达2364米的秦岭大隧道穿越秦岭垭口，然后一路下坡到略阳。限于当时技术水平，在无力修建长隧道的情况下，只能采取螺旋形盘山展线方式，修建12座短隧道越岭。宝成线位于西秦岭东部边缘区，沿线工程地质以变质岩闪长岩为主，花岗岩出露面积相对较少。受弧形构造影响，岩体破碎。当年修路主要靠人工作业，仅配有少量小型施工机具。许多隧道施工都是煤油灯照明，人工打眼放炮，人力搬运出渣，手摇木风扇排烟排尘。就是在这样艰苦条件下，中国铁路建设者用双手打通了秦岭隧道群，创造了铁路越岭的奇迹。

宝成线路于1956年7月建成通车，1958年元旦，正式交付运营。1961年8月15日，宝鸡至凤州段全长93公里电气化开通，用法国6Y2型电力机车牵引，实现了我国电气化铁路"零"的突破。1972年9月凤州至略阳段电气化完成，国产韶山1型（SS1）电力机车投入运行。1975年7月1日，中国第一条电气化铁路宝成铁路电气化全线贯通，1998年底宝成铁路阳平关至成都建成复线电气化铁路。宝成铁路电气化显示出巨大威力，昔日上坡3台蒸汽机车牵引920吨，改用电力机车可牵引2400吨，年输送能力从 250 万吨提高到 1350 万吨以上，行车速度提高，运输成本降低，司机值乘环境大为改善，令全国铁路大为震惊。

宝成铁路是我国第一条电气化铁路，具有重要引领作用。宝成铁路展示了电力牵引功率大、启动速度快、爬坡能力强、节能减排效益好的优势，也为我国电气化铁路建设和运营管理培训了人才，提供了宝贵经验。在改革开放形势下，铁道部决定大力发展电气化铁路。不仅在山区铁路大显身手，而且实现"电气化下山"，在繁忙干线、重载铁路、快速铁路、高原铁路等广泛应用。截至 2016 年底，我国电气化铁路已达到 8 万公里，占全国铁路营业里程 65%，大功率交直交电力机车、高速动车组、牵引供电技术、接触网技术等，都已经进入世界先进行列。

西康铁路——长大隧道越岭

改革开放加快了西部地区经济社会发展，川渝地区铁路北通道能力日趋紧张。由于宝成铁路宝鸡凤州段系螺旋展线，沿线地形地质十分复杂，增建第二线十分困难，所以必须另辟新路。20 世纪 80 年代末，铁道部组织开展西安至安康铁路前期工作。西康铁路从西安枢纽新丰镇站引出，跨灞河、越秦岭到达安康，全长 267.8 公里。在西康铁路建设中，有两件大事特别引人注目：一是为优选翻越秦岭的线路方案，开展大面积选线，并在秦岭隧道增设了定测子阶段；二是为推进隧道施工技术进步，确定秦岭隧道采用全断面隧道掘进机（TBM）。这在铁路建设史上都是第一次。

秦岭地处华北古陆与杨子古陆的结合部，是一个极其复杂的地质构造带。1987 年，在全路勘测设计费用紧张的情况下，西康铁路勘测工作不得不暂停推进。这时，考虑到越岭线路方案和秦岭隧道方案特别重要，铁道部决定增设定测子阶段，安排专项资金，推动勘测工作继续进行。中铁一院在有关单位支持下，开展大面积选线。根据区域工程地质条件，选用不同坡度、不同越岭隧道长度、不同展线方式、不同峪口引线，形成了 4 组 17 个线路方案，调研范围为 460 平方公里。按照断层、岩带、富水带、地应力、岩爆、地温及放射性等 7 大因素进行地质选线比较。同时考虑经济、技术、环保等进行综合研究，逐步把目标集中在石砭峪附近约 100 平方公里范围内。通过采用航空遥感、地面调绘、多种物探和必要钻探相结合的综合勘探方法，提供了比较齐全的地质成果资料。在查明海拔 2800 米的秦岭内部地质情况之后，最终审定采用石砭峪越岭的秦岭隧道方案。在秦岭隧道施工中，隧道内实际地质情况与勘察报告提供的地质资料基本相符。实践表明，增设定测子阶段十分必要，这项勘测改革措施对提高秦岭隧道勘察设计质量起到重要作用，为秦岭隧道建设顺利进行奠定了良好基础。

位于石砭峪越岭的秦岭 I 线隧道全长 18.46 公里，最大埋深 1600 米，这是当时全国最长的单线隧道。秦岭隧道位于东秦岭地段，花岗岩大面积出露，岩性相对完整，基本符合使用全断面隧道掘进机的施工条件。研究秦岭隧道施工方案时，对钻爆法与全断面隧道掘进机（TBM 法）进行比较。铁路施工单位熟悉钻爆法，经验比较丰富。采用全断面隧道掘进机，施工单位都缺乏经验，在一定时期内造价比钻爆法贵些。铁道部从发展战略出发，着眼于铁路隧道建设技术发展需要，决定秦岭 I 线隧道设计为圆形断面，采用 TBM 法建设。通过国际招标，购买了 2 台德国威尔特公司（WIRTH）敞开式全断面隧道掘进机（TBM）。秦岭 II 线隧道设计为马蹄形断面，采用钻爆法施工，先期用机械化开挖大断面导坑并贯通，作为秦岭 I 线隧道的平行导坑，为 I 线 TBM 施工探明工程地质、水文地质等。通过 I、II 线隧道间的横通道（每 420 米设一处），在排水、通风、运输等方面辅助 I 线隧道施工。I 线隧道主体工程完成后，再将 II 线隧道扩挖建成。

德国威尔特公司制造的 TBM，开挖直径 8.8 米，成洞直径 7.7 米。TBM 由主机、连接桥和后配套系统三部分组成，集掘进、支护、出渣、通风、排水、照明等功能为一体。这是一种工厂化施工系统，具有协同性、连续性、密集性。开挖每次行程 1.8 米，平均一个循环 80 分钟至 90 分钟。出渣为有轨运输，轨道铺在预制仰拱块上。采用激光导向、GPS 定位，初次支护为喷混凝土加锚杆，二次支护采用模板台车模注混凝土（预制混凝土抑拱块）。施工单位加强技术培训，编制作业指南，精心维修设备，不断提高施工质量和效益。在秦岭隧道施工中，TBM 创造了独头通风 9.5 公里的新纪录，单口平均月进尺 312 米，单口最高月进尺 528 米，最高日进尺 40.5 米。秦岭 I 线隧道进出口分别由中铁隧道局和中铁十八局施工，于 1994 年 12 月开工，2001 年全线交付运营。

秦岭 I 线隧道是我国铁路首次采用 TBM 法施工的长大隧道，具有示范效应。在随后十多年里，我国全断面隧道掘进机研发取得重大突破，自主设计制造各种类型的全断面隧道掘进机已完全取代进口并进军国际市场。全断面隧道掘进机在铁路、公路、隧道、城市地下铁道、大型水利工程以及煤炭采掘工程中广泛运用，创造了许多新纪录、新水平。我国隧道建设技术已走进世界先进行列。

在西康铁路运能接近饱和之时，2009 年 10 月开始增建二线，2013 年 10 月复线全部建成。旅客列车运行速度从 100 公里 / 时提高到 160 公里 / 时，西安至安康由原来 5 小时压缩至 2 小时。年货运能力由 2000 万吨提高到 1 亿吨。西康铁路成为客货兼顾的大能力运输通道。

西成高铁——长大坡道越岭

进入 21 世纪后，我国铁路迎来了难得的历史机遇，路网规模快速扩大,运输装备不断强化,服务水平大幅提升。特别是中国高速铁路,通过协同创新、开放创新、自主创新,形成了一套完整的技术标准体系,建成了不同地域的高速铁路,走出了一条成功发展的新路,成为国家一张亮丽的名片。2008 年修订的我国中长期铁路网规划对高速铁路建设作出了新安排。2010 年国家发改委批复,同意建设西安至成都高速铁路西安至江油段(与绵阳至成都、乐山铁路客运专线相接)。

西安至成都高速铁路是我国纵连北京至昆明高速铁路关键路段,是连接华北与西南铁路的客运通道,也是高速铁路"八纵八横"的重要组成部分。西安至成都高铁全长 658 公里,其中新建西安至江油段共长 509 公里,设计速度 250 公里 / 时。从地图上可以看出,西成高铁从西安经汉中至广元,线路走向大体顺直,可以说是一条"捷径"。这得益于勘察设计精心选线,尽量绕避严重不良地质地段,以合理的工程形式通过活动断裂,以大角度通过区域性长大断裂,把线路置于工程地质和水文地质条件相对简单的岭脊部分。

西成高铁最为瞩目的技术创新,是在秦岭北坡以长 45 公里的 25‰ 大坡度直登垭口,高程爬升 1100 米,实现了短距离、快速度翻越秦岭的愿望。这里一个重要难题,就是要研究长大坡道对运输质量的影响。由于我国自主创新研发了"和谐号"CRH380、"复兴号"CR400,设计速度均在 350 公里 / 时以上,在西成高铁长大坡道运行时可以满足不低于该线设计速度 80% 至 85% 的要求(开通初期,如采用其他型号动车组运行,则速度会有降低)。研究表明,在长大坡段列车追踪间隔 5 分钟,使用能力可达 127 对 / 日,能够满足运输需要。今后合理压缩间隔时分,增大运输能力仍有较大潜力。如果没有技术创新成果支持,快速越岭就只能是奢望,可望而不可即。现在有自主创新成果支持,终于使不可能变成为可能,实现了长大坡度快速越岭，谱写了铁路建设新篇章。

秦岭北坡长达 45 公里持续大坡道范围内桥隧相连。6 座隧道共长 42.8 公里，占该段线路总长 95%，这样密集的长大隧道群实为罕见。由于两隧道之间明线段长度较小，不仅面临空气动力学效应，而且面临 V 形沟落石威胁。为此，设计了桩柱式明洞和柔性网棚洞，并制定了隧道群防灾救援预案。对于长大坡道运营维护安全问题尚缺乏经验，需要在实践中特别关注，认真研究解决。

西成高铁建设管理创出了新水平。各参建单位坚持高标准、严要求，以工厂化、机械化、专业化、信息化为支撑，深入推进管理制度、人员配备、现场管理、过程控制"四个标准化"。实施风险管理，攻克了高地应力岩爆、隧道挤压变形、涌水塌方等难关。落实各项环保要求，解决好隧道弃渣、水源保护、生物保护等难题。尤为可喜的是，首次实现山区高铁 4G 通信信号全覆盖。西成高铁全面实现了工程质量、安全、环保、工期、投资、稳定目标要求。

西成高铁开通运营，由西安北站到成都东站旅行时间由 11 小时压缩到 3 小时 11 分钟，使蜀道变为通途。西成高铁将发挥高铁网大通道作用，把成渝经济区同关天（关中—天水）经济区紧密联系在一起，为西部地区协同发展带来新机遇、开辟新格局。

现在，我们已迈进新时代，开启新征程。要继承发扬铁路优良传统，勇敢迎接挑战，持续改革创新，为实现"交通强国"战略作出更大贡献。

（原文载于 2018 年 1 月 10 日《人民铁道》报。）

建设管理

世界高速铁路考察报告辑要

　　面对多种交通方式激烈竞争的严峻形势，高速铁路应运而生。高速铁路集新技术之大成，展示了速度快、安全好、运量大以及节能环保等优势，成为发展可持续交通的必然选择。高速铁路的诞生，使传统铁路焕发了勃勃生机和竞争活力。20 世纪 80 年代以来，我曾多次考察发达国家高速铁路，主要有三种类型：一是既有线客货混运型，最高运行速度 200 公里 / 时；二是新建客货混运型，最高运行速度 250 公里 / 时；三是新建客运专线，最高运行速度为 300～350 公里 / 时。许多国家都从本国国情出发，采取相应的技术路线和运行模式，这为我国开展高速铁路技术研究和高速铁路建设运营管理提供了有益借鉴。由于全部高速铁路考察报告篇幅冗长，这里仅将具有代表性的重要内容摘要汇集，供研究参考。

一、世界第一条高速铁路

　　1984 年初，我在日本研修工程管理期间，曾访问过日本国铁，以及相关的设计、施工和装备制造企业等，有幸对日本新干线进行系统调研。因此，对日本发展新干线的时代背景、技术路线、建设和运营情况，有比较全面的了解。

　　日本既有铁路是窄轨，轨距为 1067 毫米。新干线（Shinkansen）是指采用标准轨距（1435 毫米）、正线与道路立交封闭、列车运行速度在 200 公里 / 时以上的干线铁路。1964 年 10 月 1 日，日本东海道新干线（东京至大阪，全长515公里）开通运营，列车运行速度210公里/时（0系，16辆编组，最高运行速度220公里/时）。这是世界上第一条高速铁路。

日本新干线建设的直接动力是运输需求。20世纪50年代以后，日本国民经济快速发展，客货运量急剧增长。尤其东海道沿线地区是日本工商业中心地带，经济发达、人口稠密、交通繁忙。东海道沿线地区面积占全国12%，却集中了全国人口41%，工业产值和国民收入占全国70%左右。作为日本本岛上东西方向的铁路大干线——东海道本线（东京至大阪），只占全国铁路总长的3%，却承担着全国客货运量近23%，运输能力极为紧张。因此，迫切需要研究解决扩大东海道线运输能力问题。

对东海道线通道扩能曾进行过多方案比较。日本国铁提出了三个方案：一是窄轨双复线方案，即在既有东海道复线（轨距1067毫米）基础上，并行再修建一条窄轨复线；二是新建窄轨复线，但新线走向不沿着既有东海道线行进；三是修建标准轨距新干线，运行速度210公里/时。这三个方案各有优缺点。尽管在日本国内第一方案支持者占绝对主流，但在时任日本国铁总裁领导下的"东海道线增强调查委员会"极力推荐第三方案。经充分论证，日本内阁会议终于在1958年12月19日批准了东海道新干线的建设计划。

东海道新干线建设制定了正确的技术原则。1959年4月20日，东海道新干线开工仪式在新丹那隧道东口举行。经过五年多努力，1964年10月1日东海道新干线开通，"光"（Hikari）号列车从东京站向新大阪站飞驰，为当年10月10日在东京举办的第18届奥运会增添了光彩。那时日本连200公里/时运行试验线都没有，东海道本线上最新锐的"回声"（Kodama）号列车运行速度只有110公里/时。

首条新干线成功建成，得益于日本国铁确定的技术原则：新干线不采用未经实际验证的技术，只对成熟技术进行有效的系统集成。日本盛行"拿来主义"，新干线许多技术如交流电传动、调度集中等，都是借鉴欧美国家的铁路技术。值得称赞的是，日本的"拿来主义"并非简单模仿外国技术，而是要结合日本实际情况加以改良，逐步形成日本铁路技术。日本新干线采用动力分散式列车，没有机车牵引动力分散布置在车厢车轴上，因而轴重大为减轻，符合日本国土地质松软需要。当然，动力分散式列车除了轴重轻、对轨道和路基破坏作用小之外，还有轮轨间黏着力大、列车加速度快、牵引质量大、节能环保等优点。多年来，日本开展了一系列技术研究，取得了动力分散式列车在既有线上运行的实践经验，为新干线建设奠定了技术基础。当年修建东海道新干线时受投资限制调整了技术条件，造成曲线半径偏小、路基工程偏多、养护工作量大，这些都为后续新干线建设提供了有益的借鉴。

东海道新干线效益显著、影响巨大。东海道新干线开通后，从东京到大阪的旅行时间由原来的6小时30分钟，缩短为3小时10分钟。加之安全便捷、正点运行，旅客发送量大幅增长，1967年7月13日累计发送旅客达到1亿人次。东海道新干线总投资3800亿日元（包括机车车辆购置费），其中使用世界银行贷款8000万美元。经济效益良好，财务内部收益率达12%以上，通车第8年就收回了全部建设投资，到1985年5月15日偿还了全部贷款。同时，东海道新干线有力地推动了沿线经济发展，促进了经济结构调整，并为节能减排作出了贡献。东海道新干线为日本铁路发展指明了方向，使日本人备受鼓舞；同时在全世界铁路界引起了极大震惊，对"铁路是夕阳产业"谬论予以有力回击，使人们看到依靠技术进步给铁路带来了希望，预示铁路发展开启了新纪元。

二、日本新干线网络化

东海道新干线开通运营后带来巨大经济社会效益，使日本国内要求修建新干线的呼声高涨。1970 年 5 月日本制定了"全国新干线铁道整备法"，以法律形式确定了全国新干线整体规划方案，谋求建设连接全国中心城市的高速铁路网，引领日本新干线发展进入新时代。1987 年日本国铁民管化后，新干线建设主体为铁道公团和运输大臣指定的法人，新干线建设资金由原日本国铁分割后的客运公司分担 50%，国家和地区共同分担 50%。

日本新干线建设是分步拓展的（图 35）。首先关注的是经济发达、人口稠密、运输紧张的地区。在东海道新干线建成不久，便开工建设山阳新干线（新大阪至博多，全长 554 公里）。山阳新干线沿线地区是日本第二经济圈，仅次于东海道地区。1967 年 3 月开工建设山阳新干线新大阪至冈山段 161 公里，1972 年 3 月开通。山阳新干线冈山至博多段 393 公里，1975 年 3 月建成。此后，按照国土均衡开发原则，新干线向人口较少的地区延伸，以带动地区经济社会发展。如东北新干线 1982 年 6 月先建成大宫至盛冈497 公里，1985 年上野至大宫通车，1991 年东京至上野通车，2002 年又建成盛冈至八户 97 公里。1982 年 11 月上越新干线（大宫至新潟，全长 270 公里）通车。1986 年后从国土均衡开发和可持续发展考虑，修建了北陆新干线（高崎至长野全长 118 公里，1997 年通车），九州新干线（新八代至鹿儿岛 128 公里，2004 年通车）。这6 条新干线总长为 2177 公里，速度为 280 公里 / 时至 300 公里 / 时。随后建设第 7 条北海道新干线（青森至函馆）。另外，还修建了被称为"小型新干线"的秋田新干线（盛冈至秋田 127 公里既有窄轨改为标准轨）和山形新干线（福岛至新庄 149 公里既有窄轨增加第三轨，运行速度 130 公里 / 时）。由山阳新干线、东海道新干线、东北新干线形成了纵贯日本本州岛东南部沿海的南北大通道，由上越新干线形成贯穿日本太平洋沿海和日本海沿海的东西大通道，这一纵一横构成日本新干线网的主骨架。

图 35　日本高速铁路网示意图

日本新干线技术持续创新发展。针对投入运营的新干线暴露出来的问题认真研究改进，瞄准未来发展方向组织攻关，提高总体技术水平。如基础设施部分增加桥隧比例、减少路基工程、采用无砟轨道、连续刚构桥梁等，先期建设试验段，解决高速运行条件下系统设备匹配问题。牵引供电将 BT 方式改为 AT 方式，接触网悬挂从带弹性组合吊弦链型悬挂到简单链型悬挂。新干线通信技术综合了通信、计算机、电子技术发展成果，调度集中（CTC）、列车运行自动控制（ATC）、联锁设备等信号技术不断更新。新干线高速列车均为动力分散式,可以是全列各车都带动力(称为"动车"Motor Car,简称 M),也可以全列部分带动力、另外一些车不带动力(称为"拖车"Trailar Car,简称 T)。早先研发的 0 系、100 系,在东海道·山阳新干线上运行了 20 多年。随后研发了 200 系、300 系、400 系、500 系、700 系,以及 E1 系、E2 系、E3 系、E4 系等,多达 20 余种,以适应不同新干线的运营要求。

日本新干线运营展示出显著特色。1998 年 11 月 26 日,中国国家主席江泽民访问日本期间,日本小渊惠三首相在东京站向江泽民主席表示,愿为中国高速铁路提供积极合作,并推介日本新干线,播放了一部约 5 分钟的录像。主要内容是:速度快,现在 270 公里/时,可达 300 公里/时;正点率高,列车平均晚点保持在 1 分钟内;安全好,一直保持"零死亡"纪录。这三点高度概括了日本人引以为傲的新干线突出优势。

20 世纪 90 年代以来,我多次考察日本新干线,对介绍的这些特色颇有同感。关于列车运行速度,由于建设年份较早,受线路技术条件限制,设计最高速度为 250～260 公里/时,经过技术改造现最高速度为 270 公里/时以上(除上越新干线),有的新干线可达 300 公里/时。

2000 年 10 月,我乘坐日本最快的 500 系高速列车,考察了山阳新干线。1997 年 3 月投入运营的 500 系高速列车运行速度 300 公里/时(设计最高速度为 320 公里/时),编组 16 辆全部是动车(16M),总功率 18240 千瓦,轴功率 285 千瓦/台,采用无摇枕转向架和空心车轴使车体轻量化。从新大阪至博多全长 554 公里,运行时间 2 小时 17 分钟。列车时刻表明示,500 系高速列车从东京经大阪至博多,全长 1069 公里,仅运行 4 小时 53 分钟(旅行速度为 219 公里/时)。

陪同的一位日本铁路专家认为，速度最快并非最佳选择，要对技术、经济、环保等指标进行综合考虑。据告，1999 年 3 月日本刚投入运营的 700 系高速列车，在提高技术、环保的同时，节约能耗降低造价。700 系高速列车采用半有源悬挂、大型中空铝合金挤压型材车体、IGBT 交流传动、单臂式受电弓、车辆空气压力保护等新技术。3 动 1 拖（3M1T）组成一个单元，全列 16 辆（12M4T），最高运行速度 285 公里 / 时。从新大阪至博多运行时间为 2 小时 25 分钟，比 500 系高速列车仅多用 8 分钟，但列车造价降低约 20%。

因此，东海道新干线、山阳新干线优先选用运行速度 285 公里 / 时的 700 系高速列车。500 系与 700 系高速列车主要指标对比见表 13。

表 13　500 系与 700 系高速列车主要指标对比表

列车型号	速度（公里/时）	编组（辆）	定员（人）	轴重（t）	总功率（千瓦）	变流器	悬挂型	参考价（亿日元）
500 系	300	16M	1324	11.0	18240	GTO	有源	50
700 系	285	12M4T	1323	11.2	13200	IGBT	半有源	40

关于安全准时，我认为主要由于：技术设备先进，管理制度严格，员工培训高效，具有完整的安全保证体系和安全监控体系。20 世纪 70 年代，日本推行全面质量管理，其水平居世界前列。因此，新干线工程和装备产品都确保质量达标，从源头上保证安全准时。大量采用先进、成熟的新技术、新设备，如列车运行控制系统（ATC）可自动控制列车运行速度、调整列车运行间隔，杜绝列车追尾事故发生。对于关系行车安全的关键设备，在研究设计和应用过程中都要考虑安全预案，即发生故障时均使其"导向安全"，特别重要部件要采取双重或多重冗余系统以确保可靠度。研发了电力 / 轨道综合检测车，运用计算机和信息技术，建立了安全维护和运营系统（COSMOS）。日本自然灾害较多，特别是地震威胁严重，新干线建

立了完整的地震预警系统（UREDAS），严防列车颠覆，确保旅客和铁路员工生命安全。日本新干线"零死亡"的安全业绩难能可贵，值得学习借鉴。

三、泛欧高速铁路网

欧洲有关研究认为，运距300公里以下，汽车占绝对统治地位；运距1400公里以上，飞机运输几乎独占市场；在上述运距之间，高速铁路大有可为。早在1981年12月欧洲议会运输委员会就提出了发展一体化高速铁路网设想。1989年初，有14个成员国的欧洲铁路共同体（CER）提出了欧洲高速铁路网规划。1994年欧盟（EU）决定开发横贯欧洲的高速铁路网络——泛欧高速铁路网。

20世纪90年代以来，我多次率领中国铁路代表团访问法国、德国、瑞士、西班牙、意大利等国铁路部门，以及国际铁路联盟（UIC）总部，深感欧洲国家对发展高速铁路特别重视。建设高速铁路的动力主要来自四个方面：第一，在公路和航空快速发展形势下，铁路运行速度却多年未超过160公里/时，竞争能力不强，铁路所占运输市场份额大幅下降；第二，在石油危机和全球气候变暖约束下，各国倡导可持续发展，要大力支持低能耗、低污染的运输方式；第三，高速铁路具有速度快、安全性好、准点率高、运输能力大等优势，是全天候、大众化绿色交通运输方式；第四，欧洲大多数国家经济实力和科技实力雄厚，能够实现发展高速铁路的预期目标。

欧洲高速铁路建设和运营模式，根据各国不同国情和需求可以有多种选择。一般而言，当客运量达到1000万人/年以上时，修建客运专线；当客运量达到500万人/年以上时，修建客货混运线路；从节省投资出发，亦可在改造既有线上开行摆式列车提高速度。高速铁路建设资金筹集，也从单纯依靠国家投资向多种形式融资发展。

欧洲高速铁路技术比较先进，特别是在设计理念、制造工艺等方面有一定优势，在牵引供电、通信信号、列车运行控制、节能环保等方面处于领先水平。高速列车大都采用动力集中型，由 2 台电力机车牵引（首尾各 1 台），中间为拖车（不带动力）。20 世纪 90 年代末，开始研发动力分散型高速列车。现在，动力集中型与动力分散型均有市场需求。

国际铁路联盟（UIC）规定，新建铁路最高速度达到 250 公里 / 时及以上，既有铁路改造达到 200 公里 / 时及以上的铁路，称为高速铁路。这基本上已为世界各国铁路所认可。国际铁路联盟公布的一系列关于高速铁路建筑设计、设备规格、运营管理等规则，对统一标准、互联互通、提高效率发挥了重要作用。

四、法国高速铁路 TGV

长期以来，法国铁路一直是法国交通运输系统的骨干。但是，到了 20 世纪 70 年代，传统铁路面临公路和航空快速发展的严峻挑战，迫使铁路部门要提高列车速度，以增强铁路竞争力。1964 年 10 月日本东海道新干线开通运营，更激发了法国铁路同行们创新 TGV（法文，Train à Grande Vitesse 的缩写，意为"高速列车"）的热情。

法国国营铁路公司（SNCF，简称"法铁"）早在 1967 年就开始研究新建高速铁路计划。法国首先建设的高速铁路是连接法国两个最大城市巴黎和里昂的东南线，全长 417 公里（其中新建高速铁路 390 公里），1976 年 10 月正式开工，1983 年 9 月建成通车，TGV-PSE 型动车组最高运行速度 270 公里 / 时（超过了当时日本东海道新干线最高运行速度 220 公里 / 时）。巴黎至里昂间运行时间缩短了一半,客运量大增,经济效益良好,后来东南线延伸到瓦朗斯。法国第二条高速铁路是大西洋线,1989 年 9 月和 1990 年 10 月巴黎至勒芒和图尔先后通车,接着又延伸到雷恩、南特、波尔多;第二代高速铁路 TGV-A 型动车组最高运行速度 300 公里/时。1993 年建成了巴黎到里尔的北方线(全长 333 公里)。在里尔分为两条线,一条向西穿越英吉利海峡隧道到英国伦敦,另一条通往比利时布鲁塞尔。"欧洲之星"TGV-TMST 型动车组最高运行速度 300 公里/时。还修建了环巴黎联络线、地中海线(瓦朗斯至马赛,全长 295 公里,速度 350 公里/时)及东部线(巴黎至斯特拉斯堡,全长 320 公里,速度 350 公里/时)。法国第三代高速列车 TGV-D 型双层高速列车已在东南线和地中海线运营。截至 21 世纪初,法国以巴黎为中心的辐射状高速铁路网已基本建成,逐步与邻国高速连通成为国际通道(图 36)。

法国修建 TGV 高速铁路系统坚持以下原则:选择较高速度,除东南线为 270 公里/时以外,其余均为 300 公里/时或 350 公里/时,这有利于提高竞争力;新建客用专线,使线路顺直,行车速度均匀;新建高速铁路与既有铁路网兼容,高速列车可以下线运行到既有铁路以 160 公里/时速度继续运行;综合比较选用经济最优方案。法铁 TGV 高速动车组独具特色,第一、二、三代 TGV 动车组都是动力集中方式和铰接式车厢。列车两端各 1 台动力车(机车),中间为若干辆拖车。两个车体由一个球形关节联结,称为铰接式,法铁认为这有利于安全,即使列车脱线也不会翻车。法国第四代高速铁路 AGV 为动力分散式,最高运行速度 360 公里/时,编组可采用6 辆(4M2T)、9 辆(6M3T)或 12 辆(8M4T)等。

我多次访问法国,深知法铁最高速度世界领先。从 1890 年到1990 年,世界铁路共创造了 17 次行车速度纪录,其中有 9 次是由法铁创造的。1995 年由普通电力机车创造的 331 公里 / 时速度纪录，一直到 20 世纪 70 年代后由 TGV 试验型动车以 380 公里 / 时速度打破。1990 年 5 月，TGV-A 型动车组创造了 515.3 公里 / 时的世界纪录。2007 年 4 月，AGV-150 型 5 辆试验列车在巴黎至斯特拉斯堡东部线上，再次以 574.8 公里 / 时刷新世界地面交通最高速度纪录。

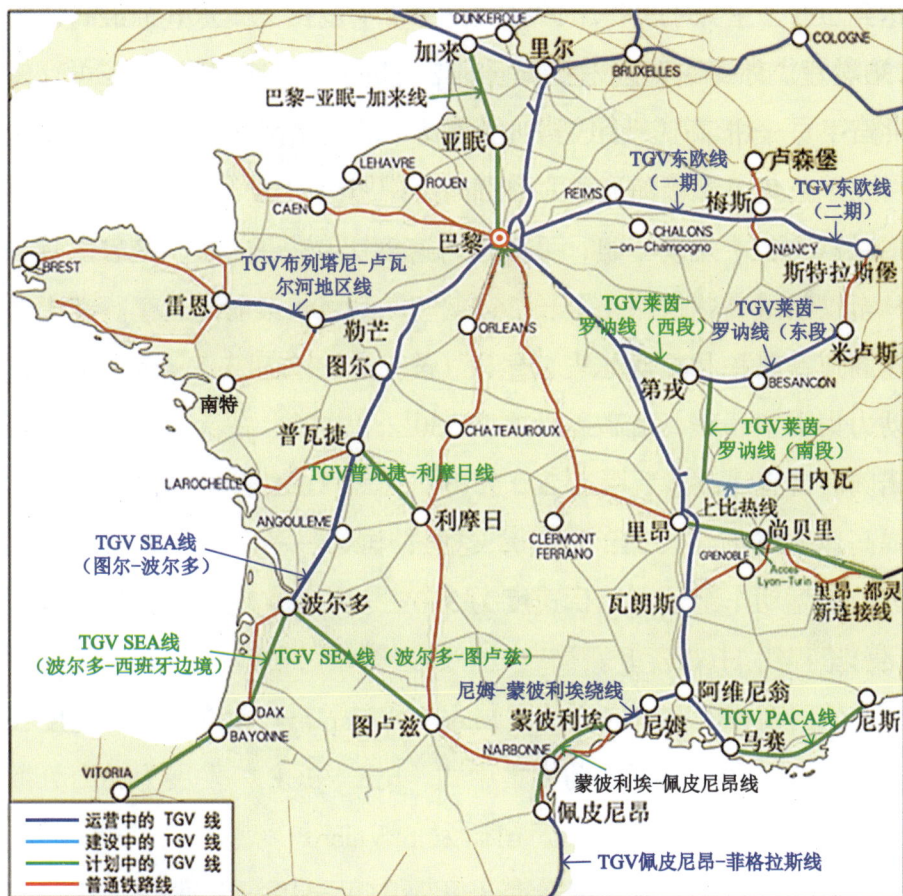

图 36　法国高速铁路网示意图

五、德国高速铁路

德国是西欧一个内陆国家，也是欧洲邻国最多的国家，铁路网比较发达。高速列车研究较早，但高速铁路发展比法国要晚。直到

1990 年 10 月，德国统一市场建立，加上欧洲共同体（CER）统一市场形成，德国高速铁路网建设才加快步伐。

德国发展高速铁路的基本原则是：以提高既有铁路速度为主，适当新建高速铁路。而且，多数是客货混运模式，少数为客运专线。经过持续对既有铁路进行技术改造，有 1500 多公里既有铁路速度达到 200 公里/时以上，如柏林至汉堡（全长 292 公里）最高速度 230 公里/时，科隆至波恩（全长 42 公里）最高速度达 250 公里/时（图 37）。首批高速铁路是 1991 年通车的汉诺威至维尔茨堡线（全长 338 公里）和曼海姆至斯图加特线（全长 109 公里），客运采用 ICE$_1$ 动力集中型动车组，最高运行速度 280 公里/时。接着修建柏林至汉诺威高速铁路（全长 264 公里），1998 年全线通车。其中新建高速铁路柏林至沃尔夫斯堡段（全长 189 公里），客运采用 ICE$_2$ 动力集中型动车，最高运行速度 280 公里/时，在沃尔夫斯堡至汉诺威段既有线改造后可达 200 公里/时。2002 年建成科隆至法兰克福高速铁路（全长 219 公里），这是德国第一条客运专线，ICE$_3$ 动力分散型动车组最高运行速度为 330 公里/时。现在，新建高速铁路总里程约 1100 公里。

德国高速铁路 ICE 系列（Inter City Express，ICE）运行速度在不断提高，多年运用的动力集中式（ICE$_1$、ICE$_2$）发展为动力分散式（ICE$_3$）。德国 Siemens 公司研发的 Velaro E 型动力分散型动车组，以 350 公里/时速度在西班牙马德里至巴塞罗那高速铁路上运行。我访问德国铁路期间，对 ICE 系列以及轨道、通信、信号、电气化等技术进步特别关注。我实地考察了无砟轨道、无线通信、列车控制、节能环保等新技术，在以 300 公里/时运行的 ICE$_3$ 型动车组上，用 GMS-R 同铁道部调度中心值班员通话，语音十分清晰，说明此项技术已经成熟。我参观了设在汉堡的 ICE 动车组维修工厂，整列 ICE 动车组从进厂到出厂 1 小时内分三层同时进行检修作业，展示了现代化水平。

图 37　德国高速铁路网示意图

对德国 ICE$_1$ 动车组重大事故我进行了专门了解。1998 年 6 月 3 日上午 11 时，由慕尼黑开往汉堡的 ICE$_1$ 动车组在运行至埃舍得（Eschede）车站外时，发生了惨重的动车组脱轨事故，造成 101 人死亡，88 人重伤。据联邦铁路调查认定，德铁事故原因是因为

ICE$_1$型动车组拖车采用了橡胶弹性车轮，第1辆拖车第3轴上的车轮轮箍内的橡胶垫发生破损，导致轮箍松弛脱出撞击轨枕，在距公路立交桥300米处的道岔位置塞卡，车辆脱轨并撞毁桥墩致使公路桥梁塌落，压在车厢上加剧了事故影响。事故发生后，德铁决定全部ICE$_1$型动车组停运，后来更换为整体车轮。发生事故的ICE$_1$动车组车厢使用的车轮，是在轮箍与轮盘、轮轴之间加装了橡胶垫层的特殊车轮。研究这种车轮的动机，主要是用于城市轨道交通减振降噪。这一重大事故的惨痛教训就是要严格把控新技术、新设备上线关口，不仅要从源头上保证设备质量，而且要加强运用监测维护，确保运输安全。

六、西班牙高速铁路

西班牙既有铁路网主要采用宽轨标准（轨距1668毫米），部分采用窄轨（约占17%）。2002年10月，在西班牙马德里举行第四届世界高速铁路大会（Eurailspeed 2002），主题是"高速铁路：成功与挑战"。我应邀出席会议，并在会上作了关于中国高速铁路展望的报告。会后访问了西班牙铁路部门。

西班牙铁路部门规划了以马德里为中心，辐射状修建5条主要高速铁路干线，总规模达7000多公里。首条高速铁路是为迎接1992年在塞维利亚举办万国博览会，修建马德里至塞维利亚高速铁路471公里。决定采用UIC标准轨距（1435毫米），最高运行速度300公里/时，1992年4月14日开通运营，实现了优质高效的建设目标。接着，修建了马德里至巴塞罗那高速铁路651公里，2004年底开通运营，计划还要延伸到法国边界。据了解，西班牙政府大力支持高速铁路建设，西班牙铁路部门采取了许多措施降低造价，比法国、德国工程造价要低得多。在高速铁路上运行的

AVE 列车，是由西班牙卡夫（CAF）公司和法国阿尔斯通（ALSTOM）公司制造的。西班牙铁路瞄准国际化先进水平，结合本国国情，采取投资结合、技术转让、合资建厂、参加跨国集团等多种方式，引进先进技术，通过消化吸收，逐步过渡到本国生产，使铁路装备制造技术快速提升。Talgo 型高速列车（动力集中式）也在不断升级，从 250 公里/时提升到 350 公里/时。

七、摆式车体旅客列车

由于新建高速铁路费用昂贵，许多国家采用在改造既有线上运行摆式车体旅客列车，以达到提高速度的目标。其基本原理就是将车体设计成能在不同速度条件下实时倾摆的车体，当列车通过曲线时车体相对水平而产生一个倾斜角度，等于增加了曲线外轨超高，从而降低了作用在旅客身上的不平衡力，提高了旅客在列车通过曲线时的舒适性。

摆式车体列车的摆动方式，大致分为两类。一类是被动式（或称无动力源、自然式），车辆通过曲线时虽有离心力作用，但车体整体能向内侧摆动，虽结构简单但提速有限，旅客舒适度欠佳，如西班牙 Talgo 列车、瑞士 Neiko 列车；另一类是主动式（或称有动力源、强制式），运用数据采集处理和驱动控制等设备，使车辆通过曲线时能产生倾摆，虽然结构复杂但提高速度可达 25% 以上，如意大利 Pendolino（ETR450 是动力分散型，已出口德国、芬兰等国），瑞士 X2000（是动力集中型，1996 年中国广深铁路公司引进，在广深线运营）。

美国东北走廊是经济最发达、人口最密集的地区，东北走廊铁路（华盛顿—纽约—波士顿，全长 710 公里）也是美国唯一的国营铁路。为了提高这条线路运行速度，美国铁路公司（Amtrak）购买了由加拿大庞巴迪公司和法国 GEC–阿尔斯通公司联合设计制造的"美国飞人号"（Acela）高速摆式列车（图 38）。1999 年 10 月我率团访问美国铁路时，对该列车运行情况进行了实地考察。从纽约到华盛顿，列车运行比较平稳，最高速度 241 公里 / 时，旅行时间由原来的 3 小时降为 2 小时 28 分钟。

图 38 "美国飞人号"（Acela）高速摆式列车（Avelia Liberty）

（本文系作者出国考察报告汇集节选，2000 年。）

秦沈客运专线建设的重要意义和作用

在我国第一条速度 160 公里 / 时以上客运专线通车运营十周年之际，中国铁道学会组织有关单位开展了秦沈客运专线调研活动。一致认为，深情追忆广大建设者为高标准建成秦沈客运专线付出的艰苦努力和心血汗水、认真回顾秦沈客运专线取得的创新成果和宝贵经验、深入研究秦沈客运专线发挥的重大作用，对全面认识我国高速铁路发展历程、提升铁路科技水平、实现铁路科学发展有着重要意义。

一、修建秦沈客运专线是客运快速化的重大决策

20 世纪 90 年代，我国修建第一条客运专线——秦沈客运专线（全长 404.6 公里），是着眼于我国铁路发展战略，在繁忙干线实现客货分线运输的重大决策。

1. 起因：进出关铁路通道能力严重不足

在研究我国铁路发展规划时，逐步形成了建设大能力运输通道的理念，到 20 世纪末正式确定构建"八纵八横"铁路主骨架。连接东北、华北的进出关通道（图 39），就是其中一条重要通道。

当时，构成进出关通道的既有线路共 4 条：（1）京承线，始建于 1938 年，20 世纪 50 年代改建，山区铁路技术标准低，年输送能力只有 300 万吨；（2）京通线，1977 年为战备而建，年输送能力

1500万吨;(3)集通线,1994年建成的合资铁路,主要运输煤炭;
(4)沈山线,西端与京山、京秦、大秦铁路相连,东端与哈大、沈
吉、沈丹铁路相接,是进出关的主要干线,经多次技术改造,已成
为双线自动闭塞电气化铁路。

图 39　进出关铁路通道示意图

　　根据调查研究和运量预测,在考虑各相关铁路和烟大轮渡分
流的情况下,未来10年沈山线运能存在很大缺口,迫切需要新建
一条大运能铁路,以保证进出关通道客货运输畅通。1995年铁道
部报送了《新建秦沈铁路(客运专线)项目建议书》,设计速度
160公里/时以上。1998年铁道部报送了该项目的《可行性研究报
告》。1999年国务院批复同意。报告中,2010年沈山线运能缺口为
客车30对,货运1854万吨。表14为沈山线不同年度实际完成运
量和预测运量对比表。

表 14　沈山线实际完成运量和预测运量

年份	实际完成			预测运量	
	客车（对）	货运（万吨）	能力利用率（％）	客车（对）	货运（万吨）
1994	37	5727	95	—	—
1997	41	6036	>100	—	—
2005	—	—	—	60	7140
2010	—	—	—	71	7890

2. 方案：全面研究多方案综合比较

从 1986 年开始，进行秦沈铁路扩能可行性研究。1995 年，铁道部根据铁三院研究报告，按照新线与既有线不同行车组织分工，主要对以下 3 个方案进行比较。

（1）货运专线方案：新建速度 120 公里/时货运专线，分流秦沈间直通货物列车，既有沈山线承担全部旅客列车、干支线地方货物列车。从中长期看，新线能力有余，既有线能力不足，难以满足发展需要。

（2）客货混运方案：新建秦沈铁路，双线电气化，速度 160 公里/时，总投资 155 亿元。新线承担分流直通客货列车，既有沈山线承担部分直通货物列车以及全部地区客货列车。由于新旧线均有客货列车，两线能力利用率较为均衡，通用性较好，有利于非常时期运输调整。但由于站间距离长，货物列车运行速度较低，客货列车速度差增大，线路输送能力扣除较多，从长远看也不适应运量要求。工程量较大，工程造价较高。

（3）客运专线方案：新建秦沈铁路双线电气化，速度 160 公里/时以上（线下 200 公里/时），总投资约 150 亿元。新线承担分流直通旅客列车，既有沈山线承担全部货物列车和少量地方客流旅客列车。本方案具有专线专用优点，有利于运营管理、行车组织，新旧线能力之和达到最大。适应秦皇岛至沈阳间旅客运量中直通车流占90%以上的特点（全路比例为24%）。为客货运发展留有余地。

由于新建货运专线方案不能满足发展需要，所以主要对新建客运专线方案与客货混运方案进行深入比较。

3. 决策：果断决定修建秦沈客运专线

铁道部认真研究后，作出了修建秦沈客运专线的重大决策。主要基于以下考虑：

（1）经多方案技术经济综合比较，客运专线具有明显优势。工程投资省，运输能力大，方便日常运输管理和行车指挥。因此，推荐修建客运专线。

（2）在繁忙干线把客货运输分开，是实现客运快速化的必由之路。我国铁路主要技术政策明确了客运快速化的发展方向。既有铁路实行提速战略是必要和有效的，但不能解决全部问题。在繁忙干线实行客货分线运输，不仅能形成强大客运能力，而且能使既有线货运能力大幅增加。

（3）在京沪高速铁路项目未获批准的情况下，修建客运专线具有先试意义。从20世纪90年代开始，铁道部组织高速铁路技术研究，并以京沪高速铁路为首选项目开展勘测设计工作。1995年，铁道部关于京沪高速铁路预可行性研究报告尚未获得国务院批复。如果这时再上报建设秦沈高速铁路，很难得到国务院批准。铁道部领导审慎研究后，决定把秦沈客运专线最高行车速度明确为160公里/时以上，从而避开了"高速铁路"这个敏感问题。1998年报送了《秦沈客运专线可行性研究报告》，1999年4月获得国务院正式批复。设计时按照最小曲线半径不小于3500米，线上160～200公里/时，线下250公里/时。同时，按300公里/时要求，修建山海关至绥中北66.8公里综合试验段，为今后300公里/时动车组试运行提供线路。

因此，这是一个具有开创性、前瞻性的重要决策。

二、秦沈客运专线使我国铁路工程技术跨上新台阶

铁道部集中全路科技优势力量，在秦沈客运专线建设中对 24 个科研课题进行攻关，取得了重要创新成果，更新了设计施工理念，为发展我国高速铁路奠定了工程实践基础，提供了重要技术支撑。

1.制定设计施工新标准

修建快速客运专线，原有的普速铁路设计标准已不适用，必须制定新标准。新设计标准不仅要保证运输高效性、安全性，而且要保证列车运行平稳性和旅客舒适性。铁道部在总结经验基础上，充分利用高速铁路科技攻关成果，编制了《时速 200 km 新建铁路设计暂行规定》。工管中心组织编写了施工细则和验收标准。以新标准指导设计施工并在实践中修改完善。

2.关键技术取得新突破

（1）首次把路基作为高标准土工结构物进行设计施工。通过建设路基试验段，确定了软土地基处理、填筑材料、压实标准、检测要求等一整套新技术。首次采用了级配碎石基床表层。在路桥连接处设置过渡段。因地制宜采用土工合成材料。路基工后沉降量一般地段不大于 15 厘米，台尾过渡段不大于 8 厘米，沉降速率不大于 4 厘米 / 年。

（2）首次以整孔预应力混凝土箱形梁作为主要梁型。桥梁设计采用新设计活载图式，对结构刚度、耐久性和动力响应检验等提出新要求。全线 80% 以上桥梁采用跨度为 20～32 米简支箱梁，以集中预制、架桥机架设为主要施工方法。首次实现双线 24 米箱梁（梁体质量 530 吨）的制造、运送和梁架（550～600 吨重型架桥机），

展示了优质高效、刚度较大、整体性好的优点。

（3）首次采用一次性铺设跨区间无缝线路机械化作业技术。研制出长轨铺轨机组、道砟摊铺机、焊轨生产作业线，38号大道岔等。首次在3座特大桥上试用无砟轨道技术。

（4）首次采用双径路光缆技术，建成区间光纤射频直放系统、TETRA数字集群移动通信系统、无线列调系统。信号综合系统采用数字化、网络化、遥控化等先进技术，采用数字编码轨道电路，ATP车载设备，首次取消地面信号。

（5）首次使用自主研发的"弓网受流技术模拟软件"仿真计算，全面使用额定张力放线车，使接触网铺架基本实现一次到位。采用新研制的牵引变电远程安全监控装置，提高了牵引供电的安全性、抗干扰性和可靠性。

3. 工程质量达到新水平

（1）项目管理以质量为核心。强调全员、全方位、全过程质量管理，建立规范化的工艺流程和作业标准。重视采用科技手段加强质量监测，如路基动态检测仪、地质雷达仪等，对路基地基加固处理质量等进行第三方监测，对桩基进行无损监测。对双线整孔简支箱梁新结构进行综合试验，优化设计和制造工艺。在运架梁中和铺轨前进行了路基评估，确保工程质量全部达标。

（2）通车前组织行车综合试验。首次在新建铁路开通之前按设计速度运行，开展多专业联合测试，包括对路基、轨道、桥梁、电气化供电等运行状态测试。通过行车综合试验检验工程质量，使各项设备状态稳定，对行车安全性、平稳性、舒适性等作出评价。

（3）开通后设备运行状态良好。运营初期旅客列车运行速度为160公里/时，随着设备稳定和制度完善，逐步提高到200公里/时。在第六次大提速后，最高允许速度为250公里/时，实现了预留发展目标。

三、秦沈客运专线运营十年发挥了重要作用

秦沈客运专线运营十年，客源充足，安全畅通，不仅项目财务效益良好，而且对路网整体效益及沿线经济社会发展作出了很大贡献。

1. 探索了客货分线运输组织新模式

我国铁路一直沿用客货共线的运输组织模式。繁忙干线不同等级列车混跑，既要开行特快旅客列车，又要开行普通旅客列车，还要开行大量低速重载货运列车，各种列车速差引起的扣除系数加大了运输能力的损失，避让客车又延长了货物运送时间。秦沈客专开通运营后，实现了客、货分线运输，以实施小编组、大密度开行旅客列车的方式，优化了旅客列车开行结构，提高了旅客运输速度和客运服务质量，探索了铁路客、货分线运输组织新模式，使铁路运输管理更趋合理。

2. 形成了大能力客运通道

秦沈客运专线设计平行图通过能力约 200 对，开通运营后与既有京秦铁路形成以旅客运输为主的华北至东北快运通道，在畅通进出关旅客运输方面显示出强大能力。2004 年开行旅客列车 19 对，日均输送旅客 2.9 万人。至 2011 年底，秦沈客运专线累计输送旅客 2.2 亿人。2012 年开行客车达到 54.5 对，日均输送旅客 10.3 万人。开行客车对数和日均输送旅客人数逐年上升趋势十分明显。今后，随着天津至秦皇岛客运专线建成投产，秦沈客运专线与已经投产的京沪高铁、哈大高铁一起，形成我国东部地区快速客运网的主骨架，将发挥更大作用。

3. 增加了进出关通道运输能力

秦沈客专开通前，进出关通道各条线的通过能力利用率已经基

本饱和。秦沈客专开通后，进出关通道运输能力大为增长。2011年进出关通道总能力达到客车 124.5 对、输送能力达到 1.26 亿吨，实际完成货流密度近亿吨。2011 年与 2002 年相比，在客车增加 52.5 对的情况下，完成货运量增长了 43.2%。由于秦沈客专分流了客运，使既有沈山线能腾出部分能力承担更多货物运输，2003 年至 2011 年进出关通道货运量从 12365 万吨增长到 17593 万吨，年均增长 4.5%，从而减轻了其他交通工具的运输压力。

4. 改善了东北路网布局及综合交通格局

秦沈客运专线运营后，北京到沈阳的旅行时间从原来的 7 小时缩短到 4.5 小时。秦沈客运专线高密度开行旅客列车，提高了铁路市场竞争力，以优质服务吸引了部分航空和公路旅客选择乘火车出行。2003 年至 2011 年进出关通道旅客运量从 3671 万人增长到 7456 万人，年均增长 9.3%。秦沈客运专线沿线客运量也从 2003 年的 696 万人增长到 2011 年的 1342 万人，年均增长 8.6%。秦沈客运专线通车运营，优化了沿线综合交通格局，提高了客货运输能力，缩短了城镇时空距离，拓展了城乡发展空间，为沿线地方战略规划、产业布局和发展重点提供了重要基础支持，有力推动了沿线经济社会发展。

秦沈客运专线为高速铁路建设培养了技术和管理人才，提供了宝贵经验，同时也提出了不少需要认真研究改进的问题。如：秦沈客运专线西端是利用京秦铁路能力，没有形成完整的大能力京沈客运通道。线路设计纵断面应尽量使用较长坡段，同时避免平面曲线与竖曲线重叠，以满足高速列车旅客舒适度要求。软土路基试验段建成后观测时间较短，对路基工程施工有一定影响，应尽量提前建设。相距很近的两座桥梁或涵洞，应考虑合建一座桥梁，以保证轨下刚度连续均匀变化。桥梁跨度和墩身截面形式应尽可能成段统一，以利合理组织施工，降低建造成本。运营期间出现的路基冻胀、站房防寒、电力防雷等问题，值得研究改进。

　　通过纪念秦沈客运专线通车运营十周年，我们要大力弘扬勇于开拓、敢为"天下先"的创新精神，进一步增强自主创新能力，提升科学技术水平，优质高效建设我国快速铁路网，努力开创铁路科学发展新局面，为全面建成小康社会作出更大贡献。

　　（本文系作者2013年1月22日在"秦沈客运专线通车运营十周年座谈会"上的发言。）

发挥京津城际高铁示范效应

我国建设高速铁路，是国家经济和地区经济发展的需要，是铁路产业升级的需要。2008年8月1日，我国第一条时速350公里的高速铁路——京津城际铁路开通运营。这条铁路全长120公里，运行时间为30分钟。开通运营两年来，已运送旅客4000余万人，为两市人民提供了安全、快捷、舒适、经济的优质客运服务，有力促进了京津两地经济社会发展，受到各界高度称赞，在国内外产生了巨大影响。京津城际高速铁路的建设和运营，为中国进入"高铁时代"提供了宝贵经验，成为中国铁路发展史上的一座里程碑。由中国铁道学会主持的"高速铁路经济论坛"，广泛交流京津城际高铁开通运营两年来对经济社会的重要作用，对于推动高铁经济研究深入发展具有现实意义。

一、深刻认识京津城际高铁的示范效应

1. 攻克关键技术，建立了中国高速铁路技术体系

博采众长，自主创新，在桥梁、路基、无砟轨道等工程建设技术、350公里/时动车组设计制造技术、列车运行控制技术等方面取得了关键性突破。这一系列创新成果，构筑了具有完全自主知识产权的中国高速铁路技术平台，为正在开展的大规模高速铁路建设，提供了正确理论和实践支持。

2. 突出主体功能，体现了城际客运铁路基本特征

城际铁路是服务于相邻城市间或城市群的快速、便捷、高密度客运专线。京津城际高速铁路年设计输送能力为双向 1.2 亿人次，可以缓解已经超饱和的公路和既有铁路运输压力，满足两大城市间客运需要。实行公交化行车组织方式，在旅客出行频率高、出行量大的高峰时开行高密度、大编组的高速列车。现已编制了每日 100 对列车运行图，今后根据需要还将逐步增加列车对数。新车站要与其他运输方式相衔接，提供便捷换乘条件，如北京南站。依靠科技进步，建设智能化客运服务系统。

3. 安全、正点、舒适展示了中国高速铁路领先水平

建立一系列安全规章制度，全方位培养运营管理人员，加强设备维修养护和监控，确保列车安全正点、平稳舒适运行，符合节能减排环保要求，创造了世界高速铁路的最新水平。党和国家领导人分别考察京津城际铁路，给予高度评价和很大鼓励。全国人大、全国政协、国家部委和省（区）市主要领导同志，都先后乘车体验城际高速铁路。长江三角洲、珠江三角洲等城市密集、经济发达地区，都在筹划建设城际铁路。不少外国政要及企业高端人士参观京津城际高铁，表示惊叹和赞赏。据不完全统计，京津城际高铁共接待国内外参观团组 200 余个，总计 4000 余人。京津城际高铁对扩大对外影响，实施我国铁路"走出去"，具有重要作用。目前，我国与外国开展和正在洽谈的铁路合作项目有 12 个。

4. 委托运营管理，形成了中国高铁运营管理新模式

京津城际高速铁路公司研究，不再组建专业齐全的运营管理机构，委托北京铁路局对该项目进行运营管理。根据委托协议，北京铁路局负责旅客运输等相关业务，履行运输组织和安全管理责任。北京铁路局既是铁路方出资人代表，又是运营管理"总承包商"。

实践证明，这种模式有利于保持路网完整性，有利于实行集中统一指挥，有利于挖掘现有设备潜力、加强专业化管理，有利于保证运输安全、提高运输效率。同时，需要加强有效监督，建立考核激励机制。这种模式为其他高铁项目提供了借鉴和样板。

二、认真研究高速铁路经济问题

在改革、创新推动下，我国高速铁路技术已进入世界先进行列。相比之下，我国对高速铁路经济问题的研究明显滞后。在高速铁路项目生命期各个阶段，都有迫切需要研究的重大经济问题，要以改革创新精神加以解决。

1. 规划阶段

要从建设综合交通运输体系出发，合理确定各种运输方式的分工与协作，编制高速铁路网规划。研究符合中国国情的客运量预测理论和方法，进行多方案综合比较。创立项目经济效益、社会效益和环境效益综合评价指标，为项目决策提供科学依据。

2. 设计阶段

要完善高速铁路设计规范，对高速铁路项目的速度目标值要进行充分论证。对于高速铁路网大通道，按速度 300～350 公里/时设计；对于客运量较小的地区干线，可按速度 200～250 公里/时设计；对于城际铁路，一般按速度 200～250 公里/时设计。速度 200 公里/时动车组与货运列车共线运输问题需要深入研究，使之真正能够落实。线位、站位、桥隧比、技术标准等，对工程投资有较大影响，一定要精心设计。

3. 施工阶段

要大力推进投融资体制改革。加强项目管理，确定合理工期，科学组织建设，不要盲目赶工。大力开展科技创新，以确保工程优质为核心，搞好安全、环保，降低工程造价。严格风险管理，控制变更设计，杜绝返工浪费现象，节约建设成本。高铁造价大幅增加，必然会对今后运营成本产生很大影响。

4. 运营阶段

要积极培育高铁客运市场，充分利用大运能设备，以安全、优质、高效服务打造高铁品牌，吸引客源增加收入，节能减排降低支出。要深化运量需求、运输成本、价格形成机制等研究，改善运输资源配置效率，增加企业经济效益，大力提高中国高铁竞争力。同时，要重视高铁社会效益的研究，特别是高铁外部效益定量化研究，包括节约时间价值、减少温室气体排放、提高人民生活水平等方面的重要贡献，以及对地区经济增长的拉动，对地区产业的集聚和扩散，对地区城市群的发展等巨大效应。

三、齐心协力办好"高速铁路经济论坛"

为推进我国高速铁路经济问题研究，中国铁道学会将连续举办"高速铁路经济论坛"。这个论坛，旨在为研究高速铁路经济问题提供学术交流平台，推动中国高铁经济研究。学术论文是办好论坛的基础和前提，学会将广泛征集有关高铁经济的论文，经专家组审阅，筛选出高质量论文，在论坛上进行交流。会后将重要建议整理，报送铁道部领导和有关部门研究。希望关心高速铁路发展的建设、设计、施工、运营单位，高等院校、各省铁道学会，政府有关部门和研究机构，组织有关人员认真总结研究成果和实践经验，撰写高质量、高水平的论文，努力创新高铁经济理论。推动中国高铁建设大发展，促进运营管理水平大提高。

（本文系作者 2010 年 9 月在"高速铁路经济论坛"上的发言。）

中国高速铁路成功之路

一、引　言

　　高速铁路集高新技术之大成，使传统铁路焕发出勃勃生机，具有鲜明的时代特征，是铁路旅客运输现代化的重要标志。21 世纪初，中国政府正式将高速铁路纳入中长期铁路网规划，采取有效措施积极推进。我国高速铁路全面自主创新，创造了举世瞩目的辉煌业绩，走出了一条发展高速铁路的成功之路。

　　对于高速铁路的界定，一般都以运营速度确定。日本把主要区间运行速度 200 公里 / 时以上的干线称为高速铁路（即新干线）。国际铁路联盟把新建铁路运营速度 250 公里 / 时以上、既有铁路运营速度 200 公里 / 时以上的铁路称为高速铁路。中国高速铁路是指：新建铁路设计开行 250 公里 / 时（含预留）及以上动车组列车，初期运营速度不小于 200 公里 / 时的客运专线铁路（铁道部《铁路主要技术政策》，2013 年 1 月）。

　　中国高速铁路发展，首选项目是地处经济发达、人口密集、运能紧张的东部地区——京沪高速铁路。在开展京沪高速铁路前期研究工作中，曾经历过三次技术论争。第一次，围绕着要不要修建京沪高速铁路。1994 年由有关部委联合完成的《京沪高速铁路重大技术经济问题前期研究报告》指出，建设京沪高速铁路不仅必要，而且技术上可行、经济上合理。随后，中央领导听取铁道部汇报，同意开展该项目预可行性研究。第二次，聚焦在高速铁路采用轮轨技术还是磁悬浮技术。经过多次专家论证，特别是国家计委委托中咨公司进行论证，认为高速轮轨技术是现阶段的必然选择。第三次，集中在要不要引进高速动车组技术。我国虽已自主研发了"中华之星"等型号动车组，但总体水平有待提高。2004 年国务院研究作出同意引进动车组技术的重大决策，加快了我国自主创新步伐。应当看到，由于不同认识使京沪高速铁路建设延后了，但这些论争对科学民主决策是有积极作用的。

虽然京沪高速铁路建设延后了，但高速铁路技术研究不断深化，取得的阶段性成果在三大工程实践中得到应用。第一项大工程是广深准高速铁路。广州至深圳全长 147 公里，经过既有线技术改造，1994 年底开通运营，列车运行速度从 120 公里／时提高到 160 公里／时（预留 200 公里／时条件），这开创了中国铁路提速的先河。第二项大工程是既有线大面积提速。从 1997 年至 2007 年先后 6 次对既有线进行改造，列车运行速度提高到 140 公里／时、160 公里／时和200 公里／时，开行了夕发朝至、朝发夕至列车。第三项大工程是新建秦沈客运专线。秦皇岛至沈阳全长 404.6 公里，设计速度 160 公里／时以上（基础设施预留 200 公里／时条件），2003 年 10 月开通运营。这三大工程实践，为发展高速铁路技术奠定了坚实基础。

在借鉴世界高速铁路先进经验基础上，我国坚持自主创新，逐步建立了中国高速铁路技术体系，为发展高速铁路提供了可靠的技术支撑。经过多年努力，中国高速铁路设计、施工、装备制造、运营管理等方面都取得了丰硕成果。我国高速铁路运营里程大幅增长，总体技术水平已进入世界先进行列。

二、铁路网规划管理

1. 铁路网规划研究

旅客运输快速化是中国铁路发展的方向。2000 年铁道部在研究编制"十五"规划时，就开展了 2020 年发展规划研究。高速铁路网规划研究主要考虑：适应国民经济和社会发展需要；在能力紧张的繁忙干线实现客货分线；在经济发达的人口稠密地区发展城际铁路；加强各大经济区之间客运通道系统建设，使高速铁路网与其他运输方式协调、衔接，在综合客运网中发挥骨干作用。

采用连同度法测算高速铁路网总规模，并进行实际铺画布局。研究认为，以北京、上海、广州、武汉、成都、西安为铁路网客运中心，100 万人以上特大城市和省会城市作为区域性铁路客流中心，是区际高速铁路主要连接点。城市群内城际铁路考虑连接人口超过 50 万的大城市。

2004 年国务院审议通过的《中长期铁路网规划》，描绘出 21 世纪头 20 年铁路发展宏伟蓝图。根据规划实施情况，2008 年国务院对铁路网总规模和布局进行调整，提出了更高的规划目标。

2. 规划内容特点

（1）建设规模大、标准高。新建高速铁路规模（含城际铁路），2004 年规划里程为 1.2 万公里以上，2008 年调整为 1.6 万公里。主要干线铁路按 300～350 公里/时速度等级建设，以客运为主兼顾货运的铁路干线按 200～250 公里/时速度等级建设。这样大规模、高标准的高速铁路发展规划，在世界上是绝无仅有的。

（2）突出"四纵四横"大通道。按照运输大通道理论，客运主通道具有运输强度大、运输距离长、汇集和辐射范围广等特征，在铁路客运网中起主骨架作用。结合中心城市和区域间主要客流分布，研究确定"四纵四横"高速铁路为我国优先建设的高速铁路网主骨架（图 40）。

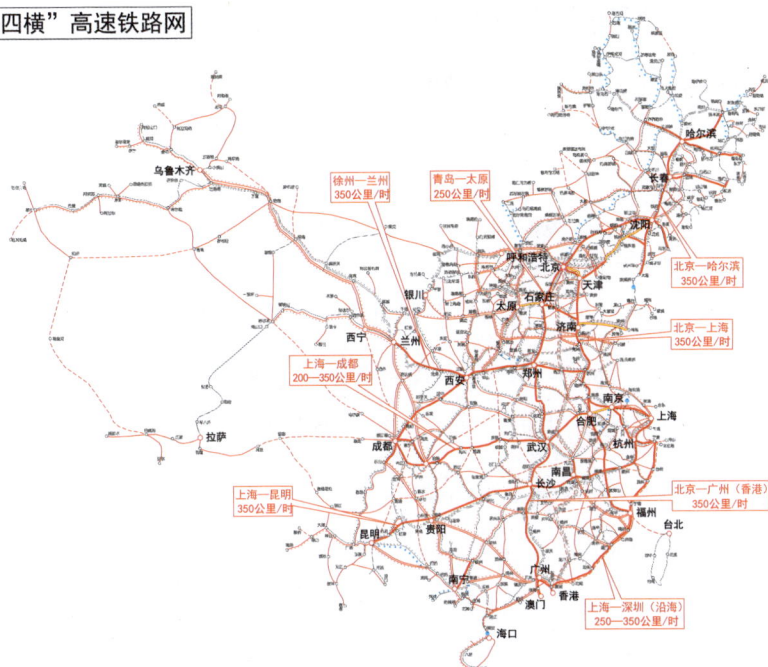

图 40　"四纵四横"高速铁路网示意图

　　"四纵"高速铁路是：北京—上海高速铁路（全长 1318 公里），贯通环渤海、长江三角洲及东部沿海经济发达地区；北京—武汉—广州—深圳高速铁路（全长 2350 公里），连接华北、华中和华南地区；北京—沈阳—哈尔滨高速铁路（全长 1612 公里），连接关内和东北地区；上海—杭州—宁波—福州—深圳高速铁路（全长 1650 公里），沿海连接长江三角洲、海峡西岸、珠江三角洲地区。

　　"四横"高速铁路是：青岛—石家庄—太原高速铁路（全长 906 公里），连接华东和华北地区；徐州—郑州—兰州高速铁路（全长 1346 公里），连接华东和西北地区；上海—南京—武汉—重庆—成都高速铁路（全长 1922 公里），沿长江连接华东、华中和西南地区；上海—杭州—南昌—长沙—昆明高速铁路（全长 2264 公里），连接华东、华中和西南地区。

　　（3）加强区域间联系。在"四纵四横"高速铁路主骨架基础上

301

进行延伸，新建有效缩短城市之间运输距离的高速铁路，以促进区域协调发展。主要包括兰州—乌鲁木齐、兰州—重庆（成都）、西安—成都、南宁—昆明、重庆—贵阳—广州、南宁—广州、大同—太原—西安、太原—中卫（银川）、向塘—莆田（福州）、合肥—福州等高速铁路。

（4）建设城际铁路。在环渤海地区、长江三角洲、珠江三角洲，江汉平原、长株潭、昌九、海峡西岸、成渝、中原、关中、宁夏黄河灌区、辽中南、松嫩平原、京津冀等城市群地区，建设为城市间中短途旅客运输服务、运输组织模式采用公交化开行方式的新型快速城际客运铁路。

（5）构建综合交通枢纽。在城市发展规划指导下，省会所在大城市新建铁路客站，完善集疏运系统，与城市轨道交通、公共汽车、航空等交通方式无缝衔接，实现旅客零距离换乘，构成现代化客运综合交通枢纽。

3. 规划有序实施

按照国家批准的中长期铁路网规划部署，高速铁路建设顺利推进，近五年开通运营里程一直保持着高水平（表15），2012年新增高铁运营里程最多达2454公里，2013年开通运营1757公里。高速铁路快速发展主要得益于旺盛的客运需求牵引、强力的技术创新推动、政府积极引导和大力支持，以及广大建设者勤奋努力的工作。

表15　2008年至2013年我国新建高铁运营里程　　　单位：公里

速度 （公里/时）	2008	2009	2010	2011	2012	2013	总计
300～350	118	1079	1050	1318	2254	924	6743
200～250	149	1293	955	356	200	833	3786
合计	267	2372	2005	1674	2454	1757	10529

高速铁路开通运营具有强大的示范效应。高速铁路建成后不仅大幅度增加了客运能力（如京沪高速铁路年输送旅客能力单向为8000万人次以上），而且使平行的既有铁路货运能力得以释放，同时也明显改善了铁路运输服务质量。高速铁路展示了速度快、安全好、正点率高、舒适方便、受气候影响小等优点，使人们的时空观念和生活方式发生变化，成为人们乐于选择的交通工具。

高速铁路社会效益和环境效益十分明显。高速铁路建设带动了建筑材料、机械电子等产业发展，促进了沿线地方经济社会发展。铁路用地的运输效率是公路的5倍以上。铁路客运能源利用效率是公共汽车3.7倍，小汽车的22倍，航空的11倍。加上高速动车组减少了对环境的不良影响，因此高速铁路的外部成本低。

高速铁路建设规划有待进一步深化研究。按照国家经济社会发展新形势和新型城镇化规划关于强化综合交通运输网络的要求，各地修建高速铁路需求旺盛。路网布局除了高速铁路主骨架外，需要增加新的区际快速通道。为优化提升东部地区城市群和培育发展中西部地区城市群，还有必要增加一些城市群之间的高速铁路，以及城市群内部铁路等。因此，高速铁路网总规模有可能提前实现，需要做好再次调整的有关调研准备工作。

三、技术创新管理

中国高速铁路自主创新的指导思想是：以我为主，博采众长，瞄准一流水平，发挥后发优势，实现"弯道超车"，走出中国高速铁路发展新路子。

1. 技术创新发展历程

中国高速铁路技术研究，已经走过了非凡的创新历程。大致可分为三个阶段。

（1）自主探索研究阶段（从20世纪90年代初至2003年）。20

世纪 90 年代初，铁道部组织科研团队在跟踪世界高速铁路技术发展的同时，开展基础性技术研究。由国家有关部门联合完成的京沪高速铁路重大技术经济问题前期研究，为高速铁路发展做了初步技术准备，随之开展了京沪高速铁路预可行性研究。1995 年铁道部成立京沪高速铁路建设办公室，组织技术交流、科技攻关、科学试验，全面开展高速铁路重大技术研究。1997 年完成京沪高速铁路预可行性研究，向国家报送了《新建北京至上海高速铁路项目建议书》。京沪高速铁路列入了国家重大建设项目。对轮轨技术体系与磁悬浮技术体系进行反复论证，铁道部认为磁悬浮技术尚无商业运营实践（可先选择一条短线示范），在京沪高速铁路这样的长大铁路干线应采用轮轨技术体系。进一步深入研究高速铁路重大技术问题，将基础设施和动车组阶段性研究成果优先应用于新建秦沈客运专线和既有线提速工程。经过实践验证，不断探索解决高速铁路关键技术。

（2）关键技术突破阶段（2004 年至 2007 年）。2004 年经国家批准，按照"引进先进技术，联合设计生产，打造中国品牌"的原则，引进了 200～250 公里 / 时动车组技术，搭建了高速动车组产品设计制造平台。2007 年工务工程、牵引供电、通信信号及动车组等关键技术相继取得突破，中国制造的"和谐号"高速动车组（CRH）在铁路提速线路上运行。在引进消化吸收基础上实现自主提升创新，研制了 300～350 公里 / 时"和谐号"动车组。通过编制《京沪高速铁路设计暂行规定》，开展京沪高速铁路设计方案国际咨询活动，在此基础上进一步编制完成了高速铁路设计暂行规定，初步形成了中国高速铁路技术体系。

（3）全面自主创新阶段（2008 年至今）。一批速度 250 公里 / 时及 350 公里 / 时的新建高速铁路开通运营。通过这些长大干线高速铁路运营实践，验证中国高速铁路技术体系的安全性、舒适性、先进性和经济性。自主研发的新一代"和谐号"动车组 CRH380A，2010 年 10 月 26 日在沪杭高速铁路最高试验速度达 416.6 公里 / 时，12 月 3 日在京沪高速铁路最高试验速度达 486.1 公里 / 时，创造了世界高速铁路新纪录。2013 年后，具有完全自主知识产权的"复兴号"动车组系列陆续研制成功。（注：2018 年 6 月 27 日，速度 350 公里 / 时"复兴号"动车组在郑徐线进行交会试验，最高速度达 420 公里 / 时。）

2. 技术创新模式

我国高速铁路的旺盛需求，是推进技术创新的强大动力。围绕铁路发展战略，坚持"政府引导、市场主导、以企业为主体、产学研相结合"，集中力量攻克高速铁路关键技术问题。

（1）行业统筹。发挥政府的引导作用，铁道部制定高速铁路发展战略和技术政策，充分运用市场机制，激励企业技术创新。发挥社会主义制度优势，集中力量办大事，经过统筹整合资源，形成了市场优势、资金优势和联合优势，实现高起点技术创新，完全避免了低水平、重复性研究和开发。

（2）协同创新。国家铁路企业是技术创新的主体、资金投入的主体、风险承担的主体，同时也是成果受益的主体。企业与有关科研机构、高等院校等建立协同创新联盟（包括以跨部委合作为特征的横向联盟、围绕产业链整合的纵向联盟），联合攻克技术难关，实现了突破性创新。

（3）集成创新。高速铁路是复杂巨系统工程。各系统之间既自成体系，又相互关联，必须依靠系统集成技术确保整体性、协同性。实现集成技术单元创新、集成技术界面创新以及系统集成创新，实现整体功能的倍增和涌现。

（4）**开放创新**。对于我国自主研发能力较弱的一些高速铁路核心技术，按照"先进、成熟、经济、适用、可靠"的原则进行引进，经过消化吸收，实现再创新目标。

高速动车组技术引进最具有典型意义。2004 年初夏，按照国家批准的原则，铁道部向外界宣布：中国铁路将引进高速动车组技术。但中国铁路市场只有一个入口，只有一个买主，那就是铁道部。外国企业进入中国铁路市场必须承诺：全面转让关键技术，同中国设计企业合作，使用中国品牌，实行本土化生产。由于中国铁路是个大市场，需求量大，吸引力强，外国企业都不愿意错过这个大好机遇，所以外商积极参加投标、合作。第一次招标时，有法国阿尔斯通、德国西门子、瑞典庞巴迪、日本川崎重工（实际是日本六家企业联合，由川崎重工出面）这四家公司参加投标。当时西门子公司决策层错判形势、漫天要价，一列原型车要 3.5 亿元人民币，技术转让费要 3.9 亿欧元。中方提出，这个价格太高必须降价。对方没有积极回应。鉴于西门子公司要价太高，在技术转让上设置障碍，不符合招标要求，中方没有接受。西门子公司跟踪中国铁路市场十多年，结果在第一轮竞争时就出局了，受到极大震动。2005 年铁道部启动第二次招标时，西门子公司放下身段，承诺中方招标条件，联合唐山轨道客车公司参加投标。西门子公司推出最先进的车型，最终以每列原型车 2.5 亿元人民币、技术转让费 8000 万欧元的方案中标。仅此一项，同前一年西门子公司要价相比，中方就节省了 90 亿元人民币采购成本。在按照市场规则竞争选择中，发挥我们制度优势，确实发挥了很好作用。

（5）**试验验证**。新建高速铁路项目大都设置了工程试验段，系统进行实地研究。先后进行了京沪高速铁路昆山软土地基试验段、遂渝线铺设无砟轨道试验段、武广高速铁路武汉综合试验段、郑西高速铁路湿陷性黄土试验段、合宁线膨胀土工程试验段等。这些现场工程试验取得的重要成果，优化了技术创新内容，为推广应用打下了坚实基础。在北京东郊环形铁道试验线、秦沈客运专线以及各新建高速铁路线路上，采用实际运营动车组或检测列车，对各系统的状态、性能、功能及相互协同等综合测试并进行调整，使整体性能优化，为安全稳定运行提供了可靠依据。

3. 构建技术体系

中国高速铁路技术体系主要包括固定设备、移动设备、列车运行控制系统、运营管理系统等（图41）。

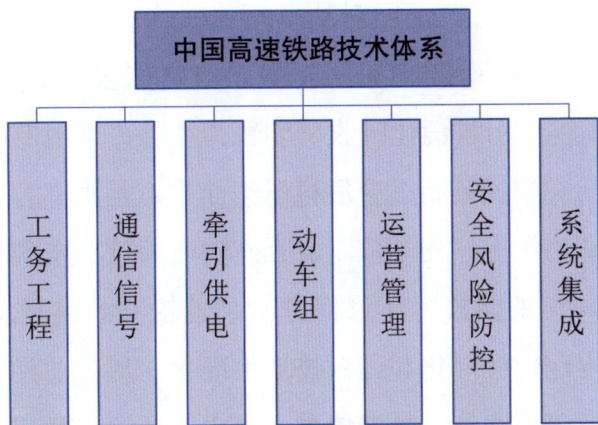

图41　中国高速铁路技术体系

面对中国幅员辽阔、环境差异大、各地要求高的挑战，高速铁路技术在实践中不断完善和提高。先后攻克了软土、湿陷性黄土、膨胀土、冻土和岩溶等复杂地质，最低 -40 ℃、最高 +47 ℃的气候条件，以及风沙、海水等环境影响下工程建设的关键技术。如路基地基处理工后沉降控制在15毫米以内，新型结构大跨度桥梁和长大断面隧道、水下隧道设计和施工，大型简支梁和无砟轨道成套技术等，保证了线路高平顺性和高稳定性。

自主研制的"和谐号""复兴号"高速动车组，在低阻力流线型车头、高气密性车体、无摇枕高速转向架、大功率牵引系统、高性能制动系统、轻量化与节能降噪、列车智能化等方面实现全面创新。研发高强度铜合金接触线大张力全补偿链型悬挂，建立了牵引供电综合自动化系统（SCADA）。研发基于 GSM-R 实现地面与动车组控车信息双向实时传输的 CTCS-3 级列控系统，采取分散自律调度集中系统（CTC），实现对信号设备的集中控制及对列车运行的直接指挥。研发了基础设施检测技术、灾害预警技术，研制了先进的综合检测列车，建立了应急救援体系。加强总体设计、接口管理和协调合作，创新联调测试技术，提升系统集成技术。

2011 年铁道部有关部门对从事高速铁路的多家企业所涉及的1147 项技术设备进行调查表明，中国自行研发的技术设备约占80%，除动车组以引进消化吸收再创新为主外，其他专业领域主要依靠原始创新和集成创新。今后科研工作重点是集中力量自主研发新型中国标准动车组、列车控制、无砟轨道等核心技术和装备。

完善的高速铁路技术体系促进了高速铁路产品技术标准的制定，以及工程建设标准化和运营技术标准化，形成了具有自主知识产权的中国高速铁路技术标准体系，为中国高速铁路"走出去"奠定了基础。

四、工程项目管理

在高速铁路建设中，推广应用青藏铁路工程管理成功经验，更新建设理念，完善管理组织、目标控制、支撑保障等体系，建立有效的运行机制，工程项目管理取得了良好效果。

1. 规范建设程序和管理主体

大型工程项目建设程序主要有 4 个阶段：立项决策、勘察设计、工程实施及竣工验收阶段。由于高速铁路项目开通运营时间不长，项目后评价工作待后安排。

高速铁路项目不同阶段的工作是由不同主体单位完成的。项目立项决策、工程设计和竣工验收阶段的工作，主要由铁道部有关部门负责组织。进入项目实施阶段以后，由多方出资组成的项目股份公司全面负责项目建设和运营等工作。铁路局或铁路投资公司作为铁道部投资方代表，地方政府投资机构、企业或金融机构等投资参股。要求公司资本金不低于项目总概算的50%，其余建设资金来源主要由铁道部通过发行铁路债券等直接融资，或由项目法人从银行或非银行机构贷款等间接融资。项目公司实行"小企业、大咨询"管理模式，设置精干高效的工作机构。建设期间，项目公司可以聘请专业公司为工程提供技术和管理咨询服务。投入运营时，项目公司可以自营或委托所在铁路局负责运营管理和维护等工作。

2. 优化项目决策和工程设计

高速铁路项目决策主要包括铁路发展规划、项目建议书、项目可行性研究报告。对拟建高速铁路项目开展设计方案竞选，由中标设计单位承担项目预可行性研究工作，编制项目建议书。项目建议书经批准后，开展详细可行性研究，深入分析、充分论证项目技术上的先进适用性，经济上的合理性，建设的可行性。项目可行性研究报告是立项决策的重要依据。

高速铁路项目设计一般分两个阶段进行，即初步设计和施工图设计。特殊项目（如特别复杂的桥梁隧道工程）可根据需要增加技术设计阶段（扩大初步设计）。设计单位根据批准后的项目可行性研究报告，采用定测资料编制初步设计文件。主要研究工程设计原则、设计方案和重大技术问题，提出工程数量、资源需求、施工组织设计及总概算，对项目经济效益、社会效益、环境影响、存在风险等做出评估。铁道部审查批准后的初步设计，作为控制项目总规模和总概算的依据。初步设计可满足工程招标、物资采购、征地拆迁、施工准备的需要。由于大多数施工企业不具备承担施工图设计的能力，所以施工图设计仍由设计单位在补充定测资料后编制。建设单位（业主）委托咨询单位进行施工图审查后，交付施工单位展开施工。

3. 实施动态管理和有效控制

（1）确立目标管理体系。高速铁路项目主要采用设计—招标—建设模式（Design-Bid-Build，DBB），积极探索工程总承包模式（Engineering Procurement Construction，EPC）、伙伴关系模式（Partnering）等。项目管理机构贯彻以人为本、可持续发展的思想，确定工程项目总目标，包括工程质量、环境保护、职业健康安全、工期、投资"五大控制"目标，这是对传统项目管理的重大发展。分别按照工程类别、施工单位、施工年度等进行目标分解，形成覆盖全程、相互关联、互相协调的目标管理体系。在项目实施全过程中，加强信息收集、分析研究，实行动态控制，以确保总目标的实现。

探索"质量、环保、健康安全一体化管理"（QEHS）新模式。按照目标管理、预防为主、资源共享原则，将质量管理体系标准 ISO 9000、环境管理体系标准 ISO 14000、职业安全与卫生管理体系标准 OHSAS 18000，整合成一个同时满足三项标准要求的综合管理体系，编制管理文件并组织审核，有利于提高工程项目管理效率和管理水平。

（2）建立支撑保障体系。为确保总目标的实现，加强项目合同管理、风险管理、资源管理、信息管理、文化管理，以及技术创新管理等，建立基于地理信息系统（GIS）、建筑信息模型（BIM）等技术，涵盖项目管理要素的信息化管理平台。合理安排施工组织计划，优化人力、物资、设备和资金等资源配置，实行动态调整控制，为实现"五大控制"目标提供支撑和保障。

（3）推行标准化管理。在工程项目实施阶段，普遍推行标准化管理。重点是管理制度标准化、人员配备标准化、现场管理标准化、过程控制标准化。特别强调加强基础工作，建立健全技术标准、管理制度和人员培训制度。强化过程控制，实行精细化管理，在严格企业内控的同时加大外部监督力度。严格检查验收，建立奖惩机制，激励各企业全面实现目标要求。

（4）严格竣工验收和安全评估。工程项目建成后，业主进行专业验收，铁道部组织初步验收，运营一年以上时再由国家有关部门组织正式验收。初步验收时，先组织静态验收，检查工程项目资料的完整性、准确性，实体质量和环境影响等，确定是否达到行业验收标准。在此基础上再进行动态验收，对轨道状态、供变电、接触网、通信、信号、旅客服务等系统进行常规检测，对路基及过渡段、轨道结构、道岔、桥梁、隧道、噪声振动、电磁兼容性、防灾安全监控等进行专项检测。

高速铁路项目开通运营之前，由铁道部组织安全评估。安全评估主要根据安全管理的法律法规和技术标准，针对可能出现的安全风险，进行全面检查分析。主要包括设备设施、规章制度、机构人员、环境影响、应急预案等。安全评估报告是准许开通运营的重要依据。

五、结束语

中国高速铁路制定了指导性强的中长期铁路网规划，开展了有行业特色的技术创新管理，探索了不同地域的工程项目管理，取得了显著成就，积累了宝贵经验。为了提高铁路工程管理水平，必须进一步深化改革，创新绿色智能技术，引领世界高速铁路发展。

完善决策管理体制和决策支持方法。重视决策风险管理，充分做好项目前期工作，特别要加强勘察设计深度。规范决策主体行为，树立综合效益、合作共赢的思想，加强全寿命期管理，建立决策反馈和问责制度，防止项目决策失误。

铁路投融资体制改革应有重大突破。实行分类建设，经营性铁路项目主要由市场融资，公益性铁路项目由政府主导建设。完善铁路运价形成机制和公益性运输补偿机制，建立透明的运输清算机制，设立铁路发展基金，实行优惠财政和税收政策。推进优质铁路项目股份制改革上市，吸引社会资金投入铁路建设。

铁路工程项目管理要走职业化、专业化道路。改变按项目设立临时管理机构的办法，依据市场规划构建符合资质要求、有竞争实力的建设、监理、咨询机构。提高企业管理素质，建立有效的协调合作机制、激励约束机制和绩效评价机制，以适应工程项目管理现代化的迫切要求。

积极推进中国高速铁路"走出去"。完善中国高速铁路技术标准，培育国际化专业人才，打造高速铁路示范工程。充分发挥我国高速铁路技术先进、安全可靠、性价比高、适应性强等优势，充分考虑东道国的国情和发展需求，实施本土化运作，实现互利合作、共建共赢。

（本文系作者在"2014年国际工程科技大会"上的报告，英文稿载于 *Frontiers of Engineering Management* 第3期，2014年9月。）

⚙ [链接]

铁路大提速成果丰硕。从 1997 年 4 月到 2007 年 4 月我国铁路实施六次大提速，其突出特点：一是列车新，首次开行"和谐号"动车组；二是速度快，客货列车最高速度分别达到 200 公里／时（部分区段达到 250 公里／时）、120 公里／时；三是密度大，列车追踪间隔为客车 5 分钟，货车 6 分钟；四是范围广，速度达到 120 公里／时及以上的线路延展里程为 2.2 万公里，其中速度 200 公里／时及以上线路达到 6000 公里；五是效率高，提速调图后客货运能分别提高 18% 和 12%。既有线提速的丰硕成果，为建设高速铁路打下了坚实基础。

（摘自作者 2007 年为《中国铁路大提速》一书所作序言。）

可持续交通。2021 年 10 月 14 日至 16 日，第二届联合国全球可持续交通大会在北京召开。会议指出，全球温室气体排放中约 1/4 来自交通运输领域，推动绿色低碳转型是可持续交通发展的战略性任务。中国交通将大力推动节能减排与低碳发展，推动资源节约集约与循环利用，推动生态环境保护与污染防治，加强绿色基础设施建设、绿色交通装备研发和绿色运营管理创新，为建设美丽中国贡献力量。

繁忙干线扩能改造的成功典范

"南攻衡广"是铁道部"七五"期间铁路建设"三大战役"之一。经过 5 万余名建设人员和有关运营人员团结协作、艰苦奋战，攻克了技术难关，创造了辉煌业绩，提前优质、安全、高效建成衡广复线，为国家经济社会发展作出了重大贡献。衡广复线是繁忙干线扩能改造的成功典范。

一、重要决策

京广铁路自北京至广州，纵贯我国京、冀、豫、鄂、湘、粤等 6 省市，是重要的南北铁路干线，承担着繁重的客货运输任务。京广铁路（丰台至广州）既有线全长 2296 公里，其中北京丰台至衡阳 1755 公里，于 20 世纪 50 年代至 60 年代已先后建成复线，衡阳至广州 540.26 公里仍为单线。由于京广铁路衡（阳）广（州）段线路建设年代早、技术标准低、运输能力小，经多年技术改造运能虽有提高，但直到 1985 年坪石口下行接入货运量仅为 1495 万吨。在改革开放形势下，经济社会发展加快，特别是内地各省市与广东深圳经济特区之间运量猛增。因此，京广铁路衡广段运能极不适应，坪石口成为全国铁路"卡脖子"的头号限制口。

党中央、国务院对铁路建设高度重视。1985 年 12 月 10 日，国务院副总理万里亲赴广州主持召开了加快衡广复线建设现场办公会议，果断作出了重要决策。万里副总理强调指出，"七五"期间铁路建设要把衡广复线建设摆在首位，贯彻集中力量打歼灭战的方针，在保证质量前提下努力加快工程进度，确保 1988 年底前通车，1990 年前完成全部配套工程。为此，成立了以铁道部部长丁关根为组长的衡广复线建设领导小组，加强领导并协调各方支持共建。铁道部认真贯彻落实，组建由我任指挥长的衡广复线建设指挥部，于 1986 年 1 月 5 日在韶关办公，进行组织动员并作出总体部署。从此结束了衡广复线建设"八年徘徊"的局面，拉开了"三年决战"的帷幕。

二、工程概况

衡广复线设计里程自既有线 K1744+500 至 NDK2+000（较既有衡广单线有延伸），全长 555.6 公里。从衡阳引出，沿耒水逆流南行至郴州，经湘南丘陵地带翻越南岭山脉，进入粤北坪石后穿大瑶山、跨武水至韶关，顺北江而下经剥蚀丘陵地区，进入广花平原直达广州，建成复线长 526 公里，较既有线缩短 29.5 公里。主要技术标准为：Ⅰ级干线，限制坡度 6‰，最小曲线半径为 600 米（衡韶段）和 800 米（衡广段），到发线有效长 850 米（预留 1050 米）。自动闭塞，间隔时分 8 分钟。郴州至韶关段为双线电气化铁路。DF4、SS1 机车牵引定数 3500 吨。衡广复线示意如图 42 所示。

工程主要特征如下。

1. 地形起伏大

全线有 448 公里穿过山地和丘陵地区，占全线总长 84%。其中地形起伏较大的有三段：一是郴州至坪石段低山和丘陵地形，经过长江与珠江两大流域的分水岭垭口，以长隧道穿越南岭；二是坪石至乐昌段为九峰山区，既有线沿武水峡谷曲折前行，复线采用裁弯取直方案，以特长隧道穿越大瑶山而过，属于特殊困难山区；三是菠萝坑至连江口段为北江峡谷地段，复线在丛山中通过。此外，连江口至源潭段受飞来峡水库回水位影响，复线选择丘陵高地绕行。

图 42 衡广复线示意图

2. 地质十分复杂

全线地质不良地段达 424 公里，占全线总长 80.6%。特别是石灰岩分布较广，全线约三分之一地段岩溶发育，不仅岩溶数量多，而且埋藏有深有浅并且有水。沿线土质不良地段较长，泥岩、页岩、煤系地层、软土地基等共计 105 处。复杂地质给桥梁、隧道、路基施工带来极大威胁。

3. 既有线改造量大

由于既有线技术标准低，因此需要加大曲线半径 31.7 公里，改善坡度（抬道或落坡）67.7 公里，桥梁扩孔或抬高引起线路改建 8 公里，隧道限界不足改建 4.7 公里，站场股道延长引起改建 47.7 公里。尤其是新旧线不等高交叉和左右侧换边交叉多达 100 多处，施工难度很大。

4. 施工限制条件多

既有线扩能改造工程除了受征地拆迁、电力供应、水利规划等外部环境影响外，很大程度上受制于运输管理。在繁忙干线上进行扩能改造施工，必须要妥善处理施工与运输的关系，施工安排必须服务于运输安全畅通，运输部门要积极为施工创造条件。

三、精心组织

铁道部贯彻集中力量打歼灭战的方针，调集全路财力、物力和人力，优先拨款，优先供料，增调队伍，为实施"三年决战"提供了重要保障。同时，国家各有关部门以及湘粤两省全力支持，为施工创造了良好的建设环境。

衡广复线建设指挥部优化施工组织设计，明确奋斗目标，作出动员部署。运用系统工程方法，抓准关键路线，协调有序推进。确立"分期建设、分期投产、分期受益"指导思想，不搞全线铺开，不搞平分兵力，不搞齐头并进。坚持"优先安排运能紧张区段和站场改造工程，优先安排艰巨复杂、难度大、控制工期工程"的基本原则，对全线分段研究并统筹安排了 15 项重点工程。这样，在投资和物资供应有限的约束下，整合各专业力量，安排站后工程与站前工程平行作业、交叉作业，从而实现科学组织施工，修一段通一段的要求。不仅减少了对运输的影响，而且能及时形成一定生产力，同时利用这段时间攻克控制工期的重点工程。

在建设期间，建立健全了有关质量、安全、进度、效益等一系列规章制度，实行严格管理。加强队伍思想教育、层层落实责任制，完善质量安全保障体系，强化监督检查，实行考核奖惩，取得了良好效果。加强各方面的协调配合，特别是施工与运输紧密合作至关重要。从施工计划安排、封锁线路要点、路料运输、施工过渡、拨接开通等方面，充分发挥铁路局的主导作用，实现施工与运输两兼顾，获取施工与运输双丰收。全体建设人员在攻坚克难中培育了"顽强拼搏、依靠科学、团结协作、创新开拓"的衡广精神，成为会战的巨大动力和宝贵的精神财富。

遵照"三年铺通、一年配套"的总工期要求，制定分年度计划，精心组织实施。1986年分解目标任务，落实责任单位，上足施工队伍，加强重点工程，全年建成复线19段长90公里。1987年重点工程陆续取得突破，线下工程胜利在望，全线开通复线142公里。1988年加快站场改造和"四电"工程（通信、信号、电力、电气化），全线提前36天铺通。1989年继续完善配套工程，经受运营考验，年底由国家验收委员会进行验收。国家验收评价认为：各项工程符合设计文件要求和质量验收标准规定，全线工程质量总体优良。

四、主要成就

为应对衡广复线建设标准高、技术新、要求严的挑战，铁道部组织相关单位开展联合攻关。同时，利用外资从国外引进一批急需的先进机械设备，发挥了重要作用。在科学组织严格管理下，施工与运输团结协作，创造了优质、安全、高效的丰硕成果。

1. 长大隧道建设技术迈上新台阶

大瑶山隧道（双线）全长14.294公里，是当时全国最长隧道，也是衡广复线建设控制工期的头号重点工程。隧道埋深较大、地质复杂，穿越大小断层十余条（总长达3.7公里），岩溶发育，地下水丰富（全隧涌水量每昼夜达5.1万吨）。其中九号断层及其影响带宽465米，最大涌水量每昼夜高达4.2万吨，曾多次发生塌方、涌水甚至竖井被淹。经反复研究，实施"排堵结合、综合治理"措施，攻克了技术难关。同时总结出"钎深探、管超前、预注浆、半断面、留核心、短进尺、弱爆破、强支护、紧封闭、勤量测"的30字施工方法，摸索出一整套在软弱围岩进行大断面施工的新技术。在比较坚硬的岩石地段全断面施工，大力推广应用新奥法，采用初期喷锚支护与二次模筑混凝土相结合的复合衬砌，形成了掘进、运输、喷锚、衬砌机械化作业线，使我国隧道施工技术达到或接近国际先进水平（注：大瑶山隧道修建新技术1989年荣获铁道部科技进步奖特等奖，1992年荣获国家科技进步奖特等奖）。南岭隧道全长6.06公里，地质结构像"南瓜瓤"一样复杂，坍塌、突泥、涌水频繁发生，采用管棚支护法、旋喷法、冻结法、化学注浆法等整治措施，成功突破了复杂岩溶地区的长大隧道施工难题（注：南岭隧道工程施工1989年荣获国家建筑工程鲁班奖）。衡广复线使我国隧道建设技术跃上新台阶，进入了新奥法机械化施工新阶段。

2. 桥梁工程技术取得新突破

多层溶洞钻孔桩桥梁基础施工是衡广复线建设的又一大难题。以长垇河大桥1号墩桩基为例，有的桩深达57.5米，穿过13层串珠般的溶洞，实属罕见。乐昌武水大桥单桩穿过最深溶洞的洞体深达16.7米，需要增设钢板护筒及填充等措施。研究探索采用"水下炮震法"，突破了深孔钻岩、清孔、卡钻三大难关，用"泥浆渐进清孔法"提高了清孔质量。另外，在白面石武水大桥首次采用"32米+64米+32米"双线预应力混凝土连续梁新技术，在江村南桥和英德大桥首次采用 40 米预应力钢筋混凝土梁，并研制了 160 型架桥机。这些成果促进了铁路桥梁技术的新发展。

3. 顶进涵洞施工时列车限速新提升

以往在既有线下顶涵施工时，列车限速 15～25 公里 / 时通过。衡广复线建设中，经对路基、道床和轨道采取一系列加强措施，使列车限速提高到 45 公里 / 时。有的试点工程列车限速提高到 60 公里 / 时。这就有效地增加了运输能力。

4. 路基工程啃"硬骨头"提供新经验

路基加宽、抬高、落坡工程段很分散，只能在加强安全防护前提下，采用人工和小型机械分段施工。特别困难的是既有线 50 米范围内的石方爆破，工点多达 120 多处约 170 多万立方米，有的临近工厂、住宅，或有高压电线、通信线路。研究采用"微差深孔爆破""预裂爆破"等新技术，或采用"预留隔墙法""梯段开挖法"等新工艺，控制爆破作业，确保行车安全。另外，在软弱路基施工方面也取得了新成绩。

5. "四电"工程设备达到新水平

利用外资引进国外先进技术设备，同时在国内联合研发新产品，以适应我国铁路"四电"工程发展需要。采用 PCM 数字通信、数字微波通信、程控数字交换机、450 兆赫无线列车调度通信。信号全部采用车站电气集中、移频自动闭塞、移频机车信号、自动停车装置。牵引变电设备及远动设备具有先进水平。这些新设备不仅功能优越，而且维护成本较低。

6. "全段质量创优"树立新样板

受飞来峡水库规划影响，连源段设计方案审定晚、工期紧，加上桥隧和软土路基集中，施工难度很大。施工单位强化质量意识，制定创优规划，健全质量保证体系，大力推进技术进步，实施作业标准化，实现全过程、全专业、全方位创优。全段竣工验收合格率100%，优良率达99.1%。连源段全段质量创优树立了新样板（注：连源段工程施工1990年获国家建筑工程鲁班奖），带动衡广复线建设质量大提高。

7. 建设期间行车安全创造新纪录

设计施工单位和铁路局齐心协力保安全，在落实施工单位安全主体责任的同时，铁路局建立全覆盖的安全监督保证体系，层层签订安全责任状。同既有线行车安全有关的施工项目，都必须制定完备的施工方案和安全措施，实行施工和运输"双把关"，以预防各类事故发生。除石质路堑控制爆破等防范重点外，大量线路拨接工程是最令人担忧的隐患。全线封锁拨接线路316次，共787个拨接口，有的需要经过多次施工过渡才能最终到位。经过严格施工组织，做好拨接准备，加强安全检查，胜利完成了全部接拨任务。到1989年底，全线施工创造了安全行车无重大、大事故1850天的新纪录。

8. 复线建设经济效益展现新成果

科学组织，严格管理，团结协作，实现了共建共赢。在完成艰巨复杂的既有线扩能改造任务时，要封锁线路、限速运行，就要占用大量运输能力。铁路局挖掘运输潜力，改进运输组织，创造了每年运量不减反而递增100万吨的亮丽成绩。同1985年坪石口接入运量1495万吨相比，1986年增加196万吨；1987年比1986年又增加112万吨；1988年底全线开通，运输能力比1985年增加一倍，达到3000万吨，远期年运输能力可达5000万吨。

衡广复线建设取得了巨大成就，创造了既有线铁路技术改造的新经验，谱写了铁路建设史上的新篇章。从建设管理来看，也有一些不足之处，主要是：对改革开放后经济加快发展的形势估计不足，铁路运量预测偏小，站点设计能力偏紧；地质勘探手段有限，对特殊地质构造探测深度不够；有的工点站前设计与站后设计不够协调；有的工点施工管理薄弱；概算对征地拆迁、物价上涨和变更设计增多考虑不够，只能在竣工时进行必要的调整。这些问题需要今后认真研究改进。

（本文系作者 1990 年在"衡广铁路复线建设技术总结研讨会"上的讲话。）

大秦铁路重载技术创新引领发展

在大秦铁路运营 30 周年之际，中国铁道学会在太原召开中国铁路重载运输技术交流会，具有特殊的意义。这是因为，大秦铁路是我国铁路改革开放的一项重要成果，是发展铁路重载运输技术的一个成功典范。在大秦铁路示范带领下，我国铁路重载运输有了很大发展，先后建成了神朔黄、瓦日等新线重载铁路，同时在繁忙既有线开行了重载列车，铁路重载运输技术（包括新线和既有线）创新取得丰硕成果。通过这次会议总结交流，将会促进我国铁路重载运输技术迈上新水平。

2018 年是我国改革开放 40 周年。我们欣喜地看到，在党中央、国务院领导和各部门各省区市大力支持下，经过铁路职工坚持不懈艰苦奋战、矢志不移开拓创新，中国铁路取得了举世瞩目的伟大成就。40 年来，我国铁路营业里程成倍增长，客货运量大幅度增长，旅客列车运行速度和货物列车牵引质量都有很大提升。以高速铁路、青藏铁路、重载铁路为代表，我国铁路技术和管理总体上已走向世界先进水平。我国铁路已从当初严重制约经济发展的"瓶颈"，走向"基本适应"进而"适度超前"，发生了历史性变化，为国家经济发展、社会进步和人民生活水平提高，作出了巨大贡献。

我在铁道部工作期间曾主管铁路建设以及改革发展等工作，亲历了铁路改革开放整个过程，组织建设了大秦铁路等重大项目。在这里，我谈些对发展铁路重载运输技术的认识和感想。

一、国务院作出修建大秦铁路的战略决策

1. 项目背景

20 世纪 80 年代初，在改革开放方针指引下，我国经济社会发展走上了快车道。多年欠账的基础设施成为经济发展的薄弱环节。由于煤炭供不应求，各地电力纷纷告急，许多城市不得不采取严格的限电措施，不少工厂只能"开三停四"，以电定产。与此同时，主要煤炭产地却存煤如山，甚至发生自燃现象。省区市呼电、电厂呼煤、煤都呼唤运输。煤炭运输成为国民经济发展的"卡脖子"制约因素，成为影响全局的关键所在。

1982 年党的十二大确定了 20 世纪末我国国民经济总产值翻两番的战略目标。实现这一宏伟目标的战略重点，就是加快发展能源交通。在加强山西、陕西、内蒙古西部地区（简称"三西"）煤炭基地建设的同时，建设"三西"煤炭外运通道，是当务之急、重中之重。大秦铁路工程项目摆上了国家重要议事日程。

2. 方案论证

我国华南、华东沿海地区改革开放起步早，经济发展速度快，急切盼望运煤解困。在运输方案研究阶段，对五种现代运输方式都做了分析比较。"三西"地区没有水运条件，空运煤炭更不可能。公路运量小、成本高、排碳多，"用高级能源换低级能源"，同样不可取。最后，集中对铁路运输与管道运输方案做了深入比较。

管道运输方案。拟修建 5 条运煤管道，每条管道年输送能力为 1000 万吨，共计 5000 万吨。将采掘的原煤碾磨精洗后掺水拌成煤浆，经由管道泵送到各地发电厂的脱水厂，将煤浆脱水后储存用于发电。管道运输具有地形适应性强、占用耕地少、煤质高、散失少、

成本低等优点，这些优点在输送油气资源时得到了体现。但管道运煤也存在突出问题：在煤炭起运地区需要大量用水拌制煤浆，而"三西"地区严重缺水；运到发电厂后煤浆脱水又将产生大量污水，需要增加污水处理设施；管道运输能力固定，难以机动调剂。

铁路运输方案。修建一条双线电气化运煤铁路，设计年输送能力近期为5500万吨，远期可达1亿吨。鉴于当时我国南北向铁路运输通道能力饱和，特别是受过长江能力限制，既有铁路难以承担大量新增运量，因此新建"三西"煤炭铁路外运通道，走向为从大同至秦皇岛港转海运，至华南、华东沿海城市。

有人对这种铁海联运方式提出质疑，认为煤炭在港口倒装转为海运不合适，"不能把煤往海里倒"。希望铁路直接把"三西"煤炭运达华南、华东沿海地区。经反复论证，既有铁路无力承担，新建大能力南北铁路干线需要巨额投资，且短时难以见效。在这种形势下新建大秦铁路，充分利用海运能力，缓解华南、华东沿海地区煤炭供应紧张状况，是现实可行的最佳方案。

3. 批准立项

在方案论证基础上，1982年11月国家计委、经委、铁道部联合向国务院呈送了《关于大同至秦皇岛运煤专用铁路建设问题的报告》。1983年9月，国务院常务会议决定修建大秦铁路，国家有关部委组织专家赴美国、澳大利亚等国考察铁路重载运输，项目勘测设计工作加快推进。

从国家战略考虑，大秦铁路是一项巨型系统工程。该工程包括大秦重载铁路、煤炭基地储装设施、秦皇岛港三期煤码头和华北电力网大秦铁路供电工程，构成了一个自动装煤、直达运输、连续翻卸的循环运输运煤系统。这是我国第一个以铁路为主，路、港、矿、电统筹规划，装、运、卸同步建设的现代化大能力煤炭运输综合项目，是一项技术先进、功能多样、高效运行的宏伟工程。

为了加强对这项重大工程建设领导，成立了国务院大秦铁路建设领导小组（由铁道部部长陈璞如任组长）和大秦铁路重载列车成套设备领导小组（1988年由我任组长），各有关部委及沿线省市领导参加，负责协调解决重大建设问题。两个领导小组下设办公室，由铁道部负责组织实施。在部署"七五"铁路建设工作时，铁道部把"北战大秦"作为"三大战役"之一，集中力量取得全胜。

二、大秦铁路成为系统工程建设新典型

大秦铁路西起大同地区韩家岭站，引入新建湖东编组站，穿过桑干河峡谷，翻越燕山峻岭，经华北平原东达秦皇岛地区柳村南站，接入秦皇岛港三期运煤港站，全长653公里。经由山西省、河北省、北京市、天津市，沿线大部分地区人烟稀少，经济发展滞后。

1. 大秦铁路工程概况

大秦铁路工程是一条大能力、高水平、全天候的运煤专线。经国家批准，大秦铁路按照"总体部署，一次设计，分期建设，分期投产"的要求组织实施。分期建设安排主要考虑的是：在国家财力、物力有限的条件下，集中力量先建成一期工程，可提前缓解晋煤外运紧张局面，同时也有利于充分利用既有京秦铁路富余运能。大秦铁路示意图如图43所示。

大秦铁路一期工程。西自韩家岭站、湖东编组站，东至茶坞区段站、大石庄站，通过联络线接入京秦铁路段甲岭站，直达吴庄站，连接秦皇岛三期煤港站。正线长411公里，总投资42亿元。1985年初全线开工建设，控制工期的重点工程是"两段一站"，即：化稍营至方家沟桑干河峡谷地段长约40公里，隧道工程占65%；军都山至摩天岭地段长约50公里，隧道工程占59%；湖东编组

站，填方 100 万立方米，挖方 120 万立方米。1988 年底开通运营，1989 年运煤 2782 万吨，以后逐年大幅增长。

图43　大秦铁路示意图

大秦二期工程。西自大石庄站，东至吴庄站，接入大秦铁路本线最东端已完成工程，到达秦皇岛三期煤港站。原设计为单线电气化，预留双线，1990 年铁道部报国务院批准，改为一次建成双线。全长 242 公里，总投资 28 亿元。部分施工队伍在完成一期工程任务后，旋即转移到二期重点工程施工。1989 年二期工程全面开工，1992 年底开通运营。大秦铁路全线 653 公里总投资共计 70 亿元。

2. 大秦铁路主要技术标准

关于铁路重载运输的界定，按国际重载协会要求必须满足以下条件中的两条：重载列车牵引质量至少 8000 吨；轴重 27 吨及以上；至少在 150 公里区段上年运量超过 4000 万吨。大秦铁路设计为 I 级双线电气化铁路。限制坡度为上行（向秦皇岛方向）4‰，下行（大同方向）12‰。最小曲线半径为 800 米（一般地段），特殊地段 400 米。使用 SS4 型电力机车牵引。

大秦铁路是以重载单元列车为主的多种列车运行的铁路干线。重载单元列车是一种适合于大宗散货运输的有效方式，由专用车辆组成固定车底循环运输，途中不改编、不变轴、不更换机车，在装车地与秦皇岛煤港站之间运行。这就要加强界面管理，不仅铁路自身点线能力匹配、固定设备与移动装备能力匹配，而且要做到"集运疏"能力相匹配。在装车点由本务机车牵引列车以低恒速经由自动计量漏斗下装车，在秦皇岛煤港站分次进入自动翻车机不摘钩翻车卸煤。因此，沿线车站少，经营人员少，运输效率高。

3. 大秦铁路新技术装备

大秦铁路采用自主研发与国外引进相结合的方式，采用了先进建设技术和先进技术装备。利用外资不仅补充了我国建设资金短缺部分，而且引进了具有国际先进水平的新技术、新装备，培训了技术骨干，对迅速提高我国铁路水平发挥了重要作用。大秦铁路土建工程科研项目 48 个，通信信号、牵引供电、机车车辆等研发和引进项目共 91 个，都取得了重要成果。主要新技术新装备有：

工务工程方面。创造了"四区段""八流程"路基填筑工艺，推广使用 MC-3、K_{30} 检测技术，创新了路基填筑质量，形成了重载路基新标准。首创 V 形桥墩，有效增大跨度、降低梁高。平原地区采用钢筋混凝土连续刚架旱桥，结构轻巧、节约用地。在软弱围岩地段，采用"浅埋暗挖法"和"眼镜法"建成大断面隧道，提高了隧道作业机械化水平。

电气化工程方面。引进 AT 供电方式（自耦变压器）、远动装置及真空断路器、高压电动隔离开关等并实现国产化。研制 TCW 无焊接铜车线、环形预应力接触网支柱等。

通信信号方面。引进 8 芯单模长波光缆和数字传输设备，建成我国第一条长途干线光缆数字通信系统（34 兆比特/秒），实现国

产化。程控电话自动交换网和 400 兆赫列车无线调度通信。研制调
度集中系统、自动闭塞叠加移频机车信号和大功率电液转辙机。

机车车辆方面。研制 SS 型电力机车空电联合制动装置、空转
保护装置、机车低恒速控制装置。研制装有转动车钩的 C63、C63A
型运煤专用敞车，以及红外线轴温检测系统、车辆集中修设备等。

1991 年大秦铁路工程获国家优质工程奖。大秦铁路万吨级重
载单元列车成套设备获国务院重大技术装备特等奖。

三、大秦铁路创出内涵扩大再生产新路子

2002 年大秦铁路运量达到设计能力 1 亿吨之后，铁道部开展
了大秦铁路扩能改造工程研究，并作出了系统安排。决定将大秦铁
路年运量提高到 2 亿吨、4 亿吨，按照开行 2 万吨列车对既有线进
行必要的技术改造。为此，由政府主导，以企业为主体，产学研相
结合，协同创新取得了丰硕成果。

1. 基础设施改造

组织大秦 2 万吨级重载列车（长约 2.7 公里）运行试验，对具
有代表性的轨道、路基、桥涵等进行现场测试，作出结构安全性评
价。根据动载试验和原位检验结果分析，线路桥梁设备状态基本上
能满足开行 2 万吨级重载列车运行要求。在年运量提高到 4 亿吨条
件下，有必要采取强化措施。如使用 75 千克 / 米钢轨和道岔，Ⅲ
型混凝土枕和优质道床，钢筋混凝土简支梁要加强横隔板连接，圆
形中高墩要将并行的两个桥墩托盘和墩帽连接形成框架结构。站场
要增加线束，到发线有效长要延长到 2800 米及以上。

2. 牵引供电增容

增设 5 座牵引变电所，更换容量不足的变压器，采用增压变压
器、可增电容无功补偿装置。新建综合自动化电力远动系统。采用

150平方毫米大断面接触网导线，接触网上下行全程并联运行，提高了供电能力和接触网的可靠性。

3. 通信信号更新

加强 GSM-R 无线传输双网系统，沿线设置基站，隧道区间设置光纤直放站。采用四显示信号系统，区间设置通过信号机，安装主体化机车信号设备。采用 ZPW-2000A 型无绝缘轨道电路，车站计算机联锁，道岔采用电液转辙机。建成分散自律调度集中系统。

4. 机车车辆换代

在自主研发基础上，通过引进消化吸收，逐步掌握了大功率交流传动电力机车核心技术和主要配套技术。2007 年和谐型电力机车（HXD）投入运营，具有轴功率大、黏着性好、功率因素高等优点，并安装了自动过分相控制装置。研发了载重 80 吨的铝合金C80 型和不锈钢 C80B 型重载货车，自重轻、容积大、速度快，可实现不摘钩连续翻卸作业。同时安装了可控列尾装置。

5. 运行组织优化

1 万吨列车运行组织，可以是 2 台机车在头部牵引、车辆固定编组的 1 万吨单元列车，也可以是由 2 列各 5000 吨列车组合而成的 1 万吨组合列车。2 万吨列车运行组织则为 2 个 1 万吨重载组合列车。采用机车无线同步操控技术，攻克了在长大坡道周期制动调速、长大列车纵向冲动和同步操纵控制信息通信质量三大难题。

相关工程还有装车卸车系统建设。在主要煤炭基地建设战略装车点，由电力机车以低恒速牵引列车在环线或贯通式线路运行中装车，到达港口后由翻车机卸车。

大秦铁路煤炭运量占全国铁路煤炭总运量的 1/7，用户群辐射到 26 个省区市，担负着全国六大电网、五大发电公司、380 多家电厂、十大钢铁公司和 6000 多家工矿企业生产用煤，以及对诸多国家的出口煤炭运输任务。据当时国家统计局资料介绍，每运出"三西"煤炭 1000 万吨，可增加工业产值 170 多亿元。由此可见，大秦铁路不仅取得了良好经济效益，而且社会效益和环境效益显著，为国家经济社会发展作出了重大贡献。

大秦铁路扩能改造走出了一条内涵式扩大再生产的新路子。2006 年 8 月大秦铁路股份有限公司成功上市，成为我国铁路系统规模最大、影响最广的上市公司。大秦铁路创造了双线铁路世界最大年运量，重载运输技术达到了世界先进水平"大秦铁路重载运输成套技术与应用"荣获 2008 年度国家科技进步奖一等奖、中国铁道学会科技进步奖特等奖。

四、铁路重载运输任重道远

党的十九大作出了全面建成小康社会、建设成社会主义现代化强国的战略部署，铁路要为推进交通强国建设当好先行。铁路重载运输是交通强国的重要标志之一。以往 30 年，我们在铁路重载技术方面，从学习跟跑逐步提升到陪跑，今后要走在前列领跑。我们要认真贯彻新发展理念，以高度的责任感、使命感，找差距、补短板，明方向、探新路。制定改革创新规划，深化运输管理改革，加大科技创新力度，全面推进铁路高质量发展。

1. 加强重载运输理论研究

要特别重视轮轨关系、弓网关系等基础性理论研究，大力降低轮轨作用力，提高弓网适应性。重载列车与线路的动力作用系统十分复杂，除具有传统的动力学特征外，重载列车在长大坡度、小半径曲线地段还会产生纵向冲动及对轨道的横向作用，必须重视多因素的耦合作用，协调解决好轮轨关系和弓网关系。

2. 创新重载运输关键技术

要研发大功率电力机车、轻型大轴重运煤货车，以及大能力列车控制、多台机车同步操纵技术等，在节省用电、减少环境污染（飞尘、振动等）及延长服役期等方面取得新突破。研发 30 吨轴重的重载列车成套技术，制定相应的技术标准。实现铁路重载运输绿色化、智能化。

3. 完善重载运输监测评估体系

既要对固定设备进行监测，又要对移动设备进行监测；既要有固定的原位监测，又要对车载设备进行动态监测。特别要重视对货车转向架状态和钢轨横向力作用的监测。研究利用监测数据融合的综合评估技术，及时作出对设备设施维修或加固安排。建立预防性维修为主、综合周期修的状态维修体系。

4. 积极参与国际重载运输组织活动

开展国际重载运输学术交流，进入国际重载组织任职，参与或主持铁路重载运输标准制定。增强我国铁路的国际话语权，扩大我国铁路的国际影响力，推动中国铁路"走出去"。

我深信，在迎接挑战的新征程中，在"货运增量"行动中，大秦铁路一定会创造新业绩！我国铁路重载运输技术一定会创造新辉煌！

（本文系作者 2018 年 10 月在"中国铁路重载技术交流会"上的讲话。）

[链接]

朔黄铁路重载技术创新模式。朔黄铁路公司制定"大轴重、大牵引质量、高密度"并举发展战略，以重载综合集成创新为主攻方向，先后攻克了基础设施扩能改造、大功率交流传动电力机车、载重 100 吨级运煤货车、新型移动宽带通信、列车运行控制、运营管理等关键技术和核心装备，建立了既有铁路 30 吨轴重的铁路重载运输技术体系，创造了"朔黄模式"。主要特点是：需求引领，企业主导，平台支撑，机制保障，工程实现。

（摘自作者 2014 年为《神华重载铁路》一书所作序言。）

京九铁路建设主要经验

　　京九铁路从北京至深圳连接香港九龙，跨越京、津、冀、鲁、豫、皖、鄂、赣、粤九省（市），正线全长 2397.5 公里。新建北京至龙川全长 2127.5 公里（龙川至深圳已建铁路），加上天津至霸州、麻城至武汉联络线 155.7 公里，总长 2283.2 公里，是我国铁路建设史上规模最大、投资最多、一次建成线路最长的南北运输大通道（图 44）。

图 44　京九铁路示意图

在党中央、国务院正确领导下，在国家有关部委和沿线省市各级政府及人民群众大力支持下，京九铁路从1993年全面开工以来，经过筑路大军三年艰苦奋战，共完成土石方2.6亿立方米，隧道150座55.8公里，桥梁1110座207公里，正、站线铺轨4517公里，车站214个，房屋207万平方米，通信光电缆4700公里，通信站、电气集中站、微机联锁站、变电所共250多处。工程质量一次验收合格率100%，优良率90%以上。攻克了软弱围岩隧道、大跨深基桥梁、软土路基等一系列工程难题，建成了体现20世纪90年代科技新水平的超大型工程。其中，北京至阜阳段900公里于1995年5月双线铺通，7月开始分流；阜阳至向塘600多公里于1995年9月双线铺通，12月31日开始分流；全线于1995年11月提前胜利铺通，1996年4月1日实现了全线分流，当年9月1日全线提前配套建成运营，实现了"三年铺通，一年配套"的奋斗目标。

优质、快速、高效地建设京九铁路，是在社会主义市场经济条件下，从事大规模基础设施建设的一次成功尝试，为搞好新时期铁路建设积累了宝贵的经验。

1. 抓住历史机遇，实现中央加快铁路建设的正确决策

在我国加快改革开放步伐的新形势下，党中央、国务院及时作出了加快铁路建设的战略决策，明确要求提前建成京九铁路。铁道部抓住这个历史机遇，开展了"国民经济上新台阶，铁路怎么办"的大讨论，重新调整"八五"铁路建设总体部署。确立了"近筹缓解适应，远谋适度超前，闯出发展新路，真正当好先行"的指导思想，作出了"强攻京九、兰新，速战侯月、宝中，再取华东、西南，配套完善大秦"的总体部署，把京九铁路作为铁路建设头号工程来抓，并不断优化方案比选，组织路内外专家反复进行科学论证。

1992 年和 1993 年，铁道部领导与九省市领导共商京九铁路建设大计，适时召开了京九铁路建设技术协调会，集中各方面的智慧，使建设方案日臻完善。

2. 精心组织部署，贯彻集中力量打歼灭战方针

国务院成立了京九铁路建设领导小组，邹家华副总理任组长，国家计委副主任叶青和铁道部部长韩杼滨任副组长，国家有关部委和沿线九省市主要领导同志参与领导小组工作，对京九铁路建设实施统一领导。成立了京九铁路建设领导小组办公室，我作为铁道部副部长兼任办公室主任。京九办既是领导小组的办事机构，又是建设总指挥部，负责对全线实施统一指挥，对设计、施工、监理归口管理，及时协调处理建设中的问题。各省市由主要领导同志亲自挂帅，成立了专门机构，办理支援铁路建设的有关事项。各参建单位成立了工程指挥部，抽调得力干部靠前指挥，强化项目管理。各级指挥系统高效运转，确保京九铁路建设紧张有序地展开。

铁道部把京九铁路建设作为头号工程，集中人力、物力、财力展开会战。组成强大设计队伍加快设计，快出图、出好图；调集 13 万筑路大军和数万民工，调配数万台精良设备进场施工；每年将全路基建投资的 40% 左右投入京九铁路建设；重点保证物资供应，专门成立了路料运输小组，形成了全力以赴保京九的会战局面。为确保"三年铺通，一年配套"总工期的实现，坚持按系统工程原理科学组织建设，把全线分为北、中、南三大段，实行分段承包、分段管理，编制科学的施工组织设计，突出重点难点，保证工程建设快速整体推进。国家有关部委和沿线省市政府，对京九铁路建设中的问题急事先办、难事特办、专题专办，协调解决了许多难题，提供了许多优惠条件。各级政府以大局为重，发扬社会主义大协作精神，牺牲局部保全局，形成合力办大事，为夺取京九铁路建设全面

胜利提供了保证。

3. 以创优为中心，正确处理速度、质量、效益三者关系

各单位坚持"百年大计，质量第一"方针，高起点上好京九线，高标准建好京九线。在建设单位统一组织、统一管理下，开展设计、施工、监理、建设单位四位一体联合创优活动。各单位第一管理者亲自抓质量样板工点，层层落实岗位责任制。建立企业质量保证金制度，把工程质量与职工分配挂钩，作为考核干部政绩的重要内容，鼓励创优争先。加大外部监督力度，使施工全过程处于严格的质量管控与监督之下。各项重点工程都编制创优规划，教育职工增强质量意识，学习技术要求，推进先进工法，严格自检互检，一次合格，一次成优。为了加强投资控制，全线实行投资包干责任制，严格合同管理。加强成本管理，严格经济核算，硬化约束机制。做到边建设、边配套、边分流，及时发挥投资效益。铁道部领导现场办公时，针对有可能突破概算的苗头，及时研究采取有效措施，能减则减，能缓则缓，能省则省，总概算不超过 400 亿元。精心设计，精心施工，精心组织，使京九线工期、质量、投资都得到有效控制。

4. 依靠科技进步，提高铁路建设现代化水平

依靠科技进步，协力攻克难关。对于京九铁路高（科技含量高）、难（施工困难）、险（风险大）、急（工期紧）重点工程，广泛采用新技术、新工艺、新设备、新材料。充分发挥科技人员作用，组织科技攻关，提高技术水平，确保了质量和工期。勘测设计采用了航测、遥感、静力触探和电子计算机辅助设计等新技术，加快和优化了设计。隧道工程推广并发展了新奥法，创新了地表预加固处理、深孔双液注浆及长管棚超前支护等技术，攻克了断层涌水和软弱围岩等施工难关。桥梁工程采用了超低高度预应力钢筋混凝土梁，斜拉式预应力钢筋混凝土连续桁架梁，以及钢梁大跨、整体节点、特殊新

钢种等，总结了钻孔桩穿过多层溶洞、薄壁轻型沉井在复杂地层的新工艺，建成一批有代表性的高水平桥梁。软土路基工程采用了插塑板、粉喷桩、砂垫层加塑料土工网格等综合技术，大幅度减小了后期沉降量，确保了软土路基稳固。

依靠科技进步，提高劳动生产率。五指山隧道采用钻爆、装运、喷锚、衬砌机械化快速施工作业线，连续 17 个月成洞 200 米以上，实现了稳产高产。吉安赣江特大桥工程量大，技术复杂，先后遭受六次特大洪水袭击，经组织科技力量攻关，仅用 16 个月就提前完成。采用新型机械化铺轨、架桥设备，组织均衡生产，铺架进度大大加快，创造了一个作业口日铺轨 6 公里、一台架桥机日架 24 米和 32 米预应力混凝土梁 9 孔的好成绩。全线采用大型养路机械化整道，实现上砟、起道、拨道、捣固、整型一条龙作业，速度快、质量好，使开通时列车运行速度大为提高。科技进步也给安全生产提供了保障，有效地防止了重大事故的发生，创造了新线建设中安全生产好成绩。

依靠科技进步，提高运营装备水平。国内研制开发了 18 信息集中移频自动闭塞超速防护系统、运营信息管理系统和新一代红外线轴温探测系统等设备。从国外引进了 20 世纪 90 年代光同步数字传输系统以及微机联锁、调度集中和驼峰车辆溜放计算机过程控制系统等现代化技术装备。这些新技术的广泛应用，使全线运输能力提高，调度指挥更加准确快捷，行车安全有了可靠保障。

5. 坚持深化改革，探索建设管理的有效形式

发挥两个积极性，初步形成多渠道筹资机制。京九铁路的建设资金，主要是国家投资，包括国家批准征收的铁路建设基金。一部分省承担了境内铁路建设的部分投资，参与了客站和货场建设。铁道部利用亚行贷款 2 亿美元和日本海外协力基金 36 亿日元，主要

用于设备引进。全线征地拆迁由各省市政府统一办理，按综合单价实行费用包干。这就在长大干线建设中打破了铁路一家独办的格局，迈出多渠道筹集资金的步子。铁道部将全线工程分段，各建设单位按概算包干，严格控制建设标准规模、质量、工期和投资。制定招（议）标办法，择优选定施工单位，签订承包合同。施工管理普遍推行项目法，实行项目经理负责制，搞好内部经济承包，加强项目经济核算，降低工程成本。物资设备实行分级管理、分级采购，引进设备通过国际招标。全线推行了工程建设监理制度，按照铁道部制定的有关规定，由监理机构认真行使监督职责。监理人员坚持原则，加强施工现场监督检查，对重点难点工程的关键工序、重点部位实施旁站监理，对主要建筑材料、设备产品质量严格检验，认真做好质量认证记录，不合格的建材、设备拒绝使用，不达标的工程不签证不计价，在质量控制上收到明显成效。同时，对工程建设投资和工期，也实行了有效监督。

6.加强统筹兼顾，促进铁路建设和地方发展"双赢"

京九铁路建设，在确保国家大局需要前提下，充分考虑沿线地区的可持续性发展，既考虑铁路建设在技术上可行、经济上合理，又兼顾地方经济发展的需要，与沿线地区发展规划、产业布局相协调，与推进中小城市振兴和繁荣相协调。为了带动革命老区经济发展，京九铁路选线时特意考虑了经过老区的线路方案。如阜阳至九江段有东中西三个比选方案，最终选定了麻城方案，修建了麻城至武汉联络线增建红安站。再如在江西省赣南地区为兼顾吉安、赣州两市，多建了两座跨赣江大桥，多修了4.41公里铁路。铁路进入广东境内，为有利于粤东革命老区发展，确定和平方案，延长了线路4.27公里。这样，尽管线路有所加长，投资有所增加，但为沿线地区加快经济社会发展打下了坚实基础，收到了良好的"双赢"效果。

7. 开展路地共建，创造良好的建设环境

开展路地共建，有利于加强精神文明建设。各参建单位和县乡政府从国家利益出发，本着互利互惠原则，普遍签订了"共建公约"或"共建协议"，明确提出了共建文明村镇、文明工点等目标，形成了思想工作联做，文化生活联建，社会治安联防，公益事业联办的可喜局面。铁路部门把人民利益放在心上，努力做到"建设一条线、带富一大片"。各施工单位履行社会责任，尽力为当地人民群众做好事、干实事，帮助地方修路、造桥、复垦土地、办厂（场）和兴办希望工程等，还结合施工妥善处理农田水利设施，搞好文物保护和环境保护，受到地方政府和人民群众的好评。地方政府和广大群众把京九铁路看成是振兴经济的起步线、希望线、幸福线，像战争年代支前那样，热情、无私地支援京九铁路建设，在多方面给予大力支持。路地共建增强了工农团结，为加快京九铁路建设提供了良好的外部环境。

8. 弘扬时代精神，做到两手抓两手硬

各单位坚持两个文明一起抓，筑路育人造就了"京九精神"。这就是：振兴中华的爱国精神，艰苦奋斗的创业精神，甘愿奉献的牺牲精神，攻难克险的拼搏精神，争创一流的进取精神，尊重科学的求实精神，顾全大局的协作精神。京九铁路建设，既是发展我国经济的重要举措，又是迎接香港、澳门回归的爱国工程。各参建单位充分发挥各级党组织的战斗堡垒作用，进行深入细致的思想政治工作，广泛开展社会主义劳动竞赛，出现了人人心系会战、个个争做贡献、努力争创一流的动人局面。广大职工以实际行动实践了

"决战在京九，奉献在京九，立功在京九"的豪迈誓言，涌现出了许多先进集体、先进模范人物。仅铁道部两次表彰的就有 105 个先进单位、825 名先进个人，有 122 人荣获火车头奖章。一大批讲政治、懂技术、会管理的中青年干部脱颖而出，走上各级领导岗位，一支有理想、有道德、有文化、有纪律的职工队伍茁壮成长，成为新时期铁路建设的生力军。

我们要按照党中央、国务院要求，在优质高效建成京九铁路之后，着力管好用好京九铁路，充分发挥这条南北大通道的重要作用，为促进国民经济发展作出积极贡献。

（本文系作者 1996 年 12 月在"国务院京九铁路建设领导小组会议"上的工作汇报节选。）

青藏铁路建设成就辉煌

在各族人民喜迎国庆 57 周年之际，根据中央宣传部、铁道部和西藏自治区党委安排，由我在拉萨向大家作青藏铁路建设成就报告。经过五年艰苦奋战，在世界屋脊上建成了钢铁天路。这一伟大成就充分证明了党中央在新世纪新阶段作出建设青藏铁路重大战略决策的英明正确；充分体现了党中央对西藏各族人民的深切关怀；充分展示了广大建设者以科学发展观为指导，在科技创新、管理创新等方面取得的丰硕成果。

一、党中央在新世纪之初作出重大战略决策

西藏位于我国西南边陲，由于地理和历史的原因，交通十分困难，制约着经济社会发展。把铁路修到拉萨去，是党中央非常关注的重大问题，也是青藏高原各族人民的殷切期盼。但是，由于在世界屋脊上修筑青藏铁路史无前例，经过了极其艰难的建设历程。

1. 青藏铁路"两上两下"

早在 1955 年 10 月，指挥修建青藏公路的慕生忠将军带领铁道部设计总局西北设计分局（即"铁一院"）3 位工程师，历时 3 个月，对修建青藏铁路可行性进行现场考察。1956 年 1 月，铁道部即安排铁一院开展青藏铁路勘测设计工作。1958 年 9 月，青藏铁路西宁至哈尔盖 181 公里及关角隧道正式开工。1961 年 3 月，因经济原因，青藏铁路工程停工。

1973 年 7 月，周恩来总理在全国计划工作会议上确定，青藏铁路哈尔盖至格尔木段复工。同年 12 月 9 日，毛泽东主席在中南海会见尼泊尔国王比兰德拉时说，中国要修建青海到西藏的铁路，将来还要修到两国边境。1974 年后，铁道兵十师、七师先后进驻铁路工地，国家建委等组织全国 68 个单位 1700 余名工程技术人员参加科技会战。终于攻克盐湖路基等难关，1979 年 9 月铺轨到格尔木，随后开办了西格段临管运营。青藏铁路西格段 814 公里，1984 年 5 月交付兰州铁路局正式运营。由于格尔木至拉萨段地处青藏高原腹地，面临多年冻土等建设难题，青藏铁路工程再次停工。

2. 深入开展方案比选

1977 年 11 月，铁道部党组和铁道兵党委联合向国务院、中央军委请示，建议修建滇藏铁路。1977 年 12 月至 1978 年 1 月，铁道部组织有关专家从昆明至拉萨考察滇藏铁路，返程考察了川藏铁路。对滇藏铁路方案与川藏铁路方案进行比较，推荐滇藏铁路方案。中央领导听汇报后表示赞同。当时，国家百废待兴，进藏铁路建设放缓。20 世纪 80 年代，铁道部研究认为，滇藏铁路沿线自然条件较好，但工程艰巨复杂，20 世纪内难以修到拉萨；如果要尽快把铁路修到拉萨，应先建设青藏铁路。

1994 年 7 月，江泽民总书记在中央召开的第三次西藏工作座谈会上讲话时指出，要抓紧做好进藏铁路论证和勘察工作。铁道部认真贯彻落实，要求铁一院和铁二院开展大面积选线，进行全面论证比较。我主持多次研究后，1997 年 9 月明确对青藏线、甘藏线、川藏线、滇藏线四个进藏方案进行深入论证（图 45、表 16）。1998 年后，集中对青藏铁路和滇藏铁路两个方案进行预可行性研究。1999 年，我考察了滇藏铁路云南段。2000 年 7 月底，我率铁道部有关部门并邀请国家计委基础司负责同志一起，考察青藏铁路沿线自然环境、地形地质、重点工程方案等，听取青、藏两省区领导同志及有关部门的意见。回京后，向铁道部党组做了详细汇报。8月12日我向时任国务院总理朱镕基呈送了《青藏铁路现场考察报告》，明确提出了修建青藏铁路的建议。朱总理阅后批转李岚清、吴邦国、温家宝三位副总理阅，吴邦国副总理专门听了我的汇报，要求抓紧论证上报。9月下旬经专家论证审查，铁道部向党中央、国务院呈报了《进藏铁路采用青藏铁路方案的建议》。铁道部成立了由我担任组长的青藏铁路前期工作领导小组，开展重大问题研究。

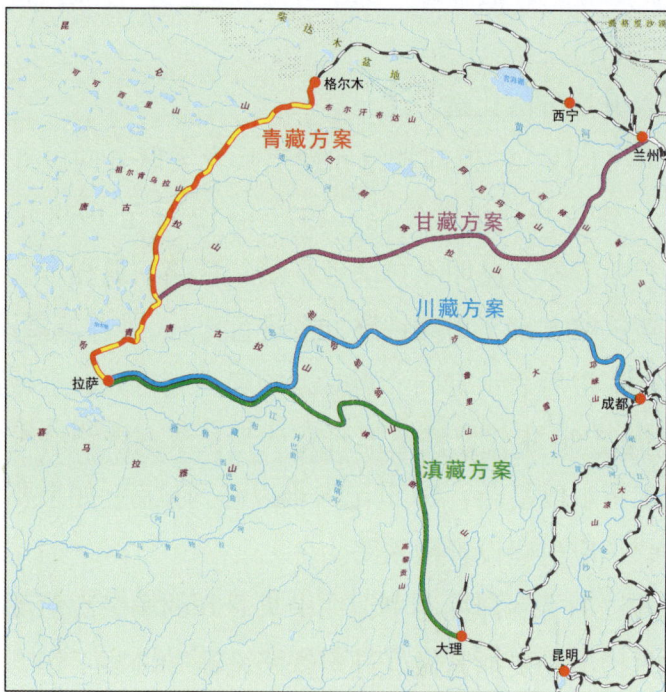

图45　进藏铁路方案示意图

表16　进藏铁路方案主要信息（2000年）

线路方案	长度（公里）			桥隧比（%）	工期（年）
	全长	海拔 >4000 米	多年冻土区		
青藏铁路（格尔木—拉萨）	1110	960	550	3.5	6

续上表

线路方案	长度（公里）			桥隧比（%）	工期（年）
	全长	海拔 >4000 米	多年冻土区		
甘藏铁路（兰州—拉萨）	2126	1394	177	21	12
川藏铁路（成都—拉萨）	1927	133	—	42.5	12
滇藏铁路（大理—拉萨）	1597	48	—	43	12

注：进入 21 世纪后，铁路设计标准提高，桥隧比例和工程造价均有大幅增长，如青藏铁路竣工时桥隧占线路总长达 15.32%。

3. 中央作出重大决策

2000 年 10 月 10 日，在党的十五届五中全会期间，江泽民总书记参加西南组讨论听取发言后，关切地向傅志寰部长询问进藏铁路情况，要求铁道部尽快写一个简要报告。11 月 10 日深夜，江泽民总书记在铁道部呈送的专题报告上，用毛笔写了三页纸的重要批示。江泽民总书记指出，"修建进藏铁路从政治上、军事上看是十分必要的，从发展旅游、促进西藏地区与内地的经济文化交流看也是非常有利的。""这是我们进入新世纪应该作出的一个大决策。"11 月 11 日，朱镕基总理在报告上批示，要求"抓紧论证，提出方案报国务院"。12 月 1 日铁道部报送了《新建青藏铁路格尔木至拉萨段项目建议书》。12 月 14 日，时任国家计委主任曾培炎主持召开了青藏铁路项目立项报告汇报会。

进入新世纪，党中央从推进西部大开发、实现各民族共同发展繁荣的大局出发，作出了修建青藏铁路格尔木至拉萨段的重大决策。2001 年 2 月 7 日，国务院总理办公会研究青藏铁路建设项目，朱镕基总理宣布："修建青藏铁路时机已经成熟，条件已经基本具备，可以批准立项。"成立了青藏铁路建设领导小组，由曾培炎主任（后任国务院副总理）任组长，傅志寰部长任副组长。这使全国人民特别是铁路员工受到极大鼓舞，抓紧开展青藏铁路建设准备工作。

2001 年 5 月，中央任命我为青藏铁路建设领导小组副组长，并兼任领导小组办公室主任。朱镕基总理郑重地对我说，青藏铁路举世瞩目，很快就要开工建设了，中央决定由你担任总指挥。特别强调说，这是中央交给你的重要专项任务。我在花甲之年受此重任，心情特别激动，立即向朱总理表态说："使命光荣，责任重大，机遇难得，我一定不辜负中央期望，竭尽全力建设好青藏铁路！"

4. 青藏铁路正式开工

2001 年 6 月 29 日青藏铁路格拉段开工典礼在青海省格尔木市和西藏自治区拉萨市同时举行。国务院总理朱镕基专程到格尔木出席开工典礼，宣读江泽民总书记贺信，发表重要讲话，宣布青藏铁路全线开工，并剪彩、奠基。国务院副总理吴邦国乘专机到拉萨参加开工典礼，宣读了国务院关于青藏铁路格拉段开工报告的批复，为青藏铁路开工剪彩。走过近半个世纪的曲折历程，青藏铁路进入了全面建设新阶段。

二、五年鏖战全面建成世界一流高原铁路

1. 工程概况

青藏铁路格尔木至拉萨段（简称格拉段），北起青海省格尔木市（南山口站），溯格尔木河而上，经纳赤台攀升至昆仑山垭口，途经五道梁、沱沱河、雁石坪，翻越唐古拉山垭口，经西藏自治区安多、那曲、当雄，顺羊八井峡谷南下，抵西藏自治区首府拉萨市，全长 1142 公里，是世界上海拔最高、线路最长的高原冻土铁路。

全线共设车站 58 处（初期设 45 站）。其中有格尔木、不冻泉、沱沱河、安多、那曲、当雄、拉萨等 7 个有人值守车站，玉珠峰、唐古拉山等 5 个景观站和 33 个无人值守车站。主要工程量及投资见表 17。

表 17　青藏铁路格拉段主要工程量及投资

路基土方 （万立方米）	桥梁 （座/延长米）	隧道 （座/延长米）	正线铺轨 （公里）	工期 （年）	投资 （亿元）
7191	675 / 159879	7 / 9527	1216	原6 调为5	原262.1 调为330.9

青藏铁路建设面临的最大困难：一是地处雪域高原。线路位于海拔 4000 米以上地段 960 公里，占线路总长 84%，翻越唐古拉山的铁路最高点海拔 5072 米（世界上已建铁路最高点是 4817.8 米）。沿线空气稀薄，氧气只有海平面的 50%～60%，年平均气温在 0℃以下，极端最低气温为 -45℃，属于"生命禁区"，对建设、运营人员是严峻考验，对建筑工程和设备具有特殊要求。二是地质极为复杂。线路经过连续多年冻土区长达 550 公里，另有部分岛状冻土、深季节冻土、沼泽湿地和斜坡湿地。此外，沿线地震、崩坍、滑坡、泥石流、风沙、雷电等灾害严重，复杂的地质条件对设计和施工技术提出了很高要求。三是生态环境脆弱。由于特殊的地理环境和严酷的气候条件，生态环境一旦受到扰动破坏，短期内极难恢复，甚至根本无法恢复，具有不可逆转性，对生态环境保护提出了严格要求。青藏铁路建设面临多年冻土、高寒缺氧、生态脆弱"三大世界性难题"的严峻挑战，是当今世界高原最具挑战性、最富创造力的宏伟工程。（图 46）

2. 总体部署

青藏铁路 2001 年 6 月 29 日开工后，我们作出了总体部署。制

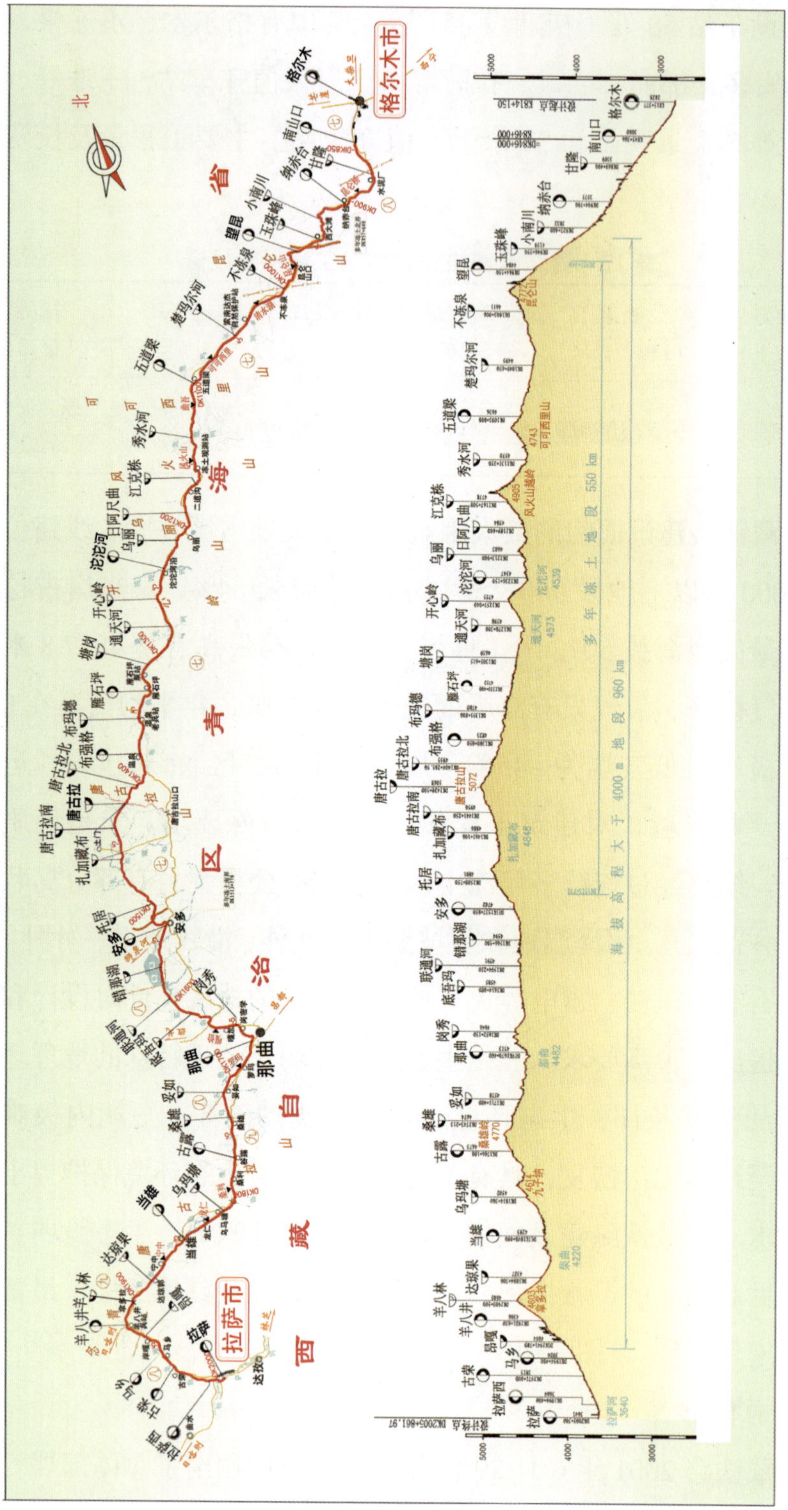

图 46 青藏铁路平面、纵断面示意图

定了"拼搏奉献，依靠科技，保障健康，爱护环境，争创一流"的建设方针，要求全体建设者坚持以人为本，必须把勇于拼搏奉献作为思想基础，把依靠科技进步作为强大动力，把保障安全健康作为根本前提，把爱护生态环境作为神圣职责，把争创世界一流作为奋斗目标。按照总工期要求，以建设世界一流高原铁路为目标，以攻克"三大难题"为重点，认真编制全线施工组织设计，"由北向南、逐步推进、分段建设、分段铺轨"，拟定了分区段、分年度施工计划和实施方案。确定了三岔河大桥、清水河特大桥、长江源特大桥、拉萨河特大桥、昆仑山隧道、风火山隧道、羊八井隧道群、安多车站、拉萨车站和铺架工程等 32 项重点控制性工程。各参建单位周密安排年度建设任务分项计划，坚持科学组织和有效协调，合理配置生产要素，确保了各年度按计划逐一实现。

3. 有序推进

2001 年首战告捷。集中力量开展格尔木至望昆段冻土工程试验段及昆仑山隧道、风火山隧道、羊八井隧道施工。组织优势科研团队，围绕 5 个冻土试验段联合攻关、协同创新。到年底，南山口铺架基地建成，格（尔木）望（昆）段 157 公里路基成型，一举夺得开局胜利。

2002 年重点攻坚。建设队伍挺进海拔 4500～5000 米的昆仑山至唐古拉山段，展开冻土工程地段和西藏段部分重点工程施工。全线重点控制性工程昆仑山隧道和风火山隧道胜利贯通；清水河特大桥和长江源特大桥主体完工。6 月 29 日，开始从南山口正式铺轨，11 月 20 日铺轨到达望昆站。

2003 年全面攻坚。唐古拉山以北地段桥隧路基工程基本完成。在全线海拔最高，缺氧最严重，气候条件和生活、施工环境最恶劣的唐古拉山"无人区"全面展开施工。西藏境内羊八井 1 号、2 号隧道相继贯通，拉萨河特大桥建设进展顺利。全线 32 项重点、难点工程中有 21 项完工或基本完工。创造了日铺轨 7.925 公里、日架梁 11 孔的高原铺架新纪录。

2004 年整体推进。全面完成线路下部主体工程，开展站后工程试验。根据工程进展情况，决定在安多增建了世界海拔最高的铺架基地，全线铺架形成南北双向三面推进之势。控制全线总工期的铺架作业取得新突破，当年铺轨 396 公里，相当于前两年铺轨里程总和。

2005 年全线决战。突出唐古拉山越岭地段线下工程会战和拉萨车站施工重点，确保唐古拉山越岭高海拔地段和羊八井峡谷长大下坡道铺架安全。8 月 24 日，铺轨通过海拔 5072 米的唐古拉车站，刷新了世界铁路海拔最高纪录；8 月 25 日，融藏民族文化与现代建筑风格于一体的青藏铁路标志性工程——拉萨车站主体完工。10 月 12 日铺轨全线贯通，标志青藏铁路建设取得决定性重大胜利。由 8 家企业捐赠的粮食、化肥、煤炭、钢材等共计 12300 吨援藏物资，通过新建青藏铁路陆续运抵拉萨西站。

2006 年开通运营。加快青藏铁路格拉段工程收尾配套、设备安装和运营准备工作，组织开展机车客车型式试验。3 月 1 日和 5 月 1 日，如期组织的货物列车和旅客列车工程运营试验获得成功。同时，对青藏铁路西格段既有铁路改扩建工程组织会战。2006 年 6 月，铁道部对青藏铁路格拉段进行了工程初验和安全评估，给予高度评价。通过工程初验和安全评估，为全线按设计速度开通运营提供了可靠依据，总工期比计划提前一年。

2006 年 7 月 1 日，青藏铁路通车庆祝大会在格尔木和拉萨同时举行。胡锦涛总书记在格尔木参加庆祝大会，发表重要讲话，称赞青藏铁路"不仅是中国铁路建设史上的伟大壮举，也是世界铁路建设史上的一大奇迹"。"建成青藏铁路这一壮举将永载共和国的史册。"这一喜讯令国人欢庆，令世界震惊。国内外媒体做了大量报道。新华社报道："人类开启了客运火车穿越'世界屋脊'的历史"；《人民日报》报道："幸福之路开启西藏发展新时代"；美联社称："中国开通世界海拔最高铁路"；德国《法兰克福评论报》称赞青藏铁路："中国使不可能变成了可能"等。

青藏铁路胜利建成通车，是党中央、国务院亲切关怀的结果，是青藏铁路建设领导小组正确领导的结果，是铁道部精心组织的结果，是国家各部门和青、藏两省区大力支持的结果，是全体建设者顽强奋战的结果。5年来，国家有关部门协调解决建设资金、建设用地、公路改造、电力供应、科研攻关、舆论宣传等问题，给青藏铁路建设提供了有力支持。青、藏两省区各级党委、政府把青藏铁路建设作为重中之重，特事特办，急事急办，积极做好征地拆迁、物资供应、劳务输出、民工管理、爱路护路等工作，为青藏铁路创造了良好的建设环境。在此，我代表铁道部向给予青藏铁路建设大力支持的政府部门、企事业单位及人民群众，表示崇高敬意并致衷心感谢！

三、立足自主创新取得辉煌建设成就

为高起点、高标准、高质量地建设世界一流高原铁路，全体建设者坚持依靠科技进步，走自主创新之路，取得了一系列创新硕果，创造了惊艳世界的辉煌成就。

1. 攻克多年冻土等重大工程技术难题

冻土是处于负温或零度并含有冰的岩土。多年冻土是冻结状态持续两年或两年以上的冻土。青藏高原多年冻土处于中低纬度，具有温度高、厚度薄、敏感性强的特点，造成融沉冻胀变形，影响铁

路稳定。世界上多年冻土区既有铁路病害都相当严重,行车速度普遍较低,大多只有 50～70 公里 / 时。而青藏铁路格拉段多年冻土地段设计速度为 100 公里 / 时(非冻土地段为 120 公里 / 时),所以我们必须突破多年冻土这个世界性难题。

制订勘察、设计和施工暂行规定。在青藏铁路开工之前,充分借鉴国内外冻土工程经验教训,结合中国高原多年冻土科研成果,编制了青藏铁路多年冻土区勘察、设计、施工暂行规定,为工程建设提供了规范性依据,填补了我国没有冻土区铁路建设规范的空白。在实践中不断深化认识,对"暂行规定"进行修改完善,体现了中国高原冻土技术的最新水平。

开展冻土工程试验研究。在 5 个不同冻土类型区段选取不同地温和地层条件的路基、桥涵、隧道作为试验工程,于 2001 年下半年首先开工建设,开展冻土工程试验研究。设立 39 项科研课题,组织全国 200 多名科技人员展开联合攻关,获得大量科研试验成果,有效指导了设计和施工。

查明多年冻土分布规律。采取以钻探为主,辅以地质雷达、浅层地震等物探方法,加大了地质钻探密度,完成地质钻探 15×10^4 米,土工化验 6 万多组,地温观测孔 900 多个,综合物探剖面 400 公里。查明了沿线多年冻土分布规律,研究提出了反映青藏铁路冻土类型特点的工程地质平纵断面资料,以及多年冻土地温分布。

确立主动降温设计思想。以往多年冻土区铁路工程,主要采取增加路堤高度和铺设保温材料等措施,隔断或减少外界进入路基下部的热量,从而阻止或延缓多年冻土退化,这属于"被动保温"措施。青藏铁路冻土工程设计突破传统理念,在试验研究和理论分析基础上，确立了"主动降温、冷却地基、保护冻土"的设计思想，充分利用天然冷能保护多年冻土。多年冻土工程设计实现了"三大转变"，即：对冻土环境分析由静态转变为动态；对冻土保护由"被动保温"转变为"主动降温"；对冻土治理由单一措施转变为多管齐下、综合施治，使地基始终处于冻结状态。对厚层地下冰、不良冻土现象发育和高含冰量的冻土地质条件复杂地段，则采用桥梁形式通过。

总结成套冻土工程措施。通过大量观测试验和理论研究，用阶段性试验研究成果指导设计施工，创新了片石气冷路基、碎石（片石）护坡或护道、通风管、热棒、路基铺设保温材料、路基边坡设遮阳棚、对极不稳定的多年冻土地段采取"以桥代路"等成套冻土工程技术措施，在冻土工程理论与冻土工程实践结合上取得重大突破。在不同特点的冻土地段综合运用上述工程措施，取得了良好效果。经过3～4个冻融循环观测，多年冻土上限普遍抬升，路基下界地温降低，路基工后寒、暖季的冻胀、沉降变形均小于设计规范允许值，已建成的路基、桥涵和隧道工程结构坚固稳定。冻土地段线路平顺，列车运行达到设计速度要求。（图47、图48）

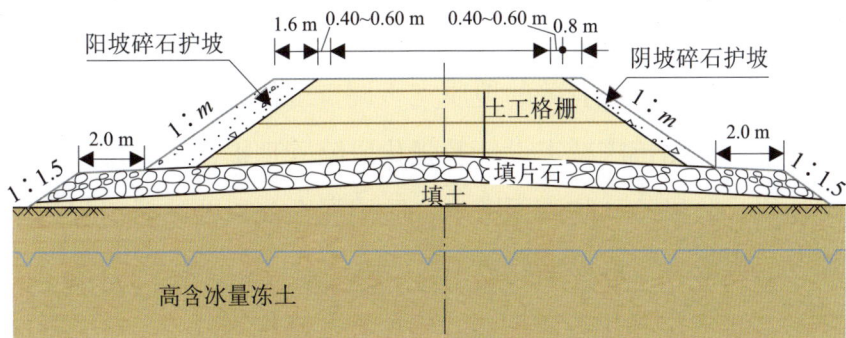

图47　片石气冷路基

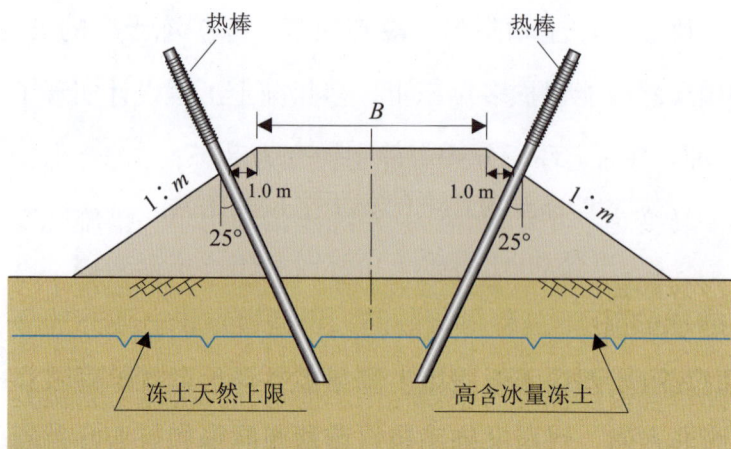

图 48　热棒路基

2004 年 9 月，在第六届世界多年冻土工程会议上，中外专家一致认为，青藏铁路建设依靠自主创新，解决高原多年冻土区筑路关键技术难题取得惊人进展，采取的主要工程措施可靠，能够保证安全稳定，在多年冻土工程领域走在了世界前列。2006 年 8 月，参加亚洲国际多年冻土会议的中外冻土专家考察青藏铁路现场认为，青藏铁路是 21 世纪的伟大工程，体现了当今世界冻土技术最好水平。

在全力攻克多年冻土工程难题的同时，针对青藏高原严寒、干燥、强辐射等恶劣条件，研制出 DZ 型系列外加剂，提高了混凝土结构的耐久性。在抗震减灾方面，对青藏铁路全线活动性断层、地震烈度区划、重点工程场地地震安全性进行评价，开展了地应力测量以及与活动性断层有关的地质灾害调查工作，并通过有关部门评审，为青藏铁路抗震减灾设计及强化风险管理提供了科学依据。在防紫外线、防风沙、防高原雷电、防治泥石流以及站后工程技术研究等方面也取得了许多创新成果。

2. 实现大规模建设高原病"零死亡"目标

青藏铁路沿线高寒缺氧、干燥风大、强紫外线辐射，处于鼠疫自然疫源地，不少地段可饮用水缺乏，特别是由缺氧严重而导致的高原肺水肿和脑水肿等急性高原病频发，严重影响着人体健康和劳动能力。铁道部和卫生部按照"以人为本，卫生保障先行"的原则，在青、藏两省区大力支持和密切配合下，坚持"预防为主，防治结合"，确保参建人员能够上得去、站得稳、干得好。开工五年来，每年都有2万至3万多名建设者奋战在高原，卫生保障工作创造了"高原病零死亡、非典疫情零发生、鼠疫疫情零传播"的优异成绩。2004年8月，在第六届国际高原医学大会期间，来自20多个国家的专家学者到青藏铁路现场考察后，称赞青藏铁路建设卫生保障防治救护成效卓著，认为这是对世界高原医学事业的重大贡献。

制定适应高原的卫生保障制度。铁道部、卫生部联合制定下发了《青藏铁路卫生保障若干规定》和《青藏铁路卫生保障措施》，成为青藏铁路建设卫生保障工作的指导性文件。针对可能发生的公共卫生事件，制定了《青藏铁路突发公共卫生事件应急预案》、《青藏铁路建设鼠疫防治工作技术方案》（包括"鼠疫防治预案"）。针对站后工程专业多、战线长、人员流动分散等特点，制定了《青藏铁路建设站后和零散人员卫生保障管理办法》等。这些制度保证了全线卫生保障工作规范有序运行。

建立完善的卫生保障体系。在青藏铁路建设总指挥部设立医疗卫生部，以格尔木铁路医院和西藏军区总医院为依托，在施工高峰期建立了三级医疗机构（或派出机构）6个，二级医疗机构（局指挥部工地医院）23个，一级医疗机构（项目部卫生所）115个，形成了能够及时有效救治危重病人的网络体系。全线设置大型制氧站17个，配置高压氧舱25台。开工以来，全线共接诊病人53万余人次，其中470例高原性脑水肿、931例肺水肿患者全部得到了有效救治。

　　形成健全的卫生保障机制。严格掌握高原准入标准，实行体检筛选制度，进行阶梯式习服适应，从源头上确保健康人员进入高原。编印了《高原卫生知识手册》，开展全员卫生知识宣传教育，提高了参建人员的自我防护意识。邀请青、藏两省区专家医疗组到建设工地指导，建立了处置突发疫情和抢救危重病人的应急机制。采取多种措施降低劳动强度，加强食品卫生安全检查，提高伙食补助标准，免费提供医疗、抗缺氧药品和劳保用品，为参建人员创造了良好的劳动和生活环境。

　　探索有效防治高原病的新途径。铁道部组织高原医学专家成立"高原生理咨询组"，研究指导解决防治急、慢性高原病中的关键技术问题。联合组织科研攻关，在世界上首次进行海拔 4900 米人工制氧科学研究，研制出每小时生产 24 立方米高纯度氧气的高原医用制氧机，创造性地实现了风火山隧道掌子面弥漫供氧和工地氧吧车供氧，有效改善了施工作业环境。这一成果已在全线推广采用。在海拔 4500 米至 5100 米地区创造性地运用高压氧舱防治高原病，取得了显著成效。（图 49）

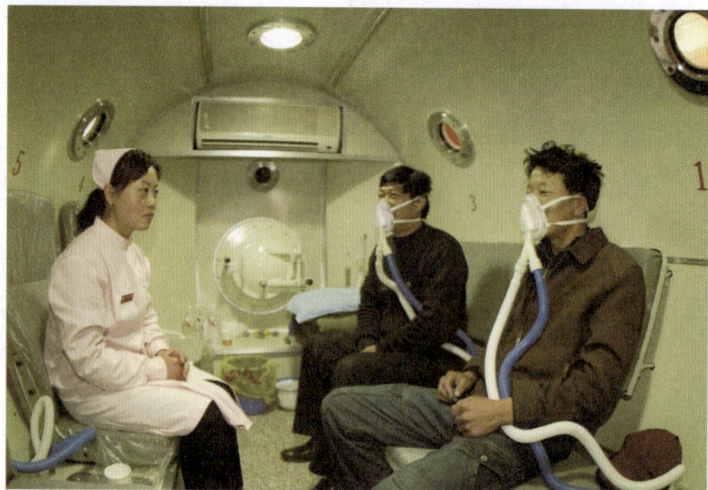

图 49　高压氧舱治疗

防范施工现场发生鼠疫疫情。青藏高原是我国最活跃的鼠疫疫源地之一。开工以来，青藏铁路沿线动物间鼠疫疫情时有发生，最近处仅离建设工地约 500 米。各参建单位加强鼠防宣传教育，重点组织职工民工学习鼠防知识，严格执行鼠防制度。依靠地方政府，培训鼠防人员，掌握疫情信息，实施周密预防。工地医院专设鼠疫隔离病房，及时处置突发疫情。由于各方高度重视，杜绝了建设工地发生人间鼠疫。卫生部组织全国鼠防专家对全线检查，认为青藏铁路建设防控鼠疫措施可靠，为西部大开发防控人间鼠疫提供了宝贵经验。

3. 创造重大工程项目环保领先水平

青藏高原素有"世界屋脊""地球第三极"之称，生态系统独特，珍稀物种丰富，自然景观多样，高寒湿地广布，是世界山地生物物种一个重要的起源和分化中心，是中国和南亚地区的"江河源""生态源"。保护生态环境是中国的一项基本国策。在青藏铁路建设中认真落实科学发展观，依法环保、科技环保、全员环保，把搞好生态环境保护作为自己的神圣职责。

严格执行环境保护法规。全面贯彻执行《环境保护法》《野生动物保护法》《水土保持法》等环境保护法律法规，在项目各个阶段都依法按程序进行环境影响评价。先后编制了格尔木至唐古拉山段、唐古拉山至拉萨段环境影响报告书（含水土保持方案），经国家环保总局和水利部批复后实施。以生态环境评价结果指导设计、施工和环境管理，做到了环保设施与主体工程同时设计、同时施工、同时投产。根据环保法规确立了环保设计原则：一是在设计选线上，防止阻断保护区的物流、能流和基因流，不改变区域地表结构现状；二是在高温高含冰量冻土及湿地地段，尽量采用桥梁工程通过；三是线路必须穿越湿地时，要保证湿地的连通性；四是设置足够的动物通道，以满足动物觅食、迁徙、繁衍和种群之间交流的需要；五是统筹规划、合理安排、严格控制施工用地。这些原则对落实环保措施具有重要作用。

创新高原环保管理模式。建立由青藏铁路建设总指挥部统一领导、施工单位具体落实并承担主体责任、工程监理单位负责施工环保工作日常监理、环保监理实施全面监控的"四位一体"环保管理体系。在中国铁路建设史上，首次建立项目环保监理制度。把环保工作纳入"建功立业劳动竞赛"和"优质工程"评定范围，实行环保一票否决制。青、藏两省区环保局专门成立了青藏铁路建设环境监察办公室，与青藏总指及参建单位签订了环境保护责任书，定期监察全线环保工作，及时纠正违规现象。强化全员环保教育，把保护青藏高原的一草一木变为广大参建人员的自觉行动，有效提高了参建人员的环保意识和环保施工能力。

攻克高原植被保护难题。开展地表植被保护研究，先将线路范围内可用植被连同腐殖土易地假植（保存），待工程成型后再将这些植被覆盖到已完路基边坡或施工场地。在海拔4500米以上的高寒草原、高寒草甸地段，选择抗寒效果好的草种和抗蚀效果好的草皮，采用人工播种，辅以喷播、覆膜等培育技术，在取、弃土场和路基边坡进行植草植被恢复、植被再造和草皮移植试验，总面积近3万平方米均获成功，开创了世界高原、高寒地区人工植草试验成功先例。此项工法在全线有条件的区段推广，唐古拉山以南安多至拉萨间已形成300多公里"绿色长廊"。（图50）

保护野生动物自由迁徙。铁路选线尽量避开野生动物栖息、活动的重点区域，如西藏段工程绕避了林周彭波黑颈鹤保护区。对于必须经过野生动物活动区域的路段，如穿越可可西里、楚玛尔河、索加等自然保护区的线路，设计时进行多方案比选，尽量减少对自然保护区的干扰。组织专家深入调查沿线野生动物分布习性和迁徙规律，设置了桥下、隧顶等野生动物通道共33处。通过诱导试验研究和现场监测报告表明，仅从可可西里五北大桥动物通道经过的藏羚羊每年都有数千只，证明青藏铁路设置野生动物通道可行、有效。（图51）

图50　当雄绿色路基
（迎接铺轨）

图51　藏羚羊从青藏铁路
五北大桥下通过

遏制沿线水土流失。对宜于植草地段的路基边坡大量采用草皮防护，不宜于植草地段的路基边坡采用干砌片石或混凝土预制块方格型骨架防护，或采用挂网喷射混凝土防护。对半固定沙丘和风沙流地段，在路基两侧设置石方格或土工格栅，对高路堤、深路堑设置了挡土墙。相对集中设置了取弃土场和沙石料场。这些措施有效遏制了铁路沿线水土流失。经青、藏两省区水保部门检测，青藏铁路沿线水力、风力侵蚀实际检测值，均小于当地背景值。

防止江河湖泊污染。在唐古拉山以南工程设计中，专门编制了错那湖自然保护区路段环保篇章，施工单位用13万条沙石袋垒成20多公里护堤，有效防止了湖水污染。拉萨河特大桥施工采取严格环保措施，使用旋挖钻机干法成孔，避免泥浆污染拉萨河水。将沿线工地产生的固体废物和营地生活垃圾分类收集，不可降解成分运至指定地点集中处理。沿线车站尽可能选用太阳能等清洁型能源。沱沱河站污水处理达到国家规定的生活用水标准。其他车站污水处理达标后将用于车站范围内绿化，不直接排入地表水体，以减少对环境的影响。

青、藏两省区环保部门公布的监测结果显示，青藏铁路建设对河流水质无明显影响，冻土环境未出现明显改变，沿线野生动物迁徙条件和铁路两侧自然景观未受破坏，沼泽湿地环境得到了有效保护。全国人大环资委在专题调研后认为，青藏铁路建设是落实科学发展观的具体体现，是构建人与自然和谐的重要范例，是依法保护环境的先进典型。国家审计署在专项环保审计后认为，青藏铁路建设的环保工作扎实有效，成绩巨大，环保管理模式和环保工作经验值得在全国重大工程建设项目中推广运用。国家环保总局等部门多次检查后，把青藏铁路赞誉为"环保型铁路"。认为青藏铁路环境保护在中国重点工程建设中处于领先水平，具有示范意义。

4. 优选运用世界一流运营装备

为实现建设世界一流高原铁路目标，铁道部提出了"三项具体要求"，即"列车以最快速度通过高原，全线设备免维修或少维修，基本实现'无人化'管理"。按照这个要求，确定全线技术装备必须"先进、成熟、经济、适用、可靠"的原则。使关系运输安全、运输质量、运输效率的技术装备达到了世界先进水平。

引进大功率内燃机车。青藏铁路使用的机车是从美国进口的NJ2型内燃机车。这种机车采用交流传动技术，制动能力强，功率损耗小，启动牵引力大，燃油消耗较低，废气排放达标和维修周期较长，是目前世界最先进的高原型牵引机车。我国自主创新的高原内燃机车正在加快研制中。

制造高原供氧客车。我国自主研制的青藏铁路高原型客车，具有五大创新：一是供氧技术。首创世界旅客列车供氧系统，安设了能够进行车厢弥散式散氧和分布式吸氧的供氧装置，提高了旅客旅行舒适度。二是绿色环保设计。客车装用真空集便器和废水收集装置以及压缩式垃圾箱，运行中产生的污水污物实现"零排放"。三是大功率发电车。发电车功率增加到 2000 千瓦（普通发电车最大800 千瓦），运用了双空气弹簧、无磨损橡胶复合定位、盘形制动等先进技术。四是电气系统高可靠。提高了设计标准，特别是增强电气绝缘性能与防雷击保护性能等。五是防紫外线、防风沙。采用密封式车体钢结构和密封式折棚风挡，首次采用双唇密封式结构的塞拉门，车窗玻璃为低辐射中空玻璃。

采用世界先进的通信信号系统和电力设备。在国内首次建成GSM-R 数字移动通信、数字调度电话（FAS）、卫星电话系统，可在青藏铁路移动设备和固定设备之间安全传送调度命令、车次号数据信息；采用我国最新研制的分散自律调度集中（CTC）系统，对全线列车进路实施集中控制，在国内铁路首次采用基于卫星列车定位技术（GPS），装备先进的调车无线监控系统，大大提高了安全调车作业效率；在国内首次采用供电距离可达 350 公里的 35 千伏长距离供电技术（远远超过了 90 公里的正常供电距离），采用我国铁路最先进的集中监控电力远动系统，使全线供电状态处于调度台监控之下，可在最短时间发现故障。

5. 创新铁路建设项目管理模式

青藏铁路建设是一项庞大的系统工程。我们以建设世界一流高原铁路为总目标，运用系统工程原理、方针目标管理、网络计划技术、现代信息技术等，在实现建设管理创新方面进行了卓有成效的积极探索。

首次实行公益性铁路建设项目法人责任制。青藏铁路是典型的公益性建设项目，全部投资由国家安排（其中 75% 为中央财政性资金，包括国债；25% 为铁路建设基金）。2001 年 6 月成立了青藏铁路公司筹备组，2002年7月经国务院批准成立具有项目法人资格的国有大型企业——青藏铁路公司（同年9月在西宁挂牌），全面负责青藏铁路建设和运营管理。在格尔木设立青藏铁路建设总指挥部，作为青藏铁路公司派出机构，代表项目法人全面负责青藏铁路建设工作。2004年6月19日，铁道部将管理青藏铁路西宁至格尔木段运营的兰州铁路局西宁铁路分局并入青藏铁路公司，使青藏铁路公司既管建设又管运营。这是我国公益性铁路建设项目制度创新的有益探索。

建立"五大控制目标"体系。为实现建设世界一流高原铁路总目标，制定了工程质量、健康安全、环境保护、工期、投资"五大控制目标"。这充分体现了以人为本、可持续发展、科学发展的要求，是对传统的质量、工期、投资"铁三角"管理内容的重大突破，彻底改变了忽视安全和环保的落后状况。对各项目标进行层层分解，实现全员参与，全方位落实，全过程控制。研究开发了青藏铁路建设项目管理信息系统，加强管理信息的收集、整理、分析、传输，做到信息畅通、资源共享。在青藏铁路建设中，我们将质量、环保、职业健康安全各要素加以整合，实施一体化管理。

坚持试验先行、样板引路。各专业工程和设备，都必须先进行高原高寒环境适应性试验。组织科技人员在5个不同类型多年冻土试验段进行站前工程试验，在南山口至不冻泉157公里地段进行站后工程试验段；对既有内燃机车、架梁机、铺轨机等技术改造后进行环境试验，对美国GE公司制造的NJ2型机车、四方股份和BSP公司制造的高原客车进行型式试验；同时对高寒植被恢复与再造进行试验研究。这些都收到了优化设计、指导施工、少走弯路的良好成效，确保工程质量创优。

创新队伍管理模式。在施工企业与铁道部"脱钩"之后，建设单位与施工单位由过去的行政隶属关系转变为经济合同关系。我们在严格实行合同管理的同时，在青藏铁路建设总指挥部设立了党工委，吸纳主要施工单位主管领导为党工委成员，参与议事决策，将行政上无隶属关系的施工单位统一在党工委领导之下，形成既管建设又管施工队伍，既管工程又管思想的新模式。各参建单位将民工队伍纳入职工队伍统一管理，对民工与职工一视同仁，全面落实"三统一"（统一居住条件、统一饮食标准、统一医疗保障）要求和民工管理各项规定。各参建单位协调配合，形成共创一流的强大合力。

6. 青藏铁路建设基本经验

党和国家领导人以及各界人士多次视察、考察青藏铁路，新闻媒体进行大量有影响的报道，对青藏铁路建设的伟大成就给予高度评价。通过认真总结，青藏铁路建设基本经验概括为"八个坚持"。即：坚持牢记崇高使命，高标准建设世界一流高原铁路；坚持集中力量办大事，形成团结协作共创崭新格局；坚持依靠科技创新，攻克高原冻土等技术难题；坚持以人为本思想，确保参建人员健康和安全；坚持人与自然和谐，建设具有高原特色的生态环保型铁路；坚持质量第一方针，全面建成高原铁路精品工程；坚持项目管理创新，实现铁路建设管理新突破；坚持建路育人宗旨，培育和弘扬青藏铁路精神。

五年建设期间，全体建设者牢记党和人民的重托，以高度的光荣感、责任感、使命感奋战高原，立功高原，以惊人的毅力和勇气战胜了各种难以想象的困难，用自己的心血和汗水谱写了人类铁路建设史上的光辉篇章，建成了世界一流高原铁路，铸就了具有鲜明时代特征的青藏铁路精神——"挑战极限，勇创一流"。胡锦涛总书记在青藏铁路通车庆祝大会讲话中，号召全党全国各族人民学习和弘扬挑战极限，勇创一流的青藏铁路精神。这是党和国家对青藏铁路全体建设者的最高褒奖。青藏铁路建设涌现出大批先进集体和模范人物：有 9 名个人被授予全国劳动模范称号；34 名个人、16 个集体荣获全国五一劳动奖章和奖状；112 名个人、43 个集体被有关部委和省、自治区授予劳动模范和先进集体称号；134 名个人、30 个集体被授予火车头奖章和火车头奖杯。青藏铁路建设先进事迹报告团在北京等地演讲，产生了强烈的社会反响，充分展示了当代铁路建设者的崭新风采，矗立起千古不朽的高原丰碑。

四、西藏铁路发展前景美好

在青藏铁路开通运营之后，确立了管好用好世界一流高原铁路的新目标，制定科学管理的新举措。针对多年冻土、高寒缺氧、环境脆弱"三大难题"，建立长期监测系统，持续开展技术创新。探索具有高原高寒铁路特色的维修养护新技术，以及运营管理新制度。使人员、设备、制度等经受考验，确保运输安全、舒适、畅通、高效。充分发挥青藏铁路的重要作用，创建青藏铁路运输品牌，为青、藏两省区经济社会发展、人民生活水平提高、巩固西部边防等作出更大贡献。

从国家发展战略和青藏两省区发展需要出发，研究制定青藏地区铁路发展规划。建议：修建拉（萨）日（喀则）线，今后延伸为新藏线（从新疆和田到西藏日喀则）；修建拉（萨）林（芝）线，今后延伸为川藏线（成都至拉萨）；修建滇藏铁路（昆明至拉萨），构成出海通道；修建那曲至昌都铁路等。还有，从日喀则至边境修建中（国）尼（泊尔）国际铁路。青海省境内将修建从格尔木东达四川成都、西达新疆库尔勒的长大干线等。这些发展规划描绘了青藏地区铁路网建设的宏伟蓝图，令人欢欣鼓舞，期盼早日实现！

（本文系作者2006年9月28日在中宣部、铁道部、西藏自治区党委在拉萨举办的"青藏铁路建设成就报告会"上的报告。）

建设管理

[链接]

2009年1月9日上午，国家科学技术奖励大会在人民大会堂隆重举行。青藏铁路工程荣获2008年度国家科技进步奖特等奖。当我从胡锦涛总书记手中接过大红色的国家科技进步奖特等奖奖状时，激动地说："感谢中央领导亲切关怀！这个殊荣属于全体青藏铁路建设者！"

2016年，在青藏铁路通车运营十周年之际，我率研究团队到青藏铁路全线调研。调研表明，青藏铁路为西藏提供全天候、大能力运输，完成进出藏货运量占全西藏总货运量78.6%，完成进出藏客运量占全西藏总客运量34.4%，在综合运输体系中发挥着骨干作用。青藏铁路提高了区域内外的通达性，促进产业结构发生重大变化，第三产业增加值远高于第一、第二产业，旅游业已成为青、藏两省区主导产业。青藏铁路节省时间、节能减排、减少交通事故、促进社会公平，运营十年产生的间接效益达334.8亿元，已超过青藏铁路项目建设总投资（330.9亿元）。青藏铁路运营，增强了我国西部边疆地区国防能力。这条具有明显公益性的铁路，运营十年取得了卓著的综合效益，为实现国家战略和青、藏两省区发展作出了重大贡献！

大力弘扬青藏铁路精神

世纪沧桑，百年风华。

2021 年 7 月 1 日，举国欢庆，神州雷动，迎来伟大的中国共产党百年华诞。

习近平总书记深刻指出，在一百年的非凡奋斗历程中，一代又一代中国共产党人顽强拼搏、不懈奋斗，涌现了一大批视死如归的革命烈士、一大批顽强奋斗的英雄人物、一大批忘我奉献的先进模范，形成了一系列伟大精神，构筑起了中国共产党人的精神谱系，为我们立党兴党强党提供了丰厚滋养。要教育引导全党大力发扬红色传统、传承红色基因，赓续共产党人精神血脉，始终保持革命者的大无畏奋斗精神，鼓起迈进新征程、奋进新时代的精气神。

在中国共产党百年光辉史册上，在中国共产党人的精神谱系中，青藏铁路精神留下了鲜亮的一页。20 年前，广大青藏铁路建设者牢记党、国家和人民重托，以国家需要为最高需要，以人民利益为最高利益，奋战高原，拼搏奉献，铸造辉煌，建成了世界一流高原铁路，培育了"挑战极限、勇创一流"的青藏铁路精神。青藏铁路精神是中国共产党人永葆初心带领各族人民追求中华民族复兴的真实写照，也是几代铁路人矢志不渝践行"人民铁路为人民"宗旨的生动体现。

2006 年 7 月 1 日，胡锦涛总书记在青藏铁路通车庆祝大会上，号召全党全国各族人民大力学习和弘扬挑战极限、勇创一流的青藏铁路精神。2018年10月10日，习近平总书记主持召开中央财经委员会第三次会议，强调规划建设川藏铁路，对国家长治久安和西藏经济社会发展具有重大而深远的意义，一定把这件大事办成办好。要发扬"两路"精神和青藏铁路精神，高起点高标准高质量推进工程规划建设。2020年11月，习近平总书记作出重要指示，再次强调发扬"两路"精神和青藏铁路精神，高质量推进工程建设。

我们要认真学习、贯彻中央领导的指示精神，大力弘扬青藏铁路精神，为推进交通强国建设作出更大贡献。

一、青藏铁路建设艰辛历程

党和国家高度重视。把铁路修到拉萨去，一直是党和国家高度关注的重大问题。从20世纪50年代至70年代末，青藏铁路历经了"两上两下"的艰苦历程。青藏铁路西宁至格尔木段1958年9月开工，1961年3月因国家经济困难而停工；1974年复工，1979年西格段铺通临管运营（1984年5月正式交付运营），但格尔木至拉萨段停建。在20世纪80年代至90年代末，铁道部组织开展了规模宏大的进藏铁路方案比较，经过充分论证提出了建设青藏铁路的建议。进入新世纪，党中央、国务院从经济发展、政治稳定、民族团结、国防安全等大局出发，作出了建设青藏铁路的重大战略决策，使青藏两省区人民殷切期望和三代铁路人的夙愿得以实现。

谱写高原筑路新篇章。党中央、国务院对修建青藏铁路（格尔木至拉萨段）提出了明确的奋斗目标：建设世界一流高原铁路。青藏铁路格拉段全长1142公里，其中海拔4000米以上地段960公里，连续多年冻土地段550公里，沿线工程地质复杂，高寒缺氧、生态脆弱，气候之恶劣、工程之艰难在人类铁路建设史上前所未有。青藏铁路于2001年6月29日开工建设，经过5年艰苦奋战，于

2006年7月1日建成通车。广大铁路建设者在建设世界上海拔最高、线路最长的高原铁路中，取得了一系列技术创新和管理创新成果。青藏铁路工程荣获国家科技进步奖特等奖。

绘就青藏铁路精神图谱。"挑战极限，勇创一流"的青藏铁路精神，在全体参建人员顽强拼搏下凝聚创新，在巍巍高原上凝练成型，以催人奋进的感召力量传播华夏。青藏铁路精神作为中国共产党精神图谱的组成部分，激励着亿万民众同心同德，勇攀高峰，为实现中华民族伟大复兴中国梦而不懈奋斗。

二、铸造青藏铁路精神

修建世界上海拔最高、线路最长的青藏铁路，是前无古人的伟大壮举，除了要有雄厚的经济实力和科技实力作支撑，也要有强大的精神力量来推动。不仅要让神奇的天路飞跨雪域高原，也要培育具有崇高精神的建设队伍。在继承铁路优良传统和弘扬"老西藏精神""两路精神"基础上，凝聚形成具有鲜明时代特征的"青藏铁路精神"。

1. 青藏铁路精神概述

青藏铁路精神高度概括为八个字：挑战极限，勇创一流。

挑战极限——广大建设者以不畏艰险的英雄气概和求真务实的科学态度，克服许多常人难以想象的艰难困苦，在生命禁区挑战生理和心理极限，攻克"多年冻土、高寒缺氧、生态脆弱"三大世界难题。

勇创一流——广大建设者以敢于超越前人的大智大勇开拓创新，制定一流工作标准，实施一流工程管理，创造一流施工质量，运用一流技术装备，培养一流建设队伍，建设世界一流高原铁路。

"挑战极限，勇创一流"的青藏铁路精神，饱含着爱国主义的豪情壮志，饱含着顽强拼搏的英雄气概，饱含着自主创新的科学精神，饱含着团结协作的优秀品质。

2. 凝练青藏铁路精神

青藏高原不仅是地理高原，也是一处精神高原，鼓舞和激励着一代又一代铁路建设者，前赴后继，攻坚克难，在青藏高原上竖起一座新的精神丰碑。总结提炼青藏铁路精神，紧密结合时代发展情景，以"三个代表"重要思想和科学发展观为指导，坚持从青藏铁路建设实践出发，突出青藏铁路建设鲜明特点，体现青藏铁路建设主旨和广大建设者的追求与意志，并在建设期和运营期不断发扬光大。

2001年6月29日，青藏铁路格拉段正式开工。2001年7月1日，我在格尔木主持召开青藏铁路参建单位领导干部会议，提出了"拼搏奉献、依靠科技、保障健康、爱护环境、争创一流"20字建设方针，为青藏铁路建设确定了基本遵循。在青藏铁路建设中，广大建设者肩负神圣使命挺进高原。铁一院发扬了"特别能吃苦、特别能忍耐、特别能战斗、特别能奉献、特别能创新"的设计尖兵精神；中铁一局发扬了"艰苦不怕吃苦，缺氧不缺精神，风暴强意志更强，海拔高追求更高"的高原铺架精神；中铁二十局发扬了"以人为本、科技攻关、注重环保、争创国优"的风火山隧道精神；中铁三局发扬了"为国争光、为民造福、奉献高原"的长江源特大桥精神。

铁道部党组把青藏铁路建设高度概括为"伟大决策、伟大工程、伟大实践、伟大精神"，并把"伟大精神"内涵概括为"吃苦奉献、立功高原、遵循科学、争创一流"，成为总结提炼青藏铁路精神的重要指引。

《人民日报》、新华社、《工人日报》等新闻单位，刊发了大量采访青藏铁路建设的系列报道，称赞广大建设者是"最值得讴歌的群体"，在建设者身上体现出了"科学精神、创新精神、奉献精神、仁爱精神"。

2003年11月3日青藏铁路公司向铁道部政治部报送了《关于概括青藏铁路建设精神的请示》，提出了"挑战极限、立功高原、开拓创新、建设一流"的表述建议。

2004年12月14日铁道部党组议定，以"挑战极限、勇创一流"作为青藏铁路精神的表述，并要求认真研究，全面、深入阐述青藏铁路精神的丰富内涵，在全路进行广泛宣传。

3. 青藏铁路精神内涵

青藏铁路精神内涵主要是：不辱使命的责任意识，顽强拼搏的奉献情操，务实创新的科学态度，以人为本的建设理念和勇攀高峰的攻坚品格。

（1）不辱使命的责任意识

建设大军牢记重托，以"建设青藏铁路，造福各族人民"为己任，以对党、对人民高度负责的态度，不断增强光荣感、责任感、使命感，在重重艰险面前，迎难而上，勇往直前，积极投身伟大工程建设实践。始终坚持高起点、高标准、高质量的要求，遵循"拼搏奉献，依靠科技，保障健康，爱护环境，争创一流"的建设方针，敢于挑战，勇于创新，不辱使命，为国争光，破解世界工程技术难题，努力建设世界一流高原铁路。

（2）顽强拼搏的奉献情操

青藏铁路地处雪域高原"生命禁区"，施工条件异常艰苦，工作、生活环境十分恶劣。"上了青藏线，就是作奉献"。数万筑路大军面对高寒缺氧的严酷环境，以苦为荣，与苦相伴，奋战高原、奉献高原、立功高原。

科研人员献身科学，坚持高原冻土观测和科研，取得了1200万组多年冻土观测数据，奋力攻克多年冻土难题。勘测设计人员呕心沥血，穿越无人区，精心勘测设计，优化设计方案，描绘出壮丽的高原彩虹。

广大建设者抗缺氧、斗严寒，不畏艰险、敢打硬仗，精心组织施工，在"无人区"抛洒热血筑天路，建成了高原冻土路基、桥梁、隧道等世界罕见的宏伟工程，立下了不朽功勋；建设监理人员视质量、安全、环保为生命，铁面无私、严格把关；医务工作者救死扶伤，忠诚守护生命，创造高原病"零死亡"奇迹。

建设大军勇于挑战极限，用智慧与汗水谱写了艰苦创业的英雄赞歌，铸就了中华民族的钢铁脊梁，矗立起千古不朽的高原丰碑。

（3）务实创新的科学态度

针对青藏铁路建设特点，科学制定方针，创新管理理念；推行项目法人责任制，创新公益性铁路项目管理体制；优化项目组织协调机制，创新队伍管理和路地共建模式；突破传统的三大控制目标（质量、工期、投资），创新提出"工程质量、健康安全、环境保护、工期、投资"五大控制目标体系，实行质量—环境—职业健康安全一体化管理。

在青藏高原多年冻土区修建铁路，是前无古人的探索性工程。广大建设者通过研究探索，形成了"主动降温,冷却地基,保护冻土"的新思路，工程设计实现了"三大转变"：对冻土环境分析由静态转变为动态，对冻土保护方式由被动保温转变为主动降温，对冻土治理由单一措施转变为多管齐下、综合治理。总结出片石气冷路基、碎石（或片石）护坡（或护道）、通风管路基、热棒路基，桥梁桩基和隧道设置保温防水层以及"以桥代路"措施等成套技术，并建立了长期观测系统，取得了工程理论与工程实践的新突破。在多年冻土地段，列车运行速度 100 公里 / 时，达到了国际领先水平。中外冻土专家认为，青藏铁路冻土工程技术位居世界前列。

把保护生态环境，珍爱青藏高原一山一水、一草一木作为神圣职责。坚持依法环保、科技环保、全员环保，不断强化环保意识，建立环保管理体系，实施环保工作创新。在全国重点工程建设项目中首次实行环保监理制度，在 4500 米以上高海拔地段开展大面积草皮移植和种草试验获得成功，开创了我国重大建设项目设置野生动物通道先河，使沿线冻土、植被、湿地环境，自然景观、江河水质和野生动物迁徙条件等，得到了有效保护。全国人大环资委、国家环保总局等部门多次检查后认为，青藏铁路是环境友好型工程，为中国重点工程项目树立了先进典型，对可持续发展具有重要示范作用。

（4）以人为本的建设理念

在保障队伍健康安全方面，贯彻"以人为本"和"预防为主"方针，建立规范化、制度化管理体系。各参建单位对上场人员严格体检筛选，实行阶梯式习服适应，并在沿线建设三级医疗机构，配置高压氧舱，推广研制成功的高原制氧机，认真落实劳动保护措施。五年建设期间，每年都有 2 万至 3 万多人奋战在高原，全线共接诊病人 53 万余人次，470 例高原性脑水肿、931 例肺水肿患者全部得到有效救治，实现了高原病"零死亡"和鼠疫疫情"零传播"，创造了大群体、长时间、高海拔的卫生保障奇迹。中外高原医学专家称赞青藏铁路建设卫生保障防治救护卓有成效，医疗设施配置先进，人员健康保障科学，为建设者提供了坚强有力保障，对世界高原医学事业发展做出了贡献。

（5）勇攀高峰的攻坚品格

建设世界一流高原铁路，是党中央、国务院的殷切期望，是全国人民的千钧重托，也是全体建设者的奋斗目标。深刻认识肩负的历史责任，提高标准，自我加压，把列车旅行时间最短、设备"少维修"或"免维修"、基本实现"无人化"管理作为建设世界一流高原铁路的"三项具体要求"。更新建设理念，认真查找差距，主动改进工作。优化线路平纵面条件，对少冰多冰地段采取有效治理措施，确保基础工程安全稳固；采用先进的机车车辆、通信信号和管理信息系统，确保运输设备可靠、高效。在全线建立调度集中系统，在没有客货运输作业的车站实行了无人值守，把沿线运营管理人员压缩到最低程度。用勇攀高峰的不懈追求，以科学的态度和扎实的工作，为运营提供一流设施和装备，为旅客提供一流环境和服务。全面实现争创一流的奋斗目标，为沿线经济和社会发展提供了强大运力保障。

三、大力弘扬青藏铁路精神

在青藏铁路建设期间，广大建设者大力弘扬"开路先锋"精神，奉献在高原、立功在高原。不仅依靠技术创新和管理创新在世界屋脊建成了"天路"，而且凝聚形成了具有鲜明时代特征的青藏铁路精神："挑战极限，勇创一流"。这充分展现了全体建设者的崇高思想境界、顽强意志作风和高尚品格追求。青藏铁路精神极大地鼓舞了全体建设者的顽强斗志，成为建设世界一流高原铁路的不竭动力。青藏铁路深入开展思想政治工作和"建功立业劳动竞赛"活动，涌现出大批先进集体和英雄模范人物。通过大量媒体报道和文艺创作，使先进典型的感人事迹得到广泛宣传，一曲《天路》唱响全国，青藏铁路精神的影响范围不断扩大。

青藏铁路建成通车，被青、藏两省区各族人民赞为"幸福路""致富路"。青藏铁路这一伟大壮举，再次向世人昭示，勤劳和智慧的中国人民有志气、有信心、有能力不断创造非凡的业绩，屹立于世界先进民族之林。青藏铁路精神将激励一代又一代的中国人，为建设社会主义现代化强国努力奋斗！

青藏铁路精神传承之路永无终点。使命、奉献、攻坚、创新，这些关键词，犹如一根根红线贯穿于青藏铁路精神之中，璀璨夺目，催人奋进。今天，站在新时代"两个一百年"历史交汇点，弘扬青藏铁路精神，推进伟大事业，并在实践中不断丰富、升华这种精神，具有伟大的现实意义和深远的历史意义。

弘扬青藏铁路精神，就是要肩负起交通强国铁路先行的伟大使命。青藏铁路精神是中华民族艰苦奋斗、自强不息伟大精神的生动体现，是参建企业优良传统精神的最新发展，是广大建设者的智慧结晶，成为建设世界一流高原铁路的强大支柱。在推进交通强国建设中铁路要当好先行，实现"人民满意、保障有力、世界领先"。青藏铁路精神将为促进铁路高质量发展提供不竭动力。

弘扬青藏铁路精神，就是要坚持以人民为中心。铁路是基础性、引领性、战略性产业，也是服务性行业，具有显著的公益性和普惠性。铁路在满足人民物质生活和精神生活需求，促进区域协调发展，建设社会主义现代化国家中，具有至关重要的作用。要深入践行"人民铁路为人民"宗旨，优化完善铁路网布局，全面提升铁路科技创新能力和技术装备水平，大力发展铁路运输生产力，更好地满足人民群众对美好出行环境的需求和对美好生活的向往。

弘扬青藏铁路精神，就是要持续创新发展。创新驱动是铁路发展的第一动力。青藏铁路精神蕴含着尊重科学的求实态度和扎实作风。创新精神不断得到巩固与升华，是激发铁路职工不懈努力奋斗的精神支撑。要针对以川藏铁路为代表的艰险山区铁路、跨越琼州海峡铁路通道等建设技术，以轮轨 400 公里 / 时和磁悬浮 600 公里 /

时以上运载技术，以及安全、质量、环保、效率等关键技术，推进开放创新、协同创新、自主创新。

弘扬青藏铁路精神，就是要不断勇攀高峰。中国铁路要走在世界前列，必须持续勇攀高峰，打造一流基础设施，打造一流运载技术，打造一流运营管理，打造一流运输服务水平。要深化铁路体制改革，建立有效发展机制，加快铁路现代化步伐。

弘扬青藏铁路精神，最重要的是要使伟大精神变成力量源泉，化为行动支撑。敢于担当，无私奉献，奋力夺取第二个一百年奋斗目标的全面胜利，谱写实现中华民族伟大复兴的豪迈壮歌。

（本文系作者 2021 年 9 月在中国铁道学会"铁道大讲堂"的报告。）

基于供应链的铁路工程项目质量管理体系研究

济南黄河大桥是京沪高铁重点控制工程之一。项目质量管理面临高技术、高标准、高要求的挑战。本研究从基于参建各方协作和共赢的角度，探讨供应链管理在建立项目质量管理体系中的应用，以实现济南黄河大桥高质量的建设目标。

一、济南黄河大桥项目概况

1. 工程简介

京沪高铁济南黄河大桥全长 5143 米，按京沪高铁和太青客专 4 线共建设计，最高列车运行速度 350 公里 / 时。主桥上部结构为 112 米 +3×168 米 +112 米 5 孔连续钢桁梁，中间 3 孔设柔性加劲拱，桥面结构采用正交异性板整体桥面。采用大直径钻孔灌注桩基础。一次铺设无砟轨道（图 52）。

2. 工程特点

（1）桥址处水文和工程地质复杂。黄河的河道弯曲，河床冲刷厚度大，地质以第四系河流相粉质土为主，夹有细砂、粉砂等，覆盖层 40 米以下姜石含量较高。钻孔灌注桩直径 2.5 米，最大桩长 102 米，倾斜度不超过 1%，质量控制难。

（2）主桥上部结构施工难度大。大跨度、宽桁距刚性梁柔性拱的构件加工、线形控制精度高，桁梁大悬臂拼装和柔性拱合龙技术复杂。

（3）保持高平顺性和高稳定性。一次性铺设无砟轨道，对大桥工程墩台沉降变形、梁部结构变形控制要求严格。

（4）大桥沿线环保要求高。必须确保沿线景观不受破坏，江河、农田不受污染，植被得到有效保护。

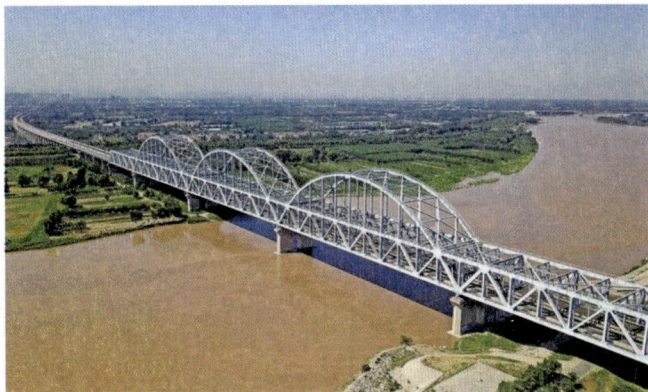

图52　京沪高铁济南黄河大桥

3.参建单位

项目法人为京沪高速铁路股份有限公司（济南指挥部），勘察设计为大桥设计院，施工为中铁一局，工程监理为华铁监理联合体，咨询为中国国际工程咨询公司。

二、供应链管理在质量管理中的应用

1.质量管理科学发展历程

一个世纪以来，质量管理科学从创立到成熟，大体经历了三个发展阶段。

（1）质量检验阶段。20世纪初期，美国管理专家泰勒（F. W. Taylor）提出了科学管理理论，要求按职能来进行合理分工。首先把质量检验作为一种管理职能，从生产过程中分离出来，建立了质量检验制度，规定了产品技术标准。显然，这种质量把关是被动管理。

（2）统计质量管理阶段（SQC）。20世纪20～30年代，美国贝尔实验室休哈特（W. A. Shewhart）发明了质量控制图，道奇（H. F. Dodge）提出抽样检验理论。强调用"数据说话"和应用统计方法进行质量管理，突出了质量预防性控制与质量检验相结合。

（3）全面质量管理阶段（TQM）。20世纪50年代，大规模系统工程不断涌现，对质量要求越来越高。美国费根堡姆（A. V. Feigenbaum）、朱兰（J. M. Juran）等提出了全面质量管理概念。后来，在日本等国广泛应用并取得创新成果。其核心是全面、全过程、全员参加的质量管理，实质上就是对质量的系统管理。

2. 供应链管理模式形成和发展

随着经济全球化和科技创新加快，特别是现代信息技术应用，需要创新企业管理模式，以适应日益竞争的需要，由此产生了供应链管理思想和理论。供应链管理思想启蒙于20世纪60年代至70年代，这时链上企业只是合作关系松散的"业务链"。20世纪80年代到90年代初，供应链管理理念基本形成雏形。20世纪90年代中期以后，供应链管理形成，强调建立合作伙伴关系和协调供应链运作。进入21世纪后，供应链管理更趋成熟，实际应用更富成效。链上各参与企业组成一个利益共同体，通过协同运作系统化管理，信息共享，资源优化，效率提高，实现效益最大化。

3. 基于供应链的项目质量管理

美国项目管理协会（PMI）颁布了《项目管理知识体系指南（第三版）》（PMBOK，3rd Edtion），国际标准化组织颁布了《质量管理——项目质量管理指南》（ISO 10006）。这些文献都继承了全面质量管理的技术和方法，并且在单一组织内部质量管理基础上，开始强调不同组织之间质量管理协作。实际上，这也体现了供应链管

378

理思想的主要精神。

任何一个工程项目都需要有诸多企业参与，协调有序运行。相邻节点企业存在着需求与供应关系，把所有相邻企业依次连接起来，便形成了供应链（Supply Chain，SC）。按功能分工，形成了组织网络结构和过程网络结构。对这种组织界面和过程界面的计划、组织、协调和控制活动，是一个多要素协调过程，需要组织内部和组织之间高度整合，形成工程项目供应链管理（Construction Supply Chain Management，CSCM）。供应链管理的本质就是"集成"与"协调"，体现整体管理。通过建立各参建方利益目标协调机制，营造协作性的组织关系，从整体上改善项目管理环境。

在专业分工、企业协作的供应链环境下，由于各企业之间信息不对称，市场的不确定性及其他因素影响，使工程项目质量风险增大。实际上工程项目质量管理体系实施范围，逐步从单个组织内部扩展到了项目供应链上的多个组织。随着质量管理范围扩大和供应链管理的发展，二者整合已成为理论和实践探索的新趋势。

供应链管理应用于制造行业取得了成功。一些研究人员致力于将供应链管理引入建筑行业。本研究旨在探索基于供应链环境下的铁路工程项目管理。这里仅以京沪高铁济南黄河大桥项目为例，建立基于供应链的项目质量管理体系，包括质量策划、质量保证、质量控制与质量评价。

三、项目质量策划

1. 项目质量方针与总体质量目标

济南黄河大桥项目质量方针是：按照质量、环境、职业健康与安全、投资、进度管理目标要求，建成世界一流标准的高速铁路大桥。

总体质量目标为：

（1）大桥设计和施工满足有关法律法规、技术标准及合同等要求，形成符合规定的成果文件。杜绝设计、施工质量大事故及以上等级事故。

（2）桥梁主体工程质量"零缺陷"，桥梁混凝土结构使用寿命不低于 100 年，无砟轨道使用寿命不低于 60 年。检验批、分项、分部工程质量检验合格率 100%，单位工程一次验收合格率 100%。

（3）全部桥梁工程达到设计速度目标值要求，一次开通成功。

（4）竣工文件真实可靠、规范齐全，实现一次交接合格。

上述济南黄河大桥项目质量方针和目标形成质量管理文件，纳入了项目管理计划。

2．质量目标体系与责任分解

采用结构化的系统战略展开工具，运用项目结构分解（PBS）、工作结构分解（WBS）和组织结构分解（OBS）等方法，构建黄河大桥质量目标体系。

通过文献调研和现场访谈，与济南黄河大桥项目各参与方共同研究，确定了施工各阶段质量目标及主要参与方质量职责。

3．施工质量形成关键过程

经过资料收集、问卷调查、专家访谈、专题座谈，反复研讨修改，形成了施工前期质量关键过程调查表（共计 23 项）。采用专家打分办法，将算术平均值居于前 20% 的过程，作为质量形成的关键过程。主要包括：建立组织机构；招标前准备；编制施工组织设计；细化施工方法；制订资源供应和保障计划等。据此确定了济南黄河大桥项目施工前期各项资源配置要求。

4．施工质量管理关键过程

在调研相关文件资料基础上，识别了京沪高铁济南黄河大桥项目重要分部工程及其施工质量主要控制依据。按照"启动与规划，执行与监控，收尾"等过程组（本项目将5个过程组归并为3个过程组），识别上述重要分部工程的质量管理关键过程。

四、项目质量保证

项目质量保证体系主要内容是制度保证、组织保证、人力资源保证及过程控制保证。

1．项目质量制度保证

"制度"对实现质量目标具有可持续性激励作用和约束作用。铁路工程项目质量保证的制度体系，以法律体系为依据，以合同体系为核心，以内部标准化制度体系为基准。

法律法规体系从市场准入、质量责任、质量监督、招标投标、工程监理等方面作出了指令性或强制性规定，必须贯彻执行。

合同体系可以是业主分别发包的矩阵式合同，也可以是工程总承包的直线式合同。加强合同交底、跟踪、诊断、协商管理，全面履行合同各项条款。

内部标准化制度具有细化、完善制度体系的功能，包括技术标准化制度（基础标准、通用标准、专用标准）、管理标准化制度（人员配备、专业管理等）、工作标准化制度（工作流程、工作标准）。

在实施质量管理过程中，要明确参建各方执行制度的责权利，处理好执行制度的原则性与灵活性，营造有利于制度执行的文化氛围。对项目质量管理制度保证情况进行调研表明，全面实施PDCA循环取得了良好效果。

结合京沪高铁标准化建设管理实际，提出了项目内部制度体系建立和实施流程框架（图53），指导京沪高铁项目内部制度的制定和实施。

任务	工作分析阶段		制度诊断阶段		制度架构设计阶段		制度体系建立阶段	

任务

工作分析阶段 ｜ 制度诊断阶段 ｜ 制度架构设计阶段 ｜ 制度体系建立阶段

| | 组织结构梳理 | 职责体系 | 诊断工具设计 | 调研诊断 | 制度梳理 | 制度体系架构 | 制度起草 | 制度评审 | 制度 |

任务内容

- 确定项目目标
- 梳理组织架构、确定组织结构与部门、岗位设置
- 通过工作分析、界定部门职能，形成职务说明书

- 设计诊断工具
- 成立制度小组
- 制作问卷调查
- 制度资料收集
- 数据统计
- 撰写制度诊断报告
- 提出建立制度体系的建议

- 对现有制度进行梳理，提出修订建议
- 根据项目需要提出制度修改、增加、废止建议
- 建立制度体系架构

- 制度专题培训
- 制度编写
- 制度标准化
- 制度评审
- 制度颁布、实施、宣贯、执行、修订

方法工具

- 一对一访谈
- 问卷调查
- 项目资料收集
- 现场观察
- 座谈调查

- 诊断工具
- 问卷调查
- 信息统计
- 汇总分析
- 制度访谈

- 制度梳理
- 问题统计
- 分析汇总
- 制度框架模型

- 撰写培训
- 制度评审
- 制度标准化

最终结果

- 组织结构
- 部门职能
- 职位说明书

- 制度诊断调研报告

- 制度框架体系

- 项目内部管理制度体系

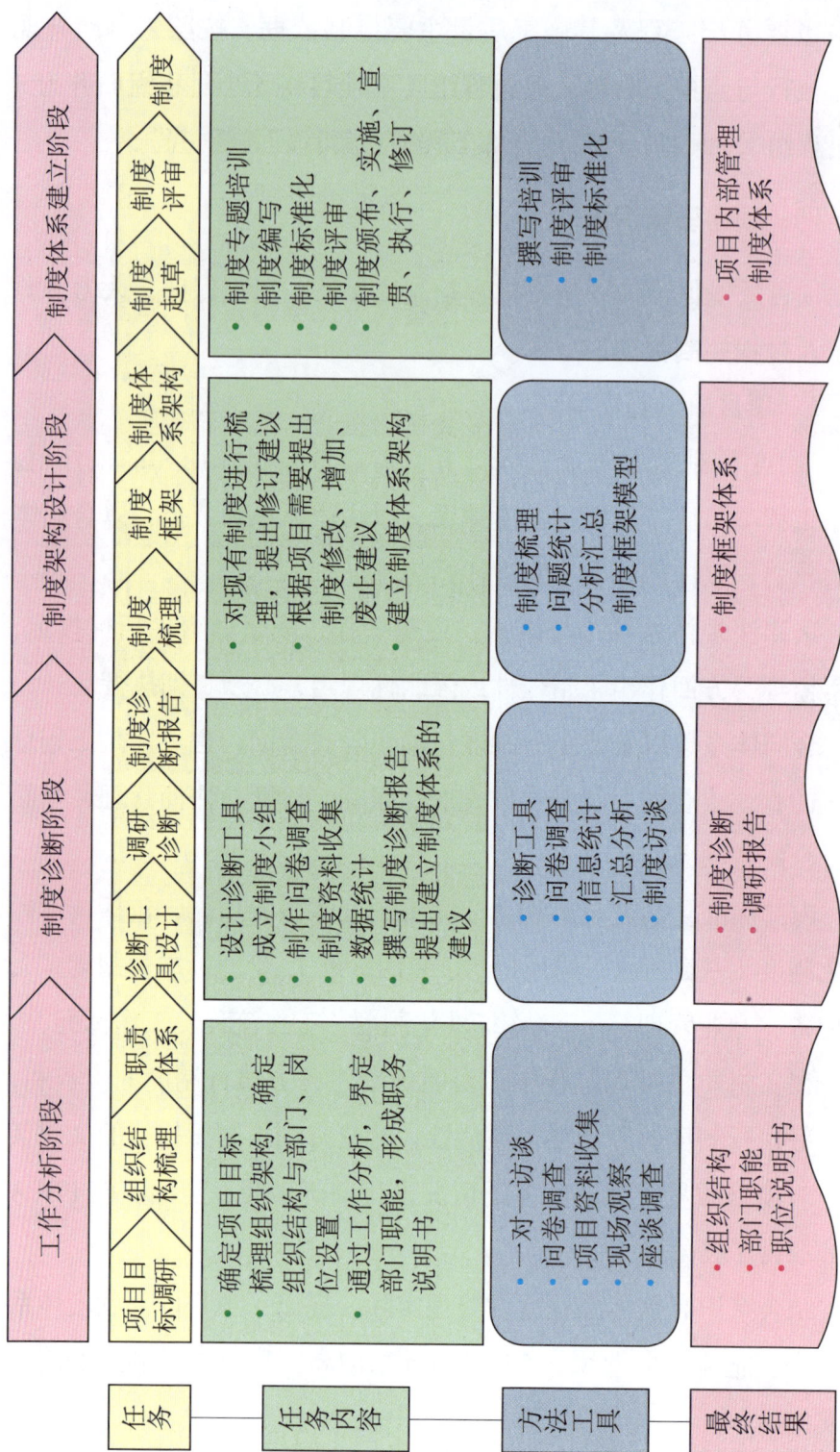

图 53　项目内部制度体系建立和实施流程框架

2．项目质量组织保证

以项目法人为核心，借助咨询机构技术咨询功能，明确各参建方责权和义务，发挥各利益相关者的协同作用，形成有机整体。

（1）确立项目法人的核心地位。由京沪高铁公司（济南指挥部）组织实施、检查落实质量管理制度。制订济南黄河大桥工程质量控制管理方案，对咨询、监理、设计和施工单位实行不定期检查和定期考核制度，发挥组织、协调、服务和监督作用。

（2）从工程质量保证的源头抓起。严格执行勘察设计工作标准，保证大桥勘察设计深度和施工图质量。选派专业设计人员在大桥建设现场配合施工，及时解决施工中有关设计问题。针对施工中发现的设计问题，修改完善和优化施工图设计。

（3）全力抓好工程质量的关键岗位。90%以上的受访者认为，施工单位项目经理，主管技术和生产的项目副经理或总工程师，负责技术和质量的部门经理，负责技术、质量、计量和试验的岗位，是影响项目质量的主要关键。在落实大桥项目部各部门（岗位）职责和权限的基础上，细化工作内容、工作流程和人员责任，形成过程（工序）质量控制性文件，保证各个实施过程（工序）的质量。

（4）充分发挥咨询单位的智囊作用。对大桥设计认真审核把关，杜绝设计质量事故。按照成熟、先进、可行的原则，对大桥项目关键技术进行咨询，对重点施工技术进行指导。

（5）严格全过程监督检查。认真做好大桥质量、安全、环保、进度、投资控制，严格检查验收制度，对关键工序进行全过程旁站。发现问题后督促纠正，保证施工质量始终处于可控状态，各项指标满足设计和验收标准要求。

政府及其相关管理部门按照各自分工，依法履行国家行政、行业、部门和专业管理职能，加强对项目各参与方质量行为的监督、检查，规范包括项目法人在内的建设管理行为和管理方式。

3．项目质量人力资源保证

（1）人力资源的规划与配置。各参建单位从担负的任务需要出发，围绕目标设置组织机构，确定人员配备标准，制定各主要岗位工作职责，健全人员培训和考核机制，提高参建人员素质。

（2）项目团队的建设与管理。聘任称职的项目经理和高层管理人员，发挥领导核心作用，合理配置工作岗位和职责，建立高效运转机制，激励团队成员的积极性和创造性。

（3）施工企业的架子队管理。施工项目经理部领导的作业层架子队，按照"管理规范、监控有力、运作高效"的原则组建。主要骨干由施工企业职工担当，签订协议的劳务用工人员按作业需要编班分组，进行质量安全环保知识和专业知识培训，实行规范化管理。

对"组织与人力资源"的6个维度（组织机构管理层次、职责权限、任职条件、人员培训、绩效考核、沟通协调），专家打分表明，黄河大桥项目质量管理的人力资源保证效果较好。

4．项目质量保证

（1）建立完备的质量管理制度和质量实施细则。强化人员培训，增强质量意识。

（2）按照 PDCA 循环，实施技术制度、管理制度、组织制度和工作制度等标准化管理。

（3）合理设置机构，"小业主、大咨询"管理模式联合办公制度，充分发挥业主的主体作用和咨询（监理）的技术、管理等咨询服务功能。

（4）开展多单位协同科研攻关，应用科研成果解决设计和施工中的难题。通过"关键施工技术突破、源头把关、过程控制、细节管理、人员素质提升、责任落实和科技攻关"等 7 方面工作，为大桥工程质量提供有力保障。

五、项目施工质量控制

1．施工过程质量控制流程设计

对京沪高铁济南指挥部、济南黄河大桥施工单位和设计单位众多专家，进行大桥施工过程质量控制难度问卷调查，筛选出大桥施工质量难度大、风险大的 10 个关键施工过程：如栈桥施工、钻孔灌注桩施工、承台施工、墩台混凝土灌注测温监控、钢梁架设、柔性拱施工等。针对上述关键施工过程，分别制定各个过程质量控制工作流程和工作标准。大桥施工质量控制流程如图 54 所示。

2．施工质量问题统计分析

运用统计分析技术，对影响京沪高铁项目质量问题的因素 4M1E（即人员、材料、设备、方法及环境）进行分析表明：人员是引起质量问题的主要因素，占 84%；其次是材料引起的质量问题，占 5.3%；再次是环境、机械设备和方法影响。

3．施工质量事故故障树分析

选择"济南黄河大桥施工质量事故"作为故障树分析和顶事件，利用演绎法构建故障树（图 55）。图中包括 5 个结果事件（$M_1 \sim M_5$），18 个底事件（$B_1 \sim B_{18}$）。亦即，大桥施工质量事故主要有 18 个可能原因。

用最小割集作出底事件结构重要度排序，确定关键底事件。第 i 个底事件的概率重要度 I_i 为

$$I_i = \frac{\partial Q}{\partial q_i} = \prod_{j=1}^{18,j\neq i}(1-q_j) \qquad (i=1,\cdots,18)$$

式中，q_i 为第 i 个底事件发生概率。

单位名称	施工班组		编制日期	
单位	监理工程师	专职检验员		施工班组
节点	A	B		C

节点			
1	过程监理 ┈┈▶ 过程检验 ┈┈▶ **桩基础**		
2	自检		
3	检验 ◀ 是 合格 否		
4	检验 ◀ 是 合格 否		
5	合格 否		
6	过程监理 ┈┈▶ 过程检验 ┈┈▶ **承台墩身**		
7	自检		
8	合格 否 / 是		
9	过程监理 ┈┈▶ 过程检验 ┈┈▶ **钢梁预拼与架设**		
10	自检		
11	检验 ◀ 是 合格 否		
12	检验 ◀ 是 合格 否		
13	合格 否		
14	过程监理 ┈┈▶ 过程检验 ┈┈▶ **桥面系及附属工程**		
15	自检		
16	合格 否 / 是		
17	检查验收		

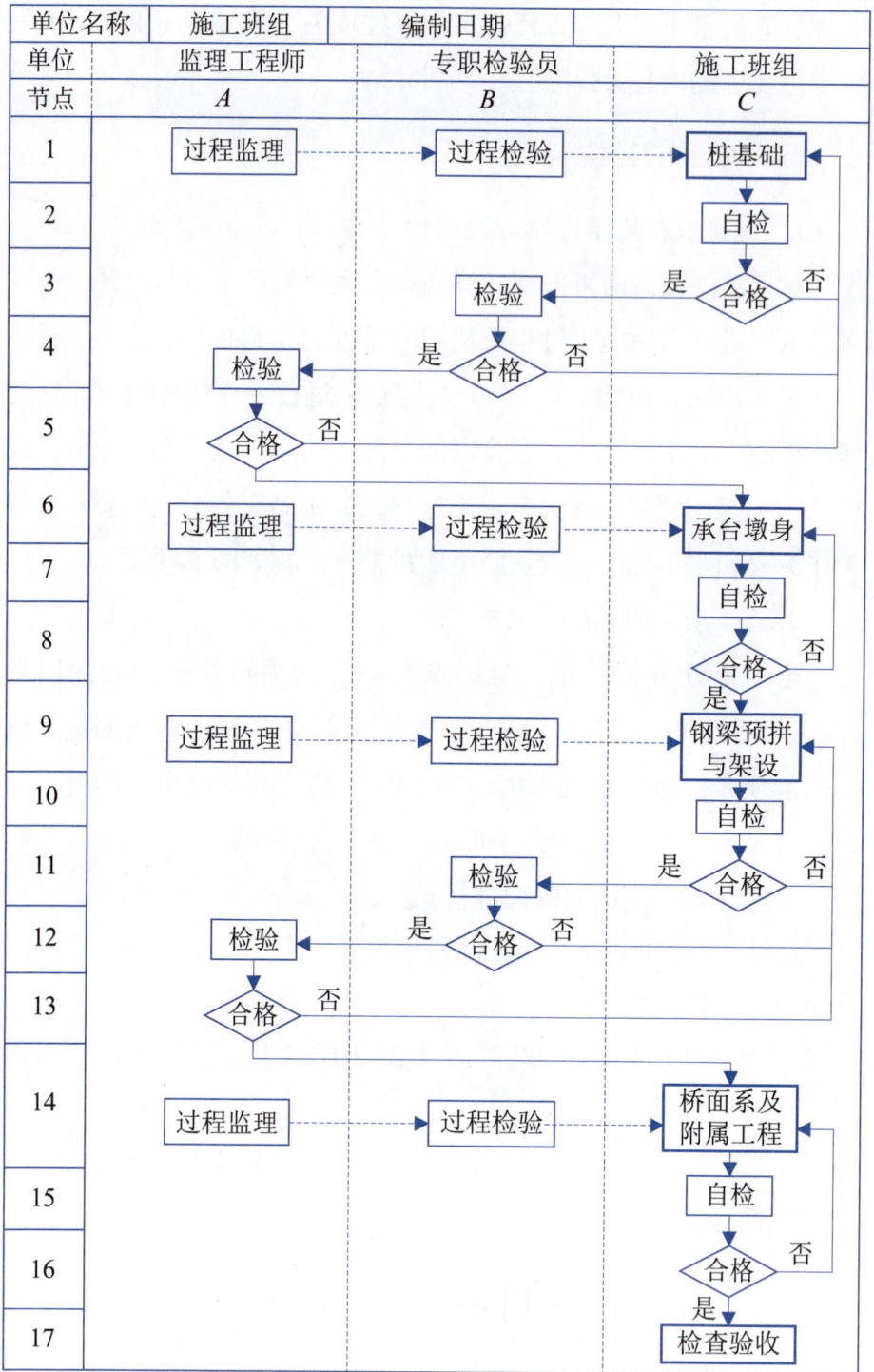

图 54　济南黄河大桥施工质量控制流程

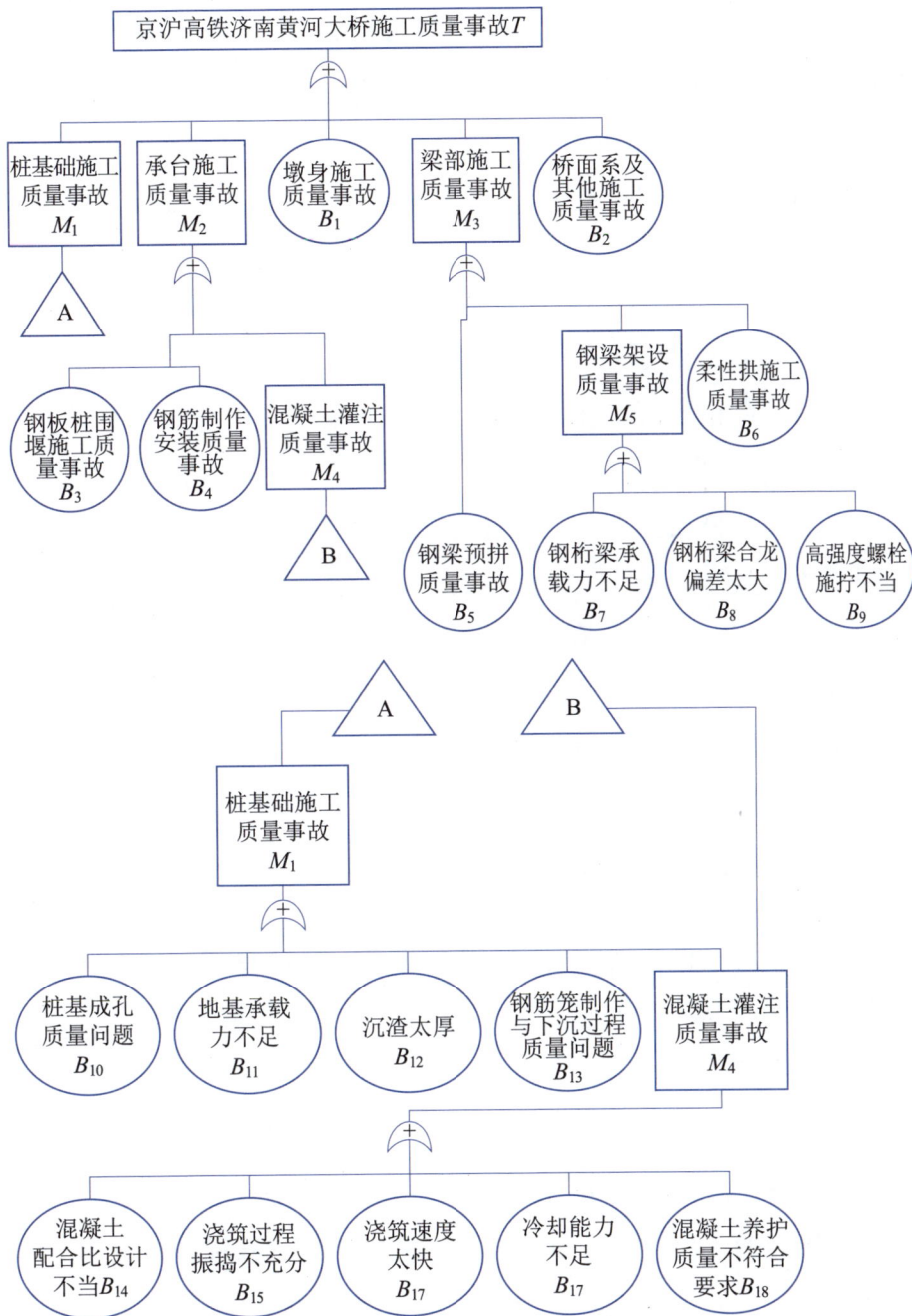

图 55　济南黄河大桥施工质量事故故障树

　　计算结果（略）表明，有 7 个底事件概率重要度最大，均为 0.935。影响大桥施工质量的 7 个关键因素分别是：柔性拱施工质量事故，钢桁梁合龙偏差太大，高强度螺栓施拧不当，桩基成孔质量事故，浇筑混凝土速度过快，冷却能力不足，混凝土养护质量不符合要求。

故障树顶事件发生概率：

$$Q = 1 - \prod_{i=1}^{18}(1-q_i)$$

式中，q_i 为第 i 个底事件的发生概率。

在实施严格的标准化管理和建议的质量控制对策前，顶事件发生概率为：$Q=0.074$。

在实施严格的标准化管理和建议的质量控制对策后，顶事件发生概率为：$Q=0.0134$。

可以看出：实施严格的标准化管理和建议的质量控制对策后，京沪高铁济南黄河大桥施工质量事故的发生概率出现很大变化，由原来的 0.074 降低到 0.0134，说明该大桥施工质量得到了有效提高。

六、基于供应链的项目质量评价

通过查询资料、现场问卷和访谈调研，运用卓越项目管理评估模型的思想，从工程质量管理水平和工程实体质量水平两个方面，建立了基于参建各方的济南黄河大桥质量管理水平评价指标体系和评价标准，以及济南黄河大桥实体质量评价指标体系。

鉴于京沪高铁济南黄河大桥项目质量评价是一个多因素、多层次、多指标的评价过程，且大部分指标属于定性指标，难以用准确的数量表达，具有一定模糊性，因此运用质量学和系统工程原理，以层次分析法（AHP）和模糊综合评判方法为技术手段，建立模糊层次综合评价模型进行项目质量评价。

先用模糊层次分析法确定各层次指标权重，再利用模糊综合评判方法将最底层质量评价指标值量化，并与相应的权重合成为工程质量等级，逐层向上传递，最终得出该项目质量等级。京沪高铁济南黄河大桥项目质量管理水平定为优良的隶属度为0.97，定为合格的隶属度为0.03，定为不合格的隶属度为0.00。

在对参建各方（建设、设计、施工、物资、监理、检测、咨询）质量管理水平和大桥工程实体（基础、墩台、梁部、桥面等）质量水平评价基础上，根据最大隶属度原则，评价结论为：京沪高速铁路济南黄河大桥项目质量管理水平优良。

七、结　语

从倡导参建各方协作共赢的新理念出发，探索基于供应链管理的济南黄河大桥项目质量管理体系，取得了实质性进展和阶段性成果。基于供应链管理的项目质量管理体系主要包括：以科学理论为指导，组织供应链上相关单位共同搞好项目质量策划，围绕质量目标做出统筹部署；建立完善的管理制度、高效的组织机构、高素质的人力资源，实施严格的过程管理，提供可靠的质量保证；抓住关键过程的质量控制流程和相应的工作标准，实施有效的质量控制；制定反映参建各方质量管理水平的评价指标和反映工程实体质量的评价指标，以及相应的评价标准和评价模型。建立并实施这一质量管理体系，提高了全员质量意识，提升了项目质量管理水平。

（2010年作者主持"京沪高速铁路建设项目质量管理体系及风险控制技术研究"。主要研究团队为中南大学、京沪高铁指挥部、中铁一局等。作者所写本文载于《重庆交通大学学报》，2011年3月。）

全面提升路基工程质量水平

路基是铁路基础设施的重要组成部分，是承受列车重量和轨道结构的重要载体，是保证列车安全、舒适、快速运行的关键工程。随着我国高速铁路、重载铁路和高原高寒铁路的发展，对路基工程的要求愈来愈高、愈来愈严。运用系统思想全面提高路基工程质量和水平，是我们面临的一项艰巨任务。

一、路基工程技术发生重大变化

改革开放以来，我国铁路路基工程技术和管理实践取得了巨大成就，在路基结构、建设标准和施工养护技术等方面发生了重大变化。

1. 路基结构变化

20 世纪 90 年代后，从强化路基结构出发，对路基基床宽度、路基面形状、路肩宽度等都作了新的明确规定。中国铁路路基的基床结构为层状结构，分为基床表层和基床底层，总的趋势是基床厚度在加厚。我国不同时期铁路路基规范对基床厚度的规定见表 18。

表 18　我国不同时期铁路路基设计规范中的基床厚度　　　　单位：米

位置	TBJ1-87	TBJ1-96	TBJ1-99	广深线	大秦线	v=160 规范	v=200（暂规）	高速铁路设计规范	
								有砟	无砟
表层	0.5	0.5	0.6	0.6～0.7	0.6	0.4～0.6	0.5～0.7	0.7	0.4
底层	0.7	0.7	1.9	1.9～1.8	1.9	2.1～1.9	2.0～1.8	2.3	2.3
总厚	1.2	1.2	2.5	2.5	2.5	2.5	2.5	3.0	2.7

2.路基填料变化

大秦重载铁路、广深准高速铁路、秦沈客运专线等,对路基填料选择十分重视,起了示范作用。在现行不同铁路等级的路基设计规范中,对基床填料类型都提出了严格要求。高速铁路设计规范明确规定,基床表层填料采用粒径不大于 60 毫米的级配碎石,基床底层填料为粒径不大于 60 毫米的砾石类、砂土中的 A/B 组填料或化学改良土。

3.压实标准变化

为了控制路基填筑施工质量,压实标准不断提高。从单一物理指标控制,向物理、力学及动力性能等多项指标控制转变。物理指标采用压实系数(K),力学指标一般采用地基系数(K_{30})或二次变形模量(E_{V2})。对改良土填料,采用 7 天饱和无侧限抗压强度控制指标。在高速铁路设计中,引入了动态变形模量(E_{Vd}),作为补充控制手段,见表 19。

表 19　基床表层和底层填料压实标准

位置	填料	压实标准			
		压实系数 K	地基系数 K_{30}(兆帕/米)	7 天饱和无侧限抗压强度(千帕)	动态变形模量 E_{Vd}(兆帕)
表层	级配碎石	≥ 0.97	≥ 190	—	≥ 55
底层	A、B 组粗砾石、碎石类	≥ 0.95	≥ 150	—	≥ 40
	A、B 组砂类土(粉砂除外)、细砾土	≥ 0.95	≥ 130	—	≥ 40
	化学改良土	≥ 0.95	—	≥ 350(550)	—

4.变形标准变化

在高速铁路(客运专线)设计中,路基工程不仅要确保列车运行的安全性、可靠性,而且要确保旅客的舒适性。因此,对路基工后沉降变形量限值作出更加严格的规定。路基变形控制标准提高了一个数量级，由原来厘米级提升为毫米级。我国不同铁路等级的路基工后沉降控制标准见表 20。

表 20   不同铁路等级路基工后沉降控制标准

路基类别	一般路基（有砟）	秦沈客运专线	京沪暂规 2003 年（有砟）	京沪暂规 2005 年（有砟）	高速铁路无砟轨道
工后沉降	≤ 300 毫米	≤ 150 毫米	≤ 100 毫米	≤ 50 毫米	≤ 15 毫米
不均匀沉降	—	≤ 80 毫米	≤ 50 毫米	≤ 30 毫米	≤ 5 毫米，且折角 <1‰
速度目标	160 公里 / 时	200 公里 / 时	300 公里 / 时	350 公里 / 时	350 公里 / 时

5. 地基处理技术变化

地基处理技术是关系地基沉降变形控制成败的关键。特别是软土地基，由于颗粒细微、孔隙率大、含水率高、抗剪强度低、压缩性高、具有灵敏的结构性，技术处理难度很大。在普通铁路设计中，路基地基处理主要以控制地基整体稳定为目的，常用措施主要有换填、排水固结、水泥土桩、散体桩复合地基、灌入固化物、振密、加筋、冷热处理等。在高速铁路（客运专线）设计中，地基必须采取技术措施强化处理，才能保证路基工后沉降达标。如 350 公里 / 时无砟轨道，规范要求路基工后沉降不大于 15 毫米，路桥过渡段沉降差不大于 5 毫米。地基处理大多采用 CFG 桩、预制桩及钻孔灌注桩等桩网、桩筏、桩板结构，取得良好效果。

6. 施工技术变化

对地基处理、路基填筑、基床施工都制定了完整的工艺工法，如重载铁路路基的"四区段、八流程"工法等。明确了控制要点，规定了施工机械设备及变形监测等级、精度和频次等。普遍推广标准化管理，施工质量得到有效控制。

尽管路基工程技术有了长足进步，但从工务部门反映的情况看，既有铁路路基失格率仍高达 13.7%。在列车荷载、干湿循环、冻胀融沉、水流冲击等外力作用下，容易发生多种多样的严重病害。不仅影响运输安全效率，而且运营维护工作量大、成本也高。因此，必须进一步提高路基工程质量和水平。

二、树立路基工程建设新理念

更新建设理念是提高路基工程质量和水平的前提。必须摒弃陈旧落后的理念，树立现代科学的理念。

1. 路基要按土工结构设计

长期以来，我国铁路对路基工程不够重视。路基工程被视为简单的土石方堆积体，标准低、投入少、变形大。在传统观念影响下，对铁路路基的地基不加处理，填料就地取材，碾压重量较轻，路基变形也没有严格控制标准。现在，铁道部已经明确要求必须更新建设观念，要把路基主体工程当作土工结构物设计。不断完善和提高技术标准，强调路基设计使用年限为 100 年，这是一个重大变化。

2. 路基要运用系统思想建设

路基工程是一项系统工程，包括地基处理、主体填筑、基床强化，以及支挡工程、边坡防护、排水设施等各部分构成一个有机整体。但是，局部出现问题也会影响整体工程质量。因此，必须按照系统工程方法，重视路基主体各部分之间的相互关系，路基主体与附属工程的相互关系，路基与电缆槽、接触网基础、隔音减振设施的相互关系，以及路基与相邻桥梁隧道结构物的相互关系（即刚度过渡段）。

3. 路基要从全寿命周期评价

路基全寿命周期各阶段不是孤立的，而是紧密相接的。在设计施工阶段必须考虑到运营需要，把路基工程做标准。这样，不仅为运营提供了安全可靠的基础设施，也节约了维修养护费用。反之亦然，设计施工阶段路基留下不足或隐患，运营阶段就要花费更多的时间和资金整治，对运输安全和效率也会带来很大影响。

4. 路基要符合科学发展要求

贯彻"以人为本""可持续发展"的思想，满足施工、修护人员工作需求以及社会群众生活需求，做好野生动物保护、生态环境保护和水土保持工作。为运输提供安全保障和优良环境，使铁路成为真正的绿色交通。

5. 路基要一次达到设计速度标准

多年来，我国新建铁路开通运行速度目标值较低。在 1994 年以前，一直是按照列车运行速度 45 公里 / 时进行工程验收交接，然后由铁路局在临管期间逐步提速达标。其主要原因是路基工程质量不高、变形较大，加上道砟密实度欠佳，影响列车运行速度。1995 年首次在宝中铁路将开通运行速度提高到 60 公里 / 时。接着，1996 年在京九铁路试行开通运行速度 80 公里 / 时。2002 年铁道部正式决定，新建改建 I 级铁路开通速度提高到 80 公里 / 时。2003年 10 月，秦沈客运专线按照设计速度 160 公里 / 时开通运营，成为中国铁路发展的里程碑。从此，中国新建铁路（包括 350 公里 / 时高速铁路、重载铁路、高原高寒铁路等）开通即按设计速度运行，这标志着中国铁路建设迈上新台阶。高标准要求形成了倒逼机制，迫使我们提高路基工程及其他工程的建设质量和水平，走进世界铁路先进行列。

三、强化路基工程的薄弱环节

由于地理环境、地质成因、演变历史不同，组成土的矿物成分和次生变化各异，因此铁路沿线地质复杂。在软土、松软土、膨胀土、黄土、盐渍土等特殊土及高原高寒多年冻土地区修建铁路难度更大。这里着重强调抓好几个薄弱环节。

1. 加强地质勘察

地质勘察是路基设计的基础。以往由于地质勘察深度不够或出现错误，致使有的路基工程失败，教训甚多。因此，要求地质勘察人员全面搜集和核实有关资料，运用多种勘探手段，客观反映现场情况；结合经验教训，作出正确分析，尽量减少人为的"以点代面""以部分代替整体"而出现的偏差。要建立工程地质勘察大纲审查制度、勘察资料验收制度、勘察咨询和监理制度。在复杂地质地段，应提前安排综合勘察工作，加密钻孔、加深勘探、加多测试等。要有合理的勘察周期和经费保障。在施工阶段要对勘察质量进行检查反馈。

2. 实施综合治理

路基工程设计要从实际出发有针对性，同时要通盘考虑路基主体、边坡防护、防水排水设施，以及长期因素引起变化等，实施综合治理，以确保路基工程稳定、可靠、耐久。对复杂的深厚层软土地基，采用单一工程措施往往不能解决问题。近年来，逐步形成用多种措施打"组合拳"的新型综合加固方法。例如，排水固结与水泥土桩复合地基组合，排水固结与高位刚性桩结构组合，水泥土短桩与高位刚性长桩结构组合，排水固结、水泥土短桩与高位刚性长桩结构组合等，较好地满足了稳定、沉降、承载力等工程要求，同时获得较好的经济效益。水是影响路基质量的最大祸害，必须从路基面、边坡、坡顶、坡脚等多方位采取有效的防水排水措施，还要考虑环境变化带来的山坡积水和河流冲刷等动态影响。青藏铁路多年冻土路基采用多种措施综合治理取得了很好效果。

3. 坚持试验先行

鉴于岩土工程的特殊性，即使在同一地质单元内的岩土层，其性质、厚度、分布也可能有较大差别。所以，对于复杂地质的重大工程应该在开工之前修建"试验段"。通过现场试验，检验设计采用的技术方案是否可行。在突破关键技术、完善配套措施后全面推开。这样可以少走弯路，提高路基工程质量和效益。例如，青藏铁路全线开工之初，在不同冻土地段建设了 5 个工程试验段；京沪高速铁路开工之前，建设了昆山软土试验段；郑西客专、武广客专等都建设了工程试验段。先行建设试验段，对优化工程技术措施、指导全线设计施工，发挥了重要作用。

4. 严格施工管理

完善路基施工技术标准、质量保证体系和质量检验监测制度，实行标准化管理，执行规范的施工流程和作业标准。要针对施工主体、对象、环境的变化，实行全过程动态管理。要高度重视桥台后路桥过渡段（刚性过渡段）的路基建设质量。组织合格的施工队伍和机械设备进场，采用先进的施工技术和监测手段，及时反馈完成质量情况，不断提高施工质量。

四、开展路基工程技术协调攻关

我国铁路路基工程技术研究很不适应铁路发展需要。要积极开展以企业为主体、市场为引导、产学研相结合的联合攻关，在路基工程理论、方法、工艺、设备等方面取得新突破，为进一步提高路基工程质量提供技术支撑。

1. 关于列车 – 轨道 – 路基耦合理论研究

不仅要考虑路基结构建造，而且要考虑运营荷载激励及环境变化等，构建铁路路基结构全过程动力学理论。使路基结构设计由半理论、半经验转向精细化、定制化，进一步优化铁路路基结构，提高路基工程水平。

2. 关于桩－土相互作用机理研究

路基地基处理中大量采用各种类型桩基，如 CFG 桩、管桩、灌注桩等。桩基施工时破坏了软弱地基原有结构，造成相邻建筑物外挤、隆起；软土的流变特性使施工中易出现掉桩头、断桩、串桩、倾斜、充盈系数偏大等问题。桩体与软土在静力、动力相互作用下，强度、结构等都会发生变化，有必要进一步研究桩－土间相互作用机理。

3. 关于地基变形计算方法研究

高速铁路无砟轨道路基对地基沉降计算的要求达到毫米级，而目前地基沉降采用分层总和法计算排水固结沉降为主，对次固法只做简单修正，没有考虑蠕变、桩－土相互作用等因素影响。工程实际表明，这样计算的软土地基沉降数量与实测数据偏差较大。因此，沉降计算理论和计算方法有待深化研究。

4. 关于路基工程设计技术研究

目前，铁路路基工程设计主要采用单一安全系数的容许应力法。虽然针对不同铁路标准采用了不同的安全系数，但这些安全系数都是依据工程经验制定的。由于确定的设计参数不能体现参数的变异性，单一的安全系数不能较好地反映各种因素对路基结构安全的真实影响程度，设计存在一定的局限性。如果采用极限状态法，以概率论为基础，以可靠度为指标，以分项系数的设计表达方式进行设计，可使设计更加合理。推广极限状态法，标志着工程设计从经验为基础的定性分析阶段，进入以概率论和数理统计为基础的定量分析阶段。基于路基工程设计的极限状态方程及可靠度计算方法，研究确定目标可靠指标及分项系数和设计表达式，用极限状态设计法取代容许应力法，符合国际岩土工程结构设计的发展趋势。美国、日本、俄罗斯、欧盟等国家和地区的相关设计规范，均已采用极限状态设计方法。

5. 关于路基维护和整治技术研究

我国高速铁路快速发展，运营里程不断增多。通过几年运营实践，局部路基工程出现一些工程病害，主要是：路基不均匀下沉，无砟轨道板局部脱空，路基表水渗入路基基床，深厚软土地区沉降偏大，地方上开采地下水引起区域性地面沉降，路基结构防排水系统失效，边坡表面局部溜塌及气候变化加剧导致路基基床冻害等。因此，要建立路基长期监测系统，组织科研力量持续攻克养护维修和病害整治关键技术。

在地基特别复杂、保持路基稳定性难度较大以及有通行要求的地段，可以采用"以桥代路"措施。在青藏铁路建设中，"以桥代路"解决了高温高含冰量极不稳定多年冻土难题，也为野生动物迁徙提供了通道。在高速铁路建设中，"以桥代路"解决了沿线地基软弱、路基变形较大难题，而且节约了大量土地及养护维修费用，提高了列车运行平稳舒适度。

（本文是作者 2012 年 9 月在中国科协年会铁道分会场"软土路基工程技术研讨会"上的主旨报告。）

开启铁路隧道掘进机施工新纪元

　　《中国大盾构》一书是我国隧道掘进机从无到有、从跟跑到领跑，以至成为大国重器发展历程的完整纪实。我看完编者送来的书稿，对我国隧道掘进机制造业取得的丰硕创新成果由衷感到高兴，对工程技术人员勇攀高峰、为国争光的创新精神深表敬意。作为中国铁路隧道首次运用全断面掘进机（TBM）施工的决策者、推动者，我回顾这段历史感想良多。

　　进入 20 世纪 90 年代，在部署"八五"铁路发展规划时，铁道部强调要集中力量加强"六大通道"建设，同时要求依托建设项目开展技术攻关，提升铁路技术水平。以隧道工程技术为例，20 世纪 50 年代修建宝成铁路时，隧道采用"矿山法"（钻爆法）人工施工，"灯笼火把进洞，钢钎耳锤开路"；60 年代修建川黔、贵昆、成昆铁路时，逐步走上半机械化，"钻爆法"机械化施工取得了月成洞百米的好成绩；70 年代修建湘黔、枝柳铁路时，普遍提升了"钻爆法"施工技术水平；80 年代修建衡广复线时，大瑶山隧道（全长 14.294 公里）成功应用"新奥法"（即新奥地利法，NATM），其机理是维护和提高围岩自承能力，使围岩与初期支护共同形成承载结构。大瑶山隧道实现了开挖、衬砌、出渣机械化，使"钻爆法"施工登上新台阶。

　　90 年代我们应该有哪些新作为？那时，我国"钻爆法"施工技术同国际先进水平差距在缩小，但隧道掘进机在铁路建设上仍是空白。在研究西安至安康铁路翻越秦岭的隧道方案时，中国铁路工程总公司（现"中国中铁"）和铁道部第一勘察设计院（现"中铁一院"）提出了应用隧道掘进机施工的建议。对此，我表示完全支持，希望开展隧道掘进机施工研究，组织出国考察（如英法海峡隧道、瑞士铁路隧道等），深入调查研究，厘清隧道掘进机发展历程和经验教训。

我对隧道掘进机的认识，最初来自 20 世纪 50 年代教科书，真正见到实物是 20 世纪 70 年代。铁道部第二工程局于 1971 年 5 月在湘黔铁路贵州段老罗寨隧道导坑施工、1972 年 8 月在枝柳铁路湖南段团头隧道导坑施工，采用广州产 LJ-25 型隧道掘进机（直径 2.5 米）分别开展了 4 个月工程试验。我到现场调查发现，试用情况并不理想，主要问题是：刀具磨损严重，定位十分困难（产生惯性右偏），技术人员缺乏。

据悉，水利系统开始应用隧道掘进机建设水利工程，如武警水电部队引进直径 10.8 米敞开式掘进机施工的贵州天生桥水电站工程、铁道兵部队（现"中国铁建"）使用自行研制的隧道掘进机（直径 5.5 米）建设天津引滦入津工程，加上其他部门研制的多种不同直径隧道掘进机，总体上还处在探索阶段。真正展示了隧道掘进机显著优势的实例，我们看到的是由意大利 CMC 公司和中国华水公司联营体承建的水利工程项目。我到该联营体承建的甘肃引大入秦（将大通河水引入兰州市北面的秦王川）水利工程现场考察时，对隧道掘进机（开挖直径 5.53 米）创造月掘进 1300 米的惊人成绩深表赞赏。这在很大程度上增强了我对铁路推进隧道掘进机技术的信心。

对于铁路隧道采用掘进机施工，在铁路内部意见并不一致，存在着很大分歧。1993年9月，铁道部在北京召开了专家论证会。专家们畅所欲言，充分交流，热烈讨论。有的专家认为，隧道掘进机施工造价比"钻爆法"高很多，很难投赞成票；有的专家认为，靠引进国外隧道掘进机，以后难以推广应用。我在会上作了总结发言。我认为，秦岭隧道围岩为混合片麻岩和混合花岗岩，整体性好，抗压强度高，地应力较大，采用TBM施工对围岩破坏小，对施工通风要求低，没有超挖量，施工进度快。关于"钻爆法"与TBM的造价比较，由于我们缺乏实践资料，所以可能有不符合实际之处，在熟练掌握TBM技术后可以提高效率、降低造价。并表示，我们引进TBM后，一定要尽快实现配件国产化，然后实现整机国产化，不会完全依赖进口装备。因此，用发展眼光看，这些问题都能得到妥善解决。我特别强调，这是一个关系铁路隧道技术发展的战略问题，是铁路隧道技术再上新台阶的重要标志。以往我们熟悉"钻爆法"，这只是一个拳头；今后如果掌握了TBM技术，我们就有两个拳头来应对挑战。这对铁路行业技术进步、企业增强竞争力，具有十分重要的意义。

隧道掘进机是典型的非标准设计，多数是需要"量身订制"的特殊产品。我们组织设计、制造、施工方面的专家，针对西安安康铁路秦岭隧道的需要，确定了主要技术要求：单线电气化铁路，敞开式隧道掘进机（TBM），刀盘直径ϕ8.8米（隧道设计内径7.7米，另外加上衬砌厚度及预留变形和误差）。铁道部利用日本海外经济协力基金（OECF）日元贷款，1995年12月委托中国技术进出口总公司进行国际招标，购买2台TBM。经过美国罗宾斯（ROBBINS）等公司激烈竞争，最终由德国威尔特公司（WIRTH）中标，其中部分后配套辅助设备由铁道部宝鸡工程机械厂生产。中方派出设计联络组，一方面反映中方对TBM设计制造的要求，另一方面全面了解 TBM 设计制造过程，为今后施工运用打基础。1996 年 12 月我率团访问德国铁路期间，专程到德国埃克伦茨访问了威尔特公司总部，洽谈了秦岭隧道 TBM 设计制造问题，希望双方密切合作造好用好 TBM。

西安安康铁路秦岭隧道位于青岔站至营盘站之间，全长 18.46 公里（Ⅰ线隧道），是当时中国最长铁路隧道，也是我国首座采用 TBM 施工的铁路隧道。20 世纪 80 年代末全国铁路建设资金短缺，在西安安康铁路全线勘测工作被迫暂停的情况下，铁道部采取特殊措施批准增设初测子阶段，专门安排资金确保秦岭隧道方案研究。铁一院采用遥感、物探、地面测绘和钻探验证等综合勘测手段，查明了线路可能经过的 460 平方公里范围内控制线路方案的主要地质因素，从 17 个越岭方案中推荐了石砭峪垭口方案。经过国内专家评议给予充分肯定。确定的秦岭隧道方案地质情况相对较好，隧道进口以混合片麻岩为主，出口以混合花岗岩为主，地下水以基岩裂隙水为主，除了断层还会遇到深埋隧道频发的岩爆、热害、涌水等地质灾害。铁一院高质量完成地质勘察工作，为采用 TBM 施工创造了条件。把秦岭隧道作为我国首座采用 TBM 施工的项目，是非常正确的选择。

铁道部精心组织做好 TBM 施工各项准备工作。组织技术干部队伍和操作骨干队伍进行系统技术培训；编写施工技术要求和具体操作细则；做好零配件等物资供应工作；做好应急预案准备，确保安全、质量、环保达标。1997 年 7 月，德国威尔特（WIRTH）公司 TB880E 型隧道掘进机（TBM）运抵秦岭隧道工地，经过安装、调试之后投入试用。该掘进机由主机、连接桥和后配套系统三大部分组成，集掘进、支护、出渣、通风、排水、降温、照明等功能为一体，每循环进尺 1.8 米，平均循环时间约 90 分钟。铁道部组织隧道工程局、第十八工程局、铁一院以及有关科研单位和院校，共同开展科技攻关活动，努力攻克 TBM 施工技术及部分后配套国产化等难题，取得了显著成绩。如直径 432 毫米大推力盘形滚刀刀圈经常损坏需要更换，我国科研单位联合攻关，采用 CrMoV 低合金结构钢，刀刃为等截面式，硬度为 HRC50～60，金相组织为回火马氏体。经过运转试验，在磨损率和使用寿命方面，我国研制的产品与 WIRTH 公司产品持平，但国产价格要比 WIRTH 公司价格低三分之一。秦岭 I 线隧道 TBM 法施工，创造了单口平均月进312 米，最高月进 528 米和最高日进 40.5 米的全国铁路隧道施工的最高纪录。

秦岭隧道成功引进 TBM 的实践，点燃了我国企业研发、制造和推广应用隧道掘进机的熊熊烈火。十多年来，中国中铁装备集团、中国铁建重工集团等企业瞄准国内国际两个市场，对标世界先进水平，在引进、消化、吸收基础上实现再创新，从模仿者到追随者逐步迈向并跑者和引领者，实现了隧道施工技术跨越式发展，走出了一条施工装备创新发展的新路子。

我国隧道掘进机产品类型齐全，能够满足各项建设的不同需求；技术水平先进，实现多功能一体化；实践经验丰富，具有完全自主知识产权。我国隧道掘进机制造企业成长的宝贵经验主要是：

第一，需求牵引。国际国内大规模基础设施建设，包括铁路公路交通、城市轨道交通、综合管廊工程、水利水电工程、储油储气工程、大型煤矿斜井等，隧道掘进机市场前景宽广，中国企业大有可为之地。

第二，企业主体。在市场机制作用下，我国企业彻底摆脱了过去那种"等靠要"的落后状态，真正成为科技创新主体，形成内在动力机制，把掌握核心技术视为企业的命根子，展现了明显的主动性积极性。

第三，协同创新。在改革开放形势下，吸引国内外研发力量组成实力强大的创新团队，迎着难题创新突破。建立有效的激励机制，培育高水平创新人才，不断增强企业创新能力。

第四，服务用户。企业以高度负责精神为用户提供技术服务，现场指导，加强维护，隧道掘进机正常运转取得良好绩效。从使用中发现问题及时研究改进，在制造厂商与用户之间建立起新型合作伙伴关系。这些宝贵经验都值得继续发扬光大。

党的十九大发出了建设"科技强国""交通强国"的战斗号令，铁路要当好先行，优化铁路网络设施，研制先进运载装备，提供优质运输服务，为实现国家现代化作出新贡献。要把川藏铁路、跨海通道等超级工程建设成现代铁路示范工程。面对长大山区隧道、深水海底隧道、城市隧道等复杂地质和超级标准的严峻挑战，隧道掘进机将迎来良好的发展机遇。必须坚持发展新理念，坚持自主创新道路，加强基础性技术研究和突破性技术研究，积极研发适应特殊功能需要的大直径隧道掘进机、适应复杂地质需要的高性能隧道掘进机、绿色智能隧道掘进机，以及提高使用寿命的新材料、新工艺，提高完好率和使用率的新维修制度等，占领隧道掘进机技术制高点。

希望继续发挥政府的引导作用，以企业为主体联合有关单位开展协同创新，在隧道掘进机研发、制造、使用、维护等方面不断取得新突破。不断总结新经验，创建中铁品牌，提高国际竞争力，扩大国际影响力，引领世界铁路建设技术新发展！

（本文系作者 2019 年为《中国大盾构》一书所作序言。）

"7·23"旅客列车事故的重要启示

2011年7月23日发生在宁波至温州铁路（甬温线）上的旅客列车追尾事故，造成严重经济损失和不良社会影响，其教训极为深刻，要全面总结，认真汲取。本文主要从工程管理视角，研究分析事故对铁路科学发展、安全发展的重要启示。

一、事故发生经过

"7·23"旅客列车事故发生在甬温线永嘉站至温州南站（区间长15.563公里）的瓯江大桥上。甬温线全长282.38公里，双线电气化铁路，设计速度200公里/时，预留提速条件（铁道部决定提升为250公里/时）。采用分散自律调度集中（CTC）、计算机联锁和微机监测系统、ZPW-2000A无绝缘轨道电路，CTCS-2型列车运行控制系统。由沿海铁路浙江有限公司负责建设，2006年2月28日开工，2009年9月28日开通使用，委托上海铁路局运营管理。

1. 信号系统出现故障

2011年7月23日19时30分06秒和44秒，温州南站列控中心和轨道电路设备因雷击相继出现故障。19时39分温州南站值班员看到计算机联锁终端上永嘉站至温州南站下行三接进（5829AG区段，距温州南站约3公里左右）出现"红光带"，即向上海铁路局调度报告并通知电务、工务人员检查修理。19时54分，上海铁路局调度发现调度集中终端（CTC）没有显示"红光带"（与温州南站计算机联锁终端显示有"红光带"不一致），即通知车站将"分散自律控制"模式改为"非常站控"模式。

2.D3115 次列车迫停滞行

从杭州站开往福州南站的 D3115 次列车为 CRH1-0468 动车组，编组 16 辆，定员 1299 人，当时实有旅客 1072 人。20 时 14 分 58 秒，D3115 次列车按调度命令从永嘉站开出。列车调度再次通知司机，遇红灯即转为目视行车模式。因 5829AG 轨道电路故障，车载 ATP 自动制动，D3115 次列车 20 时 21 分 46 秒迫停于 584 公里 115 米处。司机三次转目视行车模式未成功，停置 7 分 40 秒后 D3115 次列车才转为目视行车模式，以低于 20 公里 / 时速度缓缓前行。

3.D301 次列车追尾相撞

从北京开往福州站的 D301 次列车为 CRH2-139E 动车组，编组 16 辆，定员 810 人，当时实有旅客 558 人。20 时 24 分 25 秒，D301 次列车按调度命令从永嘉站开出。20 时 29 分以后，D301 次列车驶向 5829AG 区段。经调查确认，D301 次列车司机在事故发生前采取了紧急制动措施。尽管如此，20 时 30 分 05 秒在 K583+831 处，D301 次列车（当时速度为 99 公里 / 时）与前行的 D3115 次列车（当时速度为 16 公里 / 时）发生追尾相撞事故（图 56）。

4. 事故造成严重后果

事故造成 D3115 次列车第 15、16 位车辆脱轨，D301 次列车第 1 至 5 位车辆脱轨，其中第 2、3 位车辆坠入瓯江桥下，第 4 位车辆悬挂桥侧。客车报废 7 辆，大破 2 辆，中破 5 辆，轻微小破 15 辆，事故造成轨道、接触网损坏。中断行车 32 小时 35 分。死亡 40 人，受伤 172 人。

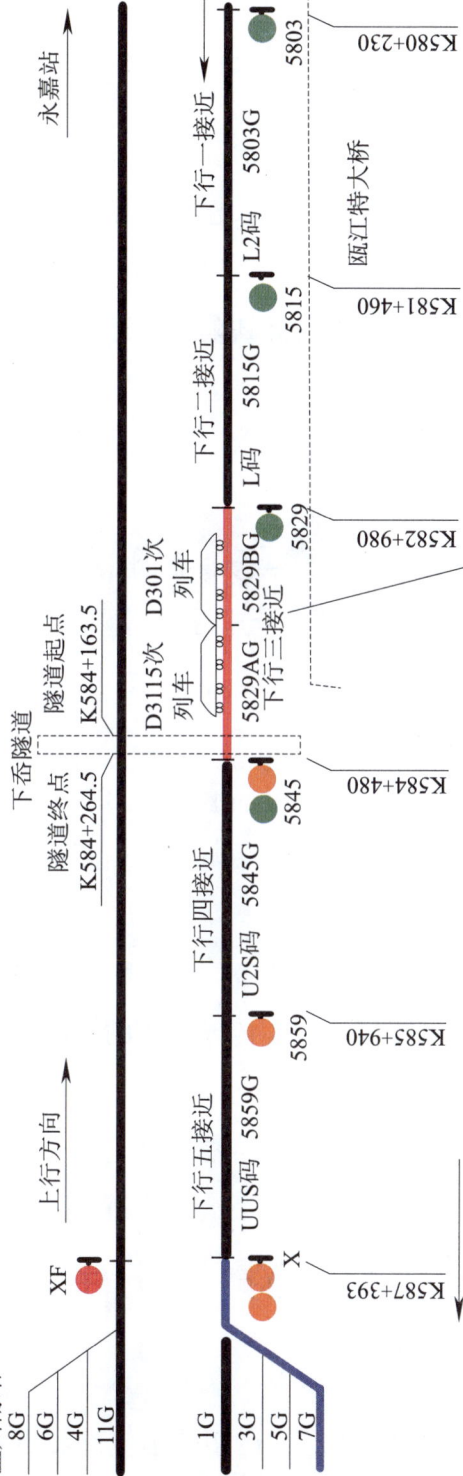

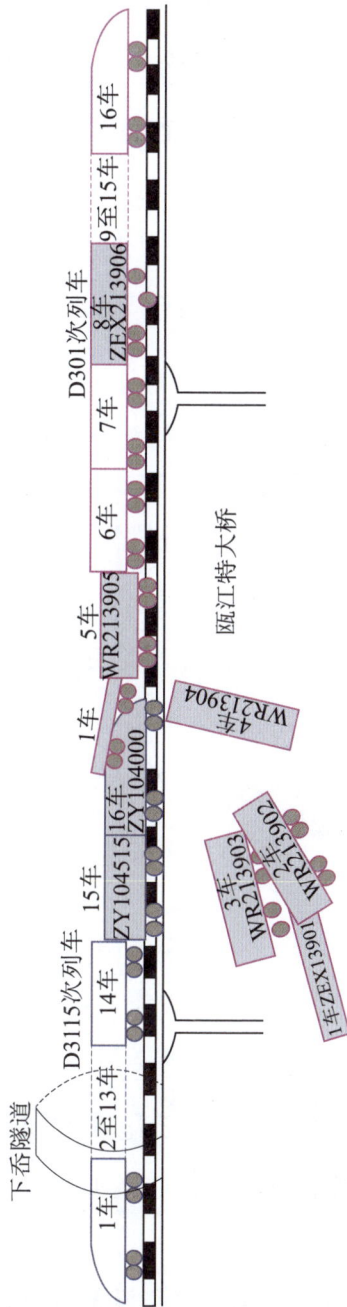

图 56　事故现场平面和立面示意图

二、事故原因分析

"7·23"旅客列车事故发生后，党中央、国务院高度重视，铁道部、浙江省全力以赴组织抢险救援、伤员救治和善后处理。国务院成立事故调查组，并请有关专家组成专家组。在现场勘察、检验测试、技术鉴定、综合分析的基础上，经过专家反复论证，调查组认定，这是一起因列控中心设备存在严重设计缺陷、上道使用审查把关不严、雷击导致设备故障后应急处理不力等因素造成的责任事故。

1.雷电袭击信号设备

2011年7月23日19时27分至19时34分，温州南站信号设备相继出现故障。国家电网公司雷电监测与防护实验室对雷击数据的统计分析表明，这一时段内温州南站至永嘉站、温州南站至瓯海站铁路沿线走廊内雷电活动异常强烈，雷击地闪次数超过340次，每次雷击包含多次回击过程，雷电流幅值超过100千安的雷击达11次。有关雷电活动情况，也从中国气象局雷电监测系统得到验证。

调查确认，强烈雷击通过大地阻性耦合或空间感性耦合，在信号电缆上产生浪涌电压。沿轨道电路信号电缆传导侵入的雷电浪涌电压，是导致发送器接收器故障的直接原因。列控中心采集驱动单元采集电源保险管F2（额定值250伏，5安）熔断，则是由于雷电浪涌电压和直流电流共同作用所致。强烈雷击还造成轨道电路与列控中心信号传输的CAN总线阻抗下降，出现通信故障，显示"红光带"。

2.列控中心设备存在严重缺陷

中国列车运行控制系统2级（CTCS-2），运用轨道电路和点式信息设备传输列车运行许可信息，采用目标—距离模式监控列车安全运行。CTCS-2 主要由车站列控中心、轨道电路、列车超速防护等构成（图57）。CTCS-2 级适用于 200～250 公里/时铁路。温州南站列控中心的设备型号为 LKD2-T1，是由北京铁路通信信号研究设计院有限公司研发设计、上海铁路通信有限公司生产的。该系统主要由主机单元、采集驱动接口单元（PIO）、电源单元等组成。

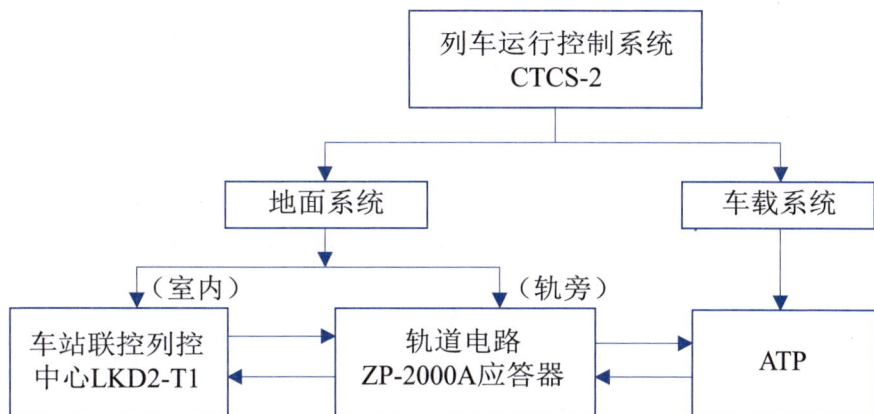

```
              列车运行控制系统
                  CTCS-2

      地面系统                      车载系统

  （室内）          （轨旁）

 车站联控列控      轨道电路            ATP
 中心LKD2-T1    ZP-2000A应答器
```

图57　CTCS-2 列车运行控制系统基本结构框图

在调查组对采集驱动单元进行测试、组织有关机构联合对列控中心主机和采集驱动板（PIO）软件进行测试的基础上，组织动车组现场实车模拟实验验证。经反复论证认定：LKD1-T1 型列控中心设备硬件缺陷是 PIO 采集电源仅有一路独立电源，当 F2 熔断后，采集驱动单元采集回路失去供电。两路输入采集自一个源点，无法构成输入信息的安全比较。LKD2-T1 型列控中心设备软件及系统设计有严重缺陷，F2 熔断后无法正确采集轨道占用信息。采集驱动单元检测到采集电路故障并向列控中心主机发送故障信息，但未按"故障导向安全"原则处理采集到的信息，导致发送给主机的一直是故障前采集到的信息。列控中心主机收到故障信息后，仅把故障信息转发至监测维护终端，也未采取任何防护措施，一直以故障前最后采集状态信息控制信号显示及轨道电路。致使 D3115 次列车进入温州南站三接近后，防护信号没有亮红灯，错误地显示列车未进来之前的绿灯，错误地控制轨道电路发码（向 301 次列车发送无车占用码）。这不符合"故障导向安全"原则。

由于列控中心控制错误，D301 次列车运行经过 9 个闭塞分区均亮绿灯。同时，由于 5829AG 轨道电路故障，导致 D3115 次列车在 5829AG 停车 7 分 40 秒后才缓慢前行。列控中心设备存在的严重设计缺陷，是"7·23"旅客列车事故的重要直接原因。

3. 设备上道审查把关不严

中国铁路列车控制系统（CTCS）使用时间不长，技术标准有待进一步完善。主管部门从加强系统集成出发成立新机构，与有关司局职能交叉，职责也未界清。对新研发的设备，没有制定技术审查规定。LKD2-T1 型列控中心设备招标、选型草率，在没有经过现场测试和试用、审查资料不完备的情况下，只进行了技术预审查，即同意上道使用，使带有重大安全隐患的设备投入运营。

4. 应急处理措施不力

在信号出现故障之后，运输部门应急措施不当。电务人员违反《铁路信号维护规则》有关规定，未经登记就插拔更换部件，检查几十分钟也未报停用设备。当 D3115 次列车驶入温州南站列控中心管辖区后，该列车在 CTC 显示屏上消失，并且多个轨道电路出现故障的情况下，列车调度、车站值班员没有立即采取有效处置措施，未按《车机联控作业》有关规定及时提醒 D301 次列车司机注意运行。这就失去了防止事故发生的有效时机。

三、事故重要启示

"7·23"旅客列车事故给我们敲了警钟。沉痛教训有诸多方面，最根本的是铁路发展存在着不科学、不协调、不可持续的问题。特别是铁路发展理念出现偏差，片面追求"加快发展""跨越发展"，没有真正树立"科学发展""安全发展"理念。在铁路建设和运营管理中安全风险意识不强，没有全面建立完整有效的安全风险管理体系。通过深入分析和理性思考，从工程管理视角得出以下重要启示。

1.强化铁路新产品研发管理

新产品研发活动具有创造性、继承性和不确定性等特点。研发项目管理的整体框架，应包括研发项目战略与规划、研发项目流程与组织、研发项目资源保证、研发项目绩效评价等。遗憾的是，为我国铁路通信信号技术进步做出过巨大贡献的通号公司研究设计院，在LKD2-T1型列控中心设备研发上却暴露出管理混乱。

（1）研发项目立项必须经过科学论证。LKD2-T1型列控中心设备研发背景是：研究单位承担的合肥至武汉客运专线建设合同约定的K5B型列控中心设备，难以满足合肥站工程建设要求。在本单位现有LKD2-T型列控中心设备升级平台不完善的情况下，未经科学论证，急促上马开发LKD2-T1型列控中心设备，并安装在合肥站。

（2）研发项目应由项目部负责实施。组织专业齐备、精干高效的项目部，确定合适的项目负责人（或称项目经理），是决定研发项目成败的关键。项目负责人必须熟悉专业技术，具有研发管理能力，能够统筹、组织、协调、控制研发团队，共同实现研发目标。LKD2-T1型列控中心设备研发没有正式任命项目负责人，研发文档无人核实签字。

（3）研发项目要按合理流程推进（图58）。依据产品总体设计，开展子系统软件、硬件设计。不仅要进行单元测试，而且要进行系统测试；不仅要关注功能、性能测试，更要重视关系安全可靠性的故障注入和异常状况测试等。完成制造与安装，进行现场试验，得到确认后再进行系统验收。但是，LKD2-T1型列控中心设备研发过程管理混乱，新产品设计制造的复核、分析、测试、评审等安全质量管理责任不落实，各环节、各层级都没有发现和纠正错误，因此未能从源头上避免事故的发生。

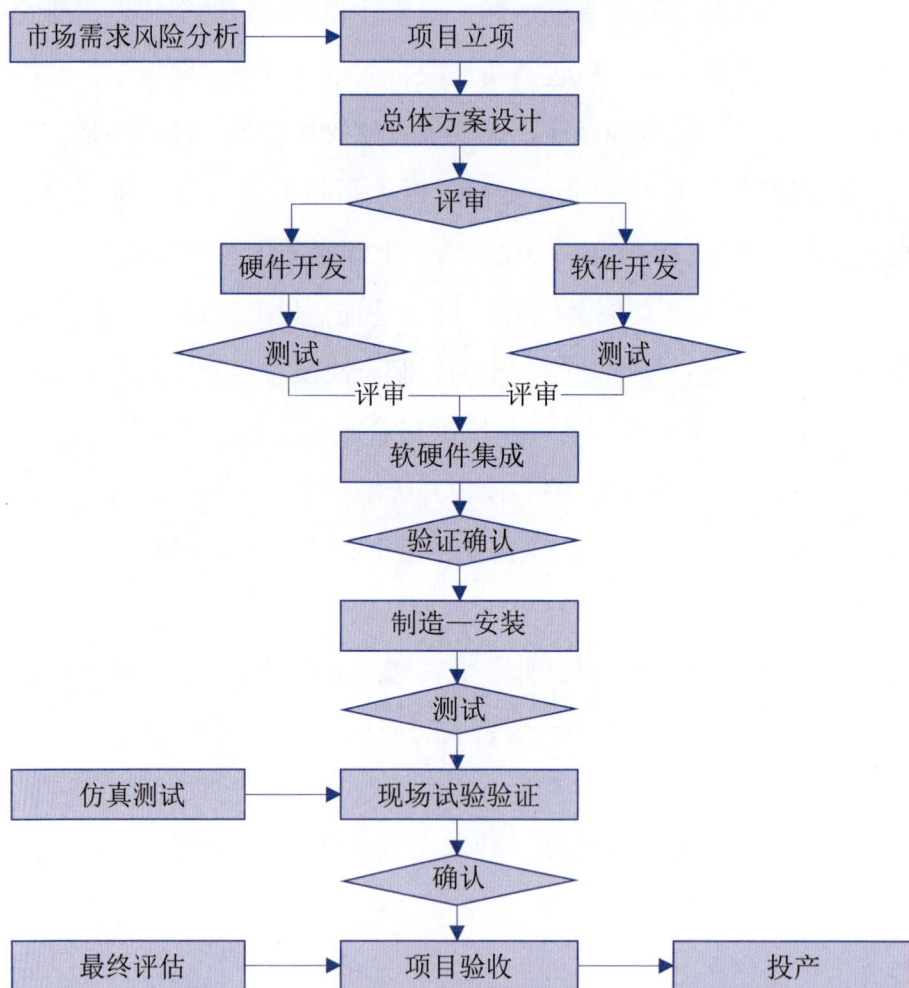

图 58　新产品开发总体流程

新产品研发必须加强过程管理，实行有效控制。门径管理（或称阶段门法 Stage-gate Processing），就是一种应用较广的新产品开发流程管理模型。每一个阶段都设有一个入口，入口就是一道"关卡"，入口控制流程起到质量控制与选择/淘汰作用。

（4）研发项目要有质量安全监督。按照《中华人民共和国产品质量法》，生产者应对其生产的产品质量负责。《轨道交通可靠性、可用性、可维修性和安全性规范及示例》（GB/T 21562—2008），即 RAMS 管理，将产品生产周期划分为 14 个阶段，分别列出了目标、输入、要求、可交付性及验证等 5 项内容。在《轨道交通通信、信号和处理系统信号用安全相关电子系统》（IEC 62425/EN 50129）中，对项目或系统涉及的各方安全职责有明确的责任分工。要求安全完整性等级（SIL）为 4 级的系统或设备，在研发过程中必须要有设计者/执行者、验证员、确认员和评估员。要求提供安全论据，包括质量管理报告、安全管理报告、功能安全和技术安全报告、相关的安全论据及安全结论。根据安全评估报告通过安全审批，进行安全验收。

但是，LKD2-T1 型列控中心设备研发中，各个环节未按安全完整度（SIL）4 级流程执行，产品正式上线运行前的调试、测试、技术审查等都存在漏洞，质量安全监督基本上处于失控状态。

2. 完善铁路新产品准入管理

新研发的首台（套）铁路专用产品，通过铁道部相关职能部门组织成果鉴定或技术评审后，依法应当实施行政许可的，按许可程序办理；列入认证产品目录的，实行认证管理。

（1）建立铁路产品第三方认证制度。铁路主管部门要制定、公布认证产品目录。构建若干个独立的第三方产品认证机构和检验检测机构，形成公开、公平、公正的市场竞争机制。制定第三方认证机构信用管理办法，把企业信用与投标条件及市场清理挂钩。要制定铁路产品认证规则，按照工厂严格检查—产品抽样监测—获证后监督的模式进行认证。认证机构依法承担对新认证产品安全质量的法律责任。

（2）建立缺陷产品召回制度。企业发现产品设计、制造存在危及安全质量的重大缺陷时，应主动召回缺陷产品。企业获知产品存在缺陷未采取主动召回措施，或者故意隐瞒产品缺陷，或者以不正当方式处理缺陷产品，铁道部将责令有关企业召回缺陷产品。企业进行整改后，提供检测试验报告，铁道部组织专家评审或进行综合评审。如京沪高速铁路开通运营后，铁道部责令中国北车召回了54组CRH380BL动车组，整改达标并经第三方验证合格后，分批恢复上线运行，收到了实效。

（3）加强产品质量安全管理和监督。要完善铁路产品技术标准，作为产品质量安全管理和监督的科学依据。按照"谁审批、谁监管"的原则，健全产品质量安全监管制度。不仅要严格产品采购标准资格审查，而且要重视对产品的验收把关，还要重视对生产企业的信用监督。做到责任明确，标准统一，制度规范，监管有力。铁道部机关内设机构调整后，进一步明确了科技司、运输局、建设司的具体职责，对上道试验、技术评审、招标审查等作出了严格规定。

3. 提高铁路运输应急处置能力

（1）强化关键设备的安全防护措施。针对这起事故暴露的设备问题，对正在使用的CTCS-2、CTCS-3、计算机联锁等进行全面检查、整治。建立仿真测试平台，进行各项设备功能性、安全性测试，并开展预防多种故障迭加耦合研究。开展列车追踪预警系统研究，当两列车相距10公里以下时，向列车司机发出报警信号，及时采取控制运行措施。在 CTC 终端增加列车丢失报警信号，丢车 15 秒以上即发出报警提示。拓展铁路无线通信宽带（6兆），研究解决 GSM-R 间断脱网问题，提高无线通信可靠度。开展防雷风险评估，构筑雷电综合防护体系，提高保护设备和抗干扰能力。关注设备自动监测信息，及时妥善作出应急处理。

（2）完善非正常情况下运输管理制度。在系统总结经验教训基础上，研究修订有关铁路技术管理、运输调度等方面的规章制度。例如，列车调度员管理跨度过大，常常难以顾及，更难精心指挥。对"非正常情况"下的行车办法应有更加明确、更加严格的要求。如果列车调度员在 D3115 次列车未到达温州南站前，不下达 D301 次列车发车命令；如果温州南站值班员在设备出现故障情况下，及时同 D301 次列车司机进行车机联控；如果温州南站电务维修人员在拔插检查故障设备前，先办理设备停用手续，都有可能防止或减轻列车追尾事故。

2000 年初铁道部已作出明确规定：在 CTC 区段、调度所及车站 CTC 设备均不能正确显示列车占用状态、区间列车占用丢失、闭塞分区非列车占用红光带、区间通过信号机故障等非正常情况下，列车调度员应立即通知有关列车司机停车，通知设备部门对故障进行检查处理，按照设备部门登记的放行列车条件放行列车。

（3）改进事故现场救援管理。在铁道部（或铁路局）与当地政府领导下，统一组织事故救援处理，包括搜救受伤人员、调查事故原因、起复受损设备、缮后处理工作等。但是，不能片面理解为这是一起铁路自身的交通事故，铁道部（或铁路局）就可以自行处理。事故发生后有三件事一度成为社会关注热点，值得高度重视：一是关于"埋车"问题。上海铁路局在确认桥下事故车辆人员搜救工作已经完成、现场勘察已经结束、"黑匣子"已经取出的情况下，拟挖坑就地掩埋残车,后因有人反对未实施。事故调查组对此专门做了调查,最后向社会公布:铁路救援人员动机是整理 300 吨吊车作业场地,没有"掩盖事故真相"之嫌。二是关于开通线路问题。按照《中华人民共和国突发事件应对法》第五十九条和《铁路交通事故应急救援及调查处理条例》(国务院令第 501 号)第六条的要求,在做好应急救援、事故现场清理后应"尽快修复损坏的设施"并"应尽快恢复铁路正常行车"。社会上认为事故原因未查明,过早开通线路难保安全。经事故调查组核实,铁路方面已采取了相关的安全防范措施,可以确保恢复行车后的安全。三是关于信息发布问题。铁路方面事故处理信息发布不够慎重,媒体过度进行炒作。包括前述的"埋车"和"开通线路",在一定程度上都属于宣传和信息沟通不畅导致社会公众产生误解。这些问题在今后铁路交通事故救援管理工作中,要认真研究改进。

(4)加强铁路运营人员培训。铁路运输安全管理的要素主要是:设备、制度、环境、人员。列车控制从"人控为主",发展到"人机结合",再到目前我国高速铁路主要采用的"机控优先"方式,以车载信号取代了地面信号,这对运营人员提出了更高更严的要求。铁道部对高铁动车组司机、高铁调度员等有基本素质要求,并组织集中理论培训、岗位理论培训、实作技能培训。对考试考核合格者发给证书,实行持证上岗,这是十分必要的。但是,由于我国高速铁路发展快,对运营人员需求量大,而我国高速铁路运营时期不长,缺乏应对各种复杂情况的运营管理经验。"7·23"事故反映出我们的运营管理人员对应急管理很不适应。今后,应特别加强对"非正常情况"下的应急处置能力培训。

4. 科学有序推进铁路建设

近几年我国铁路建设取得了举世瞩目的巨大成就,同时也存在一些值得重视的突出问题。如投资规模增长过猛、建设标准相互攀高、工期一再盲目压缩等，对铁路健康发展带来不良影响，必须坚决纠正。

（1）建设规模要适度。"十五"期间（2001—2005年）我国铁路基建投资总计为3145.26亿元，多数年份为500亿元左右。"十一五"期间（2006—2010年），铁路基建投资总计为19787.09亿元（表21），其中2006年为1542.5亿元，2010年增加到7074.59亿元。

表21　2006—2010年铁路建设资金来源组成　　　　　单位：亿元

国家 投入	铁路 自筹	铁路 借贷	地方 政府	国家 专项	企业 自筹	企业 借贷
预算内 517.31 专项基金 2314.48	部 1737.97 企 261.46	国内 7239.27 外资 172.66 债券 3159.63	3225.47	77.15	682.37	国内 274.98 外资 15.52
14.3%	10.1%	53.4%	16.3%	0.3%	3.4%	1.4%

另：地方铁路108.83亿元。

我国铁路建设投资长期不足，应当加大投资规模，但高强度大规模的建设投资是不可持续的。2010年铁路借贷资金占59.70%。2011年基建投资计划5900亿元，实际完成4690亿元。2011年底铁路资产负债率已达60.63%，新增借贷使资金来源面临很大困难。同时，建设单位管理力量不足，合资铁路公司从2002年前26家，猛增到2010年底180家。设计、施工、监理队伍难以应对，存在大量违法转包分包等现象，给质量安全带来很大威胁。

（2）建设标准要合理。各项目建设标准，应根据经济社会发展、自然环境条件、在路网和综合运输体系中的作用，以及人民群众多层次的出行需要，进行技术、经济等综合比较确定。对于快速铁路网中的"四纵四横"，由于客运量大、运距又长，是客运骨干通道，设计速度按 250～350 公里 / 时；高速铁路延伸线路及经济发达、人口稠密地区的城际铁路，设计速度可按 200～250 公里 / 时；客货并重的快速铁路，设计速度为 200 公里 / 时及以下。既有线提速线路可按 140～160 公里 / 时建设。为了提高运输效率和减少旅客换乘，工程项目建设应具备运输组织安排不同速度等级列车混行的技术条件。建设时机要充分考虑国家有关规划、经济社会发展进程及潜在的需求等。铁路发展适度超前是必要的，但前几年铁路建设中有些项目存在着建设标准过高、投资时机过早的问题，铁道部高度重视正在改进。

（3）工期安排要科学。项目建设总工期应根据关键技术、控制工程施工方案、资源配置能力等综合研究，参照类似工程进行对比，不断优化工期、投资，作出科学合理的安排。对于建设工期安排过紧问题，各方面反应都很强烈。一个工程项目如果全线同时开工，需要大量人力、物资和设备投入，可能造成投资浪费。主体工程设计施工周期很短，工程设施监测和设备安装调试时间也很短，将会影响工程质量和安全。国外高铁项目总工期多在 5～6 年以上，而我国一些高铁项目总工期仅为 2～3 年时间（表 22）。有的项目工期管理在行政干预下不顾条件盲目提前开通，造成赶进度、抢工期，不仅增加了投资，而且弱化了质量安全管理。

表 22　高速铁路项目实际工期

铁路项目	速度 （公里/时）	线路长度 （公里）	开工日期 （年-月-日）	全线铺通 （年-月-日）	试运行 （年-月-日）	开通运营 （年-月-日）
京津城际	350	120	2005-07-04	2007-12-16	2008-07-01	2008-08-01
武广高铁	350	1068	2005-06-23	2009-09-26	2009-12-09	2009-12-26

续上表

铁路项目	速度 （公里/时）	线路长度 （公里）	开工日期 （年-月-日）	全线铺通 （年-月-日）	试运行 （年-月-日）	开通运营 （年-月-日）
郑西高铁	350	459	2005-09-25	2009-06-29	2010-01-28	2010-02-06
沪宁城际	350	301	2008-07-01	2010-03-17	2010-06-01	2010-07-01
沪杭高铁	350	202	2009-02-26	2010-08-08	2010-09-28	2010-10-26
京沪高铁	350	1318	2008-04-18	2010-11-15	2011-06-01	2011-06-30

（4）竣工验收要严格。验收交接工作中，往往比较重视验收文件资料的完整性，在检查真实性、准确性方面要求不具体，下功夫也很不够。设备安装完成后联调联试时间较短，不载人模拟试运行时间也短，因此有些问题未能完全暴露出来。有的项目遗留不少未完工程，检查提出需要解决的问题也没有整改到位，这方面应作出更加严格的规定。按现行办法，铁道部对客运专线静态验收、动态验收合格成果进行检查和确认，作出初步验收结论后，由铁道部安全监察部门组织安全评估。研究认为，这种管理模式应当改进。从我国高速铁路发展和实施"走出去"战略需要出发，根据国家安全行业强制性标准《安全评价通则》（AQ 8001—2007）和国家安监总局《安全评价机构管理规定》（安监总局令第 22 号）等要求，建议成立具有独立法人资格且具备国家相关资质的铁路安全评估机构。独立第三方安全评估机构可根据需要，对项目生命周期各个阶段（包括可行性研究、设计、建造、验收、运营等）进行安全评估。铁路工程项目经过第三方进行系统的安全评估后，方可准予开通运营。

从"7·23"旅客列车特别重大事故得到的最为重要的启示，就是必须痛下决心转变中国铁路发展方式。牢固树立以人为本、安全发展的理念，全面贯彻"安全第一、预防为主、综合治理"的方针，大力推进技术创新和管理创新，中国铁路才能够走上科学发展的光辉道路。

（原文载于《中国工程科学》，2012 年 12 期。作者时任国务院 "7·23" 甬温线特别重大铁路交通事故调查组副组长。）

构建铁路工程项目管理理论体系框架

改革开放以来，我国铁路建设取得了举世瞩目的伟大成就。以青藏高原铁路、大秦重载铁路、京沪高速铁路为代表的技术创新硕果累累，我国铁路技术整体已进入世界先进行列。铁路工程项目管理经历了从不规范到规范、从传统到现代、从借鉴外国到自主创新的发展过程，取得了卓著成效。为了"讲好中国故事"，我和研究团队经过六年努力，以多学科交叉融合理论为指导，总结实践经验并使之得到升华，构建了中国铁路工程项目管理理论体系框架。这对于提高我国铁路建设管理水平具有重要意义。

一、理论总体框架

1. 建设理念

建设理念是工程哲学的一个重要概念。人们通过长期工程实践并进行深入思考，凝练出对工程建设规律的理性认识和对建设目标的主观向往，从而形成建设理念。

铁路工程建设理念具有时代性、引领性、预期性和相关性等特征。我国不同历史时期曾有不同的铁路建设理念，如新中国成立初期的"先通后备"、"大跃进"时期的"固本简末"、改革开放之后的"运能协调"、21世纪初的"和谐发展"等。在我国进入社会主义新时期后，凝练出铁路工程建设新理念，其基本内涵是：以人为本、环境协调、持续创新、系统优化、服务运输。

2. 基本原则

（1）建设程序原则。总结铁路工程建设客观规律，形成了从立项决策、勘测设计、工程实施、竣工验收到投产运营五个阶段的工作程序，这是项目科学管理的重要保证（图59）。

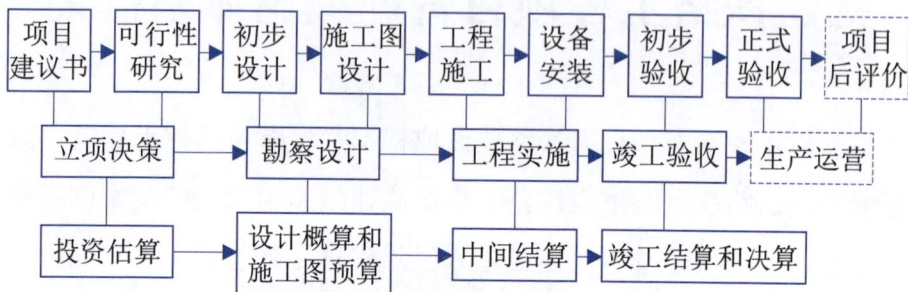

图59　铁路工程项目建设程序

（2）科学决策原则。决策者为实现某种特定目标，遵循正确的指导思想和规范的决策程序，运用科学的决策方法，在系统分析主客观条件基础上做出正确决策。

（3）综合效益原则。铁路工程项目不仅有直接经济效益，而且有间接经济效益。经济效益、社会效益和环境效益三者形成一个有机整体，构成项目的综合效益。

（4）全寿命期原则。为实现铁路工程项目全寿命期整体目标，需要统筹考虑项目不同阶段的具体要求，通过集成化管理，追求全寿命期综合成本最低、整体效益最佳。

（5）市场竞争原则。要充分发挥市场在资源配置中的决定性作用，同时发挥好政府的作用。全面开放铁路工程建设市场，形成有效的市场竞争机制，提高项目管理水平。

3. 管理机理

机理是指为实现某一特定功能，系统结构中各要素内在工作方式及在一定环境条件下相互联系、相互作用的运行规则和原理。铁路工程项目管理要突破简单汇集各管理要素的传统管理模式，强调项目管理机理分析的积极作用。重视诸多管理要素之间的关系（相对独立、相互关联、相互影响、共同作用），重视目标管理体系、组织管理体系和支撑保障体系等与管理要素之间的关系，以及各管理体系之间的关系。在履行计划、组织、控制、协调等管理职能中，突出项目管理的整体性、系统性和复杂性，创造项目管理良好的综合绩效。

4. 理论总体框架

铁路工程项目管理理论体系的基本内容是：以建设理念为指导，管理原则为准绳，组织模式为载体，目标管理为核心，支撑保障为手段，运行机制为保证，形成有机整体科学管理工程项目。铁路工程项目管理理论总体框架模型如图60所示。

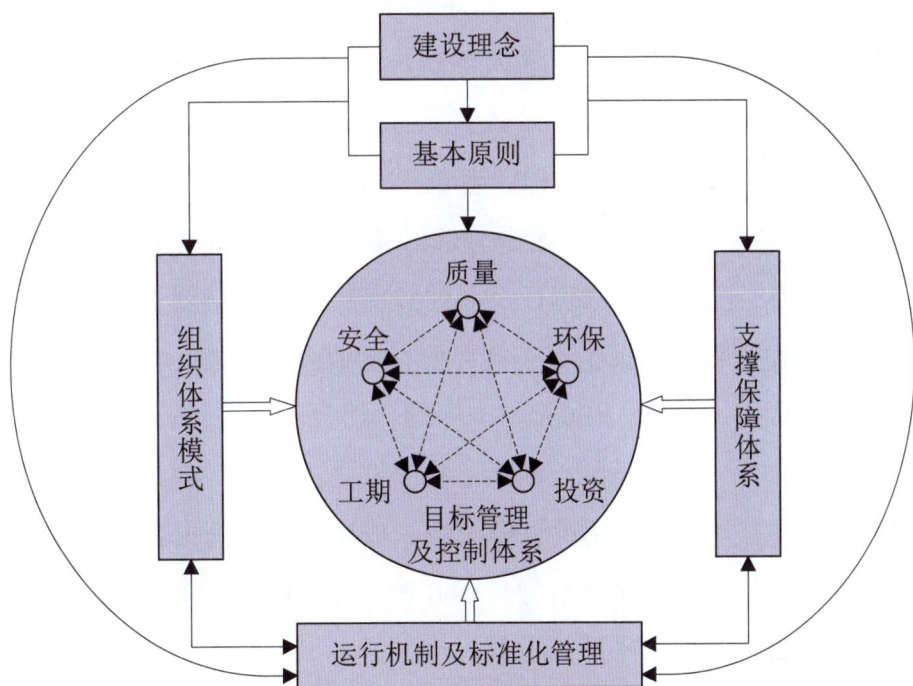

图60　铁路工程项目管理理论总体框架模型

二、目标管理体系

项目目标是该项目所要达到的预期结果，即项目所能交付的成果或服务。项目实施全部过程，实际上就是一种追求预定目标的过程。铁路工程项目目标一般分为总目标、专项目标和具体目标三个层次，也可根据目标性质分为强制性目标和非强制性目标、定性目标和定量目标。

1. "五大控制"目标

2001 年 6 月底，青藏铁路开工建设时，把项目总目标确定为"建设世界一流高原铁路"，首次在项目管理总目标之下提出了由工程质量、环境保护、健康安全、工期和投资组成的"五大控制"目标体系。这"五大控制"目标体系充分体现了以人为本、可持续发展的新理念，体现了时代进步的新要求，是对传统的质量、工期、投资"铁三角"目标管理的重大突破。随后，在全国铁路系统推广应用，收到良好效果。

对于"五大控制"目标，都要采用系统分解法（SBA），包括项目分解结构（PBS）、工作分解结构（WBS）和组织分解结构（OBS），层层落实任务和责任。要建立完善的管理制度，加强流程管理和界面管理（包括工程实体界面、企业合同界面、各利益相关者组织界面等）。按照 PDCA 基本原理，综合前馈控制、实时控制、反馈控制方法，按照计划、执行、检查和处理四个环节，进行项目目标控制（图 61）。应用逻辑框架法、成功度法、可拓综合评价方法等，对目标管理水平进行评价，并针对存在的问题采取有效改进措施，使目标管理水平螺旋上升。

2. 质量环境安全管理

在"五大控制"目标中，质量、环境、职业健康安全三项管理是企业和社会最为关注的重要内容。在总结多年实施质量管理体系标准（GB/T 19001）、环境管理体系标准（GB/T 24001）、职业健康安全管理标准（GB/T 28001）的经验基础上，探索整合成同时满足三个标准要求的一体化管理体系，可以减少认证和管理中的重复工作，有利于优化资源配置，提高项目管理质量。

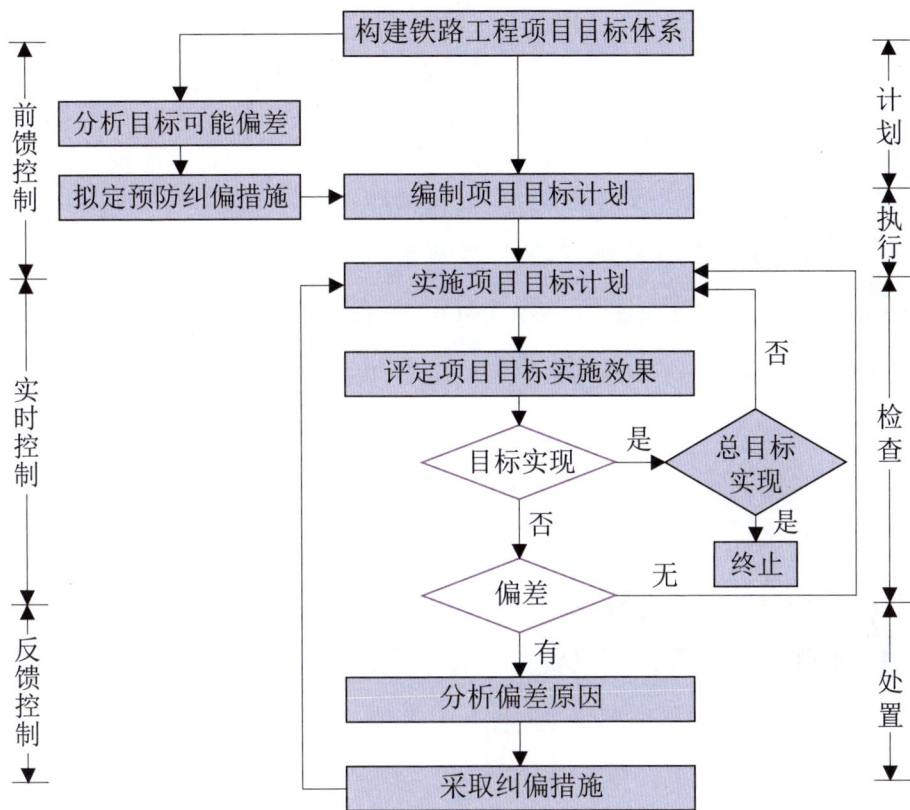

图 61　铁路工程项目系统控制方法

上述三个管理体系标准有诸多共同点。最重要的是基本原理相同，都是以系统论、控制论、信息论为理论基础，建立完整有效的动态管理模式，以持续改进的原则指导组织系统实现其目标。三个标准的内容都体现了以下八项管理原则：以顾客为关注焦点、领导作用、全员参与、过程管理、系统方法、持续改进、基于事实的决策方法及互利的供需关系。三个标准的管理要素有很多相似部分，如方针、目标、内审、管理评审、文件控制、记录控制、监视测量及其设备控制、纠正措施和预防措施控制、能力意识和培训、组织机构和职责、协商与沟通等方面。三个标准的管理方式相似，都是强调风险管控，按照 PDCA 循环控制模式，通过日常监测进行评估，实现体系的持续有效运行。可以看到，三个标准相互趋近，具有较强的兼容性，实施一体化管理不仅必要而且可能。当然，三个标准的对象不同、目的不同，在一体化管理中要高度重视。

实施质量、环境、安全一体化管理，其影响因素主要有：人的因素、物（包括机械设备）的因素、环境因素、管理因素（包括方法等）。有的表述为：人（Man）、材料（Material）、机械设备（Machine）、方法（Methods）和环境（Environment），简称"人、料、机、法、环"（即 4M1E）。

一体化管理要坚持预防为主、试验先行、全面管理、动态控制、持续改进的基本要求。充分发挥政府部门、市场主体（企业）、社会组织各自的作用，规范管理程序、管理标准、管理责任及考核激励。加强风险管理，不仅要关注管理成果，更要重视管理过程，特别是抓好关键过程管控，强化源头控制。要加强建设队伍培训工作，增强责任意识，推广先进技术，实施标准化管理。

各企业根据自身特点，编制"一体化管理手册"，指导所属单位推广一体化管理，实现项目质量目标、环境目标和职业健康安全目标，树立企业良好社会形象。

3. 项目工期管理

铁路工程项目工期管理又称为项目时间管理。项目合理工期确定，要根据不同类型工程，掌握平均先进水平，并有一定抗御风险能力。在进行工作分解结构（WBS）、识别控制性工程、计算各控制性工程持续时间的基础上，按照各控制性工程之间的逻辑关系绘制网络图，初步确定计算工期。再经过专家研讨，确定合理工期范围，并估算每延续一天的损失价值。评标时采用"报价 + 工期"综合方法定标。项目合同工期的确定程序如图 62 所示。

项目施工进度计划编制，以往多采用关键线路法。但使用该法时可能导致局部最优而不是整体最优。建议采用基于线性计划技术（Linear Scheduling Method，LSM）、关键链理论（Critical Chain Theory，CCT）编制施工进度计划，运用 BIM+5D 技术对施工过程进行仿真，评价施工计划的可行性、科学性和合理性，提高施工进度计划编制质量。

施工单位在资源约束和不确定条件下，可采用模糊链方法实施项目进度管理。该法将关键线路法、关键链方法和模糊数学方法融为一体，以系统、协调、程序化方式对各项约束和进度风险集成考虑，按下述三步实施：先建立资源约束下的项目计划进度模型，得到一个工期最短的确定型初始项目进度计划；再考虑增加"项目缓冲"时间，以应对可能出现的进度不确定性；最后根据项目进展情况和"项目缓冲"消耗情况做出动态调整，有效控制项目工期。

在铁路工程项目工期管理中，要特别强调尊重工程建设客观规律，科学合理地确定勘察设计周期和施工工期。对控制性重点工程要安排提前开工建设，对工程试验和联调联试要安排足够时间。坚决杜绝缺乏论证、盲目压缩工期的现象发生。

4. 项目投资管理

依据铁路工程项目投资管理体制，项目建设各阶段与工程投资形成对应关系（图 63）。铁路工程项目总投资的确定，取决于优质勘测设计以及科学合理的工程定额和取费标准。工程定额是指在正

```
┌─────────────────────────┐
│      确定铁路工程类型       │
└─────────────────────────┘
             │
             ▼
┌─────────────────────────┐
│      划分铁路工程标段       │
└─────────────────────────┘
             │
             ▼
┌─────────────────────────┐
│      建立工作分解结构       │
└─────────────────────────┘
             │
             ▼
┌─────────────────────────┐
│      识别控制性工程        │
└─────────────────────────┘
             │
             ▼
┌─────────────────────────────┐
│   估算控制性工程的工程量和施工速率   │
└─────────────────────────────┘
             │
             ▼
┌─────────────────────────┐
│   计算控制性工程的持续时间    │
└─────────────────────────┘
             │
             ▼
┌─────────────────────────────┐
│  绘制标段工程网络图，确定其计算工期  │
└─────────────────────────────┘
             │
             ▼
┌─────────────────────────────┐
│   判断标段工程计算工期的合理性     │
└─────────────────────────────┘
             │
             ▼
        ◇ 是否合理 ◇ ──否──→
             │是
             ▼
┌─────────────────────────────┐
│   确定标段工程合同工期的合理范围    │
└─────────────────────────────┘
             │
             ▼
┌─────────────────────────────┐
│  确定标段工程每延迟一天损失的价值    │
└─────────────────────────────┘
             │
             ▼
┌─────────────────────────────┐
│ 采用"报价+工期"评标方法，选择中标人， │
│        确定合同工期           │
└─────────────────────────────┘
             │
             ▼
┌─────────────────────────────────┐
│ 必要时，建设单位根据干扰事件的性质、合    │
│ 同规定和国际惯例，动态适度调整合同工期   │
└─────────────────────────────────┘
```

分析项目因素，修改完善

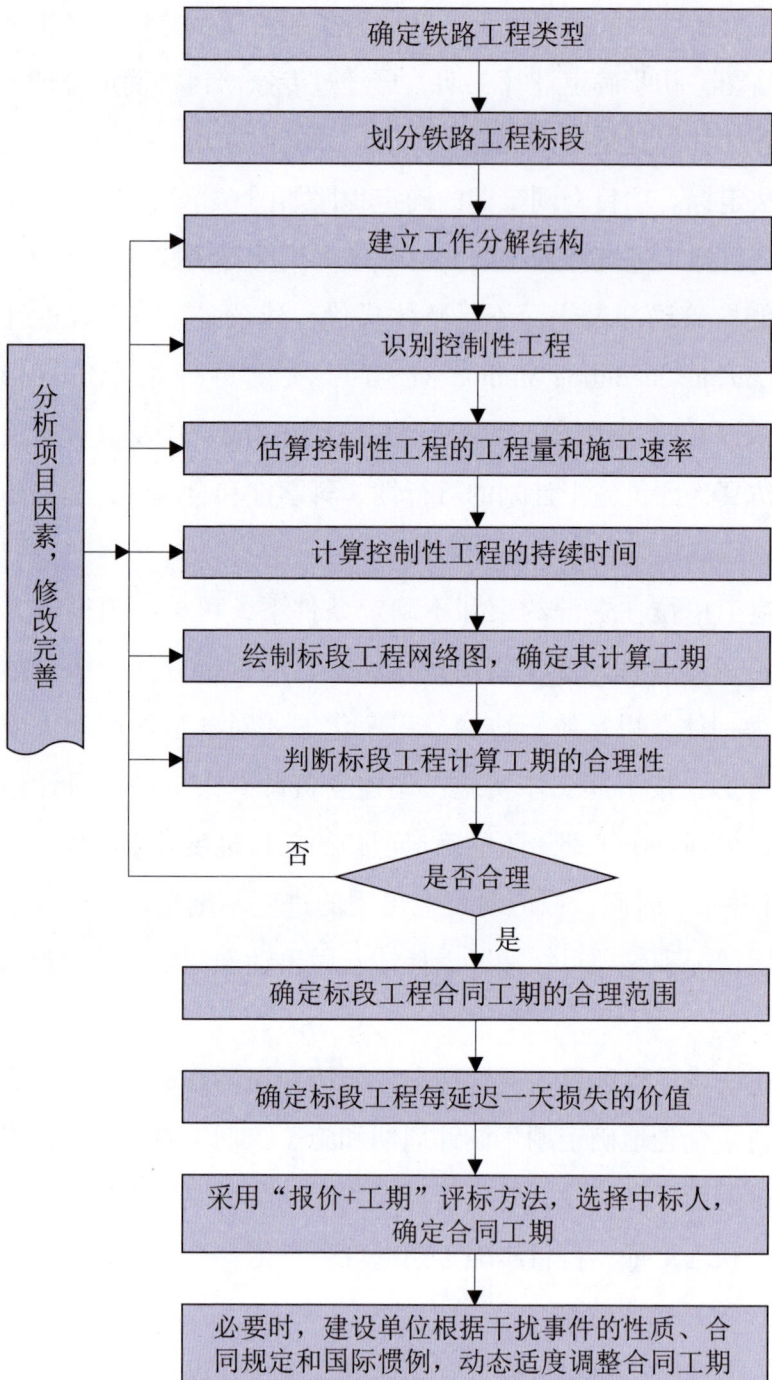

图 62　标段工期合同工期确定程序

常施工条件和合理劳动组织、合理使用材料设备情况下，完成铁路工程单位产品所必须消耗的人工、材料、机械、资金等资源规定额度。工程定额编制可运用多种方法，如统计分析法、技术测定法、比较类推法等，剔除施工过程中不合理因素对数据的影响，构建工程定额原始数据处理模型，提高工程定额测定质量，及时颁发必要的补充定额。对于工程项目取费标准，要在大量调查研究基础上合理确定。

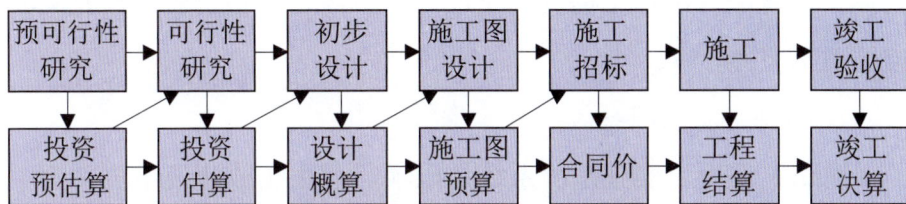

图 63 建设各阶段与投资对应关系

铁路工程项目投资控制，是实现项目投资目标的重要手段。投资控制的主要方法有：价值工程法——以最低的总费用可靠地实现其必要的功能，以提高研究对象价值的思想方法和管理技术，这里的"价值"是功能和实现这个功能所耗费用（成本）的价值；挣值法——这是一种全面衡量项目投资、进度目标实现程度的方法，它采用货币形式代替工作量来测定项目进度；BIM 技术——构建基础数据库和项目投资信息库，以实现对项目全面投资管理和价值分析。目前，铁路工程项目投资控制的重点是静态投资控制，影响因素主要是有的工程项目勘测设计周期不合理，方案论证不充分，投资管理有漏洞。动态投资控制难度更大，项目增加概算的主要原因是征地拆迁、物价上涨、变更设计。因此，要针对存在问题采取有效对策，确保投资目标实现。

三、组织管理体系

科学的组织系统、明确的职责划分和有效的管理模式，是铁路工程项目成功实施的组织保障。在建立社会主义市场经济中，必须充分发挥市场在资源配置方面的决定性作用，更好发挥政府作用。铁路深化改革，实行政企分开，政府转变职能，主管部门职责主要体现在编制路网规划、制定法规标准、实施有效监管（包括市场、质量、安全、环保）等方面。社会组织（学会、协会等）是联系政府与企业的桥梁和纽带，其宗旨主要是服务，加强行业自律。铁路企业要完善法人治理结构，真正成为自主经营、自负盈亏、充满活力的市场主体。

1. 项目实施组织系统

铁路工程项目实施组织系统是以项目业主（或建设单位）为中心，设计、施工、监理等参建方共同组成的联合体。各方主体作为项目利益相关者，相互存在委托代理关系或间接合同关系。

项目业主（或建设单位）是实施铁路工程项目的直接组织者、实现项目目标的直接责任者。项目业主的职责主要包括勘察设计管理、招标和合同管理、各类资源管理、沟通协调管理以及项目目标管理等。施工企业组建项目部管理，实行项目经理责任制。明确施工企业是利润中心、服务中心，其项目部则是成本中心、创效中心。通过建立以项目业主（或建设单位）为中心的多参建单位协同运行机制，科学合理地组织本项目利益相关者协同工作，实现项目总目标。

2. 项目业主方管理模式

在政企合一体制下，我国铁路工程项目业主方传统管理模式主要有三类：一是建设指挥部管理模式。这种模式虽具有组织指挥效率高、资源调配力度大、协调外部关系好等优点，但指挥部不是一个经济实体，经济责任不明确，行政干预较多，且临时机构难以达到专业化管理水平，现在一般不再运用这种模式。二是铁路局代管模式。铁路工程项目主管部门委托铁路局作为建设单位，有利于建设和运营一体化管理、增强企业风险意识，但管理人员专业化素质难以保证，超概算现象难以控制，这种模式多用于既有路线改造项目。三是专门机构集中管理。如设立"工程管理中心"，对政府投资铁路项目行使建设单位职责，这有利于资源优化配置、提高专业化管理水平，但该机构不具项目法人资格，容易造成建设与运营脱节。

在社会主义市场经济体制下，全面实行项目法人责任制模式。因此，新建铁路工程项目，必须组建项目法人（注册成立股份公司或有限责任公司），负责项目建设和运营管理。这种模式有利于企业科学决策、独立经济核算，有利于落实全寿命期管理思想，从根本上解决了长期存在的铁路建设与运营管理脱节问题，现已成为铁路工程项目业主方管理的主要模式。要通过改革创新完善法人治理结构，加强监督、考核，不断提高管理水平。

对于建设规模较大、技术要求较高、建设单位自身管理能力不适应的铁路工程项目，可考虑采用"小业主、大咨询"的管理模式。项目业主（或建设单位）组织精干高效的管理机构负责关键职能管理，而将大部分具体职能委托专业咨询机构实施。我国工程咨询服务业相对滞后，需要大力提升咨询机构综合实力。在高速铁路建设初期，为弥补某些工程技术和管理经验不足之需，建立了中外企业联合咨询机构，发挥了积极作用。

3. 项目承发包模式

DBB承发包模式。长期以来，我国铁路工程项目采用传统的设计与施工分别承发包模式，即设计—招标—建造（Design-Bid-Build，DBB）模式。由项目业主（或建设单位）采取招标方式，分别发包工程勘察设计任务和施工任务，分别与勘察设计单位、施工单位签订合同。勘察设计单位与施工单位之间没有合同关系，只有协作关系。勘察设计单位主要配合施工，对施工发现设计问题及时研究改进。在合同约束下，建设单位、勘察设计单位、施工总承包单位各自履行其职责和义务，权责利比较明确，但建设周期较长，施工中变更设计较多。

EPC 总承包模式。以设计—采购—施工（Engineering-Procurement-Construction，EPC）为代表的工程总承包模式，在国际上广为流行，国内也在推广应用。这种模式的突出特点是摒弃传统的设计与施工分割管理，转为按照系统思维进行设计与施工一体化管理，由总承包单位完成全部工程内容，包括勘察设计、物资采购和施工。其优点是有利于缩短建设工期，便于提前确定工程造价，减轻建设单位合同管理负担，缺点是建设单位前期工作量大、总承包单位报价可能偏高以及发生道德风险概率较高等。早在 20 世纪 90 年代，中国铁路建设在侯月铁路（西座大桥）和成达铁路全线进行工程总承包试点。进入 21 世纪，又在不同项目扩大工程总承包试点。铁路系统要在总结工程总承包试点经验基础上加大推广力度，培育工程总承包企业（设计与施工融为一体），提高勘察设计质量，完善总承包管理制度，强化绩效考核和激励约束机制。

伙伴关系模式。伙伴关系（Partnering）是各参建单位处于自愿、高层管理者参与、坚持信息公开和资源共享的合作关系。在工程合同签订之后，由各参建单位协商达成共识，签署伙伴关系协议，用来确定各参建单位在项目实施过程中的共同目标、任务分工和行为规范。伙伴关系模式实质上是在项目业主与各参建单位签订合同的基础上，通过伙伴关系协议构建一种柔性化管理机制，包括信任、合作、沟通、协调机制等，推动项目组织实现共同目标。所以，伙伴关系模式不是一种独立存在的模式，通常要与项目其他承发包模式相结合使用。

动态联盟关系。实施铁路工程项目时，由于一个单位难以胜任，需要充实力量，或出于减少竞争对手考虑，可以采用自愿合作方式结成联盟关系，实现优势互补、利益共享，共同完成项目目标。横向联盟是在项目同一阶段由两个或两个以上单位组成的联盟，如设计单位之间、施工单位之间、设计与施工单位之间、施工与供应商等。纵向联盟是按铁路产业链或项目阶段由多个单位组成的联盟，如以项目业主为主，联合设计、施工、咨询、运营等，可以采用供应链式、总分包式或网络式。有的项目采用由横向联盟和纵向联盟组成的混合联盟。对于某些国际工程项目，还可成立跨国企业联盟。

4.铁路投融资体制改革

改革开放以来，我国铁路建设资金实行"拔改贷"、设立铁路建设基金、发展合资铁路，取得了显著成效。但投资主体单一，主要靠政府投资；融资手段较少，主要靠债务性融资；投融资仍存在一些体制性障碍。因此，以"政府统筹规划、市场规范运作、持续改革创新、多方合作共赢"为指导思想，深化铁路投融资体制改革，在公司融资和项目融资两个方面拓宽渠道，增加股份融资，减少债务融资（图64）。同时，要盘活存量资金，开发沿线土地等。

建议实行分类建设原则，完善铁路运价形成机制和动态调整机制，建立公益性、政策性铁路运输补偿机制，设立铁路发展基金。除运用建设—移交（BT）模式和建设—运营—移交（BOT）模式外，要探索公共交通引导开发（TOD）模式和政府与私人合作（PPP）模式，大力吸引社会资本参与铁路建设。加大股权融资力度，推进合资铁路重组和混合所有制改革，实施债转股，具备条件的公司可以上市融资。

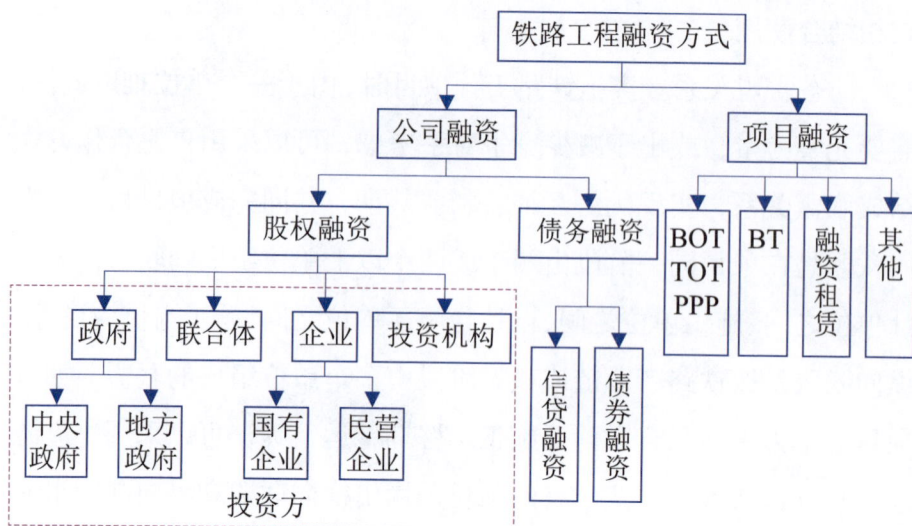

图 64　铁路工程融资方式

四、支撑保障体系

铁路工程项目承包合同签订之后，一系列管理活动全面展开。围绕"五大控制"目标管理，要大力加强合同管理、资源管理、技术创新管理、信息管理、风险管理和文化管理等。这些管理要素相互关联，构成一个为实现项目目标的完整支撑保障体系。

1. 项目合同管理

铁路工程项目合同是明确和约定承发包双方权利义务关系的法定文件。工程项目合同按照不同标准有多种分类方法。如按照合同签约对象内容，可分为勘察设计合同、施工合同、监理合同、物资供应合同等；按合同计价方式，可分为总价合同、单价合同、成本加酬金合同及目标合同等。我国铁路工程施工合同主要采用总价合同和单价合同，这两种合同均可分为固定价合同和变动价合同。

工程项目招标投标是合同管理的前奏。项目业主（或建设单位）按照规范的招标程序、科学的评标方法以及标准合同文本的采用，为合同签订打下坚实基础。投标人要经过资格预审、现场调研、制定方案、编制招标文件，按指定时间、地点递交投标文件。建设领域采用的评标办法较多，铁路工程项目评标方法主要采用经评审的最低投标价法和综合评估法。综合评估法通常称为打分法，项目评标委员会按照招标文件设定的不同分值权重，分别对投标人的技术标和商务标进行评分，按照得分或评标价高低推荐中标候选人。各种评标办法都考虑了企业信用评价，对符合条件者加分激励。

在项目招标发出中标通知书后，项目业主与中标单位应按照招投标文件签订书面合同。中标单位要向招标单位提供履约保证，向本企业实施承包的管理者进行"合同交底"。在合同实施全过程中，要加强合同执行情况的监督、检查、分析，针对实施偏差采取有效措施进行纠正。如出现合同纠纷，尽量通过双方协商解决，必要时可请有关机构予以调解。如协调未果，可申请由仲裁机构进行仲裁，或寻求司法解决。

针对项目合同管理存在的主要问题，需采取以下改进措施：进一步开放铁路建设市场，使承发包双方成为真正平等的市场主体关系；修改合同文本中不合理的条款，增强可操作性；加强招标过程监督，采用定性和定量相结合的综合评标办法；建立合同激励机制，形成合作共赢新格局。

2. 项目资源管理

铁路工程项目资源管理包括人力资源、物资、机械设备、技术、信息、资金等资源的优化配置和高效利用。

人力资源管理。在以人为本思想指导下，对组织内外相关人力资源进行有效组合运用。着力抓好组织架构设置、职能职责分工、人员配置与开发等。特别要加强建设单位项目管理团队、施工单位项目经理部团队、现场监理机构团队，按照专业化、职业化要求建设。各项目部经理、技术负责人、财务负责人等均必须具备相应职业资格。实施"人才强企"战略，倡导"在重点工程的关键岗位上培养领军人才和骨干力量"。建立由基本素质、业务能力、工作业绩等要素构成的人才绩效考核机制和激励机制。施工企业突出的管理薄弱环节是"架子队"，要配足专业骨干力量，分类培训劳务人员，形成规范化的管控模式。

物资管理。主要包括物资采购、供应、存储和现场控制四个方面。建设单位创新面向供应链的集约化物资管理模式，构建统筹开放的物资管理平台，对业主自行采购的物资（称为"甲供物资"）如桥梁、钢轨、接触网等，实现集中采购，合理调配供应。施工单位在供应链管理模式下，物资采购活动以订单驱动方式进行，有效整合外部资源，建立新的供需合作模式。构建 BIM 物资管理信息系统，实现物资与施工协调管理，合理优化库存物资。建立以定额发料、限额发料为主线的物资现场管理制度，实行严格监控和跟踪考核，大力降低物资成本。

机械设备管理。设置机械设备专业管理部门，整合企业优势机械设备。对投资大、维护难的机械设备实行专业化集中管理，对常规机械设备可配属工程队管理。要优化项目施工组织和机械设备配置方案，现有机械设备不足时可实施采购与租赁相结合的配置方式。构建完善的机械设备维修管理体系，逐步从传统的事后维修转向预防维修，有些已实现状态维修，提高机械设备完好率和使用率。要全面加强员工培训教育，认真落实持证上岗制度，提高技术知识水平和实际操作技能。

信息资源管理。企业对生产经营所需要的数据需求和信息需求，从采集、处理、传输到使用作出全面规划。建立铁路工程项目信息数据标准，包括数据元素标准、信息分类编码标准、用户视图标准、概念数据库标准和逻辑数据库标准等。建立集成化信息系统模型，包括功能模型、数据模型和系统体系结构模型。铁道部组织开发和推广应用全路统一的铁路建设项目管理信息系统，提高现代化管理水平。要进一步强化信息管理，制定项目管理信息系统通用技术标准，构建大数据应用平台，广泛应用互联网、物联网、大数据、人工智能、数据挖掘技术（Data Information Knowledge Wisdom，DIKW）以及全寿命期建筑信息模型（Building Information Modeling，BIM）+ 地理信息系统（Geographic Information System，GIS），推动项目信息管理朝着系统集成化、智能化及可视化方向发展。

3. 技术创新管理

铁路工程项目技术创新管理是以项目建设单位为主，多主体参与的开放式协同创新过程。技术创新的直接动因，是要解决项目建设中的关键技术难题，为实现项目目标提供技术支撑；也有一些是探索铁路行业发展的重大共性技术，旨在提高铁路建设整体水平。

铁路工程项目技术创新管理的突出特点是：需求引领，依托项目，联合攻关，试验先行，成果共享。影响项目技术创新成效的主要因素是：明确工程需求，聚焦关键，补齐短板；创造良好环境，包括政策、市场和社会支撑；整合各项资源，包括资金、人才、设备、信息等；实施有效管理，包括组织、制度、协调、激励等。由工程需求牵引力、环境影响力、资源支撑力和管理推动力构成了项目技术创新作用机理的"四力作用"模型，如图65所示。

我国青藏高原铁路、大秦重载铁路、京沪高速铁路等项目技术创新取得了丰硕成果，积累了宝贵经验。提升项目技术创新管理水平，需要深化铁路改革，加强行业统筹规划。研究选题要经过充分论证，体现突破关键、引领发展要求。要充分发挥项目业主核心作用和各参与主体协同作用，坚持现场试验先行，验证技术创新成果，并建立第三方评审认证制度。要加强知识产权保护，加快成果转化，推动技术创新良性发展。

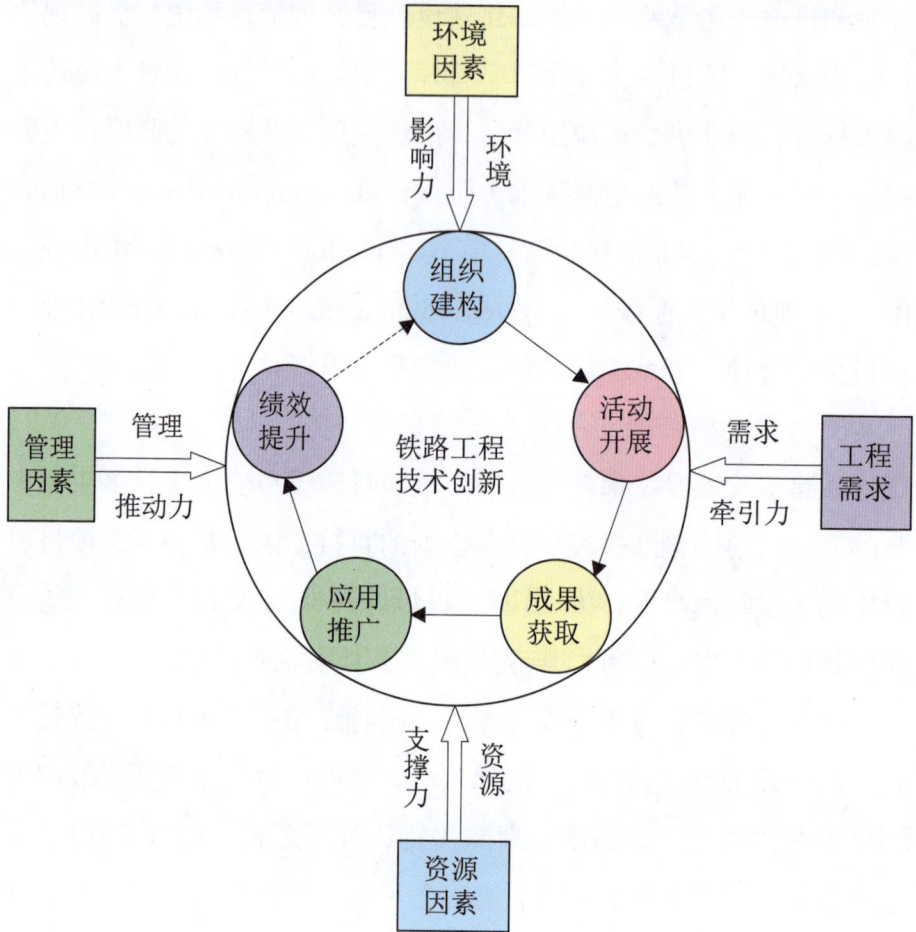

图 65 "四力作用"模型

4. 项目风险管理

铁路工程项目风险管理是依据项目工程特点、所处环境和设定目标，通过风险识别、评价、应对和有效控制，将工程项目各类风险消除或降低到可接受水平，以确保项目预期目标顺利实现。一般情况下，项目风险分为两大类：一类是项目环境风险，包括自然、社会、经济、政治风险；另一类是项目自身风险，包括合同、工期、投资、质量、安全、环保、技术及管理等风险。

按照集成化风险管理、全面风险管理等现代化风险管理理论，结合我国铁路工程建设实践，在科学分析项目风险影响要素和发生机理（耦合）的基础上，构建铁路工程项目风险管理体系。该体系由目标、组织、资源、流程、方法、信息 6 个子系统构成。项目风险管理体系运行模型包括风险管理组织、风险管理规划、风险管理过程控制、风险管理绩效考核与评价及风险管理基础工作等 5 大板块（图 66）。

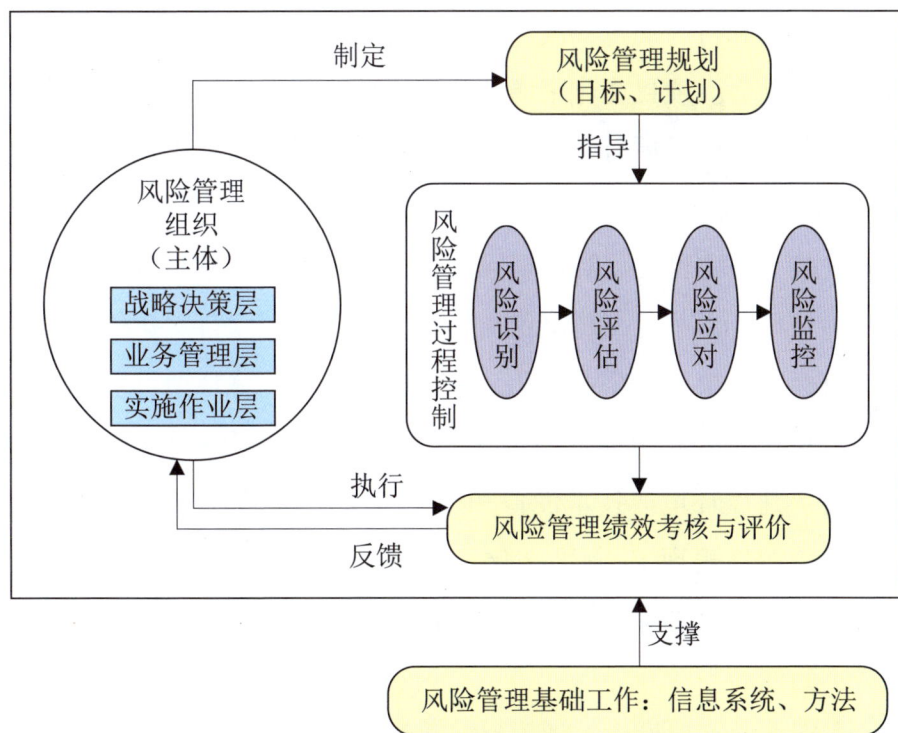

图 66　铁路工程项目风险管理体系运行图

为了保证铁路工程项目风险管理体系有效运行，必须统筹规划风险管理各项工作。要建立风险管理组织，以风险管理规划为指导，进行风险管理过程控制（包括风险识别、评估、应对和监控）。通常采用结构化分析方法层层分解，列出客观、全面的风险清单，实时动态评估风险发生的概率和可能产生的后果。项目风险应急管理应该做到：完整预案，准确预警，快速响应，实时反馈。

通过项目风险管理考核评价，发现运行问题，制定改进措施。特别是健全风险管理法律法规制度，开展第三方风险认证和评估，建立基于"监测、预警、矫正、反馈"的风险预警机制，提高风险应急管理能力和水平。

5. 项目文化管理

项目文化体现了项目业主与各参建单位普遍认可并共同遵循的价值观理念和行为规范，成为凝聚多方共同实现项目目标的坚实基础和强大动力。项目文化来源于企业文化，是企业文化的延伸和映射；企业文化通过项目文化传播和展现，并通过项目文化不断丰富和发展。

铁路工程项目文化管理要以项目文化策划为指导，以项目文化建设为核心，以项目文化凝练与传播为手段，以项目文化传承与创新为目标。要根植于企业文化，弘扬铁路精神，体现项目宗旨，形成新价值观。要着力抓好精神文化（责任、诚信和精神价值）、物质文化（建设环境、技术设备和产品）、行为文化（项目经理、先进模范、群体表现）、制度文化（组织、领导及各项规章）等四个方面。项目文化凝练要突出项目价值观，经过传播扩大影响，在发展中不断创新。

在青藏铁路建设中，把项目文化渗透到各项管理之中，做到人本文化内化于心，环保文化外化于行，质量安全文化融于细节，信用文化深入人心。充分体现了团队精神，发挥了引领、凝聚、协调、激励等作用，使文化力转化为生产力，为项目建设不断注入生机和活力。青藏铁路铸就了"挑战极限，勇创一流"的青藏铁路精神，成为具有时代特色的宝贵精神财富。2006年7月1日在青藏铁路通车典礼上，胡锦涛总书记号召全党全国各族人民学习和弘扬挑战极限，勇创一流的青藏铁路精神。现在，弘扬青藏铁路精神已成为推动铁路高质量发展的强大精神动力。

五、运行机制和标准化管理

运行机制和标准化管理是铁路工程项目管理的基本内功，对确保铁路工程项目高质量建成具有重要作用。"机制"一词广泛应用于自然现象和社会现象，其原始意义是指机器构造和工作原理，后来为多个学科所借用。系统论认为，"机制"是系统中各要素之间相互作用、合理制约，从而使系统整体良性循环、健康发展的规则、程序的总和。控制论认为，"机制"是系统通过反馈控制，自行调节外部干扰、内部起伏涨落，以保持系统平衡稳定有序的机能。综合上述观点可以看出，"机制"以系统为研究对象，核心是研究构成要素及其内在机理，通过建立相关制度或措施使其良性循环，作用在于随时自我调控，以实现系统目标。基于机制构成要素及相互关系分析，构建了决策机制、协调机制、激励约束机制、绩效评价机制、动力机制、竞争机制等。本文着重论述前四项机制。

1. 决策机制

"决策"是决策者在遵循一定决策准则条件下，借助科学决策理论和方法，运用自身智慧和经验，在充分的备选方案中确定一个满意方案的活动。决策理论经历了从追求"最优解"到"满意解"，从基于理论方法的"静态决策"到基于历史现实的"渐进决策"，从"理性决策"到"有限理性决策"等发展过程，形成了多种决策理论。其中，应用较为广泛的代表性理论主要有：贝叶斯决策理论、多目标决策理论、有限理性决策理论、渐进决策理论等。

决策按照"系统思想指导，全寿命期理论，综合效益评价，项目法人责任制"的系统要求，主要遵循以下原则：信息准全原则，要求决策者收集的信息可满足全面分析项目决策客体的内在规律与外部联系等；方案充分原则，从多种方案中选择综合效益最佳方案；科学、民主、依法原则，既有科学方法又有民主作风和法定程序。

铁路工程项目决策机制，是在分析决策因素及影响基础上构建的：以决策主体权责对等为前提，赋予决策主体决策权力，同时建立对决策主体的考核机制和失误追究机制；以实现决策目标为目的，对项目全寿命期的技术、经济、环境、社会等多个目标进行综合绩效评价；以决策程序为基础，在不同建设阶段按照授权依法进行决策；以科学决策方法（图67中决策资源和条件）为手段，将多目标决策方法与多属性决策方法有机结合（即多准则决策方法）；以健全决策环境为保障，创造良好的经济、社会和法治环境。

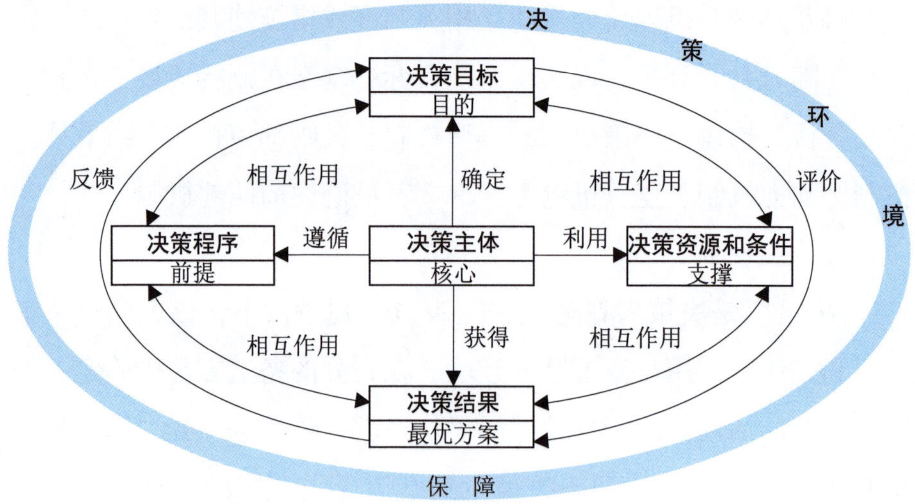

图67　项目决策机制影响因素相互关系

铁路工程项目决策是在诸多不确定因素下进行的，所以必须强调高度重视项目风险管理。在项目决策时，要对面临的风险进行辨识和分析，提出相应的风险管控措施。

2. 协调机制

"协调"是铁路工程项目管理的重要职能。协调机制是推进铁路工程项目有序高效管理的润滑剂。建立科学合理的协调机制，需要制定并实施系统化的特定流程和规则体系，协调利益相关者之间无法避免的冲突与分歧，才能确保项目总目标的实现。构建协调机制的基础理论主要有：和谐管理理论（由西安交通大学席酉民教授提出）、利益相关者理论（由美国斯坦福研究所提出）、公共关系理论（自 20 世纪 80 年代开始研究）等。

铁路工程项目管理协调可分为内部协调和外部协调（包括显性影响和隐性影响）。内部协调机制以直接利益相关者为协调对象，以组织协调为关键，以利益协调为核心，以冲突处理为手段，以企业诚信为基础，共同努力实现项目目标。外部协调机制以间接利益相关者为协调对象，以维护群众根本利益为出发点，以主动有效沟通为制度，以良好公共关系为策略，妥善处理项目实施与间接利益相关者的利益关系。铁路工程项目管理协调机制模型如图 68 所示。

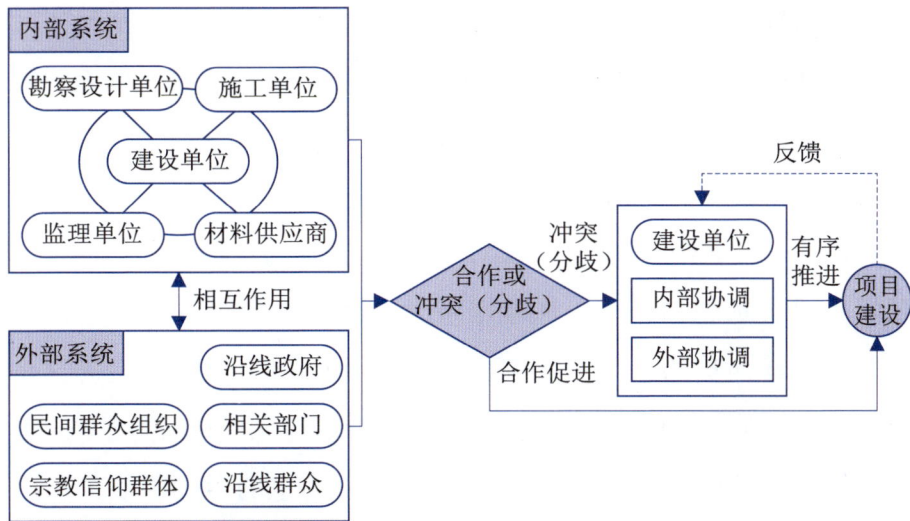

图 68　铁路工程项目管理协调机制模型

为推进协调机制有效运行，必须充分发挥项目建设单位主导作用，牵头组织协调机构，建立协调规则，负责具体落实。同时，要构建必要的沟通平台，通过信息交流、会议制度等及时沟通增进了解。建设单位与设计单位、施工单位、物资供应商等建立战略伙伴关系，实现合作共建互利共赢。

3. 激励约束机制

"激励"是激励主体分析激励客体行为动机，采用正面方式满足激励客体需求，来激发诱导激励客体采取积极行动的过程。"约束"是约束主体采用监督、惩罚手段，规范约束客体行为的过程。激励与约束具有相关性、互补性。

激励约束理论主要有三大体系：一是围绕人类需求与动机，如马斯洛需要层次理论、赫茨伯格双因素理论、弗鲁姆期望理论、亚当斯公平理论等；二是基于人性假设，如 X 理论、Y 理论、Z 理论等；三是从制度视角研究，如产权理论、交易费用理论、契约经济学理论、委托—代理理论等。这些都是研究激励约束机制的理论基础。激励机制包括物质激励和精神激励。必须构建物质与精神相结合的激励机制，才能形成合作共赢的格局。约束机制包括市场约束和非市场约束，除了市场竞争约束，还要有法律法规约束和诚信道德约束。

为了有效运行激励约束机制，应建立完善的管理制度，如综合绩效考核奖励惩罚制度、风险准备金制度、各参建单位信用评价制度、关键人员的个人信用档案等。完善以物质激励（工资、奖金、分红等）、精神激励（荣誉、信誉、升级等）、环境激励（改善员工的工作环境）、任务激励（委以重任）为主的激励手段，以法规制度约束、契约约束、道德约束为主的约束手段，提高激励约束效果。

4.绩效评价机制

"绩效"是衡量铁路工程项目管理水平的重要标尺，也是实施激励约束的科学依据。铁路工程项目绩效评价要运用全寿命期思想、系统工程方法，对项目管理过程和管理成果进行客观、公正的综合评价。这就必须在明确评价目的、时点（项目实施过程、竣工验收或运营后评价）及主客观的基础上，建立"以构建评价指标体系为基础，以科学评价方法为手段，以持续改进为目标"的绩效评价运行机制。

绩效评价理论最初用于评价企业经营效益，后来逐步扩展到项目管理等领域。构建绩效评价指标体系常用方法主要有：标杆基准法、平衡计分卡、关键成功因素法等。国际卓越项目管理评价模型从"项目管理过程"和"项目结果"两个维度建立全覆盖、全过程绩效评价指标体系。另外，依据项目管理成熟度模型，可以构建不同等级的绩效评价指标体系。根据项目特性，选取合适的指标赋权方法。

常用的绩效评价方法有：同行评议法、德尔菲法、线性加权综合评价法、模糊综合评价法、层次分析法、数据包络分析法、人工神经网络评价法等。我国铁路工程项目管理绩效评价主要采用同行专家评议和线性加权综合评价法，比较简便易行。最近几年多指标可拓综合评价方法也备受重视。

铁路工程项目绩效评价机制运行，最终要达到实现"持续改进"的目标。对项目绩效评价结果进行分析反馈，找出主要差距和问题，突出关键影响因素，制定合理的改进方案并组织实施。按照PDCA循环模式"持续改进"，将为项目组织创新提供不竭动力。

5.标准化管理

标准化管理是强化铁路工程项目管理的重要基础工作。面对大规模、高标准铁路建设的严峻挑战，暴露出管理能力与建设规模不适应、管理水平与技术进步不适应、人员素质与现代化管理要求不适应等问题，需要创新项目管理。以标准化管理为抓手，使经验管理走向规范化，使零散管理走向系统化，使随意管理走向制度化，促进项目管理迈上新水平。

铁路工程项目标准化管理主要包括标准体系构建和标准化管理推行两大部分。项目标准体系是推进标准化管理的依据，要目标明确，配套完整，既有先进性，又有现实性。铁路建设常用标准分为三类：技术标准（建设标准和产品标准）、管理标准（管理制度、资源配备、现场管理和过程控制）、作业标准（通用标准和岗位标准）。

推行标准化管理必须要有组织保障和制度保障。建设单位是实施项目标准化管理的责任主体。由建设单位牵头各参建单位协同行动，完善标准化管理的有关制度，编制推进计划，坚持样板引路，全员、全过程落实各项标准，将企业文化融入标准化管理。加强对标准化管理的检查和监控，考核评估标准化管理绩效，不断总结改进提高。

标准化管理在不断发展提高，要正确处理标准化管理与个性化管理的关系、标准设计与个性设计的关系，实现辩证统一。鼓励各参建单位进行管理创新，通过试验成功后加以推广，进而总结上升为新标准。要以标准化管理为载体，形成标准化设计、工业化生产、装配式施工和信息化管理新模式，促进铁路工程（产品）向产业化发展。要在标准化管理基础上推进精益管理，创建一流铁路工程。

（2016年由作者主持完成了"铁路工程项目管理理论研究"，主要研究团队为中南大学、北京交通大学等。本文系作者 2019 年 12 月在"中国工程管理论坛"的主题报告。）

[链接]

积极推进铁路建设项目后评价。铁路建设项目后评价是在建设项目竣工投产运营一段时间之后，对该项目立项决策、设计、施工、竣工投产、生产运营等全过程的工作质量、效益与效果进行系统评价的技术经济活动，是铁路固定资产投资管理的一项重要内容。有利于总结经验、研究问题、改进提高管理水平。

我国铁路建设项目后评价始于 20 世纪 80 年代。1987 年，我曾主持审定了铁道部京秦铁路项目后评价报告。原国家计委将这个报告批转各地区各部门，并强调指出：希望各地区各部门都能重视建设项目的后评价工作。此后，铁道部选择一部分代表性建设项目开展后评价工作，取得很大成绩。要在总结实践经验基础上，积极探索铁路建设项目后评价理论，建立有效的运行机制（包括组织、程序、制度等）和科学的评价指标体系。不仅要评价项目融资方案及经济效益（财务效益、国民经济效益），而且要评价项目的社会效益和环境效益，使铁路建设项目综合后评价制度化、规范化。

（摘自作者 2005 年为《铁路建设项目后评价理论与方法》一书所作序言。）

历史感怀

孙中山与中国铁路

深受海内外中华儿女敬仰的孙中山先生，是伟大的民族英雄、伟大的爱国主义者、伟大的民主革命先驱。他挺立时代前列，不惧艰险，领导革命，推翻帝制，建立共和，发出了"振兴中华"的伟大号召，探索了中华民族发展进步的崭新道路，建立了彪炳史册的丰功伟绩！对于中国铁路发展而言，孙中山先生是伟大的战略家、伟大的创导者。他发表的有关铁路的精辟论述、编制的铁路发展宏图、倡导的开放筑路方针，为我们留下了宝贵的精神遗产，对中国铁路事业产生了极其深远的影响。

兴办实业　始于铁路

在世界各国领袖人物中，像孙中山先生这样矢志不移、大张旗鼓地倡导兴筑铁路者绝无仅有。孙中山先生一再强调中国要发展铁路，这同他坚信"实业救国"理想是密切相关的。孙中山先生在国外从事革命活动时，就研究工业发达国家铁路发展经验及列强侵略中国铁路路权的历史教训。孙中山先生通过社会考察发现，英国工业革命之后，代表先进生产力的铁路在西方国家走向鼎盛，成为经济社会快速发展的强劲动力，成为世界文明进步的显著亮点。他在国外每到一地即收其舆图，"留心比较世界之铁道，实偏有所嗜"。早在1891年，他所撰《农功》一文中就提出了"亟宜造铁路"以屯田戍边的主张。1894年6月，他在《上李鸿章书》中直言"地球各邦今视铁路为命脉矣"，大声疾呼中国修建铁路，实现商兴民富国强。

辛亥革命石破天惊，迎来了共和新政，孙中山先生当选为中华民国临时大总统。1912 年 4 月 1 日，孙中山先生为践行誓言辞职引退。他说"解职不是不理事，解职以后，尚有比政治紧要的事待着手"，将致力于发展中国铁路事业。在上海"中华民国铁道协会"举办的欢迎会上，孙中山先生强调"今日之世界，非铁道无以立国"。接待记者访谈时，他宣布"现拟专办铁路事业，欲以十年期其大成"。后来，他又受临时政府委托担任全国铁路督办，组建中国铁路总公司，全权筹办全国铁路。孙中山先生不辞辛劳，四处奔波，发表演讲，宣传铁路，启发人民，唤醒社会。他经过广泛调查研究和深入思考，谋划铁路发展大计，作出了"交通为实业之母，铁道又为交通之母"的科学论断。孙中山先生不愧为 20 世纪初拓展中国铁路的伟大旗手。

先进思想　呼唤兴路

关于铁路对振兴中华的重要意义和作用，孙中山先生在讲演和著作中有极为深刻的论述。他为《铁路杂志》的题辞，开头即言："夫铁路者，今日文明富强之利器也。古人有言，工欲善其事，必先利其器。予为转一语曰：民族兴其国，必先修其路。"中国要想摆脱贫困走向富强，要振兴实业，"当先以铁道为重要"。

首先，铁路为国家兴盛之先驱。孙中山先生说，"国家之贫富，可以铁道之多寡定之"。苟无铁道，转运无术，而工商皆废，复何以实业之可图？老牌的资本主义国家英国和其他欧洲国家之所以强盛，铁路功不可没。新兴的资本主义国家美国修建横贯大陆的铁路热潮迭起，总长达 40 余万公里，"照美国发达资本的门径，第一是铁路"。铁路可以促进国家经济加快发展，是国家经济发展的先行保障。孙中山先生分析道："路线敷设以后，则物产之价值势必增长数倍。""至地下蕴藏之采掘，金属物产之开发，其利益之丰厚，乃显而易见。"铁路"使中国全境四通八达，此诚发展中国财源第一要策"。国家财税收入增加，经济实力增强，必然走向兴盛，反之亦然。

其次，铁路为人民幸福之源泉。孙中山先生说，"地方之苦乐，可以铁道之远近计之"。铁路主要功能是货物和旅客在空间的高效位移。铁路给沿线带来经济繁荣的同时，也为改善人民生活提供了机会。铁路"能使人民交接日密，祛除省见，消弭一切地方观念之相嫉妒与反对，使不复阻碍吾人之共同进步，以达到吾人之最终目的"。地区交流畅通，有利于民族团结和共同富裕。

再次，铁路为国家统一之保障。孙中山先生说，"现在以国防不固"，致令俄在北满及蒙古横行，日本在南满横行，英国在西藏横行，原因皆因交通不便，故"今日修筑铁路，实为目前唯一之急务，民国之生死存亡，系于此举"。他认为，铁路对巩固国防、国家统一至关重要。修建铁路"尤其重要者，则为保障统一之真实，盖中国统一方能自存也。一旦统一兴盛，则中国将列于世界大国之林，不复受各国之欺侮与宰割"。

宣传孙中山先生提出的"铁道立国"思想，提高政府官员和各界群众对铁路重要作用的认识，为推进《实业计划》奠定了基础。

宏伟蓝图　统筹筑路

《建国方略》全面阐述了孙中山先生激情昂扬的建国思想，包括《孙文学说——行易知难（心理建设）》《实业计划（物质建设）》及《民权初步（社会建设）》三部分。其中，《实业计划》从放眼世界的战略出发，为国家的富强、民族的振兴和人民的幸福提出了大政方针。在调查研究基础上于 1918 年后制定的铁路发展蓝图铺画了 111 条线路，是《实业计划》的重要组成部分。

铁路发展规划反映了孙中山先生"铁道立国"的坚定信念和理想。总的目标是在尽可能短的时期内，建成"全国四通八达、流行无滞"的铁路网。路网规模"至少 10 万英里"，以新建北方（位于渤海湾）、东方（位于杭州湾）、南方（广州）三大海港作为铁路网对外交流的中枢（因当时大连港、青岛港被日本占据，九龙海港被迫租给英国，天津、上海、广州三港都有外国租借地），建成"六大铁路系统"，即中央铁路系统、东南铁路系统、东北铁路系统、西南铁路系统、西北铁路系统和高原铁路系统。孙中山先生强调，铁路合理选线要坚持以下四项原则：一是"必选最有利之途以吸外资"，借助国际力量共同开发；二是"必应国民之所最需要"，急需先修；三是"必期抵抗之至少"，先在社会条件好的地方修路；四是"必择地位之适宜"，有利于通道建设和连接成网。

这部由六大系统组成的全国铁路发展规划，构成一个完整、发达的铁路网络。其主要特点是：连接政治经济中心和沿海沿江口岸，利于对内对外开放；铁路与水路衔接，利于相济互动；铁路环绕陆疆和海岸，利于加强国防；突出西北铁路系统，利于国土开发。孙中山先生说，修建西北铁路系统"可以将中国东南部过密之人民逐渐迁移"，开发我国西北地区。西北铁路系统"实居支配世界的重要位置"，"盖将为欧亚铁路系统之主干，而中、欧两陆人口之中心，因以联结"。因此，"由政治上经济上言之，皆于中国今日为必要而刻不容缓者也"。修建西北铁路系统被提到十分重要的地位。

《实业计划》著成于第一次世界大战即将结束之时。孙中山先生预计战后欧美各国将有富裕生产力需要扩大市场，大量"剩余资本"寻求投资机会，中国可吸引外资发展实业。该书1921年的英文版书名为《国际共同发展中国实业计划》。该书是孙中山先生经济建设光辉思想和实践的总结，是立国之根本所在。孙中山先生特别强调，书中写的是建设大方针、大政策，实施时要经过调查研究慎重从事。

融资引才　开放办路

清朝末期腐败无能、闭关自守，使中国经济衰落、民不聊生。辛亥革命后要推进《实业计划》中的铁路发展规划，面临着技术、人才、资金等重重困难。在国弱民穷的形势下，如何开创修建铁路新局面？孙中山先生认为，"现今世界日趋于大同，断非闭关自守所能自立。"他明确提出了开放办路的方针，"欢迎列国之雄厚资本，博大规模，宿学人才，精练技术，为我筹划，为我组织，为我经营，为我训练"。这个方针在国内外都引起了强烈反响。

孙中山先生主张铁路民办国有，实行对内、对外开放。如果国民有力承担，自应由国民兴办，国家予以保护，经营40年后收为国有。谈到利用外资，他列举了三种具体方式：一是借款修路，国人自办；二是招股修路，华洋合办，设立铁路公司，主权属我；三是批给外国人承办，期满铁路无价收回。孙中山先生认为最后一种方式为好，这也就是国际流行的BOT方式（建设—经营—移交）。"因此时中国资本、人才、方法三事皆缺，若批办则可收三事之利"。所谓"批办"，就是经国家批准的铁路项目，实施时由中国铁路总公司与外商订立合同，公司负责定线购地交给外商修筑，外商40年特许经营期满后无偿移交给中国。孙中山特别重视在利用外资中维护国家主权和利益，在中国铁路总公司与外商签订的合同中，有具体条款予以落实。

批修办法（即 BOT 方式）比借款自办有明显优点。"可免五害：一无交款回扣之害，二无购料回扣之害，三无按年出息之害，四无亏耗津贴之害，五无至期偿还原本之害。既免五害，且有二利焉：即工程坚固，筑建合法是也。"同时，可利用国外技术和人才，加快建设工期，带动国内有关产业。这是维护国家主权前提下利用外资的较好方法。

兴筑铁路要防止资本家垄断，对此孙中山先生多次明确强调说："我们一面图国家富强，一面当防资本家垄断之流弊。""试以铁道论之，苟全国之铁道皆在一二资本家之手，则其力可以垄断交通，而制旅客、货商、铁道工人等之死命矣。"为此，必须采取立法建制措施，有效防止少数资本家之垄断。

孙中山的"铁道立国"思想和建设理论，指明了中国铁路发展的方向，坚定了建设中国铁路网的信心。

翻过百年史页，中国铁路生机勃勃地进入了科学发展新时期。我们要学习孙中山先生对祖国的无限热爱和对铁路的热忱追求，推进技术创新和管理创新，全面加快铁路现代化步伐，为发展中国经济社会和提高人民生活水平作出更大贡献。

（原文载于《人民铁道》报，2011 年 10 月 26 日。）

中国铁路之父

詹天佑是我国近代工程技术界的先驱，是中国铁路之父。他满怀爱国激情，不辞艰辛转战大江南北，把毕生精力和智慧奉献给中国铁路事业，伟业彪炳史册。值此纪念詹天佑诞辰 145 周年之际，我们怀着崇高敬意缅怀先驱，继承和发扬詹天佑爱国、自强、创新、奉献的高尚品质和可贵精神，积极推进我国铁路现代化建设。

勇挑重担展才华

1872 年 8 月，詹天佑作为清政府派遣的首批出洋幼童赴美留学，时年不到十二岁。1878 年考入耶鲁大学雪菲尔德理工学院土木工程系学习铁路工程专业，1881 年毕业并荣获哲学学士名衔。恰在这时清政府以美国排斥华工为由，断然决定召回留美学生。1881 年 10 月，詹天佑回到阔别九年的祖国。

詹天佑所处时代，正是西方先行工业化国家大力推进产业革命的时代，代表先进生产力的大机器工业飞跃成长，新兴铁路产业蓬勃发展。詹天佑第一次坐轮船横渡太平洋，第一次坐火车横穿美国大陆，对西方先进交通工具留下了深刻印象。从 1873 年到 1878年，美国新建铁路 1 万英里。而 1876 年英国商人在上海修筑的全长 14.5 公里的吴淞铁路，却被清政府视为"西夷淫巧"，当成"洪水猛兽"，以 28.5 万两白银赎回后全部拆除。中美两国如此巨大反差，使詹天佑心灵受到极大震撼。

就在詹天佑回国的 1881 年初，开平矿务局集资修建了唐山至胥各庄运煤铁路，全长 9.7 公里。当年 11 月建成通车，这是中国第一条官督商办铁路。詹天佑闻此喜讯，期望回国后能学有所用。但詹天佑意想不到的是，回国后被派到福建马尾船政学堂学习轮船驾驶，马尾海战后调到广州黄埔博学馆任教习，前后有七年时光。直到 1888 年，经老同学推荐，詹天佑才转入中国铁路公司出任帮工程司（民国后改"司"为"师"）。到任后接受的第一项重任，就是协助中国铁路公司总工程司金达，组织唐（山）（天）津铁路塘沽至天津段铺轨。原计划 3 个月工期，詹天佑精心组织，仅用 80 天就完成了，此后很快升任工程司。

在修建关内铁路天津至山海关段时，跨越滦河的铁路大桥全长 670 米，地质复杂、工程艰巨，是控制工期的重中之重。该桥先后由英、日、德籍工程司承包，但因河床泥沙埋层很深，又遇到水涨流急，采用打桩基础均遭失败。无可奈何中，滦河大桥建设重担落在詹天佑肩上。他仔细调查河水特征和地质情况，分析打桩基础失败原因，毅然决定采用气压沉箱法修建桥墩基础。不久，16 座桥墩先后跃出水面，滦河大桥按期铺轨，确保了关内铁路建成通车。滦河大桥成功修建，展示了以詹天佑为代表的中国工程技术人员的聪明才智。1894 年，英国土木工程师学会特选詹天佑入会，成为第一位当选为该会会员的中国工程师。

詹天佑从事修建唐山—天津—北京铁路、关内外铁路以及西陵铁路等，不辞辛苦，大展才华，创造了优异成绩，积累了丰富经验，终于脱颖而出，担负起自主筑路重任。

京张铁路铸辉煌

詹天佑主持修建的京张铁路（北京至张家口），是中国人在积贫积弱中奋起，自主设计、施工、运营的第一条干线铁路。这一卓越成就，为当时深受侮辱的中国人民争了气，对中国铁路产生了极其深远的影响。

京张铁路自北京丰台经南口、居庸关、怀来、寅化直达张家口，全长 201.2 公里。这条铁路的终点站张家口，位于河北省西北部，地处蒙古高原与华北平原的过渡地段，作为扼守京都的北大门，历来是兵家必争之地。同时，张家口也是中国北方物资集散地和对欧贸易的重要陆路商阜。鉴于这条线的军事、政治、经济意义十分重大，因此修建京张铁路的呼声日益高涨。面对英、俄两国竞相插手矛盾尖锐的局势，使清政府得以保留自己的筑路权，清政府决定由中国人负责修建。1905 年 5 月设立京张铁路局于天津，詹天佑任会办兼总工程司（1906 年升任总办兼总工程司），主持全线建设。

当时有些外国人对詹天佑的技术能力表示怀疑，有的甚至恶意讥讽。一个英国人甚至在讲演中挖苦说："能修筑京张铁路的中国工程司还没有出生呢！"詹天佑则充满自信，坚定不移认为："我国地大物博，而于一路之工，必须借重外人，引以为耻！"他以强烈的爱国心和高度的责任感，顶住压力，排除干扰，决心修筑京张铁路为国人争光。他在给美国友人的信中写道："我很幸运能得到当前的职务。中国正在觉醒，已感到需要铁路。……所有的中国人和外国人都在密切注视着我的工作，如果我失败了，那就不仅是我个人的不幸，而且是所有的中国工程司和中国人的不幸，因若如此，中国工程司将失掉大众的信任。"

詹天佑亲自率队进行京张铁路勘测工作，精心选线进行多方案比较，他把全线分为三段建设。第一段北京丰台至南口，长约 55 公里，地势比较平坦，工程较易，1905 年 10 月开工，1906 年通车；第二段从南口穿越八达岭隧道至岔道城，长约 16.5 公里，形势

459

陡峻，工程艰巨，1907 年开工，1908 年铺轨；第三段由岔道城至张家口，长 129.7 公里，地形起伏，工程较大，1909 年 7 月铺通。从南口至八达岭，相距不到 20 公里，但两地高差却有近 600 米，纵坡极陡，难以攀升。为了选择一条合理线路，詹天佑带领工程技术人员先后勘测了多条线路，经过反复比较研究，最后确定采用南口关沟方案。这个方案比英国工程师金达所测距离大为缩短，而且隧道工程减少 2000 余米。

八达岭是居庸关北口，与南口相对，有"北门锁钥"之称。为了解决铁路翻越八达岭这个难题，他研究了多个方案，如长大隧道方案、螺旋展线方案等，皆因工程量大、工期长、费用多而被舍去。在资金和工期限制条件下，他独具匠心地决定将线路引进青龙桥东沟设站，列车在此折返越过八达岭。把青龙桥站外铁路铺成"人"字形（也称"之"字形）折返线，这样就把线路纵坡加大到 33‰，从而使八达岭隧道长度缩短近半，由最初设计的 1800 米缩短为 1091 米，节约白银 10 万两，大大缩短了工期。每列车挂有 2 个机车前拉后推，在青龙桥站折返运行方便。八达岭隧道是全线"卡脖子"工程，詹天佑以大智大勇组织攻坚克难。后来，詹天佑在《京张铁路工程纪略》中回忆到："始则几忘其难，继则不敢畏难，且直欲自秘其难。"以"人"字形线路攀升八达岭，解决了关键技术难题。最终，京张铁路于 1909 年 10 月 2 日建成通车，工期比原计划缩短了两年，投资比原预算节省白银 35 万余两。

对于京张铁路取得的伟大成就，国内外工程技术界无不折服，百姓无不振奋。在内忧外患的晚清，这条铁路建成通车大大增强了民族自信心，令国人扬眉吐气。建设中展示的自力更生之精神、勇于创新之经验，都为后人留下了宝贵的精神财富。

筑路报国垂青史

京张铁路为我国工程界开启了一个新纪元，推动了各省商办铁路加快发展。1909年至1911年，詹天佑先后应邀在张（家口）绥（呼和浩特）铁路、洛（阳）潼（关）铁路、川汉铁路、粤汉铁路等重大工程项目担任要职，为振兴民族铁路事业呕心沥血，四处奔波，贡献自己的聪明才智。

1909年10月，京张铁路通车后，詹天佑马不停蹄，主持勘察张绥铁路。经多次现场勘察，选定纵坡小、较平坦的线路，依山傍水而行，少修桥梁隧道。根据财力、物力等条件，制定分段修建计划，1910年4月首段开工建设。当年春夏之交，詹天佑应邀勘定洛潼铁路，首段工程于8月份在洛阳开工。1910年10月，詹天佑奉调到广东粤汉铁路公司任总理兼总工程司，大刀阔斧整治公司管理混乱现象，精心组织施工，粤汉铁路于1913年5月通车到英德，1916年6月通车到韶关。

川汉铁路自湖北宜昌，经四川万县至重庆再到成都，全长1175公里。外国列强也都觊觎这条沿江大干线，力图掌控长江流域铁路权。1909年2月詹天佑被任命为川汉铁路公司总工程司兼会办，首先勘测宜昌至万县段，经比选采用沿江线路方案，比美国工程师洛克提出的内陆线路方案距离缩短一半。当年12月12日，詹天佑在宜昌宣布宜万段开工，万众欢腾。正当詹天佑排除万难推进川汉铁路建设时，遭遇到了来自清政府的更大打击。1911年5月，清政府发出上谕，宣布"干路均归国有，定为政策"，强行收回各省商办铁路，激起民众强烈不满、怒不可遏。川汉铁路被迫停工。四川成立川汉铁路"保路同志会"，斗争风暴迅速扩展，由最初的和平请愿到揭竿而起，进行武装斗争。四川的保路运动，促进了武昌起义的爆发，使统治中国 268 年之久的清王朝崩溃，为中国开辟了一条走向共和的大道。詹天佑坚定地支持保路运动，维护路权，不惜抗旨保路，与清王朝决裂，其高风亮节深为国人所敬仰。

1912 年中华民国成立，孙中山被推选为中华民国临时大总统。不久，孙中山宣布辞职，中国进入北洋军阀统治时代。孙中山不计个人名利地位，决心从事实业建设。1912 年 2 月，中华民国铁道协会在上海成立，孙中山被推举为名誉会长。他在会上指出："今日之世界，非铁路无以立国。""交通为实业之母，铁道又为交通之母。"孙中山热情邀请詹天佑一起参与研究中国铁路建设构想。孙中山亲自关注铁路建设，给难以施展抱负的詹天佑提供了新的广阔舞台。1913 年，身为交通部技监的詹天佑以大无畏的气概参与全国铁路网规划，践行孙中山倡导的以铁道立国的思想。孙中山的铁路计划，反映了中国民族资产阶级的强国富民愿望，其中也融入了詹天佑的筑路强国信念和经验。

詹天佑学贯中西，坚持走创新之路。在修筑铁路中，大胆引进西方先进技术，并把西方技术同中国实际相结合，推动铁路技术进步。他出任交通部技监之后，主持全国交通技术工作，不仅关注规划建设重大工程，更致力于立章建制，主张采用标准轨距 4 英尺 8 英寸半（即 1435 毫米），推广使用姜尼（Janney）自动车钩，建立全国统一的铁路法规和技术标准，加强铁路管理，实现"四通八达，畅行无阻"。这就为打破西方列强妄图瓜分中国铁路的图谋，建设全国统一的铁路网奠定了基础。1913 年 8 月，中华工程师会宣告成立，詹天佑当选为会长，确立"本会宗旨既在发达工程事业，增进社会幸福，则不可不察时势之所趋，以求利国利民之策。"倡导"研求工程科学，联络各界感情"，依靠团体智力攻坚克难，致力于共创兴国阜民伟业。詹天佑编著的《新编华英工学字汇》《京张铁路工程纪略》及图册等，成为后人学习的经典。

詹天佑在《敬告青年工学家》一文中指出："莽莽神州，岂长贫弱？曰富、曰强，首赖工学。"中国要由贫弱走向富强，就必须用现代科学技术武装我们的民族，就需要培养一大批中国科技人才，特别是培育中国青年科技队伍。对于留学归来的青年学子，詹天佑号召"各出所学，各尽所知，使国家富强，不受外侮，足以自立于地球之上！"结合我国实际，詹天佑把京张铁路等重大工程作为培养人才的大学校，强调德才兼备、理论与实践相结合，对科班毕业生与自学成才者一视同仁。他以思想家、科学家、教育家的博大胸怀，从精研学术、崇尚道德、循序以进、临事以慎这四个方面提出了"青年工学家立身之要则"，使筑路育才结出丰硕成果，为中国铁路发展培养了一批杰出的技术人才。1919 年 4 月 24 日，詹天佑逝世，终年 59 岁。

詹天佑开启了中国自主修建铁路的先河，推动了中国铁路加快发展，践行了筑路报国的雄心壮志。詹天佑是中国人的光荣。他的不朽伟业和崇高精神，永远激励着中国铁路人发奋图强，开拓创新，再创辉煌！

（本文由作者为《詹天佑》一书所写序言及在"詹天佑纪念会"上的讲话整合而成，2006 年。）

新中国铁路事业的奠基人

我们怀着十分崇敬的心情，纪念滕代远诞辰 100 周年。滕代远为共产主义事业奋斗终生，功勋卓著，品德高尚，是中国共产党的优秀党员、久经考验的老一辈无产阶级革命家。他是新中国首任铁道部部长，兼任中国人民解放军铁道兵团（铁道兵前身）司令员、政委，为开拓新中国人民铁路事业作出了巨大贡献。我们深切怀念他，学习他的革命精神和崇高品德，为中国铁路现代化努力奋斗！

接管铁路担重任

滕代远政治信念坚定，对党的事业无限忠诚。早在 1925 年，他就参加了中国共产党，不畏艰险投身革命斗争。组织农民运动，领导平江起义，保卫井冈山根据地，参加五次反"围剿"，为开创革命事业英勇奋战。在抗日战争期间，他先后担任中共中央军委总参谋长、八路军总部参谋长，出征晋西北，组织战略反攻。在解放战争中，他参与指挥上党平汉战役、坚持晋冀鲁豫皖内线作战。他出生入死，英勇善战，为新中国成立建树了不朽功勋。

正当中国新民主主义革命进入重大历史转折关头、解放战争推向全面胜利之际，1949 年 1 月 10 日中国人民革命军事委员会（简称"中央军委"）发出电令，成立军委铁道部，统一领导各解放区的铁路修建、运输和管理，任命滕代远为军委铁道部部长。尽管多年戎马生涯的滕代远对军事工作十分留恋，但当革命事业需要他转向经济工作时，他坚决地带头担负起接管铁路事业的重任。周恩来庄重地对他说，铁路工作很重要，做好铁路工作，保证当前解放战争军事运输和全国解放后经济建设的需要，任务十分艰巨。他深感责任重大，满怀激情地写下"办好人民铁道"六个苍劲有力的字，表达了自己竭尽全力献身人民铁道事业的决心。

滕代远接受新使命之后，迅速召集各解放区铁路负责人参加的铁路工作会议，强调加强全国铁路统一领导的重要性，部署全国范围内的铁路抢修任务。以"解放军打到哪里，铁路修到哪里"作为全国铁路职工的行动口号，积极抢修抢运，支援解放战争。当务之急是抢修津浦铁路，支援解放军横渡长江作战。他命令 4 月 1 日前首先抢通津浦铁路北段（陈官屯至桑梓），为各路野战军提供了快速集结的运输通道。接着，抢通津浦南段以及沪宁、沪杭、宁芜等线路，有力地支援了解放东南地区的斗争；修通了平汉铁路郑州至汉口段及粤汉铁路北段，有力地支援了解放中南、华南地区的斗争；修通了陇海铁路西段，有力地支援了解放西南、西北地区的斗争。

1949 年 10 月 1 日，毛泽东主席在天安门城楼上向全世界宣布：中华人民共和国成立了！在新成立的中央人民政府组成部门中，滕代远被任命为铁道部部长。他接受任命后，立即组建铁道部机构，强调要集中力量抢修主要干线，提高抢修质量，恢复铁路运输。到1949 年底，中国大陆上主要干线铁路基本抢通，全国统一的铁路网初步形成。

1950 年 11 月，铁道部根据中共中央关于抗美援朝的指示，从战时军事运输的需要出发，迅速组成志愿军铁道兵团和铁路工程总队两支队伍，分赴朝鲜铁路各线，担负抢修任务。11 月 16 日滕代远在铁道部召开的支前大会上，要求全路迅速行动起来，做好支前工作，超额运输任务。同时，领导全路职工开展轰轰烈烈的爱国主义劳动竞赛，努力增产节约，捐献飞机大炮，支援前线斗争。

铁路运输开新局

新中国成立之初，各行各业面临的严峻形势就是要尽快医治战争创伤，恢复和发展国民经济，巩固新生的人民政权。铁路部门困难更多，压力更大。为了彻底改变旧中国铁路标准不一、设备陈旧、管理分散、效率低下的落后状况，滕代远提出对全国铁路实行集中统一的领导体制。全国铁路经营管理工作，由铁道部统一管理和调度指挥。这是符合中国国情的有效管理体制，在计划经济体制下对铁路发展起到了重要作用。

学习中长铁路（全称为"中国长春铁路"）经验，建立新型铁路运输管理体系，这是滕代远为铁道部确定的一定时期的工作方针。中长铁路是 19 世纪末沙皇俄国威逼利诱清朝政府签订合办中国东省铁路公司（简称"中东铁路"）的历史遗留问题。新中国成立后，1950 年 2 月，中苏两国政府议定成立中国长春铁路公司。1952 年 12 月 31 日，苏联将中长铁路转交给中国政府。铁道部派出考察团，全面总结中长铁路经营管理经验（包括新型组织机构、生产财务计划、技术组织措施等），组织各铁路局干部职工到中长铁路参观学习。1953 年 11 月，滕代远在《人民铁道》报上发表长篇文章，强调学习中长铁路经验要联系实际，要努力学会管理社会主义铁路企业的全套本领，要在学习中有所发展、有所创新。他要求把中长铁路办成新中国的模范铁路，办成培养铁路干部的大学校，推动中长铁路经验在全路广泛传播，对发展人民铁路事业发挥了积极作用。1957 年滕代远在充分肯定学习中长铁路经验取得成绩时，指出一些单位存在照搬套用、统得过死、管得过细的问题，要求采取措施坚决纠正。

实行集中统一的领导体制，必须要有统一的运输规章制度来保障。滕代远决心改革旧的管理制度，创新人民铁路的管理制度。他要求有关部门研究制定《铁路技术管理规程》（简称《技规》），明确规定了铁路运输组织的基本原则、工作方针和作业程序，运输设备设计制造、维护使用管理的基本要求，铁路工作人员的主要职责和必须具备的基本条件，使新中国铁路首次有了统一遵循的基本法规。同时，还制定了工程设计规程、施工规程，设备大中维修规程，以及客货运输规程等，使各铁路部门工作都有法有章可依。在全国铁路实行负责运输制、验收制和经济核算制，使铁路运输企业经营管理迅速走上正轨，不断创造新业绩。

深化铁路民主改革，充分调动了职工的生产积极性。滕代远高度重视职工群众中涌现出的先进典型，主持铁道部党组研究决定，在全路开展"满载超轴五百公里运动"（简称"满超五"）。充分利用车辆装载能力的"满载方法"，发挥机车牵引能力的"超轴牵引方法"，以及机车"日行五百公里"快速运行方法，提高运输效率，降低运输成本。采用群众运动形式促进铁路运输发展，在当时起到了积极作用。为了确保"满超五"运动健康发展，滕代远尖锐地指出：必须正视缺点并坚决克服，否则就会使蓬勃发展的群众运动遭受挫折。我们一定要使群众性生产运动保持充沛活力、健康发展。

铁路建设谱新篇

新中国成立后，在百废待兴、经济困难的情况下，铁路建设艰难起步。铁道部大力抢修尚未通车的铁路，对主要干线进行永久性修复，使铁路基础设施得到加固补强。同时，组织铁道兵和铁路职工参加抗美援朝战争，建设"打不断、炸不烂的钢铁运输线"。为了改变中国铁路规模小、标准低、分布偏的问题，滕代远按照中央战略部署，着手安排重点新线铁路建设。在新中国成立后三年经济恢复期间，首先集中有限的财力和物力，修建成渝铁路、天兰铁路和湘桂铁路来睦段。他根据现场检查工作发现的问题，1951 年 10 月在全国铁路工程会议上强调，要"整理施工，开展设计"。"整理施工"就是要取消"包商制"，建立国家的施工组织，实行经济核算制；"开展设计"就是要集中技术力量搞好勘测设计工作，坚决实行先设计后施工的原则。这就开启了新中国铁路建设序幕，为铁路建设管理奠定了基础，铁路设计、施工队伍不断发展壮大。

滕代远向往着在中国修建更多的铁路新线，提出了建设全国四通八达铁路网的宏伟设想。他怀着满腔激情，同铁道部领导同志一起谋划新线建设部署。在"一五"期间，新线建设目标集中在四个方面：一是连接华北、西北、西南三大行政区间的铁路干线，修建宝鸡至成都铁路（即宝成线）、兰州至乌鲁木齐铁路（即兰新线）等；二是沿海国防铁路，修建鹰潭至厦门铁路（即鹰厦线）；三是增辟中苏国际联运通道，修建集宁至二连铁路（即集二线）；四是联络重要工矿区及森林的铁路，修建牙克石至大兴安岭腹地铁路（即牙林线）等。他冒着严寒酷暑，深入铁路建设工地，慰问广大职工，总结先进经验，研究改善管理。对群众创造的小型机械化施工方法给予高度评价，认为这是提高工效、缩短工期、降低成本的重要途径。针对新线建设中存在的设计盲目提高标准、施工组织不够合理等浪费现象，他强调要在保证安全、质量的前提下，降低造价，节约投资。铁道部研究制定了降低工程造价的具体措施，下达各单位认真贯彻执行，取得了良好效果。

在铁路建设中，滕代远十分重视发挥技术专家的作用。1952 年 7 月 1 日，成渝铁路胜利通车。滕代远在通车典礼大会上，代表毛泽东主席向大会祝贺，并将毛主席亲笔题写的"庆贺成渝铁路通车，继续努力修筑天成路"的大幅锦旗授予西南铁路工程局。后来，在天成铁路勘察设计中发现，该线虽然容易翻越秦岭，工程费用较低，但有泥石流等地质不良地段，而且进出川物资运输要比经宝鸡多走154公里。若改为修建宝鸡至成都铁路，线路虽短，但翻越秦岭时高差太大、坡度太陡，技术上有很大困难。苏联专家建议以隧道群螺旋展线翻越秦岭，修建宝成铁路。滕代远同铁道部领导听取中苏两国专家意见后，同意采纳苏联专家建议的宝成铁路越岭方案，从而加快了宝成铁路建设，使蜀道从此不再难。

为了把纵贯我国南北的京汉铁路和粤汉铁路连成一体，需在长江上修建一座大桥飞跨天堑，此事已提到了中央议事日程。铁道部组织力量开展大桥初步设计，于1953年4月成立了武汉长江大桥工程局。滕代远要求大桥局认真学习技术，在实践中锻炼成新中国铁路建设第一流的、有经验、有理论的桥梁建设人才。大桥局要成为全国铁路一所在实际工作中培养人才的最好桥梁大学。1954年1月，滕代远向周恩来总理主持的政务院会议作了《关于修建武汉长江大桥的报告》。获得批准后，大桥建设准备工作进一步加快。武汉长江大桥建设技术难度最大的当属深水基础工程，初步设计时采用的是当时世界公认先进的"气压沉箱法"。由于桥墩基础很深，沉箱工作室气压加大，工人每班在沉箱内仅能工作30多分钟，效率低下，有效施工期短，因此总工期将被延后。铁道部聘请的以康士坦丁·谢尔盖维奇·西林为首的苏联专家组，来到武汉进行技术指导。西林专家大胆地提出了他的创新想法，就是采用"大型管柱钻孔法"修建深水基础，把水下作业改为水上平台作业。中国工程技术人员对此表示出极大兴趣，但苏联专家组内部有人提出反对意见。滕代远听取汇报、认真研究后，面对各方压力和巨大风险，明确表示支持西林专家的建议，充分彰显了敢于支持革新创造的胆略和气魄。这项创新技术首先在中国武汉长江大桥工程应用并取得成功，是对世界桥梁建设技术的重大贡献。

为了适应铁路发展需要，滕代远在加强旧线改造和新线建设的同时，非常重视铁路工业发展。在调整布局基础上，对原有工厂进行技术改造和扩建，并先后建成一批新厂，如成都机车车辆厂、长春客车厂等，初步形成了机车车辆制造、修理和专业配件生产基地，为铁路发展提供了装备保障。

人民铁路树新风

面对国家经济的快速发展和人民群众的热切期盼，滕代远深感铁路作风很不适应，必须从根本上加以解决。他多次大声疾呼："要彻底肃清铁路上数十年来所遗留下来的各种恶劣习惯和作风，树立人民铁路的新风。"他认为，路风建设是一项根本性建设，有了好的路风，人民铁道事业发展才会有坚实的基础。

滕代远倡导树立的人民铁路新风，高度概括为"铁路为人民服务"。他认为，今天的铁路是人民的，与过去官僚资本家的旧铁路根本不同，铁路为人民服务、对人民负责，具体体现就是要为旅客货主服务，对旅客货主负责。在铁路系统加强党的领导，成立政治部（处），宣传党的方针政策，特别是宣传有关人民铁道发展的方针、计划和具体政策。他创办《人民铁道》报，请毛泽东主席题写了报名，自己撰写了代发刊词《建设新的人民铁道》。通过各种方式全面加强思想政治工作，把铁路为人民服务作为企业根本宗旨，使"人民铁路为人民"成为职工履行职责的精神动力和评价职业行为的最高标准。

推进"人民铁路为人民"的路风建设，是一项需要长期坚持不懈努力的战略任务。不仅要教育职工牢固树立全心全意为人民服务的思想，以主人翁责任感努力做好本职工作，而且要培养职工掌握全心全意为人民服务的过硬本领，创造性地开展工作。滕代远特别重视知识，认为科技教育工作是人民铁道建设的强大支柱。他以北京铁道管理学院和唐山工学院为基础，组建中国交通大学，后改名为北方交通大学，并请毛泽东主席题写了校名。他建立了铁道科学研究所（院），成为全路科研中心。全路建设完善的科技教育体系，为铁路服务国家战略、满足人民需要，发挥了重要作用。

为开创人民铁道事业，滕代远呕心沥血、鞠躬尽瘁。他坚决执行党中央的决定，需要干什么就干什么，而且一定要干好。他让我军的优良传统在铁路开花结果，实行半军事化管理，严格纪律，令行禁止。他既重视铁路发展的战略思考，又重视深入基层的调查研究，常对机关领导干部说："基层的意见是一面镜子，可以照出我们领导机关的问题。我们检查下面的工作，同时也是检查自己的工作。"他大力组织宣传全国铁路涌现出的先进集体和劳动模范，如以"毛泽东号"机车乘务组为典型开展比、学、赶、帮活动，对12次列车的英雄壮举授予嘉奖令等。他坚持艰苦奋斗、实事求是，勇于开展批评和自我批评，使"人民铁路为人民"的新风在全国大放光芒。

在全路职工的心目中，滕代远是全心全意为人民服务的忠诚公仆，即使长期疾病缠身，他仍然关心着铁路发展。他艰苦朴素、克己奉公、清正廉洁、殚精竭虑，语重心长忠告亲友说："我们是共产党的干部，只能全心全意为人民服务，绝对不能以自己的权力谋取私利，即使我当部长也不能例外。"对子女就学、亲友工作及家庭生活等，严格要求按规定办理，不走后门，不徇私情，不搞特殊。在临终前，他十分艰难地写下"服务"二字，作为对子女的遗嘱。

滕代远一生功勋卓著、高风亮节，全心全意为人民服务，是践行党的宗旨的光辉榜样。

斯人远去，风范犹存。滕代远为中国铁路事业开拓了崭新局面，留下了宝贵的精神财富。我们要继承和发扬人民铁路的光荣传统，在改革创新的大道上阔步前进，努力实现中国铁路赶超世界先进水平的宏伟目标。

（本文系作者2004年10月在"滕代远同志诞辰100周年纪念会"上的致辞和座谈会发言的整理稿。）

中国铁路的骄傲

茅以升是我国著名桥梁专家、工程教育家和社会活动家，他毕生为我国铁路教育、科研事业呕心沥血，为加快我国铁路发展殚精竭虑，做出了开创性的重要贡献。在他身上铸就的"爱国、奋斗、科学、奉献"的崇高精神，激励着无数后辈为实现铁路现代化勇往直前。1985 年，我有幸见到久仰的茅以升，当时他已近 90 岁高龄，仍精神矍铄，声音清亮。他语重心长地对我说，中国铁路发展必须科技教育先行。这一谆谆教诲，一直指导着我的工作。泰斗已逝，风范长存。茅以升是中华民族的骄傲，更是中国铁路的骄傲。

钱塘江桥为国争光

茅以升主持设计、建造的钱塘江大桥，是我国桥梁史上的重要里程碑。近代中国的钢铁大桥，如济南黄河大桥、蚌埠淮河大桥、哈尔滨松花江大桥、广州珠江大桥等，分别由德、英、俄、美等外国人修建。钱塘江大桥建设结束了钱塘江上不能修桥的历史，也结束了中国人不能建设钢铁大桥的历史。

大桥修建彰显出茅以升勇于创新精神。被委任为钱塘江桥工程处处长的茅以升，明知在钱塘江上建桥会遇到诸多难题，但想到自己献身桥梁事业的志向，十分珍惜这一历史机遇，他决然迎难而上，要为中国人争气。为组织建桥班底，他诚邀留美归国的桥梁专家罗英担任桥工处总工程师，多方吸引工程技术人员来杭州参加大桥建设。在实地调查基础上，开展大桥勘察。桥址选在闸口，这里江面较窄，河身稳定，北岸沙滩亦少，且正对虎跑山谷，以六和塔胜迹为伴，构成一幅"天人合一"的壮丽美景。在对桥工处提出的六个设计方案认真比较后，确定采用双层式公铁两用大桥，下层为单线铁路，上层为双线公路及人行道。全桥长1453米，江中正桥为16孔跨度65.84米钢桁梁（总长1072米），北岸引桥3孔（长288米）和南岸引桥1孔（长93米）均用跨度48.8米钢系杆拱及钢筋混凝土框架组成。这种公铁分设两层桥式，在我国尚属首次使用。与美国桥梁专家华德尔设计的单层联合桥式（铁路、公路及人行道在同一层面）方案相比，桥工处设计方案造价低、工期短，而且桥式优越，因此能在竞争中胜出。针对流沙和潮汐影响，茅以升采用"射水法"加锤击将长约30米木桩打入江底深处，用"浮运法"将在码头预制的重约600吨钢筋混凝土沉箱用船浮运至桥墩处就位。他打破传统做法，采用"上下并进，一气呵成"的施工组织方法，在复杂基础施工的同时，进行桥墩墩身施工准备，并在岸上按孔拼装钢梁。只要有两个相邻桥墩完成时，就将整孔钢梁浮运到位架在这两个墩上。这就大大提高了施工效率，在两年半工期内完成了大桥建设任务。

大桥历程记载着茅以升顽强奋斗精神。在钱塘江大桥艰难历程中，建桥—炸桥—复桥，就是茅以升顽强奋斗精神的真实写照。经过一段艰难的筹备工作，大桥于1935年4月正式开工。施工期间"迭遭各种困难"，茅以升顶着"外间的闲言闲语"，废寝忘食地研究对策，终于攻克了打桩、围堰、沉箱、钢梁等技术难题。"经过千磨百折"，大桥建设进入最后阶段，却又遭受战争灾难。"七七"事变后，日本帝国主义全面发动侵华战争，全国人民奋起抗战。面对日军飞机轰炸建设中的钱塘江大桥，茅以升毫无畏惧，坚守工地，继续施工。全体建桥员工同仇敌忾，日夜加班，加快进度。1937 年 9 月 26 日铁路桥建成开通，优先运送军需物资。同年 11 月 17 日公路桥开放，供汽车和行人过江。在日军逼近杭州、战事十分紧张的形势下，钱塘江大桥成为大批军民撤退的过江通道，发挥了不可替代的重要作用。为了阻止日军过江，国民党南京政府命令要求尽快炸毁大桥。茅以升这时心潮汹涌，从民族安危大局出发，忍痛制定了炸桥方案，对五孔钢梁和一座桥墩同时施爆，这样可增大日军修复大桥的难度。1937 年 12 月 23 日下午 5 时一声巨响，这座刚刚建成三个月的大桥中断通车。茅以升满腔悲愤地赋诗铭志："陡地风云突变色，炸桥挥泪断通途，'五行缺火'真来火，不复原桥不丈夫。"抗战胜利后，茅以升主持桥工处复业，逐渐充实技术力量，实施大桥修复工程。茅以升为钱塘江大桥奋斗不息，终于使大桥安全服役，造福国家和人民。

大桥质量体现了茅以升终身负责精神。在钱塘江大桥建设中，茅以升自始至终都把工程质量放在首位，当作自己的神圣职责，从严要求，科学管理。从工程地质勘探、水文调查，到设计方案、结构计算，以及建筑材料、施工工艺，都有具体的质量要求、详细的检测记录和逐级的复核制度。对于施工中遇到的困难，茅以升总是认真研究，集思广益，科学处置，对浮运沉箱飘移离位、钢板桩围堰侧塌等问题进行总结剖析，采取改进措施取得成功。茅以升十分重视各项施工技术和工艺方法落实情况，经常过问桩头定位、沉箱下沉标高、混凝土搅拌等检测记录，并亲自下到江底气压沉箱内进行对照复查。对关键部位、重要工序，都拍摄了 16 毫米电影记录影片，总长度约 2500 米，为日后运营维护和研究工作留下了十分宝贵的真实资料。他以认真负责、一丝不苟的作风，带动全体建桥员工严把质量关，高质量建成了这座公铁两用大桥。虽然历经战争创伤，长期遭受潮汐、台风等恶劣环境影响，过桥运量又在不断增长，但大桥质量经受住了运营考验和历史考验。解放后，政府加强了大桥养护维修管理，进行桥梁检定试验，制定相应措施，使大桥在到达设计使用年限后仍能超期服役。1980 年，茅以升根据钱塘江大桥运用情况和存在问题，建议国家制定公铁两用桥管理规章，以确保运输安全。1985 年，年近 90 岁高龄的茅以升又满怀深情地视察钱塘江大桥。后来他对我说，要精心维护这座大桥，还要研究修建钱塘江二桥。这种对工程质量终身负责的精神，为我们树立了学习楷模。

工程教育探索改革

1919 年 12 月，时年 23 岁的茅以升在美国卡耐基理工大学完成博士论文后，首先想到的是报效祖国，毅然登上远洋轮船回国。他先后在唐山交通大学、南京东南大学、南京河海工科大学、天津北洋工学院等高等学府担任教授、校长（院长），辛勤耕耘，开拓奋进，发展工程教育，为国家培养了一大批桥梁专业人才和土木工程技术人才，真可谓"桃李满天下"。

重建铁路高等学校。在举国喜迎新中国成立之际，茅以升被任命为中国交通大学（后更名为北方交通大学，现为北京交通大学）校长。具有丰富办学经验的茅以升怀着满腔热忱，致力于新中国铁路高等学校建设。从专业设置到吸引人才，从教学设备到教学方法，无不费心亲为。1951 年元旦，在中南海勤政殿参加新年团拜，聚餐时茅以升与毛泽东主席同席。他在向毛泽东主席简要汇报学校情况后动情地说，北方交通大学全体师生员工非常渴望毛泽东主席能为学校题写校名，这将是我们学校的最大光荣。毛泽东主席笑着点头应允。同年 4 月下旬，当毛泽东主席在一张"中国人民革命军事委员会"的红字竖格信笺上挥笔题写的"北方交通大学"校名传到学校时，师生员工无不兴高采烈。茅以升抓住这一重要契机，动员大家不辜负毛泽东主席的殷切期望，齐心协力办好大学，为新中国铁路事业和国民经济发展培养更多优秀人才。现在，北京交通大学已发展成一所特色鲜明的综合性大学，为国家培养了大批工程技术和管理人才。近年，北京交通大学排演了大型原创话剧《茅以升》，热情讴歌这位老校长矢志报国、献身科教的伟大人生，已成功演出24 场次，取得良好的社会反响。

独树一帜的治学理念。茅以升是具有丰富工程经验的卓越教育家，在前后 30 余年教育生涯中形成了自己的工程教育思想，其精髓就是倡导"教育的解放"，坚持"教育革命"。1926 年 9 月，茅以升在为纪念南洋大学成立 30 周年所写《工程教育之研究》论文中就指出："我国工校课程，大都抄袭欧美，在吾人习知欧美学制者，大多视为当然，不觉其利弊之所在。究其内容，是否为最良之制度，能否适合我国之现状，皆应予以充分之考虑。"他从学制、招生、课程、考核、教授、实习、服务等方面，提出了自己的改革方案。1949 年 6 月 20 日茅以升在《教育的解放》专论中，对旧教育制度提出了尖锐批评："我国的教育，虽经 50 年改良，仍是为教育而教育，既保留了封建的灵魂，又承袭了欧美的躯壳，因此，完全与我国社会脱节，只能造成特殊阶层。"他呼吁"对教育工作进行彻底的检讨和大胆的改革，来谋人民教育的新生"。新中国成立后，当人们对苏联工程教育模式表现出崇拜时，茅以升经过理性思考，从中国的国情出发，认为不能照搬苏联经验。可以看出，茅以升孜孜以求的是构建中国自己的工程教育。

极力倡导"先习而后学"。针对传统的"学而时习之"教育存在的弊端，茅以升大声疾呼要来一个颠覆和革命。茅以升对"习"

与"学"关系有着深刻的理解。他主张"先习而后学",在对工程有一定实践基础上,再学习工程设计施工技术和管理理论。不是"致知格物",而是"致知在格物"。"习而学"符合人的认识规律,由感性认识入手,进而传授理性知识,先让学生"知其然",而后逐渐达到"知其所以然"。他倡导"先习而后学、边习边学"的工程教育模式,旨在强化工程教育中的实践活动,从根本上解决理论脱离实践问题。

不断探索改进教学方法。茅以升以严谨的逻辑、简洁的语言,加上生动的典型事例,深入浅出地解释理论概念,并讲明该理论原则的实践应用意义。他把自己的治学经验概括为"十六字诀",即"博闻强记,多思多问,取法乎上,持之以恒"。他认为,教师的职责不只是"授业",也要重视"传道"和"解惑"。不能把学生简单地当作"受体",而要发挥学生作为"主体"的能动作用。与众不同的是,他"通过考先生来考学生",就是让学生提出问题由教师回答,完全摒弃"灌注式"或"填鸭式"教学,实行"启发式"教学,充分调动学生的求知欲望,促进师生互动。他把中国教学中的"教学相长"等优良传统,与西方教学中重视培养学生独立研究等现代做法很好地结合起来,形成新的教学方式,深受学生们的欢迎。他倡导教育要与生产实践相结合,大力发展各种形式的教育,开办夜大、函授大学等。1962 年 5 月,茅以升向全国人大常委会提交了《建设一个为社会主义服务的教育制度》的建议,全面系统地阐述了他对教育制度改革的构想,受到周恩来总理的赞扬。

铁道科研服务运输

茅以升是中国铁道科学研究院的奠基人,也是中国铁路科技事业的开拓者。1950 年 9 月,由中国交通大学校长茅以升兼任铁道研究所所长，1952年5月后茅以升专任铁道研究所所长（1956年改为铁道科学院院长），直到1981年卸任，主持铁道科研工作长逾31年。他呕心沥血，诲人不倦，为铁道科学研究院的创建和发展倾注了巨大热忱，奉献了自己的全部智慧。他锲而不舍，不懈奋斗，为中国铁路科技进步做出了重要贡献。

奠定了铁道科研坚实基础。茅以升负责铁道科研工作，首先抓的是整合科研力量。他在对大连、唐山、北京三地铁路科研机构进行调查后，决定集中力量办好北京科研基地；编制发展规划，研究技术政策，建立管理制度，多方罗致人才，拓展专业研究，推动国际交流与合作，逐步形成专业齐全、实力雄厚的铁道科研机构。1955年，他主持研究铁道科学综合试验基地（环形试验线），确定选址北京东郊后开展建设，为铁道科研长远发展创造了必要条件。茅以升说："干部、设备、资料是研究工作的三个主要因素，而干部尤为重要。"他还说："研究院既要出成果，更要出人才。"他强调把科研队伍建设作为战略任务来抓，不拘一格，发现人才、选拔人才，重点培养学术带头人和专业技术骨干。他十分重视发挥专家作用，成立学术委员会，推行学术民主，这就使铁道科研学术活动比较活跃，成绩比较显著，曾受到国家科委表扬。值得特别铭记的是，茅以升为开拓我国土力学及地基基础学科研究，作出了不可磨灭的贡献。

确立了铁道科研指导思想。早在1954年，茅以升就把"科研为运输服务"作为建院指导思想。他说，"铁道科研工作应该为铁路运输服务"，负责研究解决提高铁路运输效率的技术问题。1980年他在总结办院实践后，明确提出建设"铁道科学研究实验中心，以应用科学研究为主"，主要任务是"研究和发展铁道科学技术，解决铁路运输生产建设中的重大、综合性的技术关键问题，有计划地开展长远性和理论性课题的研究，为提高铁路运输能力和铁路现代化服务"。这就为铁道科学研究院发展指明了正确方向。从研究蒸汽机车改造逐步发展到研制内燃机车和电力机车，从研发继电半自动闭塞、无线列调等设备到全路推广应用，从铁道工程强化到运输组织改善，都为提高运输效率和保障行车安全发挥了重要作用。在 1964 年西南铁路大会战中，铁道科学研究院大批科研人员深入设计施工现场，参加桥梁、隧道、软土路基、大爆破等专业"战斗组"，使科研、教学、生产相结合，攻克了艰险山区地区铁路建设技术难题，取得了丰硕的科研成果，保证了川黔、贵昆、成昆铁路顺利建成。

开展学术交流和技术咨询工作。茅以升是我国著名的桥梁泰斗、科技先驱，在学术交流、技术咨询、建言献策方面颇有建树。1953年在茅以升等人倡导下成立了中国土木工程学会，茅以升连续三届担任学会理事会理事长，竭力推动学会加强自身建设，发挥学会跨部门、多学科的优势，团结广大会员和科技工作者，通过各种学术交流活动，提高工程建设科学技术水平。1955 年铁道部成立了由茅以升任主任委员的"武汉长江大桥技术顾问委员会"，对大桥施工时期提出的 14 个重要技术问题进行研究后作出答复，收到了良好效果，确保了工程质量。1959 年北京市邀请专家对人民大会堂设计方案进行审查鉴定，茅以升作为结构组组长，主持研究复查并提出了修改和补充意见。

热心做好群众性科普工作。茅以升自 20 世纪 50 年代被选为全国科普协会副主席以来，几十年如一日不遗余力地从事科普工作，尤其重视青少年科普工作。谈到科研与科普的关系，茅以升认为二者既有区别，又有联系，相互促进。他身先示范倡导科学家带头做好科普工作，研究中国古桥、中国桥梁史，举办科普讲座，撰写科普文章，先后出版了三集《茅以升科普创作选集》。其中，《桥话》在《人民日报》连续刊载，受到毛泽东主席称赞。优秀科普文章《中国石拱桥》，曾被选入中学教材。《没有不能造的桥》一文，1981 年荣获全国新长征科普创作一等奖。茅以升结合铁道行业特点，要求铁路科普工作深入运输和建设现场，动员铁路职工广泛参与，开展科学实践活动，开设"科普列车"，举办科普展览，出版科普书刊，不断总结经验，提高科普工作水平。茅以升为我们架起了科普之桥。

为继承和弘扬茅以升崇高精神，1991 年由全国政协、九三学社、铁道部等单位发起成立了茅以升科技教育基金会，开展科技奖励、学术交流、科普教育、公益活动等，取得了很大成绩。茅以升科学技术奖已成为我国土木工程领域最有影响的荣誉奖项之一。学术研讨活跃于大陆各地，现已延伸到海峡两岸交流。一些高校开办了"茅以升班"，积极探索工程教育新路。一些边远贫困地区修建了"茅以升公益桥"，使数万学生和民众受益。今后，基金会在各方面大力支持下一定会谱写出新篇章。

（本文载于 2016 年 1 月 13 日《人民铁道》报。）

铁路基建队伍的"工改兵"与"兵改工"

在我国铁路基建队伍管理体制沿革中，有两次是与军队体制有关的。一次是 20 世纪 60 年代中期的"工改兵"，另一次是 20 世纪 80 年代初期的"兵改工"。这两次改制，都是中共中央作出的重大决策，都与当时国际国内形势有密切关系，已载入中国铁路发展史和中国人民解放军军史。我对这两次改制有所了解，依据有关文献核实史料撰写本文。

一. 关于"工改兵"

1. 历史背景

（1）国际形势严峻。20 世纪 60 年代，国际环境对中国十分不利。美国对中国革命胜利怀恨在心，在侵朝战争失败后又发动了侵越战争；印度在中印边境进行武装挑衅；中苏关系破裂，边境地区也不安宁。在台湾的国民党叫嚣反攻大陆，派遣武装特务部队一再窜犯沿海地区。

敌对势力对我国安全构成极大威胁。在这种形势下，毛泽东主席作出了加强战备、准备打仗的指示。1964 年 8 月，在北戴河召开的党中央工作会议上，毛泽东主席大声疾呼："要准备帝国主义可能发动侵略战争！"据此，对国家经济工作进行了调整，要求加快"三线建设"。

（2）"三线建设"大上马。从国家安全战略布局考虑，按照地理位置情况将大陆地区划分为一、二、三线，沿海地区为一线，中部地区为二线，后方地区为三线。我们常说的"三线"，是指西南、西北"大三线"（即京广铁路以西地区）；而把中部及沿海地区的腹地，称为"小三线"。党中央决定，新的建设项目要摆在"三线"，按照"分散、靠山、隐蔽"的方针布置，不要集中在某个城市。位于一线的重要工厂和重点高校、科研机构，都要有计划地全部或部分搬迁到"三线"。搬迁方案所列工厂、院校等共计400多个，分批作出安排。希望经过几年努力，在"三线"形成一个新的完整的工业体系和社会教育体系。

西部地区基础设施相当落后，同轰轰烈烈开展的"三线建设"极不适应。毛泽东主席强调指出，成昆、川黔、滇黔这三条铁路要抓紧修好。这是对铁路系统发出的战斗动员令。铁道部立即行动，调整了铁路建设计划，集中力量加强西南铁路建设。

（3）西南铁路大会战。为贯彻落实党中央关于加快三线建设的战略决策，1964年9月由国家有关部门和四川省领导成立了西南铁路建设总指挥部，由中共中央西南局第一书记李井泉任总指挥，吕正操、郭维城、彭敏、刘建章、张永励等任副总指挥。下设由铁道部与铁道兵联合组建的西南铁路建设工地指挥部（简称"西工指"），负责统一指挥西南铁路建设。"西工指"设在贵州安顺，后来迁到四川西昌。"西工指"主要领导有：吕正操、刘建章、郭维城、彭敏、黎光、黄新义（1966年1月任副司令员）。

在20世纪60年代初，国家经济处于调整时期，铁路建设投资压缩，铁道部西南铁路工程局（即铁道部第二工程局，简称铁二局）施工队伍进行大量精简。因此，在1964年西南铁路会战开始时铁二局力量很不适应。铁道部决定，铁二局立即招工扩充队伍，同时从全国各地调动精兵支援，使铁二局施工队伍扩大到16万人以上。另外，根据中央军委命令，铁道兵部队进行扩编（1964年10月组建第12师、第13师，1965年7月组建第14师），调集第1、5、7、8、10师和独立机械团、汽车团约17万人参加西南铁路建设。20世纪60年代参加西南铁路大会战的队伍总计达30多万人。

在这种情况下，身为铁道部、铁道兵主要领导，又是西南铁路建设工地指挥部司令员兼政委的吕正操，对于如何改革铁路建设队伍进行了深入思考，研究提出了实施方案。

2."兵工合编"获准

从历史上看，1948年解放战争时期成立了铁道兵。在解放战争、抗美援朝、抗美援越以及社会主义建设时期，铁道兵都作出了重大贡献。关于铁道兵的性质任务，1962年11月23日周恩来总理就明确指出："铁道兵是工程部队性质，无论平时、战时，都是执行工程任务，不是战斗部队。""要按照铁路工程部队的性质确定编制、工作制度。"铁道部所属基建队伍与铁道兵并肩战斗，担负着战时（灾时）抢修与平时新建铁路任务。

铁道部基建队伍和铁道兵同样修建铁路，但用的却是两种方法、两套人马、两套组织、两套指挥，形成机构重叠，也容易出现矛盾。西南铁路大会战即将全面展开时，1964年8月11日吕正操同志向周恩来总理呈送了《关于加快修建成昆等西南铁路的报告》，所谈五个问题中第四个问题就提出建议：抽调铁道兵五个师进行扩编，铁道部西南铁路工程局队伍扩编，组成建制属中央军委的西南铁路工程部队。报告称，这样做好处有五点：一可以发挥解放军的优良传统，部队的组织性、纪律性强；二可以平战结合，有事能迅速调动；三修路工作统一指挥，可以避免扯皮现象，提高工作效率；四部队复员后可以转业到铁路，为铁路培养技术力量；五编成部队后，家属、生活等问题都比较好办。吕正操同志正式向党中央报告了"工改兵"的设想。

经过多次讨论研究和初步试点，1966年2月5日铁道部部长兼中央军委铁道兵政委吕正操和铁道兵副司令员郭维城向中共中央呈送了《关于铁道工程部队建设的意见》。建议把铁道兵和铁道部基建队伍统一起来，保持解放军组织形式和传统，属中央军委建制，在"兵"的共性基础上，突出铁道工程技术兵种特性，由国务院和中央军委责成铁道部统一领导铁道兵部队和全国铁路建设任务。

毛泽东主席同意铁道部、铁道兵上报的意见，说"这样好，是和铁道兵合并，建制还是解放军，交铁道部使用。"周恩来、邓小平同志也对此表示赞同，提出铁道兵在第三个五年计划期间需要保持60万人的员额，业务上由铁道部调动，铁道部所属基建工程队伍照铁道兵形式改制。1966年4月20日中央军委办公会议讨论决定：铁道兵现有39万人，除拨出8万员额的建制部队归工程兵建制领导外，其余部队整编与铁道部基建工程队伍合并为铁道兵部队，业务上归铁道部领导。

1966年5月29日，总参谋部、总政治部向中共中央、中央军委呈报《关于铁道部所属基建队伍与铁道兵合编和从铁道兵员额中拨出8万人给工程兵的报告》。6月17日，中央军委决定，将铁道部基建队伍合编为铁道兵，并调铁道兵第2师（含配属的第1师第2团），第11师、第13师及第3师第15团，第6师第30团，共计7.5万人归工程兵。除第2师、第13师待完成援越工程任务回国后再行移交外，其余部队争取于 1967 年第一季度交接完毕。

3. 铁二局"工改兵"试点

1964 年 9 月 25 日至 29 日铁道部西南铁路工程局（即铁二局）党委书记、政治委员黄新义主持召开局党委第六次党委（扩大）会议，传达毛泽东主席关于加快西南铁路建设的指示，贯彻铁道部党组、中共中央西南局、西南铁路建设总指挥部的要求，研究形势、任务、队伍建设等。铁道部副部长、西南铁路建设工地指挥部副政委刘建章在会上传达了吕正操司令员关于"工改兵"的指示精神。铁二局政委黄新义、局长刘文、政治部主任陈晋研究后，成立了"工改兵"整编小组，首先抓思想摸底和政策研究。1964 年 10 月我奉命调到铁二局施工技术处工作后，局领导曾交给一项机密任务，就是研究铁二局"工改兵"机构设置。"工改兵"初步方案是将铁二局改为中国人民解放军"××铁道工程纵队"，设司令部、政治部、后勤部，管辖 14 个支队（第 1 至 14 工程处），6 个专业支队（专业工程处），以及其他单位，共计 16 万余人。

铁二局党委确定在第五工程处进行"工改兵"试点。首选 510 工程队作为点中点摸索经验（俗称"510 部队"）。当时，铁二局五处正在川黔铁路工地进行紧张施工，确保全线按期开通。铁二局抽调 25 名干部，用 4 天时间进行摸底。调查结果表明，80% 以上的人愿意当兵，其中 40% 特别积极，把参军视为最大荣誉。对"工改兵"的条件，从家庭出身、年龄、是否独生子女、家庭经济状况等方面考虑，做了三个方案。根据"工改兵"要求条件，分别对"老职工改兵""新工人改兵""随军""不改"的职工，提出具体要求。"工改兵"后不设工会组织，有关工作分别纳入政治部、后勤部管理。1964 年 10 月 27 日，在五处 510 队召开"工改兵"动员大会。全队共有职工 438 人，其中踊跃报名表示坚决当兵的 357 人，有顾虑的 60 人，不愿当兵的 21 人。经审核，因各种原因不符合改兵条件的有 42 人，符合改兵条件而本人不愿意当兵的 18 人。11 月 15 日召开大会，宣布了第一批"工改兵"名单，共计 161 人。这些"工改兵"人员胸前佩戴大红花，随后穿上黄色军装，但没有红领章和五角星帽徽。

4. 试点迫于停止

在铁路基建队伍"工改兵"试点过程中，一方面要解决统一思想认识问题，一方面要解决改兵实际问题，这是需要时间的。出人预料的是，在中央军委作出将铁道部基建队伍合编为铁道兵的决定不久，"文化大革命"开始了，各项工作处于瘫痪状态。1967 年 8 月 18 日，国务院、中央军委急电，决定：西南铁路建设工地指挥部由铁道兵司令部接管，设计、施工单位一律归铁道兵统一领导，但建制和供给关系不变。铁道兵西南指挥部、8815 部队（铁 10 师）对铁二局实行了军事管制。1969 年 10 月 18 日，遵照党中央指示，四川省革命委员会、成都军区派 8724 部队对铁二局实行军事管制。1971 年至 1973 年，铁二局转战湘黔、枝柳铁路建设，党中央决定由广州军区、昆明军区分别派部队对铁二局实行军事管制。

最终，铁道部所属基建队伍没有实行"工改兵"，仍归铁道部基建总局领导。1989 年 7 月，在改革开放形势下成立了中国铁路工程总公司（即中国中铁），原铁道部基建队伍划归中国中铁领导。

二、关于"兵改工"

1. 历史背景

自从党的十一届三中全会以来，在指导思想上完成了拨乱反正的艰巨任务，各条战线工作取得了重大胜利，实现了历史性的伟大转变。1982年9月党的十二大号召全党全国人民全面开创社会主义现代化建设新局面。

（1）国际环境变化。纵观全球局势并不太平，局部战争时有发生，但发生世界大战的可能性不大。我国坚持独立自主的外交政策，发展友好合作，维护世界和平。基于这一研判，中国要抓住和平时期，加快国内经济社会发展。

（2）国民经济调整。在1981年到1985年的第六个五年计划期间，要继续坚定不移地贯彻执行调整、改革、整顿、提高的方针，把全部经济工作转到以提高经济效益为中心的轨道上来。要集中主要力量进行经济结构调整，进行企业整顿、改组和改革。第七个五年计划期间要广泛开展企业技术改造，逐步开展经济管理体制改革。

（3）军队体制改革。进入20世纪80年代，根据新形势、新要求，中央军委按照党中央部署积极稳妥地推进军队体制改革。1980年下半年实行大裁军时，铁道兵按军队精简编制方案共裁减兵员17万人，撤销了3个军级指挥部，减少了3个师级建制，每个师由5个团缩编为4个团，各级机关也相应进行了压缩。以实现军队装备和人员现代化，走中国的精兵强国之路。1981年10月30日，杨尚昆同志在驻京部队军以上干部会议上传达了邓小平同志关于部队大量精简的指示，军队各大单位都认真贯彻落实。

2. 中央决策撤并

撤销铁道兵建制，人员并入铁道部，是邓小平同志提出来的。1982年3月20日，中共中央书记处第16次会议对邓小平同志这一提议进行了认真讨论。一致认为"撤销铁道兵建制、人员并入铁道部"是正确的，完全同意。1982年4月9日，中共中央、中央军委决定铁道兵并入铁道部，经国务院、中央军委批准成立交接工作领导小组，由吕正操同志任组长，陈再道（铁道兵司令员）、陈璞如（铁道部部长）同志任副组长，领导小组成员及工作班子主要由铁道部、铁道兵和总参谋部组成。吕正操同志表示坚决贯彻执行党中央的决定，确保这项工作顺利完成。他认为，铁路建设应该按经济规律办事，希望大家能够深刻理解中央决策的重要意义。

1982年12月6日，国务院、中央军委下发《关于铁道兵并入铁道部的决定》。强调指出，这一决定是"根据国民经济调整的方针和国家体制、军队体制改革的要求，为集中统一领导铁路建设施工力量，加速我国铁路建设"而作出的。为保持铁道兵部队稳定和顺利并入铁道部，决定由尚志功、李际祥、王功同志负责筹组铁道兵指挥部，负责管理铁道兵部队承担的各项建设任务。同时，成立铁道兵善后工作领导小组，处理铁道兵善后工作和遗留问题。1983年1月27日，国务院、中央军委下发了《关于铁道兵指挥部领导班子配备的通知》，尚志功同志任指挥，李际祥同志任政委；中央军委、三总部下发了《关于组建铁道兵善后工作领导小组的通知》，郭维城同志任组长，彭海贵、郭延林同志为副组长。

3. 顺利实施并入

从1983年1月1日起，铁道兵领导机关停止工作，由铁道兵指挥部负责有关工作。1983年10月28日，国务院、中央军委批复《关于铁道兵并入铁道部的实施方案》（国发〔1983〕168号文），并入改编工作全面展开。从1948年7月组建东北人民解放军铁道纵队开始，铁道兵已经有35年光辉历史，突然听到这个决定，部队从上到下都感到很意外。当时，有人把部队反映概括成三句话："老干部无所谓""年轻战士喊万岁""中青年干部掉眼泪"。从整体看，队伍是稳定的，工作是顺利的。

铁道部党组十分重视铁道兵并入铁道部的工作，组织专门部门负责研究解决有关问题，并请国家有关部门领导大力支持。1983年7月26日中共中央批准，尚志功同志任铁道部副部长，李际祥同志任铁道部政治部主任，铁道部发文（〔83〕铁劳字1707号文）对铁道兵并入铁道部的单位进行更名。自1984年1月1日起，铁道兵指挥部改为铁道部工程指挥部；铁道兵有十个师分别改称铁道部第十一工程局至第二十工程局。根据各单位基地情况和任务情况，从今后发展考虑确定各单位机关定点。然后，办理集体转业落户。对实际并入人员149387人，按规定核定了工资待遇。对并入铁道部的干部，发给4个月本人工资的安家补助费。连职干部另加发2个月本人工资的生活补助费，排职干部另加发3个月本人工资的生活补助费。对志愿兵发给4个月本人工资的安家补助费和3个月本人工资的生活补助费。义务兵按照服役年限发给退伍补助费（最低50元，最高600元）。

全体铁道兵官兵列队向军旗敬礼（图69），惜别军装，集体转业，整体并入铁道部。

图69　铁道兵官兵列队向军旗敬礼

1984 年 12 月，中共中央任命我担任铁道部副部长，主管铁路建设等工作。在陈璞如部长、丁关根部长领导下，组织铁路基建队伍集中解决运输"瓶颈"制约问题。"七五"期间开展"南攻衡广、北战大秦、中取华东"三大战役，取得全面胜利。随着铁路基建体制改革逐步深化，1989 年 7 月 1 日铁道部工程指挥部更名为中国铁道建筑总公司（即中国铁建），原铁道兵所辖部队由中国铁建管理。

三、改革促进发展

中国铁路工程总公司（简称工总，即中国中铁）和中国铁道建筑总公司（简称建总，即中国铁建），是中国铁路建设的主力部队，为中国铁路发展作出了卓越贡献。随着铁路改革不断深入，实行政企分开，2000 年 9 月 28 日"中国中铁"和"中国铁建"与铁道部脱钩，归国务院国资委领导。两大总公司在路内路外、国内国际建设市场大显身手，飞速发展，业绩辉煌。两大总公司先后成为上市公司，进入世界企业"500 强"。

两大总公司的发展经验告诉我们：只有大改革才能促进大发展。体制改革为两大总公司发展指明了正确方向，提供了强大动力。在建立中国特色社会主义市场经济中，企业不再是行政附属，而是一个经济实体，具有市场主体地位。大力更新经营管理理念，树立市场意识、竞争意识、创新意识、风险意识、法治意识、责任意识。通过建立现代化企业制度，增强企业发展活力，走集团化、多元化、国际化发展道路。坚持技术创新和管理创新，加强企业文化建设，发扬优良传统，竞争力不断提高。两大总公司在改革开放道路上迅跑，事业将更加兴旺发达，贡献将更加巨大辉煌。

（原文载于《纵横》2018 年第 9 期。）

关于基建工程兵

中国人民解放军基本建设工程兵，简称"基建工程兵"，当时是陆军的一个新兵种。基建工程兵是在"文化大革命"期间创建和发展起来的，又在改革开放形势下撤销兵种集体转业。可以说，"工改兵"和"兵改工"两次大改制，基建工程兵全部经历了。

为适应国家基本建设重点工程和国防工程建设需要，解决施工队伍家属拖累较大、跨区调动到偏僻山区很难等问题，国家建设委员会主任谷牧提出了基建工程队伍实行兵役制的设想。1966年3月30日中共中央批转国家建委党组《关于施工队伍整编为基本建设工程兵试点意见的报告》。基建工程兵属中央军委建制，受中央军委和国家建委双重领导。

当时全国施工队伍共有约300多万人（不包括集体所有制），其中属于中央各部委的有160多万人。1966年在冶金、建工、煤炭、水电、化工、石油等部门队伍中进行"工改兵"试点。8月1日国防部正式授予基建工程兵部队番号。在地矿、交通等部门也进行了"工改兵"试点。1975年底，将在北京担任地下铁道施工任务的铁道兵第12师、第15师改为基建工程兵。1978年1月，基建工程兵领导机关正式获准成立。基建工程兵主任李人林，政委由谷牧同志兼任。到1979年底，基建工程兵共辖有10个指挥部（军级）、32个支队（师级）、156个大队（团级），共计49.6万人。

1982年8月国务院、中央军委作出《关于撤销基建工程兵的决定》。基建工程兵大部分队伍按系统对口集体转业到国务院有关部门、北京市和一部分省区市。水文地质部队转隶有关军区。水电、交通、黄金地质部队划归中国人民武装警察部队。1983 年11 月，基建工程兵领导机构被撤销。至此，作为一个兵种的基建工程兵完成了其自身的历史使命。

援建坦赞铁路和运营技术合作回顾

在 2010 年我国商务部隆重纪念"中国对外经济技术援助 60 周年"之际，我被授予"中国援外奉献奖金奖"。我认为，这个殊荣属于参加铁路援外工作的所有单位和职工。在我经历的铁路援外工作中，影响最大的是坦赞铁路（TAZARA）。虽然，坦赞铁路从勘测设计、全面施工到建成运营至今已 40 多年了，但往事历历在目，难以忘怀。

1970 年 3 月，坦赞铁路建设筹备工作开始紧锣密鼓地进行着。那时我在四川省甘洛县铁二局机关工作，在为成昆铁路"七·一"全线通车紧张奋战的同时，按照铁道部的部署，在严格保密情况下开展组建援建坦赞铁路队伍工作。1973 年 7 月初，我乘巴基斯坦航空公司班机从北京前往坦桑尼亚当时的首都达累斯萨拉姆。到达设在坦桑尼亚西部姆贝亚的中国援建坦赞铁路工作组（简称"中国铁路工作组"）后，被分配到办事组工作，负责工程综合调研和信息分析。11 月初，我到驻在赞比亚姆库希的三机队生产组主持工作，负责塞伦杰至新卡比里姆博希 295 公里铁路的施工组织和技术工作。1975 年 6 月 7 日，我见证了坦赞铁路胜利铺完最后一节轨排，与赞比亚铁路接轨。

1984 年 12 月，我到铁道部任铁道部副部长，主管铁路建设工作，也分管援外等工作。对中坦赞三国坦赞铁路运营期间技术合作情况进行研究提出建议，对中国专家组工作进行指导。特别是

1989 年 8 月、1992 年 12 月，我参加了中坦赞三国政府第六次、第七次技术合作会谈和签字仪式，到坦赞铁路局和沿线调研后，对改善坦赞铁路技术合作提出了建议。后来在北京多次听取中国铁路专家组工作汇报，同有关方面研究坦赞铁路技术合作存在的问题。

一、坦赞铁路建设背景

非洲是"阿非利加洲"的简称。希腊文"阿非利加"是阳光灼热的意思。非洲中部为赤道横穿，四分之三土地受太阳直射。非洲北隔地中海与欧洲相望，东北以苏伊士运河与亚洲分界，东濒印度洋，西临大西洋，面积 3020 万平方公里，有 53 个国家和地区 8 亿多人口，为世界上仅次于亚洲的第二大洲。非洲大陆北宽南窄，呈不等边倒三角形，为高原型热带大陆。多数地区一年只有雨季、旱季之分。受帝国主义、殖民主义长期统治、奴役和掠夺，非洲经济发展缓慢，人民生活极端贫困。

坦桑尼亚联合共和国由 1961 年宣布独立的坦噶尼喀和 1963 年宣布独立的桑给巴尔组成。1964 年 10 月 29 日将国名定为坦桑尼亚联合共和国。坦桑尼亚位于非洲东部，面积为 94.5 万平方公里，经济以农牧业为主，北部有中央铁路等，西南部交通不便。赞比亚共和国原称北罗得西亚，1964 年 10 月 24 日宣布独立。赞比亚位于非洲中南部，为内陆国家，面积 75.26 万平方公里，矿业是国民经济支柱，以盛产铜矿著称，但出口通道受制于人。坦、赞两国先后获得独立后，都深切感到修建铁路是发展民族经济的基础，理应优先予以安排。

像坦桑尼亚、赞比亚这样新独立的非洲国家，同中国接触交往十分谨慎。这主要是他们以前同西方国家的政治人物多有接触，而对新中国并不了解，听到的全是帝国主义、殖民主义对中国的造谣中伤。有的新独立国家的领导人虽然对中国有一些了解，但迫于帝国主义、殖民主义及国内反动势力的压力，也不敢同新中国进行交往，更不敢接受中国的经济技术援助。

坦桑尼亚总统尼雷尔和赞比亚总统卡翁达是 20 世纪 60 年代非洲大陆民族解放斗争的英雄。他们为修建坦赞铁路多次寻求西方国家支持。先找到英国，随后又找到美国、西德、法国，后来还找过苏联，这些国家不是直接拒绝就是婉言推脱。无奈之下，他们求助于世界银行，世界银行同样认为"不经济"、"没必要"。在屡受挫折的情况下，他们把求助的目光转向东方。1965 年 2 月 18 日，坦桑尼亚总统尼雷尔访华，同中国国家主席刘少奇、国务院总理周恩来等举行会谈。当尼雷尔总统谨慎地谈到想请中国帮助修建这条从达累斯萨拉姆通往西南部的铁路时，刘少奇主席、周恩来总理都明确回应"可以考虑"，并说"帝国主义不干的事情，我们干，我们一定帮助你们修！"次日，毛泽东主席会见尼雷尔总统，支持坦桑尼亚反对帝国主义、殖民主义的斗争。1967 年 6 月 23 日，赞比亚总统卡翁达访华，同中国国务院总理周恩来举行会谈，就中国帮助修建从赞比亚新卡比里姆博希通往坦桑尼亚达累斯萨拉姆港口的铁路问题达成共识。次日，毛泽东主席会见卡翁达总统时再次强调："先独立的国家有义务帮助后独立的国家。"经过多次协商，中坦赞三国领导人作出了修建坦赞铁路的伟大决策。中国政府在本国经济并不宽裕的情况下，慷慨解囊，无私援助，承诺帮助修建坦赞铁路，无疑是对新独立的坦赞两国最有力的支持。

二、坦赞铁路的重要意义

1. 发展坦赞两国民族经济

坦赞两国总统都深明一个道理：经济独立是国家独立的重要基

础和前提。两国在独立前，长期受帝国主义、殖民主义统治，单一经济结构形成对宗主国的严重依赖。两国获得独立后，极力想摆脱帝国主义、殖民主义的控制，大力发展本国民族经济，以便实现真正独立。坦桑尼亚西南部矿产资源和农业资源有待开发，需要有铁路提供运力支持。赞比亚受到南部非洲殖民主义的扼杀，原有的出海通道被关闭，迫使赞比亚急切寻找出口新通道，坦桑尼亚达累斯萨拉姆港是一个可靠的出海口。修建坦赞铁路将打破殖民主义对赞比亚的封锁。

2. 支持南部非洲民族解放

坦、赞两国先后独立，为南部非洲受帝国主义、殖民主义、种族主义奴役的国家民族解放树立了榜样，而且以两国为基地给南部非洲各国民族解放运动提供了有力支撑。坦赞两国经济发展了，可以为南部非洲民族解放运动提供更多援助。反过来说，只有南部非洲实现了民族解放，坦赞两国才能有完全巩固的国家独立。

3. 推进中非经济技术合作

中国是发展中国家，并非富裕国度，担当援建坦赞铁路重任，是穷朋友对穷朋友的友好和支持。通过援建坦赞铁路，可以扩大中国在非洲乃至在全球的积极影响，增强坦赞两国乃至非洲人民对中国的了解，以实际行动支持非洲民族解放斗争。可以说，坦赞铁路是中非友谊的象征，巨大影响极其深远。

尼雷尔总统说，你们不可能设想修建这条铁路有多么重要，它等于爆炸了一颗原子弹！卡翁达总统说，坦赞铁路是赞比亚的生命线！周恩来总理指出：坦赞铁路所造成的影响将是无法估计的！ 1971 年 10 月 25 日，在美国纽约举行的第 26 届联合国大会上，以 76 票对 35 票的压倒多数通过了阿尔巴尼亚、阿尔及利亚等 23 国提案，恢复了中华人民共和国在联合国的一切席位，并立即将蒋介石政权代表从联合国所有机构中驱逐出去。1974 年 4 月，国务院副总理邓小平率中国政府代表团出席联合国第六届特别会议并在会议上发言，还播放了新闻电影《坦赞铁路在建设中》（英文版），引起了强烈反响，提高了中国的国际声誉。

三、政府会谈与勘测设计

1. 建设前期四次会谈

中坦赞三国政府为商讨修建坦赞铁路事宜，依次轮流在中国首都北京、坦桑尼亚当时的首都达累斯萨拉姆、赞比亚首都卢萨卡举行会谈。从 1967 年至 1970 年三国政府代表团先后举行过四次会谈。

（1）1967 年 9 月第一次会谈，签订了中坦赞三国政府关于修建坦赞铁路的协定。决定分三步推进：先派考察组赴坦赞两国进行现场考察，再进行勘测、设计，然后组织全线施工。

（2）1968 年 4 月第二次会谈，签订了关于坦赞铁路贷款提供方式议定书、关于中国技术人员派遣问题议定书及关于坦赞铁路勘测设计议定书。中国政府代表团现场考察后认为：坦赞铁路走向避不开东非大裂谷，必须应对复杂的工程地质。轨距应与南部非洲铁路系统一致（1067 毫米），以便国际联运。铁路起点应当是坦桑尼亚的达累斯萨拉姆（最初考虑以中央铁路基达杜站作为与坦赞铁路联轨站，后来把起点改为达累斯萨拉姆港口，这就需要增加修建基达杜至达累斯萨拉姆港的铁路 300 公里）。

（3）1969 年 11 月第三次会谈，1970 年 7 月第四次会谈。这两次会谈中，关于列车制动方式，由于坦赞两国既有铁路制动方式不同（一个是空气制动，另一个是真空制动），两国铁路部门意见相左，会谈陷入困境。经中方反复研究提出两兼顾方案，拟在坦赞铁路同时采用空气制动和真空制动，双方均表赞同。最后，三国政府代表团签订了关于坦赞铁路施工问题的会谈纪要，确定于 1970 年 10 月开工。各项开工准备工作全面展开。

对于中国承诺援建坦赞铁路，国际上许多人持怀疑态度。他们不相信中国会如此真心实意帮助穷国，他们更不相信中国会有经济实力和技术能力修建这条长达一千余英里的铁路。一家英文报纸用轻蔑的口气说：因为中国盛产竹子，毫无疑问，由中国援建的坦赞铁路必然是用竹子修建的。另一家报纸刊出一幅漫画：一个留着长辫子、穿着马褂、足蹬朝靴的中国人，正用竹管蘸着肥皂液吹起一个又圆又大的肥皂泡，上面写着"坦赞铁路"。

西方国家极尽造谣中伤之能事，对中国援建坦赞铁路进行恶意攻击。英国《每日快报》称，修建坦赞铁路是"异想天开""也许永远修不起来"，只待"成为一场美梦"。更有人说，你们想请中国修建铁路吗？那你们就上了中国的当，"他们要侵略你们，把你们变为他们的红色殖民地。"对此，中国政府以实际行动给予回击。

2. 勘测设计组织

1965 年 8 月，中国派出了由铁道部第二勘测设计院（简称铁二院）副院长黄悦平率领的 12 人考察组，对坦桑尼亚境内基达杜至坦赞国境段线路走向进行了历时 4 个月的考察。但是，由于"文化大革命"开始，铁二院正常生产秩序已被打乱。1967 年铁道部将赞比亚境内线路考察任务和坦赞铁路全线勘测设计任务，全都交给铁道部第三勘测设计院（简称铁三院）承担。1969 年 12 月铁三院完成了坦赞铁路考察报告，草拟了线路主要技术条件、线路基本走向、运量预测及运输能力，提出了设计原则，为三国政府对坦赞铁路作出勘测设计决策提供咨询意见。

铁三院组成两个勘测设计队,分别担负坦桑尼亚和赞比亚境内段铁路勘测设计工作。各勘测设计队下设三个分队,分区段开展勘测设计工作。依据中坦赞三国政府签订的《基本技术原则的协定书》,在勘测设计过程中不断进行完善。

3. 精心勘测设计

确定主要技术条件。正线为单线,轨距1067毫米;最大纵坡,坦境姆林巴至求仔段为2%(采用双机牵引),其他各段为1%(包括曲线阻力折减在内)。最小曲线半径,达累斯萨拉姆至姆林巴为300米,姆林巴至马坎巴科为200米,马坎巴科至求仔为250米,求仔至新卡比里姆博希为300米。钢轨45千克/米,标准长度12.5米,混凝土轨枕和木枕,碎石道床。建议采用2000马力(1470千瓦)液力传动内燃机车牵引。站场到发线有效长度600米。

开展大面积选线。在满足规定的各项技术标准要求前提下,按照"减少工程、节约投资、便利运营、不留病害"的十六字选线原则,进行多方案比较,择优确定。例如,地形地质最复杂的姆林巴至马坎巴科段(姆马段)线路,从6个比较方案中筛选出2个,再深入进行比较,最后确定了一个实施方案。对于地质不良地段,线路尽量绕避。但面对被称为"地球的伤疤"的东非大裂谷时,线路不可能避开,只能采取有效的工程措施通过。姆马段东段线路向北绕行,利用地形适当展线,避开了长大隧道,减少了陡坡地段和不良地质地段。为了应对强烈而又频繁的地震活动,请中国科学院现场调研,确定沿线地震烈度为6度至9度区。线路通过野生动物保护区,采取了相应的保护措施。同大北公路交叉处,都设计立交通过。较大车站尽量靠近县城或居民聚集区。如对塞伦杰站3个方案比选后,确定选用距县城2公里的站位。姆库希站初测时在距县城6公里处设站,改善设计后距县城仅1.5公里。虽然投资略有增加,但方便群众乘车，当地政府和群众十分高兴。

在坦赞两国进行设计。原计划将在坦赞两国完成的勘测资料送到国内，组织专业人员进行设计。后来改为在坦赞两国就地设计。主要原因是，当时国内搞"文化大革命"，生产工作秩序混乱，怕送回国内的勘测资料难以保全。同时，在坦赞两国设计，可以使设计人员多到现场了解情况，也有利于提高设计质量。600 余名勘测设计人员克服气候炎热、疾病频发、野兽袭击、语言不通等困难，艰苦奋战 2 年又 1 个月完成了全线勘测设计任务，交出了全线勘测设计报告，为全线开工提供了设计文件。后来，在坦赞铁路施工期间，铁三院又派遣设计人员配合施工，及时解决设计方面的问题，进一步完善施工图设计。

四、坦赞铁路建设经过和成就

1. 概况

中国援建坦赞铁路工作是在党中央、国务院亲切关怀和直接领导下进行的。国内主要由外经委和铁道部负责，外交部、财政部等十多个部委局参与组织指导援建工作。铁道部成立了以布克为组长的中国援建坦赞铁路工作组（下设办事组、生产组、政工组、后勤组），在中国驻坦、赞大使馆领导下，全面负责在坦赞境内铁路建设工作。同时，成立了以赵文普为组长的中国铁路专家组，为坦赞铁路运营进行准备。

在国外参加施工的机构多达 43 个。由铁道部第三工程局（铁三局）组建第一、二机械筑路工程队、桥梁工作队，由铁道部第二工程局（铁二局）组建第三、四、五机械筑路队、隧道工程队、电力安装队，由铁道部第四工程局（铁四局）组建第六机械筑路队，由铁道部第一工程局（铁一局）组建铺轨架桥工程队，由铁道部建厂工程局（建厂局）组建两个建筑工程队，由铁道部电气化工程局（电化局）组建两个通信信号工程队。建设期间先后派遣各类技术人员多达 5 万余人次，施工高峰期达 1.6 万人。其中，铁二局第一批选派出国职工 8115 人，第二批 3201 人，共计 11326 人次。设计施工队伍和物资设备除少部分空运外，主要靠远洋运输，先后租用五艘远洋客轮（耀华号、建华号、明华号、光华号、新城号），往返于广州和达累斯萨拉姆之间。

坦赞铁路自坦桑尼亚首都达累斯萨拉姆站至赞比亚新卡比里姆博希站，全长 1860.5 公里，其中坦境 975.9 公里，赞境 884.6 公里。1970 年 10 月 26 日、28 日先后在坦境达累斯萨拉姆站址和赞境新卡比里姆博希站址隆重举行了奠基庆典，坦桑尼亚总统尼雷尔、赞比亚总统卡翁达和中国政府代表团团长方毅参加奠基，宣布正式开工。1975 年 6 月 7 日铺轨到达新卡比里姆博希站，与赞比亚铁路接轨。10 月 23 日在新卡比里姆博希站举行庆祝坦赞铁路全线通车试办运营仪式。赞比亚总统卡翁达、坦桑尼亚副总统卡瓦瓦及中国政府代表李耀文参加庆祝仪式。1976 年 7 月 14 日在新卡比里姆博希站举行坦赞铁路交接仪式，中国政府正式将坦赞铁路移交给坦桑尼亚政府和赞比亚政府。

2. 总体施工部署

房屋建筑队伍是全线展开施工的先头部队，进场比较早。1969 年开始修建临时工程，包括接待中国工程技术人员的达累斯萨拉姆接待中心、工地医院和材料仓库，以及混凝土成品预制厂、工程机械大修厂等。接着从达累斯萨拉姆地区开始，分步建设全线正式房屋，包括 7 个地区 93 个车站的生产和生活房屋。坦桑尼亚境内重点是达累斯萨拉姆车站站房、机车车辆修理厂、坦赞铁路局和坦桑尼亚分局办公楼，以及材料仓库和职工住宅。赞比亚境内重点是姆皮卡机车车辆修理厂、坦赞铁路技术学校、车站、材料厂、赞比亚分局办公楼及职工住宅，还有终点站新卡比里姆博希车站站房等。

全线按照自东到西、分段施工的总体部署，依次分为五段展开施工。

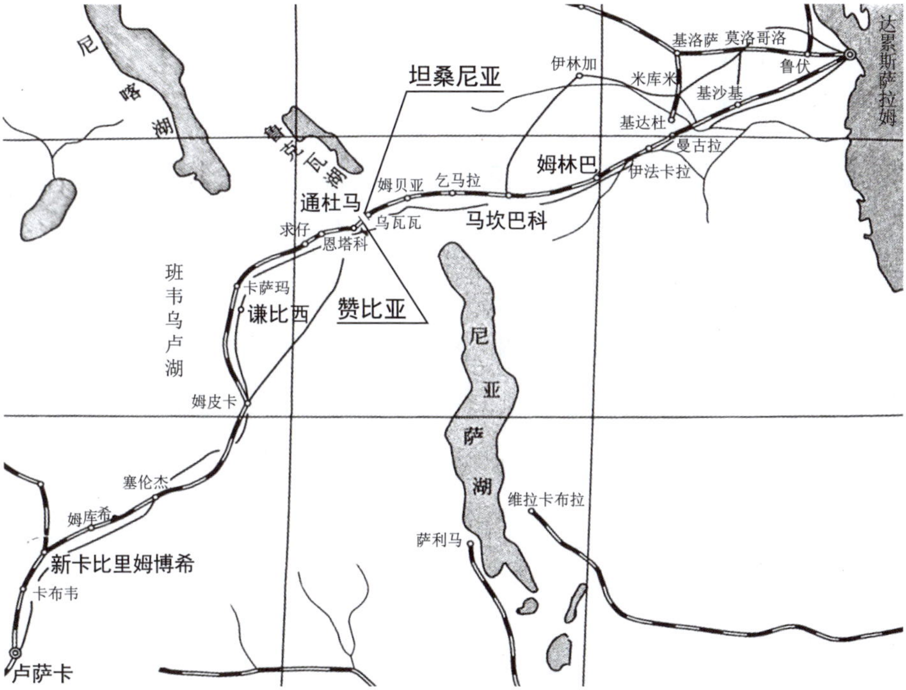

图 70　坦赞铁路线路

（1）达姆段。从达累斯萨拉姆到姆林巴段（简称达姆段），长502公里，是坦赞铁路开工建设的第一段。承担施工任务的是一、二机队和桥工队，同时调入三机队做增援。施工队伍进入工地后，首先经受的是热带40℃以上烈日暴晒和雷雨洗礼。因交通困难，经常断水断粮。施工队伍内部联系用的报话机常受气候影响不能通话，所以必须架设临时通信线路。这条线路穿越河谷平原地区，经过原始态密林区、野生动物保护区，不时遭受野兽袭击，必须请求当地猎警保护。筑路没有石料，经多方寻访才找到石山。线路经过水草覆盖的沼泽地,施工机械难以进点,必须先修坚实的施工便道。施工队"战晴天斗雨天",在雨季集中力量做好桥涵工程,雨季过后再做土石方机械施工。基汉西河谷是全线最低洼地,雨季更是一片汪洋。若等到自然干涸,需要 2 个多月时间,势必对工期构成威胁。经研究,采取堵排结合措施取得好效果,为路基施工创造了条件,争取了施工时间。达姆段开工后,铺轨架梁方案由独头作业改为从达累斯萨拉姆和曼古拉两头作业。1971 年 11 月 27 日完成该段全部铺架任务。只花费了一年多点时间,就夺取了首战502 公里的胜利,这无疑对全线建设是一个极大鼓舞。

(2)姆马段。姆林巴至马坎巴科段(简称姆马段)长 157 公里,占全线长度8.3%。但这段线路穿过世界闻名的东非大裂谷,地形地质复杂,工程最为艰巨。从姆林巴出发到鲁阿哈河长 86 公里,线路标高从 330 米急剧上升到 1200 米。沟壑纵横,桥隧相连,沼泽遍布,山坡极不稳定。姆马段土石方量为全线土石方量的20%,大中桥为全线大中桥的 50%,隧道为全线隧道总长的90%,挡土墙为全线总量的 80%。

这里是坦桑尼亚东部平原向西部高原过渡的高原丘陵地带,由于没有明显的水系,多年泥水淤积在谷底,形成了厚厚的饱和状腐殖黏土层,约有 100 多处"烂尾塘"。经过多次调研、试验,终于有了新的认识。不仅要运用好铁二局在国内总结的整治软土经验,"深建桥、低筑挡,平底打砂桩,综合整理不能忘"。而且要因地制宜,有所发展。

姆马段提出了"战三烂"的战斗口号,有针对性地采取综合措施,治理烂路基、烂桥基、烂隧道。例如,软土浅的地方抛填片石、软土深的地方打沙井,都要做好排水系统;为防止沉井位移,在软土地基上先填厚层黏土,然后制作沉井;隧道施工重视洞口处理,工序紧跟，防止坍塌。对石质山头实行了大爆破。为满足铺轨工期要求，有的桥梁预制预架。姆马段铺轨原计划为两头作业，后改为由东往西一头铺架。1972年10月31日铺轨到达马坎巴科。开工第二年，攻克了"三大烂"难关，姆马段提前铺通。

（3）**马通段**。马坎巴科至通杜马段（简称马通段）长317公里，是坦赞铁路在坦桑尼亚境内最后一段。由第一、二、七机队和隧道队一分队承担施工任务（七机队系原桥工队）。全段形成东低西高中部突起的地形特征，施工重点在中间50公里地段。马通段施工困难主要是：沿线地质有沼泽软土、风化岩层，有大孔隙的火山质土壤，需要大量石料换填。缺少砂石料源，有些砂石料从百里以外运来，要发动当地村民协助寻找砂石料源。多次同大北公路、输油管道交叉，干扰较大。村庄较多，占用耕地较多，对灌溉水渠也有影响。1973年7月11日铺轨到达姆贝亚省会所在地，12日在姆贝亚车站举行了群众庆祝大会。1973年7月22日，铺轨到达坦桑尼亚国境通杜马，宣告坦境铺轨任务已全部完成。22日上午，坦赞两国政府在通杜马明洞上的海关广场，举行了庆祝坦赞铁路铺轨过境的群众大会。尼雷尔总统、卡翁达总统、中国驻坦桑尼亚大使李耀文、驻赞比亚大使李强奋，以及邻国和友好国家贵宾出席大会。铺轨机在群众欢呼声中驶过国境通杜马明洞。卡翁达总统抚摸着在赞境内徐徐落下的第一节轨排，激动地说："终于把你盼来了！"

（4）**通谦段**。通杜马至谦比西桥段（简称通谦段）长165公里，这是赞比亚境内第一段工程。全段属高原低丘区，线路走行在谦比西河流域和班韦乌卢湖汇水区被沟谷切割的残丘斜坡上，地形起伏，但谷底平坦开阔，地质条件较好。除了处理软土路基外，重点是建设谦比西大桥。该桥是坦赞铁路最大桥梁之一，全长267米。5孔48米下承钢桁梁在桥头拼装完成后，1973年11月19日一次拖拉就位。当天，我从中国援建坦赞铁路工作组所在地姆皮卡乘汽车行驶 112 公里，到大桥工地了解钢桁梁拖拉架设施工情况。

（5）谦卡段。谦比西至新卡比里姆博希段（简称"谦卡段"）长 554 公里，这是全线施工部署最长的施工区段，也是全线施工最后一段。沿线地势比较平缓，有河流、沼泽、农场，多次与大北公路立交，终点站铁路站场工程复杂。该段以小谦比西桥为界又分为两段，前 259 公里由四机队负责，后 295 公里由三机队负责。我在三机队负责施工组织和技术工作。三机队重点工程有：姆库希河大桥钻孔桩基础，跨大北公路钢混凝土结合梁，鲁西瓦西湖路基填筑和庞大防护工程，新卡比里姆博希站场不良地质处理及站场填筑，两座跨越坦赞铁路的公路桥梁及公路引线工程（按 BS 标准）等。1974 年 8 月 2 日铺轨到达姆皮卡。1974 年 4 月 24 日铺轨 11.2 公里，创造了坦赞铁路铺轨最高记录。1975 年 6 月 7 日，铺轨到达终点新卡比里姆博希，与赞比亚铁路相连接。接轨点矗立着一个里程碑，用英文写着：坦赞铁路终点（TAN-XAN PY TERMINAL）1860+543.69。当时，我在现场同铺轨队一起完成了这项具有历史意义的工作。1975 年 10 月 23 日，在新卡比里姆博希站举行了坦赞铁路接轨通车和试办运营的庆祝仪式。赞比亚总统卡翁达、坦桑尼亚副总统卡瓦瓦、中国政府代表李耀文出席庆祝仪式。

3. 主要工程数量

正线全长 1860.5 公里，其中坦桑尼亚境内 975.9 公里，赞比亚境内 884.6 公里，站线长 158.19 公里，专用线 85.03 公里，总计铺轨长度 2103.7 公里。车站 93 个。

桥梁 320 座，总延长 16520 米；涵洞 2225 座，总延长 42727 米；隧道 22 座，总延长 8898 米；立交明洞 4 座，共长 191 米；土石方 8887 万立方米；房屋建筑 37.6 万平方米。另外，还有通信、信号、电力、给水、排水及防护工程等。

移交设备：液力传动内燃机车 102 台，其中 2000 马力（1470千瓦）干线机车 85 台，1000 马力（735 千瓦）调车机车 17 台；各种客车 100 辆，各种货车 2100 辆；机车车辆修理工厂 2 座；其他设备 6025 台（套、组）。

4. 建设期间四次会谈

从坦赞铁路开工建设到正式移交五年八个月内，中、坦、赞三国政府又进行了 4 次会谈。

（1）1971 年 12 月 22 日，中、坦、赞三国政府代表团会谈后签署《坦赞铁路第五次会谈纪要》。一致认为，坦赞铁路开工一年来进展顺利。中国政府同意：在建设阶段派遣 15 人组成的专家组，到坦赞铁路局进行技术指导；接受坦赞两国选派 200 名留学生到中国学习（今北京交通大学），期限 3 年左右（1972 年 6 月至 1975 年 9月）；无偿帮助坦赞两国政府在赞比亚姆皮卡建设一座规模为 200人的坦赞铁路培训学校，赠送必要的教学设备。

（2）1974 年 8 月 8 日，中、坦、赞三国政府代表团会谈后签署《坦赞铁路第六次会谈纪要》。一致认为，坦赞铁路施工进展快、工程质量好，剩余任务仍很艰巨。要加快培训坦赞自己的运营和维修人员，制定运营管理制度，1975 年下半年达累斯萨拉姆至姆皮卡间试办客货运输。三国政府还签订了其他议定书。

（3）1975 年 9 月 18 日，中、坦、赞三国政府代表团会谈后签署了《坦赞铁路第七次会谈纪要》。三方认为，坦赞铁路建设进入最后阶段。1976 年 12 月底，达累斯萨拉姆至新卡比里姆博希逐步试办客货运业务，中国铁路专家组工作结束。1976 年 6 月前完成检查验收。三国政府还签订了其他议定书。

（4）1976 年 7 月 14 日，中、坦、赞三国政府代表团会谈后签署了《坦赞铁路第八次会谈纪要》。三方一致同意中国铁路工作组提出的《坦赞铁路施工报告》，认为各项工程和设备的数量和质量是令人满意的。自 1976 年 7 月 14 日起，中国政府将坦赞铁路正式移交给坦赞两国政府。坦赞两国政府对中国铁路工作组工作表示满意。中国援建坦赞铁路工作组撤销。三国政府还签订了《关于坦赞铁路技术合作议定书》。至此，坦赞铁路建设阶段结束，进入运营管理新阶段。

五、坦赞铁路运营技术合作

坦赞铁路于 1976 年 7 月 14 日正式移交给坦、赞两国政府管理。由坦、赞两国总统任命政府部长级官员组成部长理事会，作为坦赞铁路运营管理最高决策机构。坦赞铁路董事会负责坦赞铁路运营政策和经营管理工作。坦赞铁路局为法人团体，在部长理事会和董事会领导下，设立对总经理负责的铁路局最高经营管理委员会。设立达累斯萨拉姆铁路分局和姆皮卡铁路分局，分别管理坦境、赞境内铁路运营工作。各分局又下设三个"铁路地区"机构。

坦赞铁路正式运营以来，中坦赞三国政府一直坚持进行技术合作。同时，坦赞两国政府也在寻求多方援助。坦赞铁路局为应对严峻形势，着力研讨改善经营管理。纵观这 30 多年坦赞铁路经营情况，运营初期曾创造辉煌业绩，1977/1978 年度货物发送量127.3 万吨，成为至今未被打破的最高记录；坦赞铁路运量经历上下起伏之后，呈现逐年下降趋势，最低为 60 余万吨。坦赞铁路运营亏损额度加大，主要设备严重失修，列车运行速度缓慢，行车安全恶化，整体状态欠佳。

1. 坦赞铁路技术合作

在坦赞铁路正式运营后，中坦赞三国政府关于坦赞铁路技术合作分期连续推进。从第一期到第十五期，我国政府向坦赞铁路派出专家共 2846 人。在不同技术合作时期，中方专家组工作任务也不相同。

第一阶段：进行技术指导。第一期技术合作（1976 年 7 月 15 日至 1978 年 7 月 14 日）中国专家 1000 人，对坦赞铁路运营管理进行技术指导，既抓培训，又抓建制，在关键岗位上做示范。第二期（至 1980 年 7 月 14 日）中国专家 750 人，在深化培训的同时，让坦赞职工独立工作。1979 年坦赞铁路遇到非常事件：坦境姆林巴至马坎巴科段发生水灾，运输中断 30 天；赞境谦比西大桥和隆森费瓦大桥被敌对势力所炸，运输中断 119 天。经营情况进入低谷。第三期（延至 1983 年 8 月 9 日）中国专家 150 人（后增加到 160 人），仅对机务、车辆、工务、电务和物资工作进行技术指导。

第二阶段：技术指导并参与管理。第四期至第七期技术合作（自 1983 年 8 月 10 日至 1995 年 12 月 9 日）中国专家人数分别为 250 人、170 人、200 人和 122 人，向坦赞铁路局 9 个业务部门及工厂派出专家。中国专家组参加坦赞铁路办公会议。坦赞铁路经营管理有所改善，1983 年实现扭转亏损局面，保持了连续 10 年账面盈利水平。

第三阶段：提供技术咨询和技术指导。第八期至第十期技术合作（自 1995 年 12 月 10 日至 2001 年 12 月 31 日）中国专家分别为 35 人、21 人、28 人，主要任务是向坦赞铁路局提供管理咨询和技术指导，不再参与管理。

第四阶段：对中国贷款项目进行协调和提供咨询。第十一至第十五期技术合作（自 2002 年 1 月 1 日至 2014 年 12 月 31 日）中国专家分别为 15 人、10 人、6 人、8 人、8 人，仅对中国政府贷款项目进行协调和提供咨询。合作期限除第十二、十三期各为 2 年外，其余均为 3 年。

2. 坦赞铁路十年发展规划

在坦赞铁路运营十年之际，坦赞两国为摆脱困境、寻求发展机会，转向多国合作、多渠道援助。在联合国有关组织机构帮助下，1984 年末形成《坦赞铁路十年发展规划》（1985 年至 1995 年），后又修订规划（1990 年至 2000 年）共列出 23 个项目，预计投资 3.8 亿美元，广泛寻求援助。

中国政府表示支持。坦赞两国利用国际社会捐款约 1.2 亿美元，引进西德克虏伯（Krupp）机车和美国 GE 机车，以及用于改造中国东方红机车的 MTU 柴油机，改善运输设备，提高了运输能力。

3. 坦赞铁路商业化改造

20 世纪 90 年代，西方国家经济私有化之风盛行。坦赞铁路在寻求援助时，西方国家要求坦赞铁路必须进行改革，以实行商业化改革作为继续提供援助资金的先决条件，1992 年起捐款国停止捐款。1993 年坦赞铁路部长理事会原则上同意西方的商业化研究报告。坦赞两国制定了自己的《坦赞铁路商业化方案》。坦赞铁路作为一个商务和运营整体，把两个分局建成成本利润中心。由于坦赞铁路自己的商业化方案，在一些关键问题上同西方捐款国家（组织）意见不同，坦赞铁路许多雇员担心自身利益受损，对商业化改革并不积极参与，所以商业化改革难以达到预期目的。

1989 年 7 月 22 日，由外经贸部副部长吕学俭任团长，我任副团长，率领中国政府代表团赴坦赞参加坦赞铁路第六期技术合作会议。坦赞两国均由本国交通部长任政府代表团团长。中、坦、赞三国政府代表团听取了坦赞铁路局总经理关于坦赞铁路第五期技术合作期运营情况的汇报，签订了第六期坦赞铁路技术合作议定书（1989 年 8 月 10 日至 1992 年 8 月 9 日），提供备用钢轨和零配件专项贷款（5000万人民币）协议、培训技术人员补充协议。

1992年11月28日，由我担任中国政府代表团团长，率中国政府代表团赴坦赞参加坦赞铁路第七期技术合作会议，坦赞两国交通部长率两国政府代表团出席会议。会议在听取坦赞铁路局总经理运营工作汇报后，签订了第七期坦赞铁路技术合作议定书（1992年12月10日至1995年12月9日），提供30辆客车及机车配件专项贷款（6000万元人民币）协议、推迟中国政府贷款偿还期的协议。这次会上，坦、赞两方均谈到坦赞铁路实行商业化改革问题。我按照出发前请示中央领导的意见，表明中国政府尊重坦赞两国政府的意见。我要求中国铁路专家组密切关注"商业化"动态，准备提出中国专家的具体意见和建议。

中国铁路专家组（第七期）经过调查研究，完成了《关于推进坦赞铁路商业化的建议》，从管理体制、管理原则、经营方针、市场开发、多种经营、分局"承包"、基层管理、企业整顿、基础工作等九个方面提出初步意见。

参加这两期技术合作会议的中国政府代表团，都受到赞比亚总统和坦桑尼亚总理的接见。坦赞两国领导人的重要谈话内容，我回国后均向铁道部、外经贸部领导作了汇报。

坦赞铁路工程建设和运营管理我都参加了，因此对坦赞铁路有着特殊的感情。每次到坦赞两国访问，我都要到烈士陵园敬献花圈，深切悼念为修建坦赞铁路而牺牲的64位中国铁路技术人员（另一位在途中病逝，海葬）。坦赞铁路局领导人知道我对铁路工程也很关心，特别安排了专列，让我到全线进行回访。我察看了达累斯萨拉姆站站房，不仅建筑造型优美，而且结构坚实耐用。沿线看了姆贝亚、姆皮卡等车站以及终点站新卡比里姆博希，也看了典型桥梁、隧道、路基工程，就连排水沟混凝土板都完整无损，因此工程质量是经受住考验的。但是，看到当前的运营情况，线路、机车、车辆严重失修，运量连续下降，我又十分担忧。建议组织专题调研，深刻分析原因，制定有效对策，推进管理体制改革，彻底扭转这种被动局面，使坦赞铁路再创辉煌。

我们赞颂：坦赞铁路是中非友谊的丰碑！

（原文系作者为纪念坦赞铁路建成 35 周年撰写的文稿。初稿写于 2013 年 10 月，修改于 2018 年 10 月。）

参加援建坦赞铁路的经历与感受

20世纪70年代初，我在坦赞铁路建设一线工作，亲自参加了坦赞铁路最后一段工程建设。1984年我任铁道部副部长后，主管铁路建设等工作，负责铁路对外技术合作和对外援助，对坦赞铁路运营情况有所了解。这里谈些亲身经历和感受。

主动请缨到一线实干

1970年3月，中铁二局奉铁道部命令派员赴坦桑尼亚和赞比亚考察，同时开始在国内组织援建坦赞铁路施工队伍。这时，因受"文化大革命"影响而停工的成昆铁路正在恢复建设，我也结束了西昌"五·七"干校的劳动生活，回到了凉山甘洛县铁二局机关，参与坦赞铁路援建队伍的组建工作。当时局里要求援建人员政治上绝对可靠，家庭背景和本人表现良好，最后能够被批准出国的人很有限。大家都认为援建坦赞铁路非常光荣，觉得能出国是组织上信任你，加之对出国又有神秘感，所以虽然知道远离家乡会有很多困难，但还是争先恐后，想去的人很多。整个坦赞铁路施工队伍里，中铁二局派遣人员最多，担负的施工任务最艰巨。在坦赞铁路整个建设期间，中国先后派遣各类工程技术人员5万多人次，施工高峰期现场中国员工达1.6万人。其中中铁二局派出1.1万多人次，占了很大比重。

1973年7月初，我有幸被选派出国，加入援建坦赞铁路队伍之列。交通部外事局安排我带领铁路组（共 7 名干部），乘坐巴基斯坦航空公司班机，从北京前往坦桑尼亚达累斯萨拉姆。飞机中途停靠在巴基斯坦首都伊斯兰堡机场，整个机场被太阳晒得像蒸笼一样闷热。我们 5 个中国人身着统一的深色毛料中山装，浑身是汗，进入候机楼休息。我拿出随身携带的仅有的 5 英镑，给大家买了些汽水解渴。飞机起飞后，经卡拉奇飞到达累斯萨拉姆。我一下飞机就感到很不舒服，因患急性扁桃腺炎发高烧住进了中国援建坦赞铁路达累斯萨拉姆工地医院。经治疗后，我随同中国铁路工作组副组长（兼任中国铁路专家组组长）赵文普，乘汽车赶到坦桑尼亚西部的姆贝亚，到中国援建坦赞铁路工作组报到。工作组下设 4 个组：办事组、生产组、政工组和后勤组。当时工作组的组织架构是"革命化"的，没有"局、处、科"的级别，各个机构都叫组，"大组套小组，上下一般粗"。我被分配到办事组，主要负责收集工程信息和进行调查研究。当我看到坦赞铁路铺轨正在跨越国境向赞比亚挺进时，感到特别振奋，工作劲头十足。

1973 年 11 月，我向中国铁路工作组组长布克同志汇报说，我是年轻技术人员，应该到基层工作。布克同志对我的想法很支持，表示同意。这样，我就到了驻在赞比亚姆库希的第三机械筑路队。三机队有 3 个分队，每个分队 100 多人，配备了大量的工程机械，也雇佣了一些当地的老百姓工作，承担着从塞伦杰到新卡比里姆博希 295 公里铁路工程任务。我主管生产组，负责施工组织和施工技术方面的工作。

工程展开以后，施工组织管理问题显得比工程技术问题更为复杂。因为技术问题容易看到，大家知道难题应该怎么组织攻关突破，但是管理问题经常被忽视，常常会影响工程质量和施工安全。我认为在国外施工一定要保证大家安全，把工程质量搞好，树立中国良好形象，所以当时提出要严格按照技术标准和施工规范来施工，三机队工程质量要经得起考验，包括运营考验、自然环境考验和历史考验。

我刚到三机队工作就遇到不少困难。赞比亚很多地方茅草丛生，高达2米左右，一望无际。我们在大型工程机械进场施工前，要到现场搞测量，放线、打桩子，把设计线路中心位置标在地上。由于茅草又密又深，架起经纬仪看不了多远。有时我们在茅草丛里测量，不知不觉就迷了路，不知道哪里是出口，这时就要靠指南针去辨别方向；或者听声音，哪里有汽车响就朝哪里走；或者看太阳，判断大致方位。靠这些方法走出荒原，否则进去以后很难走出来。野外天气特别炎热，气温高达40℃以上，阳光反射强烈，热气腾腾，肉眼从仪器里观看景物晃得很厉害，看远处目标就不太清楚。如果测量人员在远处吊一根白色垂线，从远处望远镜里很难看到。跟我们一起工作的当地朋友皮肤是黑色的，他们就把白色吊线放在自己胸前，这样在经纬仪里从黑白反差中可以很快瞄准定位。

三机队驻地同其他机队一样，都是简易工棚，四周安装铁刺围栏，进行封闭管理。大家自己动手，种菜、养鸡、养猪，利用从国内运来的调料，做成地道的川菜，伙食办得比较好。不过也有两个问题，一是当地疾病较多，二是社会治安不好。因为卫生环境差，传染病较多。我们驻地离刚果（金）很近，当时刚果（金）正在打内战，有些刚果（金）人就跑到赞比亚来，过段时间再回去，这给赞比亚的社会治安带来威胁。我们对此高度警惕，采取了一些防范措施，晚上派人轮流在驻地巡逻，一旦有事就把大家都喊起来，避免意外事件发生。

修建坦赞铁路最后一段工程

　　三机队承担着赞比亚境内塞伦杰到新卡比里姆博希段 295 公里的施工任务，这是坦赞铁路最后一段工程。我们对重点难点工程十分重视，采取了有效措施，收到良好效果。有一段铁路要从大北公路和鲁西瓦西湖之间穿过，由于受地形限制，铁路顺湖边前行。我们在公路和湖之间狭小范围内施工，既不能影响公路运输，也不能污染湖水。由于地基长年被水泡得很软，必须进行加固处理。为了防止发洪水时湖水漫到路基上来，还必须有隔水防渗设施。施工时采用大体积混凝土结构，把沿湖一带地基都做得很厚很强，然后在铁路迎水面设置 3 米多宽的隔水层，最外面再砌一层 25 厘米厚的混凝土预制块，在混凝土块和隔水层之间还有 10 厘米左右的粗沙反渗层，使湖水不能渗到路基上来。由于工程措施得力，这段路堤没有出现塌陷或者不平整现象，一直比较稳固。1974 年 9 月 19 日，赞比亚总统卡翁达率党政部门 40 余人视察鲁西瓦西湖畔铁路工程，对工程质量高度称赞。

　　铁路沿线有很多沼泽地，草木茂盛，长期泡水，底下是黑色腐殖性淤泥，脚一踩就会陷下去。在这种地质条件下修筑路基难度很大。如果淤泥较浅，就要清除淤泥，或者抛填片石把淤泥挤开；如果淤泥很深，就要打桩基，在桩基上筑路基，否则铁路路基会产生很大变形。最严重的软土地段在姆马段（坦桑尼亚姆贝亚至马坎巴科），因为地势起伏比较大，形成大量沼泽淤泥，铁路从这里经过时，地基处理遇到很大困难。当时叫"战三烂"：烂路基、烂桥基、烂隧道。大家创造了许多既实用又有效的整治办法。到了赞比亚，这边地势比较平缓一些，但是雨水比较多，所以还是有很多地方有湿地淤泥，对路基、桥梁和隧道的稳定性影响很大。新卡比里姆博希段淤泥范围比较大，我们狠下工夫作了彻底处理，清除淤泥之后从外地用大翻斗车拉砂砾土填筑，确保路基质量坚固可靠。

坦赞铁路需要数次跨越大北公路，也就是说铁路在上、公路在下，这就需要建造跨越公路的立交桥。大北公路每天来往车辆很多，我们要在公路上修建铁路跨线桥，又不能中断公路运输，这怎么解决？研究采取了新的"结合梁"方案，先在公路上架钢板梁，然后在钢板梁上施工混凝土桥面板，形成一个钢与混凝土共同受力的结合梁。这样效果比较好，既保证了铁路正常施工，又没有影响大北公路车辆通行。

最大难题出现在新卡比里姆博希车站。坦赞铁路要在这里和赞比亚既有铁路接轨，这就与赞比亚公路在平面上发生冲突了。我们研究后决定在坦赞铁路和公路交叉的地方修公路跨铁路桥梁，把公路抬高从桥上走，铁路从桥下穿过去，这样坦桑铁路与赞比亚铁路处于相同标高可以接通轨道。为了不中断公路运输，必须先建一条两公里多的公路便线，让汽车临时走这段便线绕行，保持公路照常运行。接着，我们把原有公路挖断，在这里修建新公路桥，再修筑公路桥两端路堤，然后恢复公路通车，使坦赞铁路从新公路桥下通过。这个方案得到了赞比亚交通部门的认可。

新卡比里姆博希公路采用的是英国标准（BS），要求很高。当时坦桑尼亚和赞比亚也有中国援建的公路，但是相比之下，我国公路标准低很多，如路基基底大多不进行处理，填料等级要求不高，底层铺设大卵石，沥青路面很厚。公路病害严重，有的地方纵向开裂，有的桥头路基沉降形成台阶。虽然我们从未接触过英国标准，但决心一定要达到英国标准要求。我按照英国公路标准要求制定具体措施，主要有三条：一是认真处理地基，清除草皮和松软土层，夯实或换填处理地基；二是选用砂砾石土为填料，分层摊铺并用振动压路机碾压，形成路堤主体；三是强化路基表层部分，用砾石土加气化石灰（按重量比）搅拌后摊铺、洒水、震动压路机碾压。这样修筑的路基相当坚硬，密实度极高，大钢钎都打不进去。为了进一步测试路基密实度，除采用标准仪器外，我们把满载物资的40吨大卡车开上去，结果路基上没有丝毫车轮碾压痕迹，真是像钢板一样坚硬。当时外国人也做了很多质量检测，对中国人的施工质量表示敬佩。

沥青路面施工难度更大。当时国内公路路面沥青层很厚，但是延展性和韧性不够，太阳一晒就会流油。我们虚心学习外国沥青路面施工经验，请专业技术人员进行指导，顺利完成了沥青路面铺设工作。我们在新卡比里姆博希修建的这段公路，没有发生路基沉陷或路面开裂、流油等现象。我们使用的沥青是经过化学处理的改性沥青，沥青层很薄，但路面弹性、强度、韧性都很好。沥青路面完工以后，这段公路正式开通了。这就为坦赞铁路全线接轨打开了最后一道门。

三机队管段于 1975 年 6 月 7 日完成铺轨任务，在新卡比里姆博希与赞比亚既有铁路接轨。我见证了坦赞铁路铺设最后一根钢轨的情景。我们在那里竖了一个里程碑，用英文写着"坦赞铁路终点 1860+543.69"。

1975 年 10 月 23 日在新卡比里姆博希站举行了坦赞铁路铺通庆祝大会，全线开办试运营。1976 年 7 月，中国政府将坦赞铁路移交给坦赞两国政府管理。坦赞铁路运营阶段开始，中国援建坦赞铁路工作组完成使命宣布撤销。

我们在非洲播种友谊

在坦赞铁路建设期间，我们同坦赞铁路官员、技术人员以及工人相处都很融洽，真诚相待，密切合作。我们一边抓施工，一边抓培训，对坦桑尼亚和赞比亚人员进行技术培训，毫无保留地传授技术。我在三机队指导一位肯尼亚内罗毕大学毕业的年轻人，让他逐步熟悉坦赞铁路工程技术，在工程即将结束时他已能独立完成各项技术工作了。我回国前夕，有位赞比亚工人前来送别，他哭着跪在我面前，我赶快把他扶起来。他激动地说，过去在英国殖民者那里工作，人家根本不把黑人当人看，只有中国人给了他们做人的尊严。这位工人一直为我们做服务工作，很勤奋但话很少。平时，我们热情同他打招呼，关心他的生活。我们吃东西一定分给他一份，这让他特别感动。坦赞铁路修好以后，他和他儿子都在铁路上工作，父子俩都感受到中国人的友好。当时中国人大多不懂英语，当地工人又听不懂汉语，有事就用手势比划一下，双方都能心领神会。有时中国人也学几句斯瓦希里语和英语，同当地工人进行简单交流，但工作中主要还是靠示范，让他们看了以后照着做。有少数当地工人从事技术性工作，比如机械司机和机械修理工。多数当地工人都是干体力活，做一些简单的辅助性工作，比如采砂石料、修便道、种草皮等。我们从当地雇佣临时工，既解决了劳动力不足的问题，也给当地提供了大量的就业机会，当地政府和群众都很高兴。

中国人有勤俭美德，会过日子。当地工人没有这个意识，他们有钱就花。按照国家规定，我们在坦赞工作期间一个月的生活费是40元人民币，换算成赞比亚货币为12.6克瓦查。就是靠这么点生活费，我们还能省下钱来买些家里需要的物品；而当地工人一个月工资最少30多克瓦查，相当于我们的3倍，但发工资后几天就花完了。钱花光以后他们就只能吃玉米面糊糊，没有任何蔬菜或肉食，只能蘸点盐巴下肚，然后回工地干活，等着下一次发工资。每个月都这么过，干上一年还是一无所有。他们搞不明白，为什么中国人拿的钱那么少，还能省下钱来买比较贵重的物品？后来我们就告诉他们，中国人省吃俭用，不乱花钱，挣了钱以后都要存一些。有些当地工人慢慢有了储蓄意识，改变了吃完花光的习惯，甚至有些当地工人把钱交给中国师傅代管，这样自己就攒下一些钱了。

坦赞两国人民对中国人民非常友好。当地人从不损坏铁路设施，而且会主动保护中国人的安全。因为中国人来了以后帮他们修路，使他们有工作干，让他们有饭吃，对他们平等相待，他们热爱这些中国人。所以，一旦他们获悉对中国人员安全构成威胁的信息，就会给我们事先通气，让我们有所准备。

组织上强调，援建坦赞铁路是发扬国际主义精神。毛泽东主席说过，我们不但要解放全中国，而且要解放全人类。这种思想深入人心，大家都有这种博大胸怀。所以我们没有想过应该拿多少报酬，根本没有这个念头。中国铁路工作组组长布克同志是最高领导，拿的津贴和我一样，我拿的津贴也和中国其他人员一样，不管干部或工人每人每月都是伙食费50元人民币、生活费40元人民币，国内工资照发，大家都很知足。大多数人在国外攒了钱，买了当时国内流行的"三大件"：手表、收音机和自行车。虽然许多东西是中国出口的，但国内要凭票供应，很难买到，如永久牌、飞鸽牌自行车等。我们在坦赞买到这些东西，回国时包装成箱由远洋轮船运回广州。我们靠着自己种菜、养猪、养鸡，把伙食费也省下一部分，给大家买些中国产的罐头食品，如上海产的大白兔奶糖、乐口福等，带回国内作为高档礼品送给家人和亲友。

现在的年轻人听了会觉得难以理解，那时建设者们怎么就不计报酬，两年多时间同家人分居，还能专心工作？实际上，这就是信念的力量。我们到坦赞工作，想的就是为中国争光。想到国家对你的信任就感到光荣，想到责任就浑身是劲。不然的话，那么苦、那么累，甚至有些人把生命留在那里，能想得通吗？1974年10月29日，外经部部长方毅应邀率中国政府代表团参加赞比亚独立十周年庆典活动后，视察坦赞铁路全线。当天视察了三机队管段的新卡比里姆博希车站、鲁西瓦西湖路堤工程等，晚上就在我们的营地简易房屋里休息。吃完晚饭我们俩就聊起来了。我说，我们工作组组长布克同志身体不太好，现在北京治病。方毅同志说，病可以治，人不能换。他说，1954年他受党中央派遣赴越南，有一次病得很厉害，请示国内是否可以回国治疗，国内答复说，毛主席批示，病可以治，人不能回来。方毅同志现身说法，要求领导者从头到尾全程负责。这件事充分说明了老同志对事业高度负责的可贵精神。

伟大工程的深远影响

中国援建坦赞铁路取得巨大成就，在世界上引起强烈反响，应该认真总结经验。首先，组织领导坚强有力。在党中央和国务院领导下，包括铁道部、外交部、外经部和财政部在内的十几个部委以及部分省市都参与了援建工作，可以说是聚集起了全国的力量。在国外，则由中国援建坦赞铁路工作组组织实施，包括施工技术、施工组织、后勤保障及队伍建设等，实行统一指挥。其次，施工部署正确。通过调查研究，把全线1860.5公里分成5大工程段，根据每一工程段特点，采取不同措施提高效率，这样能够集中力量解决关键问题。先建设坦桑尼亚境内铁路，第一年就修通了502公里，第二年攻克了姆马段难点工程，完成任务的队伍回国休假，然后转移到赞比亚施工。这样，队伍有了经验，效率就能提高。再有，坦赞铁路体现了三国友好合作。在境外工作离不开当地政府和群众参与和支持，我们坚持互相尊重、平等互利的原则，有事多商量，绝不强加于人。还有，就是始终坚持质量第一。设计方案经过多次论证择优选用，施工中严格质量管理和监督，质量不合格全都返工重做。赞比亚总理在会见三国政府代表团时对我说，中国援建的坦赞铁路工程非常好，给我们带来很多效益，不仅是当前的，而且是长远的，对今后影响也很大。一位加拿大专家对赞比亚总理说，坦赞铁路是我看到的所有铁路工程中质量最好的。赞比亚总理特意把这句话转达给我。坦赞铁路运营合作期间，我曾率政府代表团到铁路沿线考察，看到路基和桥梁工程都很完好，甚至连路基排水沟也都基本保持竣工时的状态，这表明坦赞铁路质量真正过硬。中国援建队伍对得起坦桑尼亚人民和赞比亚人民，中国援建队伍为国家赢得了美誉。

援建坦赞铁路意义十分重大，影响极为深远。这需要回顾历史，才能深刻理解。

中国是应坦赞两国政府请求，并且根据他们的实际需要来援建坦赞铁路的。坦桑尼亚北部、西北部原来就有铁路，当地的农作物可以通过铁路出口。坦桑尼亚独立以后，尼雷尔总统开始考虑西南部发展问题，那里地域广阔，可是交通不便，制约着发展。赞比亚情况更特殊，属于内陆国家，南非殖民主义者为了扼杀它，封锁了出海口。当时赞比亚周边只有坦桑尼亚是可靠的盟友，而且尼雷尔总统跟卡翁达总统私交很好，所以赞比亚就想打破西方封锁，利用坦桑尼亚达累斯萨拉姆港走出去。坦赞两国为了修铁路，先去找西方国家，找英国，英国不予理睬，再找美国、西德、法国，尼雷尔总统甚至还找了苏联，可是这些国家都认为这条铁路没有运量，经济上不划算，都拒绝了。在万般无奈的情况下，坦赞两国领导人把目光投向东方的新中国。

当时中国的对外政策在世界上独树一帜。1964年1月，周恩来总理在马里发布了中国对外经济技术援助的八项原则，坦赞两国总统看了以后，觉得中国倡导平等互利，非常符合他们的愿望。但是他们又很怀疑，因为他们毕竟和西方政客接触比较多，受西方影响很深，觉得事情不会这么简单，中国肯定会附加很多条件，所以心里并不踏实。经过反复接触，最终尼雷尔总统认定中国是真心想帮助他们修铁路，接着卡翁达总统也感受到了中国的诚意。这样中、坦、赞三方才达成了合作共识。

通过实施坦赞铁路这样的跨国重大工程，在国际上扩大了中国的影响。坦桑尼亚和赞比亚是支援南部非洲独立运动的重要基地。两国独立以后，很多国家的独立战士都到这里来接受训练。所以支持坦桑尼亚和赞比亚，也就是支持南部非洲国家的民族解放运动，这使得中国同那些刚刚获得独立或者将要独立的国家取得互信，有了共同语言。更重要的是，通过这样一项重大工程的实施，树立了中国的国际形象，扩大了中国的国际影响，能够让全世界人民特别是亚非人民看到，中国是他们的好朋友。就像毛主席说的，我们这是穷朋友帮穷朋友。中国援建坦赞铁路没有附带任何条件，没有自己的利益，给坦赞两国的贷款是无息的，甚至到期还不了还可以延期，这些在国际合作中都是罕见的。过去帝国主义、殖民主义同这些穷国合作时都有很多附加条件，都是为了掠夺穷国资源，而我们中国没有这么做，所以这个意义非常深远。周总理说过，坦赞铁路对坦赞两国不仅具有经济意义，更重要的是还具有军事上和政治上的意义，会产生深远的影响。我曾看到当地英文报纸上把坦赞铁路称为"Uhuru"，就是"自由之路"的意思，给予很高评价。卡翁达总统把坦赞铁路视为赞比亚的生命线，因为赞比亚这个内陆国家经济主要靠铜矿出口，如果出口通道被卡，这个国家就没有出路，而有了坦赞铁路以后，赞比亚就有了新的、可靠的出口通道，所以赞比亚人民对中国援建坦赞铁路是非常感激的。我曾有幸多次受到卡翁达总统接见，他反复强调说，"中国是赞比亚全天候的朋友"。"全天候朋友"这个词是卡翁达总统创造的，现在成了中赞两国友好关系的经典词汇。中国为援建坦赞铁路花费了大量投资，付出巨大代价，但受到世界各国普遍称赞，只要看到这条铁路的长远影响，就会认识到这是完全值得的。

援建坦赞铁路工作也有一些值得注意和改进的地方。

第一，要重视建设人员生活。当时虽然饮食供应有保障，但是施工队伍没有文化活动，工人们精神生活很贫乏。由于政治上要求很高，纪律要求很严，不能随便外出，就连休息时间也只能待在营地里。为了预防疟疾流行，中国人每个星期都要服一次药。外国传教士就借此造谣，说中国人为什么两年多都不回家也不想家，"因为他们吃了药"。

最苦恼的是同家里联系不上。20世纪70年代没有手机，也没钱打越洋电话，只能靠写信。国内信件由外交部信使队航空递送，一个月只有一次。信件到达累斯萨拉姆后进行分检，按单位装袋。各单位领取信袋后马不停蹄地连夜赶回驻地。这一天大家都不睡觉，就在食堂里坐盼，信到了以后大家都抢着去拿。抢到信一看，有人喜也有人忧。如果家里有好事当然高兴，反之就会烦恼，而且远隔重洋干着急，什么忙也帮不上。1973年9月，一个周六的晚上，位于赞比亚姆皮卡的中国援建坦赞铁路工作组机关收到国内的来信。住在我隔壁的马双泉看了妻子从郑州写来的信，闷闷不乐，把门关上了。第二天早晨，我就听到隔壁房间"咣当"的响声，赶过去一看，马双泉倒在地上，脚把搪瓷脸盆踢翻了。我立即呼唤医生抢救，终因心肌梗死心脏停止了跳动。在清理遗物时，获悉他妻子来信诉苦，他心情十分沉重，使原有的心脏病突发。前些日子组织上已安排他下次乘船回国，可惜他没有等到这一天，就长眠于异国他乡了，后来遗体安葬在烈士陵园。

今后，像这样两年多不回家，一个月只能同家里通一次信的情况不会再发生了。我们从这里应该得到启示，就是要关心在国外人员的生活。不能光要求作奉献，而不关心他们的情感；不能只重视解决物资供应，而忽视了精神需求。

第二，要重视国外人员安全问题。在异国他乡，政治问题、社会治安、自然灾害、疾病流行、现场施工等都会带来安全风险。中国援建坦赞铁路期间，总共牺牲了64个人（另一人在途中病逝），其中坦桑尼亚境内47个，赞比亚境内17个，大多数都是死于公路交通事故。为什么会这样呢？因为中国当时没有高速公路，国内道路标准很低，弯道多、坡度大，司机比较谨慎。而坦赞的大北公路是平坦笔直的沥青路面，驾驶员高速行驶容易产生视觉疲劳。另外，驾驶规则也不一样，坦赞公路是靠左行车，中国公路是靠右行车，国内司机初到坦赞总是习惯性地打右转，就容易撞到当地的车辆。当然，还有其他方面的不安全因素影响。

中铁二局有一位处长叫李景普，当时担任隧道队队长。1971年4月15日，他到达累斯萨拉姆接刚乘船到达的工人，在从达累斯萨拉姆返回驻地的路上，他和 4 个新来的司机坐着一辆北京吉普车，突然对面来了一辆车，李景普这辆车的驾驶员一慌张打了个右转，和对方车子撞个正着，造成严重交通事故，5 个人只救活了 1 个，其余 4 人全部遇难。李景普被车子的发动机汽缸压在身上，抬出来时还没完全断气，但是最后还是没能抢救过来。这是中国为援建坦赞铁路牺牲的第一位处级干部。当时很多交通事故都是这样的。有时候两辆汽车会车，双方都按交通规则正常行驶，突然对方车上掉下一块东西来，因为双方车速都很快，掉下来的东西又很重，所以莫名其妙就把中国车上的人砸死了，真是飞来横祸。因此，必须加强项目安全风险管理，预防各类事故发生，确保人员健康安全。

第三，要提高出国人员素质。20 世纪 70 年代修建坦赞铁路时，我国还很封闭，同国际上接触很少，缺少在国际搞合作的经验。援建队伍不熟悉国际规则，不熟悉东道国政治、经济、法律和社会文化等。加上语言不通，人家说什么你听不懂，如果你做的事不符合人家要求，结果就会造成不必要的误会，这方面教训很多。国家和企业从战略需求出发，应该培养一批高素质的国际化人才。

我们对东道国人员培训也要研究改进。当时国内给坦赞两国培训铁路工作人员，由北方交通大学承担。学制 3 年，先学 1 年汉语，后 2 年学习基础理论课和专业课。坦赞两国各选送 100 名学生（共 200 名），分 6 个专业培养。毕业 179 名，另有 21 名中途辍学。因为仅靠 1 年时间不能完全掌握汉语，在这种情况下用汉语学习铁路专业课程会很困难。今后可采取由我国与东道国联合办学方式，在境外讲授基础理论课，再到国内讲授专业课，并进行实习、参观，这样可能效果会更好。人员培训对坦赞铁路长期发展至关重要，但是现在这项工作青黄不接，我们原先在姆皮卡办了一个技术学校，培训了一批人，现在这些人年纪大了，很多都退休了，后面却没有人接替。

技术合作需要改革创新

1976年，坦赞铁路正式移交给坦赞两国政府以后，就转入了新的技术合作阶段。技术合作分期进行，到现在已经是第15期了。坦赞铁路正式运营30多年，中国共派出2800多名专家，其中第一批是1000人，后来慢慢减少，现在一期大概是几十个人。每期技术合作都研究了不同的合作内容，要签订一些协议和议定书。我曾赴坦赞参加了第六期和第七期合作会商。第六期是1989年7月开始的，由对外经济贸易部副部长吕学俭同志担任中国政府代表团团长，我是副团长。第七期是1992年11月底，由我担任中国政府代表团团长，进行三国政府代表会谈。两期技术合作议定书都有中国政府提供设备配件专项贷款的内容，意在加强设备维修工作。坦赞铁路局特意邀请我乘坐公务列车，视察全线工程和运营情况。在达累斯萨拉姆，我们前往中国援建坦赞铁路烈士陵园敬献花圈。

应该说，技术合作对坦赞铁路运营发挥了积极作用。但是，由于多种原因影响，现状令人堪忧。坦赞铁路设备年久失修，运量大幅下降，亏损日益加剧。虽然也曾探索过一些改善经营管理的措施，但均未取得预期效果，致使坦赞铁路运营面临严峻形势。

我认为，要以改革创新精神加强坦赞铁路技术合作。希望坦赞两国政府协商一致，下决心推进坦赞铁路体制改革。要针对坦赞两国共管全线存在的主要问题研究全面改革方案。完善运输收入与支出制度，加强经济核算，落实经济责任。积极筹款修复设备，逐步恢复正常运输秩序。制定绩效考核和激励机制，培训坦赞运营管理人才。同时，要推进技术创新，结合坦赞实际研究窄轨铁路关键技术，运用信息化手段强化安全管理，不断提高运输效率。

衷心希望中非友谊的象征——坦赞铁路再放异彩，为两国经济社会发展作出更大贡献！

（本文载于外交部政策规划司编《中非关系史上的丰碑》，世界知识出版社，2015年。）

深圳创业初期纪实

在纪念我国改革开放 40 周年之际，回顾铁二局二总队发展壮大的历程，可以看到国企发生的历史性巨变。1981 年我奉命率领铁二局组建的二总队南下深圳，开拓创业，使我得到锻炼，受益匪浅。二总队在市场经济浪潮中勇立潮头，创造了辉煌业绩，走出了一条国企发展的新路子。这里记述的，仅是二总队创业初期的难忘岁月。

"找米下锅"　　南下深圳

在党的十一届三中全会之后，全国进行拨乱反正，国家工作重点转到了以经济建设为中心的轨道上来，实行改革开放的基本国策。面对国家经济困难，1979 年开始进行经济调整，基建投资规模大幅度压缩。1981 年全国铁路基建投资最少，仅为上年投资的 60%。全年铁路基建投资总额只有 15.04 亿元，其中新建铁路投资仅 6.05 亿元。当时全路建设队伍有 47.87 万人（包括工程局、通号公司和铁路局基建队伍），许多施工企业处于半停工状态。地处大西南的铁二局尤为困难，1981 年铁道部下达铁二局施工计划 4498 万元，仅占当年全局完成投资总额的 37.8%，其余 62.2% 都是由铁二局自行承揽的工程任务。

如何渡过这一难关？铁二局局长刘岭、党委书记付殿成研究，采取了积极的应对措施，动员全局"找米下锅，为国分忧"。1980

年底，我奉命从铁二局施工技术处调到铁二局二处主持工作。二处经长途调转到达安徽，从铁四局淮南复线工程中分包了东关站至裕溪口编组站复线工程。这里是平原地区，河网密布，没有合规的路基填料，也缺少砂石料，因此要用铁路货车从外地运进大量土石。针对项目特点和思想松懈等问题，我们下决心进行整顿，逐步形成了抓质量、促效益的氛围，推动工程建设顺利进行。同时，从二处机关抽调一些干部到社会上继续承揽工程。

1981 年 4 月，刘岭局长、谢淮昌总工程师打电话给我，传达了铁道部李轩副部长的指示精神。李轩副部长说，深圳经济特区建设开始了，吸引外商投资建厂，会有不少建设项目。各工程局没有对外经营权，可以用中国土木工程公司（简称中土公司，是由原铁道部援外办公室改成的企业）的名义到深圳经济特区承揽工程。很快，我就率领一个精干考察组，坐火车到深圳进行市场调查。

创办深圳经济特区，是党中央、国务院在新的历史时期对外开放的重大突破。1980 年 8 月 26 日，全国人大常委会审议批准了《广东省经济特区条例》，标志着我国经济特区正式诞生。世界上兴建的出口加工区有 70 多处，大部分都收到了较好的经济效益。我国的经济特区，既要借鉴世界出口加工区的有益经验，又要有我国自己的特点。这是在社会主义制度下，在特定地区内，对外经济活动实行特殊政策和灵活措施，鼓励和利用外国投资、加快经济发展的特殊方式。广东省深圳市（以前为宝安县）毗邻香港，同澳门、台湾很近，对吸收港澳台资金和先进技术具有特殊的吸引力。在深圳经济特区建设正式启动之前，1979 年 1 月 31 日中共中央、国务院已正式决定在蛇口建立工业区（大约 300 亩地），由香港招商局集资并负责实施。可以说，蛇口工业区是深圳经济特区建立的一个前奏。

那时，内地人员进入深圳特区要有"边防证"。我们通过中土公司广州办事处办了边防证。在罗湖车站下车，带着神秘的色彩先到罗湖桥头看了对面的香港铁路。罗湖车站外面除了少量民居外，大部分地方还是稻田。从罗湖往东一直到沙头角，几乎没有看到大型建设工地。从罗湖往西到蛇口，可以看到正在施工的公路干道，两侧有零星的施工现场。到了香港招商局主持开发的蛇口工业区，我们看到开山放炮和平整场地，有些厂房在建设，来往汽车、施工机械较多，显得比较热闹。总的看，蛇口工业区建设序幕已经拉开了。通过中土公司广州办事处张主任介绍，我们会见了在香港招商局工作的梁宏坤先生。梁先生是招商局副董事长袁庚先生的得力干将，曾在广州铁路局工作过，对铁路很有感情。梁先生对铁二局队伍表示欢迎，但当时没有现成的工程项目。于是我们先到蛇口一些施工现场进行考察，了解市场规则和外资企业的习惯做法，以及中资企业的管理办法等。

在深圳铁路招待所临时房屋里（现在香格里拉酒店的位置），来自几个铁路工程局的熟人相聚一起交谈感想。有一位处长严肃地说，"深圳搞的全是资本主义那一套，唯钱是命，不讲政治。"另一位态度十分明朗地说，"这个地方不能来。"我问为什么？他说，"这个地方是个大染缸，红的进来，黑的出去。"对此，我不敢苟同。我认为，我们初来乍到不习惯是有的，人家深圳的施工队伍劲头很大，工人们都愿意在这里干。所以我的态度很明确，就是要进入深圳，参加特区建设。回局汇报后，局领导表示完全支持，刘毅副局长、徐宽福副局长等专门主持会议研究了组队问题。

组建队伍　勇闯特区

1981 年 6 月 18 日，经铁道部、广东省、深圳市批准，由铁二局组建的中土公司深圳办事处第二工程总队（简称"二总队"）正式成立。由我任总队长，张培林任党委书记，辜文政任总工程师。

　　整个夏天，我带领辜文政、文祖光、黄仲书等同志多次往返于广州和深圳之间。一面寻求进入深圳市场的突破口，一面酝酿未来要实施的管理制度建设。有一天，我忽然感到身上一阵发烧一阵发冷，经广州铁路医院医师检查确诊为疟疾，不得不住院治疗。那时病房没有电扇，更没有空调机，天热难耐，只能穿上短裤、光着身子躺在拿掉褥子的钢丝床上。病好之后，又跑到深圳。在招商局蛇口工业区管委会支持下，1981年8月我们拿下了第一个项目——位于蛇口工业区四湾的远东饼干厂。这个项目是由香港远东集团投资的，虽然建筑面积不算大，但采用英国标准，技术要求高，工期也很紧。由文祖光工程师等编制了项目概算，针对可能遇到的问题，我们深入分析制定了系统的应对措施，所以我们是比较有信心的。双方商定合同条款，实行总价承包，并附有各项作业单价，以港元结算。竣工时，若实际完成工程数量比设计数量超出不多，则由乙方自行承担；若超过5%以上，则按合同所附单价，由甲方补给乙方超出部分的相应费用。这种承包合同，甲乙双方责任明确，便于考核实施，所以没有扯皮现象。

　　在签约喜讯鼓舞下，组队工作加快进行。局领导决定，要按出国条件严格把关，选配干部和工人。同时明确，在特区工作职工工资和福利待遇可以提高一些，这对职工还是有吸引力的。二总队机关干部从局机关、二处、建筑处抽调。以二处十一队为主体组建二总队第一工程队（队长文德平、政治指导员杨尚文），共计125人（包括从建筑处抽调的房建专业骨干）。为了适应特区文化需要，我特别带了黄宏凯工程师等3名广东籍干部，利用他们的语言优势，负责同地方沟通、协作。

1981 年 9 月底，我们在蛇口工业区铁丝网围墙边上，租用了一块荒地作为二总队大本营。大家动手割掉 2 米多高的茅草，立起竹竿柱子，盖上油毛毡屋顶，建成了四面无墙的工棚。从二处抽掉的人员在淮南复线工地集结出发，从局机关和建筑处抽调的人员由张培林书记带领在成都乘车南下。通过铁路运来行李和施工机械、设备等，包括 5 台日野牌（依士兹）自卸汽车（8 吨）、混凝土搅拌机、卷扬机等。局里从五处调给 5 台解放牌自卸汽车（4 吨），从南宁开到深圳，因车况较旧有的在途中抛锚。

托运的行李、机械和设备到达深圳北站后，我和工人们一起卸车。大家都是只穿短裤，光着上身，搬运行李，转运设备。我清楚地记得，队伍到达蛇口驻地后的第一顿饭。在我们搭建的四面通风的工棚里一边安床一边做饭，就在工棚里挖了一个坑，三块石头支起一口大锅开始煮米饭。这时候才发现，炊事班忘记带锅盖了。我说没有关系，洗几条枕巾搭在锅上吧！我让采购员到街上买了肥猪肉，晚上的菜就是大肉炖萝卜，大家吃得很香。就这样，我们开启了特区创业的征程。

优质诚信　创建品牌

二总队进入深圳特区后，坚持开展思想教育活动，增加全体人员的责任心和使命感。深刻理解"时间就是金钱，效率就是生命"的内涵，深刻理解外资项目具体要求，坚持"质量第一，诚信守约"，树立良好形象。在资金不足、物资紧缺的情况下，开源节流，自找沙石料场，修旧利废，降低成本。全队职工齐心协力，为铁二局争光彩，为特区建设作贡献。

1981 年 10 月 4 日，远东饼干厂项目正式开工。首要问题是全面理解设计文件。由于业主提供的是英文图纸，我和总工程师辜文政借助词典先把英文译成中文，结合英国标准向技术干部传达，再向作业层进行技术交底，落实质量安全措施。没有水泥、钢筋、木材等建筑材料，由黄仲书科长负责设法采购，铁二局也给予很大支持。同时，我们也研究建立了新的管理制度。在内地主要是"人治"，领导人下很大功夫用行政手段"管人"。辟如，汽车队队长经常派人监视司机是否偷懒少出车。到了深圳特区，主要靠机制，用制度管人，司机自觉地多拉快跑，因为多拉可以多得。我们决心打破内地多年实行的平均主义分配方式，实行以计件工资为主的分配方式，实行以精神奖励与物质奖励相结合的激励方式。这是一项重大改革，效果十分明显，深得职工拥护。

大家积极性充分调动起来了，发扬艰苦奋斗精神，克服重重困难，确保质量安全，提高工作效率。厂房基础工程完成后，灌筑混凝土地板时，工人们在完成全部抹平工作后才下班。没有人会想到，这几个工人吃过晚饭，又主动走到工地，再次动手压实抹平当天下午打的混凝土表面。这样精心施工、养护的混凝土地板，不仅平顺密实，而且明亮闪光。业主看后竖起大拇指称赞：难得！

经过近5个月的连续奋战，饼干厂厂房于1982年2月24日竣工。工程质量优良，安全无事故，而且工期提前20天，初显了"深圳速度"。经过业主代表李年安先生验收，给予高度评价并发给奖金。二总队进入特区首战告捷，旗开得胜，进一步鼓舞了士气、增强了信心。有了饼干厂的业绩和影响，加上投标努力，二总队接着承包了远东面粉厂、远东饲料厂建设工程。经局批准，以建筑处二队为主体组建了二总队第二工程队153人（队长苏子云、政治指导员汤文镜），同时从全局抽调机械专业人员组建了机械队，迅速进入蛇口。除建筑处陈华兴总工程师先期来到蛇口外，后来又调来工程技术骨干崔文舫、韩桂茂等，房建工程技术力量进一步加强。

远东面粉厂由贮仓、磨机楼、仓库及写字楼三部分组成。最大挑战是贮仓部分,包括 10 个外径 10 米的圆形筒仓群（按 2×5 排列）和矩塔,采用钢筋混凝土框架结构,地下 2 层,地上 8 层,总高 48 米。铁二局修过无数桥梁,但从未建过这么大面积的连体筒仓群。为了竞争夺标,我让黄宏凯工程师做好技术准备,先到广州有整体滑模经验的建筑单位了解情况并洽谈合作事宜。有了他们的支持,我们的施工方案修改得更加合理,在竞争中得到业主认可。连体筒仓群平面有 1050 平方米,10 个圆形筒仓壁厚 25 厘米,钢筋骨架要接牢,混凝土灌筑要均匀,提升内外模板及作业平台的几十个液压千斤顶要同步作业,难度很大。我们制定了作业流程和工艺要求,加强检查,及时纠偏,确保连续灌筑和连续提升。筒仓群施工期间,我特别请来局副总工程师、桥梁专家丁原廊进行指导。白天由辜文政在现场监督,晚上我到现场检查。从驻地到工地大都是步行,有时骑自行车。后来,我们买了一辆皮卡车,晚上我就开车到工地检查施工情况。经过连续作业,终于一气呵成,完成筒仓群主体工程。远东面粉厂工程 1983 年被评为深圳市十大优质工程,1986 年获铁道部优质工程奖（甲级）。

1982 年 6 月,铁道部任命我为铁二局副局长。我离开二总队之前,正在跟踪深圳南海酒店项目。南海酒店是深圳市第一家五星级酒店,位置选在蛇口港客运码头旁边,由香港汇丰银行、美丽华酒店、招商局和中国银行合资兴建。主楼 3.2 万平方米,现浇混凝土框架及剪力墙结构,其他还有配套房屋和设施,总投资 2 亿多港元。南海酒店设计造型优美,风格独特,宛如一只只白帆破浪远航（图 71）。结构新颖,设备先进,瞄准世界一流酒店标准。当时有多家企业参加该项目竞争,二总队面临着巨大压力。我们知道这个项目标准高、要求严、难度大,但决心要千方百计争取拿到手。碰巧的是，香港业主代表容应灵先生是我在长沙铁道学院桥隧系（20世纪50年代为"中南土木建筑学院"，现为中南大学）的同届校友。接谈后，我表示要深刻理解业主要求，认真研究施工方案，抓紧做好各项准备工作。容应灵先生认为铁二局不具备五星级酒店装修资质。我说，可以分包给有装修资质的公司，但必须承诺给铁二局带出一支专业装修队伍。经过多次交流，终于取得业主认可，授标给二总队，实行工程总承包。在这个项目中，二总队首次实施"地盘"管理模式，组织合作伙伴协同建设。不仅主体工程高质量，而且装修达到高水平，为铁二局培养了装修专业队伍。这是二总队在深圳特区的一项标志性工程，为二总队品牌建设增添光彩！

图71　深圳南海酒店

意义重大　影响深远

二总队把发扬优良传统和倡导开拓精神结合起来，把思想教育和科学管理结合起来，把技术进步和深化改革结合起来，竞争实力不断增加，经营规模不断壮大。随后，相继组建了第三、四、五工程队等，承担了许多大型桥梁、工业厂房、高层楼宇等重大项目建设，取得了显著经济效益，树立了良好社会形象。二总队职工表现特别出色，吃苦耐劳，严守纪律，技术水平大为提升，经济收入快速增长。有些职工把钱寄回老家，把农村茅草房翻盖成新瓦房，率先实现脱贫，心里特别高兴，乐于扎根深圳。这反映了国企发生的巨变：从"等靠要"到主动出击，从找领导到找市场，从重数量到重质量、重效益。

二总队在改革开放前沿阵地历练，对国企改革发展具有重要意义和深远影响。

第一，二总队是走向市场的样板。二总队在深圳的创业实践表明，国企必须放下身段，走向市场参与竞争，在市场竞争中发展壮大。铁二局发挥二总队引领作用，坚持"立足铁路，面向社会，勇闯市场"，较早进入沿海地区市场，同时走出国门进入国际市场，位居全国铁路系统前列。

第二，二总队是改革创新的先锋。二总队承揽的项目大都具有挑战性，结构复杂，技术先进，要求很高。为了应对挑战，二总队特别重视管理体制改革，建立有效机制和制度，开展技术创新和管理创新，形成强有力的技术支持。勇于改革，敢于创新，这就为企业持续发展提供了不竭动力。

第三，二总队是培训人才的基地。人才是企业发展的关键。铁二局从许多单位抽调人员到二总队工作，实际上也是进行人才培训。在深圳工作，熟悉建筑市场的运行规则，学习先进技术和现代管理知识，回到各单位后发挥骨干作用，推动企业加快走向市场的步伐。

铁二局二总队的突出特点是队伍精干，技术领先，作风过硬，责任意识强，质量意识强，敢打硬仗，能打胜仗。二总队深圳创业的实践为铁二局改革发展做出了示范，其宝贵经验也为国企提供了有益借鉴。

（本文系根据作者 2018 年接待媒体访谈录音整理。）

[链接]

　　兴办经济特区是党和国家为推进改革开放和社会主义建设进行的伟大创举。1978 年 12 月，党的十一届三中全会作出把党和国家工作中心转移到经济建设上来，实行改革开放的历史性决策。1980 年 8 月，党和国家批准在深圳、珠海、汕头、厦门设置经济特区，实行特殊政策、灵活措施，先行先试。深圳勇立潮头，开拓进取，成为我国改革开放的"排头兵"，把一个落后的边陲小镇建设成具有全球影响力的国际化大都市，奇迹般地实现了历史性跨越。"敢闯敢试、敢为人先、埋头苦干"的特区精神，激励着我国人民勇当新时代的"拓荒牛"！

励治铁路　风范永存

——深切缅怀陈璞如同志

今年 2 月 26 日，是我敬重的老前辈、老革命、老首长陈璞如（原名霍树桂，又名霍国栋）同志诞辰 105 周年。在革命战争年代，他经受了严峻复杂的斗争考验；在社会主义建设时期，他长期担任省级领导，积累了丰富经验；在"文化大革命"中，他受到不公正待遇，粉碎"四人帮"后恢复工作。1982 年 4 月，中央决定调时任辽宁省省长的陈璞如同志进京任铁道部部长、党组书记。陈璞如同志任铁道部部长期间，我国正处于改革开放和社会主义现代化建设新时期。他带领铁道部党组大刀阔斧进行全面整顿，积极主动探索铁路改革发展，显著改变了铁路面貌，开创了铁路工作新局面。1985 年 4 月卸任之后，他受国务院委托继续领导大秦铁路建设，建成了我国首条重载运输现代化铁路。陈璞如同志在中国铁路发展的特定历史时期留下了卓著业绩，他的高贵品质和优良作风为我们树立了学习榜样。

整顿铁路树新风

陈璞如同志上任铁道部部长之际，全国铁路运输秩序初步恢复，但铁路运输能力十分紧张，"一票难求""一车难求"日益加剧。加上安全事故多、服务质量差，各方面的反应十分强烈。面对这样严峻的形势，陈璞如同志认真贯彻中央关于"调整、改革、整顿、提高"的方针，深入调查研究，广泛听取意见，确定以"安全"和"路风"作为工作切入点。他认为，安全和路风既是铁路的应尽责任，也关系到铁路的社会形象。出现这些问题，主要是"十年动乱"把职工思想搞乱了，铁路优良传统丢失了。所以，必须下决心严格整顿，把"整顿"和"改革"结合起来，全面完成运输任务，开创铁路工作新局面。

到任不久发生的一起旅客列车脱轨颠覆事故，对陈璞如同志震动很大。这起事故的直接原因，是两名工务维修人员将起道机立放在轨道内侧，却跑到附近道口看守房去吃冰棍。安监部门报告，多起行车事故都表明，主要原因是劳动纪律松弛，违章作业严重。陈璞如同志了解到一些铁路局领导存在恐慌、畏难、埋怨等消极情绪，就亲自同这些铁路局领导谈话，要求认真吸取教训，鼓励他们振奋精神、大胆负责。要求领导干部转变作风，深入基层，关心职工，解决问题，取得实效。在全路开展安全教育，牢固树立安全第一的思想，加强安全基础工作，落实责任制，严格奖惩制度。发动全路职工开展安全大清理、大讨论、大检查，从人员素质、设备状态、规章制度等方面下功夫综合整改。大力宣传安全典型，授予沈阳铁路局小东站"安全生产三十五年"光荣匾。经过全路整顿改进，逐步扭转了安全不好的被动局面。

人民群众对有些铁路单位发生的野蛮待客、野蛮装卸现象反应强烈。陈璞如同志接到某站货场撞坏洗衣机等投诉后，公开向社会承诺，要认真查处、吸取教训。他说，问题出在下面，根子还在上面，主要是领导重视不够、管理不严。要求各级领导以"勇于负责、敢于斗争"的精神，挺起腰杆整顿路风。部署全路开展"人民铁路为人民"的宣传教育活动，发动职工自查自纠，接受旅客货主和社会监督，严厉打击违法违纪行为，着力解决旅客途中饮水用餐、货物运输安全问题，努力提高服务质量和水平。树立"文明列车""文明货场"新标杆，形成"尊客爱货"新风尚，倡导"严字当头、铁的纪律、团结协作、优质服务"十六字新路风。经过一年多整顿，路风明显好转，增强了职工信心，也受到社会好评。

在抓安全、整路风基础上，积极探索走出困境的途径，促进全路把生产经营和质量效益搞上去。由于国家投资有限，陈璞如同志确定把工作重点放在加强既有线技术改造上，挖掘设备设施潜力，提高运输能力。客运实施扩大列车编组，货运实施满载超轴、提高直达比例等措施，超额完成了国家下达的铁路运输计划，使铁路名副其实地成为国民经济发展的"火车头"。在努力完成"六五"国家计划的同时，他组织力量研究"七五"发展思路，为铁路持续发展奠定了基础。

铁路改革探新路

推进铁路改革，是党中央的战略部署，也是全路上下和社会各界的强烈呼声。陈璞如同志认为，虽然铁路实行政企合一体制改革难度大，但旧观念、旧框框太多，不能适应发展需要，必须坚定不移地实施改革。考虑到铁路行业特点，他提出铁路有序改革的重点是"包"（经济承包）、"放"（权力下放）、"联"（大联动机）、"通"（安全畅通）、"多"（多种经营）。首先对铁道部机关机构和全国铁路局设置进行了调整，先后撤销了8个铁路局，完成了北京、上海等6个铁路局的并局工作，保证了铁路主要干线的畅通。他强调实施简政放权，增强企业活力，初步改变过去管得过多、统得过死的现象。将小型项目计划权下放给各局，实行指令性计划与指导性计划相结合，支持中央政府和地方政府合资建路（如，铁道部和广西壮族自治区合资建设南防铁路等），积极发展地方铁路。铁路建设实行"拨改贷"后，推进设计、施工招标试点，筹划成立铁路工程总公司。

扩大企业经营自主权，必须打破分配制度上的"大锅饭"。为此，在全路开展厂长（经理）负责制试点，全面推行承包制。1983年12月15日，广深铁路公司宣告成立，明确了该公司的法人资格，享有项目设计、工程发包、建设贷款、设备引进、对外业务等经营自主权，成为全路第一个独立的经济实体，实行了"自主经营、自负盈亏、自我改造、自我发展"的管理新体制。该公司自筹资金，完成必要的配套项目，使运输能力提高了70%，取得了良好经济效益和社会效益。陈璞如同志大力组织探索"广深模式"，引领铁路改革之先风，为全路改革提供了宝贵经验。

1985年元旦，陈璞如同志登上了西行列车，我在成都迎候并陪同活动，5天时间活动安排很紧凑。除同四川省领导会面商谈了铁路建设和运输问题外，主要到成都铁路局、铁二局、铁二院、资阳机车厂、眉山车辆厂和西南交大等单位及部分站段，慰问职工并听取对铁路改革的意见。他热情鼓励实施承包责任制，希望各企业研究向铁道部承包的具体方案。他提出要以铁路为主，开展多种经营。譬如成都站，可以盖大楼，吸引社会投资联合开发。对于铁二局在深圳开拓创业的壮举给予高度称赞，他说："这是全路先进典型！光坐在成都不行，一定要打出去，变守业为创业。"他面带笑容对大家说："刘备坐守，不如曹操！"铁路实行经济责任制，对外开放，对内搞活，有效地调动了企业和职工的积极性。

推进铁路改革发展，领导班子建设是关键。陈璞如同志主持部党组会议，研究作出了改革干部制度、调整部分单位领导班子的决定。针对在位的领导同志思想顾虑，他热切希望老同志从大局出发，提前退居二线或三线；要站好最后一班岗，放手把德才兼备、闯劲十足的中青年科技干部选拔到领导岗位上来；还要以身作则，做好传帮带。铁道部组织了6个考察组，到各地区铁路单位考察第三梯队建设情况，加强干部队伍"四化"（即革命化、年轻化、知识化、专业化）建设。当发现有近六千名大专毕业生在当工人时，他要求尽快解决人才使用不合理问题。局级领导班子调整后，年龄结构、知识结构等都有了较大改善，平均年龄大都在50岁以下，大专以上文化程度所占比例大幅提升。这就为铁路工作带来了勃勃生机和强劲活力。

铁道兵并入铁道部，是一项重大体制改革。陈璞如同志强调，这是中共中央、国务院、中央军委从形势发展需要出发作出的重大决策，铁道部要坚决执行、切实办好。他主持召开了欢迎大会，要求部内各部门全力做好并入工作，确保队伍稳定。他建议并报请中央批准，安排两位铁道兵领导到铁道部领导班子任职，从铁道兵中选调一批骨干充实到铁道部机关任职，这对增进融合发挥了重要作用。从1984年1月1日起，"铁道兵指挥部"改编为"铁道部工程指挥部"。他特别叮嘱我，从军队转为企业，从吃"军粮"转为到市场"找饭吃"，困难的确不少，要帮助他们解决实际问题。当我了解到指挥部有的工程局施工任务极少时，在安排计划时做了适当调整。经过扎实细致的工作，这项重大体制改革终于圆满完成。

大秦重载开新篇

大秦铁路西自煤都山西省大同市，东到河北省秦皇岛港，全长653公里。这是我国第一条开行重载列车的双线电气化铁路，是北煤南运的新通道。当时，改革开放起步较早的东南沿海地区到处缺电，电厂缺煤，煤都呼唤铁路。修建大秦铁路就是缓解煤炭运输紧张状况的一项有效措施。

抓紧做好项目前期工作，促进国家早日作出战略决策。对于修建大秦铁路运煤方案，国家计委、铁道部等部门都很重视，组织出国考察，开展技术研究。但有的人不赞成这个方案，认为应该把煤直接运到南方去，而不应经过海运倒装。对此，陈璞如同志明确表示，铁路运输受过江能力限制无法全部直达，铁海联运是可行方案。对于建设标准，他赞同瞄准世界一流水平，建设高标准、大能力的重载运煤专线。鉴于国家投资紧张，他认为分期建设是合理的，一期工程先建设山西大同韩家岭站至北京平谷大石庄段铁路（全长411公里），利用京秦铁路富余能力运往秦皇岛港，可提前发挥投资效益。在国家有关部门反复论证形成共识的基础上，国务院作出了修建大秦铁路的重大决策。

成立大秦铁路建设领导小组，负责统筹协调。1984年初，时任国务院副总理李鹏同志宣布，为确保大秦铁路建设顺利进行，决定成立大秦铁路建设领导小组，由陈璞如同志任组长，国务院有关部门及沿线省市领导参加。他领受任务之后，立即组建办公室，负责日常工作。要求设计院提供首批重点工程设计文件，组织设计人员现场配合施工、优化设计；参加施工的各工程局成立指挥部，由局长现场蹲点做好施工准备，确保大秦铁路一期工程1985年1月1日正式开工。1985年5月，年届68岁的陈璞如同志从部长岗位上退了下来。作为中顾委委员，他按照国务院安排，继续担任大秦铁路建设领导小组组长，全身心地投入这项宏伟工程建设。铁道部成立大秦铁路建设办公室后，由我兼任办公室主任，这使我有更多的机会聆听他的教诲。

全面做出统筹安排，着力协调解决难题。陈璞如同志强调大秦铁路是一项系统工程，要全面部署、突出重点、协同奋战。要求集中力量打歼灭战，攻克"两段一场"（即桑干河谷地段和军都山地段及湖东编组站场）控制工程，突破关键技术，引进先进设备；要加强铁路各专业之间及装、运、卸之间的协调，提高效率，减少失误；还要加强各地区各部门之间的协调，解决土地征用、电力供应等难题，为施工创造良好条件。他深入施工现场检查工作，给奋战在一线的广大职工以极大鼓舞。当他看到铁一局摩天岭隧道展现的文明施工成果时，称赞这是"隧道一枝花"。1986 年 4 月底，国务委员兼国家计委主任宋平同志视察大秦铁路全线，陈璞如同志和我一起汇报了大秦铁路建设情况，并陪同从大同至茶坞检查了十多个重点工程。宋平同志对大秦铁路建设领导小组工作表示满意，勉励广大职工发扬愚公移山精神，精打细算，节约投资，优质高效，并要求各部门和沿线各级政府继续大力支持铁路建设。

在部署和检查工作中，陈璞如同志特别重视运用新技术、新设备，建设一流重载铁路。1988 年 12 月 28 日，大秦铁路一期工程顺利通车，时任国务院总理李鹏同志、国务委员邹家华同志在茶坞站为运煤列车剪彩，引巨龙出晋，运乌金下海。陈璞如同志满怀喜悦地说：这只是初步胜利。我们要发扬"吃苦奉献，争创一流"的大秦精神，继续建好二期工程，夺取全面胜利！ 1992 年 12 月 21 日，在秦皇岛站举行大秦铁路全线通车典礼，时任全国人大常委会委员长万里同志、国务院副总理田纪云同志到会祝贺！称赞大秦重载铁路建设达到国际水平，对缓解我国华东和华南地区煤炭紧张状况具有重大战略意义。

优良作风育新人

陈璞如同志在贵州工作期间，就十分关心、支持铁路工作。早在 1964 年秋，我奉命从郑州铁路局调到刚由成都迁来贵阳的西南铁路工程局（即铁二局）机关工作不久，就有幸见到时任贵州省副省长的陈璞如同志。他多次来到铁二局机关，与铁二局政委黄新义同志、局长刘文同志一起研究川黔、黔滇（贵昆）铁路建设工作。陈璞如同志身着浅灰色中山装，有时头戴鸭舌帽，谈话时显得平和稳重。当他欣悉大批施工队伍从各地调集贵州形成会战态势时，兴奋地说：盼了多少年，终于来到了！贵州省一定全力以赴、快事快办，支援铁路建设。陈璞如同志热情诚恳、办事高效的实干作风，给我留下了难以忘怀的印象。

1984 年 12 月，我奉命到铁道部任副部长，在陈璞如部长直接领导下工作，耳濡目染，深受教益。在贯彻党中央、国务院部署要求时，他态度坚决、措施果断，结合铁路实际提出具体措施，反对照抄、照搬、照转搞形式主义。在重大问题决策时，他重视调查研究、集思广益，不搞一言堂。作为部长、党组书记，他对各位副部长工作充分信任、放手使用，常常鼓励我说，基建工作按照分工由你负责，一定要放手大胆、严格管理，使我解除了思想顾虑，信心倍增。

在全路干部职工心目中，陈璞如同志不仅是统领全路的战略家，而且是解决问题的实干家。他善于发现问题，敢于一抓到底。有一段广为流传的他连续 4 次深入一个基层货场狠抓整改的佳话。1982 年 6 月，他以普通旅客身份在永定门站排队买到硬席坐票。登上车厢落座后，听到一些旅客发泄对某货场工作不满的言辞，他立即决定亲自进行调查。到该货场检查后，发现管理混乱，要求限期改变"脏、乱、差"面貌。一年后，他再次来到这个货场，看到管理加强、野蛮装卸已经杜绝，勉励他们更上一层楼！1983 年春节，他第三次到这个货场检查工作，得知该货场打了一个翻身仗已成为铁路局"文明货场"时，他满面笑容地说：要总结经验，再创佳绩！1985年元月，陈璞如同志第四次到那里时，该货场已被评为全国铁路"文明货场"。

在领导班子建设中，陈璞如同志身先垂范，严于律己，爱护干部。对于铁路工作出现的重大失误，他都主动承担责任。部机关整党期间，他带头检查了自己对铁路"老大难"问题的严重性估计不足，思想不够解放，措施不够有力等。他听了我对施工安全事故的检查后，勉励说：领导干部就要敢于担当责任。陈璞如同志廉洁奉公，两袖清风，从未利用职权为亲属批条子、要车皮或安排工作，在全路职工中树立了清廉形象，深受广大职工敬仰。

斯人已逝，风范长存。陈璞如同志离开我们二十多年了，但他献身革命事业，为党和人民出生入死、鞠躬尽瘁，为铁路事业夜以继日、呕心沥血的奋斗精神，以及信念坚定、襟怀坦荡、实事求是、联系群众的高尚品德，永远激励着我们牢记使命，勇往直前，奋斗终生。

（原文刊发于2023年2月26日《人民铁道》报第4版）

附录：主要论著

孙永福著.铁路建设管理论集 [M].北京：中国铁道出版社，2004.

孙永福著.青藏铁路重大技术和管理问题 [R].中国科学技术前沿（中国工程院版），2007（10）.

孙永福著.青藏铁路工程论文集［M］.北京：中国铁道出版社，2018.

孙永福著.铁路工程项目管理理论与实践 [M].北京：中国铁道出版社，2018.

孙永福著.中国铁路"走出去"发展战略研究 [M].北京：中国铁道出版社有限公司，2019.

孙永福著.京九铁路对经济社会发展重大作用研究 [M].北京：经济管理出版社，2008.

孙永福等著.京沪高铁对经济社会重大作用研究 [M].北京：中国铁道出版社有限公司，2020.

孙永福等编著，一带一路：工程科技人才培养与人文交流研究 [M].北京：清华大学出版社，2022.

孙永福等著.琼州海峡跨海通道前期战略研究 [M].北京：中国铁道出版社有限公司，2022.

孙永福著.孙永福自传 [M].北京：中国铁道出版社有限公司，2021.

孙永福主编.衡广铁路复线建设（技术总结）[M].北京：中国

铁道出版社，1992.

孙永福主编.大秦铁路（技术总结）[M].北京：中国铁道出版社，1995.

孙永福主编.京九铁路（技术总结）[M].合肥：安徽科学技术出版社，1999.

孙永福主编.中国铁路建设史[M].北京：中国铁道出版社，2003.

孙永福主编.中国铁路桥梁史[M].北京：中国铁道出版社，2009.

孙永福主编.青藏铁路多年冻土研究[M].北京：中国铁道出版社，2007.

孙永福主编.青藏铁路卫生保障研究[M].北京：中国铁道出版社，2007.

孙永福主编.青藏铁路环境保护研究[M].北京：中国铁道出版社，2007.

后 记

由于时间跨度较大，选材比较繁复，出版这本文集经历了艰辛的过程，现在终于付梓了。

本着举要驭繁的原则，我对以往所作专题讲话、调研报告及期刊发表的论著等进行整理，从中选出一部分汇编成文集。考虑到本人多年的工作报告和讲话时间跨度较大，这次基本上没有收录。在《铁路建设管理论集》（2004 年）、《青藏铁路工程论文集》（2018 年）等专著中已有的论文，这次也不再重复收录。同时，在 *Frontiners of Engineering Management*、*Journal of Glaciology and Geocryology* 发表的几篇论文（英文版）也未收录。

在此需要说明的是，对我发表的内容相近的有关文章，这次进行整合后收入本文集。我发表的论文所附参考文献，限于篇幅在文集中均予从略。有的文后加了"链接"，主要简介与该文内容相关的信息或观点，以便加深了解。另外，有的报告是基于研究项目发表的，而研究项目都是依托研究团队完成的，收入文集时因涉及人员较多未能详细列出人员名单。在此，我对他们的辛勤付出深表敬意和感谢，并请予以理解。

在编撰本文集中，得到任喜贵、杨建兴、刘新科、王晓州、才凡、刘志江、刘华、牛丰等同志的大力帮助，中国铁道出版社有限公司赵静、曾亚非等同志亦多有辛劳，在本书出版之际对他们一并表示衷心感谢！

孙永福

于 2022 年 12 月 2 日